教育部高等学校电子商务专业教学指导委员会指导
新一代高等学校电子商务实践与创新系列教材

电子商务与数字经济卓越案例
（2022年版）

章剑林 主编
范志刚 赵子溢 张佐 段建 高功步 副主编

清华大学出版社
北京

内 容 简 介

近年来，中国数字经济发展迅速，已逐渐成为经济社会的主导力量之一。在数字中国战略的指导下，拥有新商业模式、塑造新行业业态、掌握数据要素的中国企业不断涌现，推动着数字经济快速增长。

本书总结并归纳我国企业在抢抓数字经济新机遇中的最佳实践和经验教训。案例主题涉及数字营销与互联网品牌、数字平台成长、数字化转型与工业物联网、跨境电商企业战略、数字时代商业模式创新等新兴领域，展示了行业领导企业、独角兽公司或地区标志性企业如何探索发展和增长的新途径。此外，本书深入解析了新现象中背后的电子商务及企业管理知识框架。所有案例都以标准化的结构呈现，为研究人员和企业管理教师提供帮助。

本书封面贴有清华大学出版社防伪标签，无标签者不得销售。
版权所有，侵权必究。举报: 010-62782989, beiqinquan@tup.tsinghua.edu.cn。

图书在版编目(CIP)数据

电子商务与数字经济卓越案例: 2022年版/章剑林主编. —北京: 清华大学出版社, 2023.9
新一代高等学校电子商务实践与创新系列教材
ISBN 978-7-302-64430-9

Ⅰ. ①电… Ⅱ. ①章… Ⅲ. ①电子商务－高等学校－教材 ②信息经济－高等学校－教材
Ⅳ. ①F713.36 ②F49

中国国家版本馆CIP数据核字(2023)第153356号

责任编辑: 袁勤勇　杨　枫
封面设计: 常雪影
责任校对: 徐俊伟
责任印制: 宋　林

出版发行: 清华大学出版社
  网　　址: http://www.tup.com.cn, http://www.wqbook.com
  地　　址: 北京清华大学学研大厦A座　　　　邮　编: 100084
  社 总 机: 010-83470000　　　　　　　　　　邮　购: 010-62786544
  投稿与读者服务: 010-62776969, c-service@tup.tsinghua.edu.cn
  质量反馈: 010-62772015, zhiliang@tup.tsinghua.edu.cn
  课件下载: http://www.tup.com.cn, 010-83470236
印 装 者: 三河市少明印务有限公司
经　　销: 全国新华书店
开　　本: 185mm×260mm　　　印　张: 20.75　　　字　数: 500千字
版　　次: 2023年10月第1版　　　　　　　　　印　次: 2023年10月第1次印刷
定　　价: 79.00元

产品编号: 098704-01

编审委员会

主　任：刘　军
委　员：陈　进　覃　征　孙宝文　刘兰娟　贺盛瑜　李　琪　彭丽芳
　　　　张润彤　华　迎　张荣刚　刘业政　熊　励　帅青红　李文立
　　　　曹　杰　叶琼伟　王刊良　潘　勇　魏明侠　郭卫东　胡　桃
　　　　李敏强　于宝琴　姚卫新　张玉林　陈　曦　孙细明　尹建伟
　　　　琚春华　孙建红　左　敏　陈阿兴　张李义　倪　明　谢　康
　　　　周忠宝　王丽芳　张淑琴　杨兴凯　李　明

编写委员会

主　　编：章剑林

副 主 编：范志刚　赵子溢　张　佐　段　建　高功步

参编人员：陈　斌　陈科成　陈妍茜　程絮森　代小会　丁文廷　丁晓霖
段文奇　冯云霞　高　翰　高　帅　郭佳蓉　贺雅文　侯宇凡
胡　贺　黄佳贤　黄文泽　黄晓芯　姜元春　焦春凤　金　余
金贵朝　金燕琳　孔恒洋　李楚嫣　李嘉玮　李兰英　李沛强
李　琪　李欠强　李文华　李永发　郦　瞻　林菡密　林诗婷
林智理　刘静娴　刘平峰　刘　帅　刘业政　卢俊峰　卢彦君
缪顾贤　牛治景　尚晓凤　沈　烂　寿菊萍　苏晨青　孙　璐
孙绘景　孙见山　孙晓霞　唐　娟　滕敏君　涂　艳　王呈斌
王　莹　王　宇　王钧萍　王刊良　王润波　王文星　王懿桢
熊婧雯　徐　睿　闫　英　严骏欣　颜雨露　杨　波　杨雪雁
叶嘉慧　于鸿福　俞志芳　张　洁　张　莉　张惠琴　张佳慧
张玉林　张月莉　章国豪　赵娇蓉　翟宣舜　郑　浩　郑绍庆
郑秀田　郑子伊　周　勇　朱传波　祝翠华

序

数字技术的快速发展与现代商业的不断融合催生了企业发展的新模式、新思路和新路径,电子商务与数字经济成为全球经济新发展时代规模最大、增长速度最快、覆盖范围最广、创新创业最活跃的核心领域。我国电子商务产业中的新现象层出不穷,成为引领全球数字经济发展的先行者。对于实践界来说,新现象和新业态驱动着企业思考数字化的定位与意义,重构价值创造和价值获取的方式。更好地开展高等学校电子商务与数字经济的教学与研究工作,挖掘这些前沿现象背后的理论逻辑,呼应和落实教育部对新文科建设的全面部署,推进电子商务类专业发展、培养新一代电子商务与数字经济人才,具有十分重要的现实价值。

针对构建数字经济强国和产业转型升级发展的需求,进一步提升电子商务学科竞争力、切实增强人才培育质量,高等学校电子商务与数字经济案例中心在教育部高等学校电子商务类专业教学指导委员会的指导下,在全国高校开展"第一届高等学校电子商务与数字经济卓越案例征集"活动,通过案例开发和案例教学促进新商科的发展,提升高素质电子商务与数字经济人才的综合素养。

富于创新的企业案例能够启发、提炼新的电子商务相关理论,包括人工智能、大数据等技术在企业运营及营销领域的应用,网络消费者行为理论的拓展,电子商务企业商业模式与管理机制创新研究等,充满想象。这些理论对于数字经济时代的企业深化改革、提高自身竞争力有着深远的意义。以本书为载体,这些原生于中国本土的理论有机会拓展至国际市场,为全球企业所采纳、用于应对业务变革与战略聚焦的挑战,进而促进理论与实践的迭代升级。

深入实践的企业案例符合电子商务与数字经济人才培养的要求与定位。随着数字经济发展推动电子商务模式业态加速更新,新的岗位和人才需求不断涌现,高层次应用创新型人才短缺的问题日益凸显。案例教学具有传达学科专业知识、提高实践训练与专业技能的双重功能。本书将电子商务及数字经济相关知识、技能进行了规范化梳理,能成为开展知识和实践专业化培养的良好教学资源,以更好地推动应用创新型人才培养,适应电子商务与数字经济发展的需要。

本书聚焦于电子商务与数字经济发展的关键领域与关键问题，为提炼本土特色现象、开阔理论研究视野提供了新的平台，也为培养下一代数字经济人才、探索高校与企业紧密合作贡献了新的力量。

刘　军

教育部高等学校电子商务类专业教学指导委员会主任委员

2022年7月

前言

数字技术革命使人类社会的运转方式发生了根本变化。数字经济时代的经济发展环境具有动态变化、高不确定性、复杂性和模糊性等显著特征,数据信息被列为这一时代的关键生产要素。面对数字经济的汹涌浪潮,全球企业皆面临着数字化带来的机会和挑战。如何有效地获取、编排和利用数据信息,是企业洞察外部环境的必要手段。如何通过数字化转型降低不确定性和复杂性,获得必要的互补资源,进而提升企业的核心竞争力,是企业发展的关键议题。

近5年来,中国数字经济发展迅速,建成全球规模最大的5G网络,发展成为全球最大的数字经济体;数字经济规模位居全球第二位,是全球高度活跃的数字创新创业沃土。在创新驱动发展战略的引领下,中国企业积极探索实体产业和数字技术相融合的新业态、新手段、新模式。

在此背景下,本书汇编具有代表性的企业实例,展示中国企业在数字经济时代谋求创新发展的最佳实践与经验教训。入选案例围绕着数字经济发展的国际新趋势,主题包括数字营销、工业物联网、跨境电商、传统企业的数字化转型等,刻画了垂直行业的领导者、独角兽企业、区域标杆企业如何发挥自身能力、结合数字技术,探索发展和成长的新途径。案例企业的优秀经验做法将为全球数字经济实践者提供具有价值的一手指导;同时,每篇案例以结构化、学术化的方式编写而成,可以为电子商务和数字经济相关专业的研究与教学提供实地案例。

本书具有三大特色:第一,入选案例关注数字经济领域所涌现的新现象,涵盖数字经济与电子商务相关的新知识,可与高等院校电子商务等专业的学术课程相匹配。第二,所有案例均根据一手资料开发,介绍并分析了代表性企业的管理实践,具有原创性和创新性。第三,本书提供完整的配套资料。案例附有教学笔记、视频及相关补充材料;这些辅助材料将为促进教研和学习提供帮助。

本书为教育部高等学校电子商务类专业教学指导委员会指导的"高等学校电子商务与数字经济案例中心"首届卓越案例征集的案例成果汇编。[①] 感谢教

---

① 本案例集中的案例由高等学校电子商务与数字经济案例中心收录和使用。高等学校电子商务与数字经济案例中心享有复制权、修改权、发表权、发行权、信息网络传播权、改编权、汇编权和翻译权。
由于企业保密的要求,案例中对有关名称、数据等做了必要的掩饰性处理。
案例只供课堂讨论之用,并无意暗示或说明某种管理行为是否有效。

育部高等学校电子商务类专业教学指导委员会、各位案例作者和案例评审专家、案例中心案例建设指导委员会、案例建设工作委员会、北京博导前程信息技术股份有限公司对本轮案例征集和案例中心建设的指导与贡献。

章剑林

高等学校电子商务与数字经济案例中心主任于杭州西溪湿地

2022 年 7 月

目录

案例 1　林清轩：至暗时刻绝处逢生之道 …………………………………… 1
案例 2　根生医术，花开仁心：丁香医生的平台用户增长之道 …………… 4
案例 3　速途网络：技术驱动的新媒体企业业务模式变革 ………………… 14
案例 4　"云匹配促贸投"：聚通人才网的孕育之路 ………………………… 20
案例 5　跨越鸿沟：康乃馨重构商业模式闭环 ……………………………… 31
案例 6　咕咚体育：用户游戏化体验为基的互联网顾客忠诚度构建之路 … 40
案例 7　纵腾集团：抗击疫情，跨境电商物流的逆行者 …………………… 56
案例 8　"新零售+直播"下羽绒服装品牌数字化营销转型 ………………… 67
案例 9　社群电商平台的价值共创过程：B 站如何破解内容与商业化
　　　　之间的平衡 …………………………………………………………… 76
案例 10　上海欧佩克机械：传统外贸工厂从 0 到亿的跨境电商转型
　　　　 之旅 …………………………………………………………………… 86
案例 11　数字农业能否实现农村电商的可持续发展 ……………………… 93
案例 12　摩西管家：数智赋能万家快递网点解决最后 100 米配送难题 … 100
案例 13　111 集团：三大板块共创互联网医疗生态圈 …………………… 107
案例 14　社交电商的迅速崛起——拼多多的商业模式分析 ……………… 113
案例 15　从盛极一时到深陷泥潭，掉队的途牛该如何突围 ……………… 122
案例 16　雨果跨境：跨境电商服务商的华丽蜕变 ………………………… 135
案例 17　泡泡玛特：潮玩领域如何实现 IP 价值最大化 …………………… 144
案例 18　观网易考拉生命周期，跨境电商的下一个突破关口在哪儿 …… 155
案例 19　温州电商园区创新发展之路：兴道电商直播产业园的实践 …… 161
案例 20　跨知通，以知识产权服务赋能跨境电商出口 …………………… 168
案例 21　基于数据驱动的 Stitch Fix DTC 商业模式创新路径 …………… 173
案例 22　链上公益：全网第一公益数字平台如何践行公益信任 ………… 186
案例 23　卓尔智联：智联生态引领产业互联网转型 ……………………… 197
案例 24　丰岛食品——数字化营销的先行者 ……………………………… 206
案例 25　小米：全球顶尖生态链企业如何布局物联网 …………………… 212
案例 26　小派科技：如何颠覆 VR 产业，突破 Kickstarter 众筹纪录 …… 224
案例 27　谷小酒酒业：好风凭借力，送我上青云 ………………………… 232
案例 28　"猫来了"悄然走红——新媒体时代的内容营销 ………………… 239

案例 29	SHEIN：中国最神秘的百亿美金公司如何实现海外增长	242
案例 30	零担快运行业从"块"到"面"的商业模式升级之路——以壹米滴答为例	251
案例 31	绿沃川农场：传统农业如何实现全产业链数字化转型	263
案例 32	跨境电子商务平台"速卖通"的价值链构建	271
案例 33	品质为本，电商赋能：王鲜记大闸蟹的创新实践	280
案例 34	麒麟计划：构建跨境电商服务生态，赋能中国制造转型出海	287
案例 35	高梵电商：让羽绒更轻，让供应链更柔	295
案例 36	杰克股份：制造企业如何数字化转型	303
案例 37	凝聚合力谋发展　协同创新谱新篇　全国大学生电子商务"创新、创意及创业"挑战赛	311

案例 1 林清轩:至暗时刻绝处逢生之道[①]

摘要:2020年初,受疫情的冲击,本该在春节、情人节期间迎来销售高峰的化妆品行业整体业绩下滑,特别是以线下渠道为主的化妆品零售企业遭受重创。本案例描述了上海本土原创化妆品品牌——林清轩在疫情突袭下,门店受阻、业绩暴跌,在开展网络营销后重焕生机的过程。通过本案例启发读者思考企业如何开展网络营销。

关键词:林清轩,网络营销,4P。

Lin Qingxuan: the Way to Survive in the Dark

Abstract:In early 2020, COVID-19, the sales of cosmetics industry, which was supposed to peak during the Spring Festival and Valentine's day, declined, especially the cosmetics retailers which were mainly offline. This case describes the process of Shanghai local original cosmetics brand Lin Qingxuan, who was blocked by the outbreak and the industry plummeted, and rejuvenated after carrying out network marketing. This case inspires students to think about how to carry out network marketing.

Keywords:Lin Qingxuan, Network Marketing, 4P.

---

① 本案例由南京邮电大学管理学院的唐娟、刘静娴、陈妍茜、徐睿共同撰写。

引言

2020年新年伊始,林清轩创始人孙来春乐观预估,今年将是林清轩品牌优势显现的关键之年。不料,1月18日才和武汉的同事们搂着脖子喝完酒,1月22日,武汉就因疫情"封城"了。至暗的夜幕,已逐渐低垂……

1.1 疫情突袭 当机立断:向死而生开展自救

疫情的突如其来使得公司的业绩越来越不对劲。往常最热闹的春节黄金周,今年却有一半的店铺关闭,整体业绩下滑了90%。公司账上的6000多万元资金最多撑2个月,也就是林清轩离"死亡"最多只有62天……

从1月22日到1月31日,整整10天,孙来春经历了从肉体到精神上彻彻底底的至暗时刻。1月31日凌晨,处在崩溃边缘的孙来春写下给员工的万字长文——《至暗时刻的一封信》。他没有多想,随即就发布出去。因为孙来春认为,林清轩想自救,首先要让员工有信心。

信一发出,立刻在网上疯传,企业家圈也"炸"了……

1.2 把握机遇 转战线上:积极开展网络营销

2月1日早上,孙来春一觉醒来,收到钉钉CEO陈航同意为林清轩开通视频会议,使其全部员工线上复工的信息。林清轩立即通过了微盟旗下智慧零售解决方案,开始云导购。

2月7日,林清轩400多名员工和孙来春接受直播培训。培训一结束,员工就开始在自家、门店、宿舍等地方架起了手机,开始了直播"首秀"。

孙来春自己也没有想到,几天后的林清轩,2000多名员工全部线上办公,1600名从来没上过镜的"柜姐"上了直播,一切都在稳步向前发展……

孙来春认为,线上、线下都要保护好企业的品牌力。很快,凭借敏锐的洞察力,他迅速调整市场推广战略,全力推广"在家轻松修复口罩脸"这一理念,让消费者第一时间就能想到具有神奇修复力的山茶花润肤油,从而提升了品牌力!

1.3 绝处逢生 重拾信心:销售业绩初见成效

2月14日情人节,孙来春亲自上阵,带着一百位超级导购举办了一场名为"214武汉,我的爱人"的公益直播(见图1-1)。每卖出一瓶山茶花润肤油,林清轩就向武汉抗疫前线捐赠一瓶同款润肤油。这是孙来春人生第一场直播,竟有超过6万人观看,两小时销售额近40万元。在情人节这个特殊的日子推出这样的关爱行动,更令人动容。

半个月后,销售业绩全面反弹,比去年同期增长了45%。此时,孙来春斩钉截铁地说,林清轩基本可以自救了,如果到3月份还能维持现状,那林清轩百分之百能活下来;他感慨地说,如果不是提前在阿里巴巴等大平台数字化布局,林清轩这种以线下门店为主导的实体品牌,可能真就面临覆灭,何谈业绩逆势增长。

 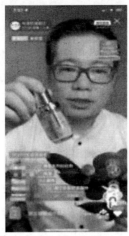

图 1-1　孙来春 2.14 直播首秀海报及直播截图

1.4　尾声

林清轩暂时"活"下来了，但是疫情终将结束。对林清轩来说，不仅要面临即将开展线上、线下融合发展，数字化全链路运营等方面的挑战，还要面临更多未知挑战，能否再次顺利战胜，甚至再次绝处逢生呢？请大家拭目以待……

案例思考题：

1. 疫情下，林清轩面临怎样的处境？
2. 疫情下，林清轩如何构建其品牌力？
3. 疫情下，林清轩如何开展 4P 营销组合策略？
4. 疫情下，林清轩如何运用网络营销的优势？

案例 2　根生医术,花开仁心:丁香医生的平台用户增长之道①

摘要:20年前,为了方便学业,哈尔滨医科大学学生李天天创办了页面简单的医学文献检索网站丁香园,丁香园逐渐发展为专业医学交流的网站和论坛。2014年,李天天终于决定将"患者"拉入丁香园的网络生态中,打造"丁香医生"平台,帮助患者查询专业信息,直接和优秀的医生在线交流。丁香医生新媒体布局广而深,成长速度却极为迅猛,仅仅用了6年时间,便成为了国内医疗健康第一新媒体,现全平台坐拥活跃粉丝超过5000万。那么,丁香医生是如何借助丁香园的专业背书和内容运营"引爆"平台增长;又是如何实现通过平台赋能开拓新的价值链路呢?

关键词:互联网医疗,商业模式,渠道通路,平台经济。

Rooted in Medical Skills, Came out of Benevolent Hearts: The User Growth Strategy of DingXiang Doctor Platform

Abstract: 20 years ago, Li Tiantian, a student of Harbin Medical University, founded the simple-page medical literature search website DingXiangYuan (DXY), with the aim to facilitate his studies. He then gradually developed DXY into a professional medical communication website and forum. In 2014, Li Tiantian finally decided to bring "patients" into the online ecosystem of DXY. "Dingxiang Doctor" was founded as a platform to help patients inquire about professional information and communicate directly with excellent doctors online. Dingxiang Doctor designs a wide and deep layout on its new media channel, which facilitates its rapid growth. It only took 6 years to become the No. 1 new media platform for medical and health care in China. Now it has more than 50 million active users on all platforms. Then, how does DingXiang Doctor use DXY's professional endorsement and content operations to ignite the growth of the platform; and how it can expand new value chain through platform enpowerment?

Keywords: Internet Medical Care, Business Model, Channel, Platform Economy.

---

① 本案例由杭州师范大学阿里巴巴商学院的赵子溢、牛治景、颜雨露撰写,本案例受浙江省教育厅一般项目(Y202044809)资助。

引言

"接下来让我们有请：互联网医疗头部公司丁香园的创始人——李天天先生！"伴随着主持人洪亮的声音，身着一身绛紫色西装的李天天步伐矫健地走到台前。李天天参加的是普华永道在第三届中国国际进口博览会举办的"数字医疗2020"主题论坛，并就互联网医疗与平台发展的话题进行演讲。

互联网医疗是"互联网+"理念与医疗领域跨界融合催生的产物。随着科学技术的迅猛发展、医学大数据的深度应用与信息手段的持续优化，互联网与传统医疗行业的融合度不断加深。一批互联网医疗企业利用以5G、大数据、云计算、物联网为代表的信息技术，将传统医疗资源数字化，通过相关平台来提供医疗服务。

互联网医疗诞生至今发展已有十余年，期间几经跌宕，经历了"互联网+"战略布局和"大众创业、万众创新"政策下的野蛮生长，也经历了监管不力、技术限制等导致的发展低谷。2020年突如其来的疫情席卷全球，当医护人员在一线战斗时，被称作"第二战场"的互联网医疗也在为抗击疫情贡献自己的力量，提供了辟谣科普、线上问诊、医药电商和数据统计分析等服务，对避免人群聚集、缓解民众恐慌情绪、减轻医疗资源紧张状况等发挥了积极作用。随着"健康中国2030"上升为国家战略，以及中国全面进入疫情防控常态化的时代，国民对健康管理的意识明显提升，对健康产品和服务的需求急剧增长，这一行业背后不容忽视的价值和优势在这场战"疫"中逐渐凸显，沉寂许久的互联网医疗行业经过了疫情的洗礼，终于迎来了自己的高光时刻。

目前互联网医疗平台赛场上有春雨医生、平安好医生、阿里健康、丁香医生等几大巨头。这些平台的定位和提供的产品、服务既有交叉，也有区别，在抗击疫情的过程中各自发挥了不同的作用。百度联合多位医疗专家为新型冠状病毒编写词条，提供相关的搜索数据，上线新型冠状病毒智能自测工具；平安好医生、微医、丁香医生、好大夫在线等纷纷开放线上免费问诊通道；丁香医生在疫情初期便上线新型冠状病毒感染实时动态，提供数据上的统计分析，整合了在线义诊、专家辟谣、权威科普等功能，不到一个月的时间达到了20亿的浏览量。

丁香医生的佳绩在行业内引发了巨大反响。在这一次的"数字医疗2020"主题论坛上，嘉宾纷纷向李天天"取经"，好奇他如何一步步推进丁香医生平台流量增长的。李天天拿着话筒看向台下，思绪飘向了2014年。

2.1 从小众市场到为大众创造价值

丁香园创立于2000年。由于无法查阅相关医学文献，医科大学学生李天天搭设了丁香园网站，为广大医学学生提供文献检索服务。基于这个文献检索服务，李天天又开辟了"丁香园论坛"，为医学领域用户提供专业交流的平台和空间。论坛版块的数量渐渐覆盖了所有医学学科，汇集了大量的医学学生和职业医师。2005年，李天天南下杭州，与张进、周树忠组成了三人的创业团队，成立杭州联科美讯生物医药技术有限公司，不断扩大互联网医疗服务"版图"。随后，2007年，推出"丁香人才"，搭建起医院以及生物医药行业与医科应届毕业生之间的桥梁；2008年，推出面向科研机构以及仪器制造企业的资讯平台"丁香通";2011年,丁香园发布"用药助手"App,成为专门面向医生提供权威药品信息查询的工具;2012年,丁香医生正式上线,延续了"用药助手"的用药数据和便捷交互等优势,提供对症找药、服药安全警示、家庭药箱、药品/保健食品信息查询、附近药店等功能;2014年9月,丁香医生公众号正式运营,截至2021年12月,粉丝数已超过1000万,在新榜健康类月榜单排名第1位。

随着互联网医疗产业的发展和公司规模的扩大,丁香园需要拓展新的业务板块实现长期可持续发展的愿景。2014年,李天天获得了腾讯公司的C轮融资,如何体现互联网医疗的价值成为他思考的重要问题之一。他忽然想起2005年,儿子出生那一天的他自己,"儿子早产合并呼吸窘迫综合征,刚出生就被抱进ICU病房,连续抢救15天……"。李天天在病房外心如刀绞,这也让他对"患者"的角色格外理解。他思考:"丁香园如何点燃患者希望的火苗?又如何服务患者和大众医疗市场呢?"

2.1.1 "太医来了"

田吉顺是浙江大学附属妇产科医院的明星大夫,在知乎还没有开放注册时,田吉顺经常被邀请回答问题,等到开放注册时,他已经在知乎上累积了几十万的粉丝。初洋是前骨科大夫,后来在丁香园任医学传播总监。2014年,初洋邀请田吉顺在知乎上办起了播客节目《太医来了》,从医生的角度为听众科普医学知识。《太医来了》的播放量相当惊人,喜欢他们的粉丝分别以"田太医""初太医"来称呼他们。

初洋在知乎等新媒体上的成功尝试让李天天意识到了庞大的大众消费者群体的需求:随着健康意识的上升,他们迫切地想要了解医学知识。于是他带着两位网红"太医"与丁香园的另外两位来自传统医学领域的创始人一起开了个会。在这次会议上,大众消费者业务却遭到大量的质疑。毕竟,过去的丁香园是围绕着满足医生的各种需求来发展的,从来没有与普通用户打过交道。那么,在普通用户中没有任何知名度的丁香园,如何能够贴近大众市场用户、提供切合他们需求且具有价值的内容?就连初洋也觉得有所怀疑:"当医生脱去白大褂与患者沟通时,如何才能够保障传播内容的权威性?如何和消费者建立起信任?"况且,面向大众消费者的互联网医疗商业模式并没有成熟的范例,存在着未知的风险。丁香园需要采用什么样的策略才能从C端互联网医疗市场中脱颖而出呢?

2.1.2 专业势能

李天天和初洋决定从微信公众号开始做起。当年的微信公众号已达到500万个,然而在医疗健康领域却是方兴未艾,医疗健康领域的头部公众号与其他类别的热门公众号无论从订阅用户数量、文章的阅读量以及评论转发量都完全不在一个层级。2014年9月,丁香医生公众号正式运营。由初洋全权负责管理并运营公众号。作为丁香园的第一个C端产品,丁香医生的成败关系着丁香园C端业务之路是否能走得长远。丁香园的战略变成了"D+C双核驱动"。D是指医生(doctor),C是指消费者(consumer)。

为了解决丁香医生的权威性问题,初洋将"与医生合作"作为丁香医生最核心的优势,因为丁香园能够覆盖全国70%的专业医生,所以"丁香医生从来都不是一个人,而是在幕后的这么多中国医生"。初洋把丁香园原生于医生的优势特质称为"专业势能",这种专业势能可以给丁香医生的健康内容创造专业影响力和原生感染力。

一方面,通过打造具有医学背景或传播背景的专业内容生产团队、大量签约医生、邀约医疗专业领域的科普作者,丁香医生建立了像论文投稿一样的同行评议制度,收到稿子之后第一时间交给"专家审稿委员会"审核,并根据 FABE(feature,特色;advantage,优势;benefit,收益;evidence,证据)的原则去验证,核对内容表述是否有不规范、不科学的地方,保证内容的准确性和专业性,确认无误后才会发布,每篇推文的文末都有一个内容"把关人"。

另一方面,丁香医生的文章坚持"说人话",用通俗的表达来写专业的知识。大部分医学科普类文章往往晦涩难懂,这也成了医生和大众用户间的一道墙。初洋找到了解决问题的钥匙——选题上从"辟谣"入手。彼时的健康类公众号还处在草莽时期,内容上的鱼目混珠往往让老百姓摸不着头脑,不知道哪家说的是对的。丁香医生的辟谣内容结合生活场景,借助于恰当的漫画和示例帮助读者理解,从而使文章通俗易懂,以此获得广泛的传播。

在专业影响力和原生感染力的推动下,丁香医生的微信公众号一炮打响,截至2015年4月,成立5个月的丁香医生公众号便拥有了200万订阅用户,成为了健康医疗领域的头部公众号。

2.1.3 产品升维

在丁香医生发展的进程中,产品带来的创新不仅驱动着丁香医生平台的用户增长,也源源不断地创造出新的价值。

随着丁香医生公众号用户数量的增长,有很多粉丝在后台询问传染病预防与感冒治疗等问题。李天天敏锐地捕捉到了这部分需求,他觉得应该开发一个新的产品来及时解决"丁香医生"粉丝提出的问题。这个想法后来演化成为新产品——"来问医生"。"来问医生"是丁香医生面向粉丝推出的线上移动问诊产品。有问诊需求的粉丝只需花十块钱就可以第一时间与来自全国三甲医院的医生"面对面"。"来问医生"通过打造专业、有温度的线上问诊产品,为丁香医生的用户提供了专业、个性化的医疗服务,使得丁香医生提升到更高的价值维度。

在接收到"来问医生"顺利运转并实现盈利的"正反馈"后,李天天却将目光投向了"移不动"的线下场景。李天天发现中国缺少完善的诊所体系,基层诊所缺乏专业的科室结构导致其专业性备受质疑。患者哪怕得了感冒也要挂一个三甲医院的号,很多人仅仅把诊所当成一个"开药机构"。李天天认为线下诊所是一个"蓝海市场",依托丁香医生成熟的线上问诊经验与温暖、专业的品牌调性,通过建立全科医疗体系的诊所使更多用户可以享受到专业的医疗服务与更好的医疗体验,让人们愿意来诊所看病、做体检。丁香诊所首先在杭州、福州两地进行试点,吸引了很多慕名而来的体验者。李天天的目标是在全国推广这套线下全科问诊体系,使其能够覆盖更多的区域,服务更多的人群。从线上问诊到线下诊所,丁香医生借助已有产品的经验与口碑使新产品的开发与推广变得更加顺利,并使"问诊"服务得到了从"线上"到"线下"、从"场内"到"场外"全域覆盖。

李天天还注意到了母婴人群对科学育儿知识有强大的需求与潜力,决定深耕这个细分市场,推出更符合该人群需求的产品,"丁香妈妈"应运而生。然而,母婴行业用户迭代速度快,消费生命周期短,用户情绪价值要求高,丁香医生要如何应对这些新挑战呢?李天天找来作为妇产科医生的田吉顺一起商讨,一方面利用丁香医生丰富的医生资源持续输出强大而权威的内容科普,另一方面与各大母婴品牌展开合作,精耕母婴垂直领域市场,有效触达新生代的年轻父母,并引发其情感共鸣,积累了一大批新粉丝。丁香妈妈的成功为丁香医生今后开拓其他细分市场、推出服务其他特定人群的产品提供了经验。丁香医生系列产品一览表如表2-1所示。

表2-1 丁香医生系列产品一览表

产品名称	产品特征
丁香医生公众号	向大众进行健康内容科普
来问医生	专业、有温度的线上移动问诊
丁香诊所	打造线下问诊社区全科医疗体系
丁香妈妈	母婴内容科普及孕期服务

2.2 从细分市场到与消费者共创价值

2.2.1 细化

随着公众号的蓬勃发展,对用户的分类以及解决细分人群的需求摆在了眼前。初洋经常收到一些用户想被科普某一类疾病知识的相关反馈,但这种科普与当时丁香医生的内容和题材相差甚远。同时,公司里的几个同事刚升级成为准爸爸、准妈妈,他们也向初洋反馈能否发布一些母婴相关的内容,还有一些想要减肥的同事想知道怎么吃更科学,平日里需要养成哪些生活习惯更健康。这些需求的出现让初洋萌生了"建小号"的想法。每一种疾病都建一个专门的公众号,满足这部分用户的特定需求,同时也建立专门分享如何吃得更健康、健康生活习惯科普的公众号。这些小号上传内容的标准与丁香医生完全一致,且都打上丁香医生的认证。于是,痛风号、高血压号、糖尿病号、甲亢号、心理疾病号、丁香食堂、健康头条等小号建立起来了。这些小号获得了用户的一致好评,也助力了丁香医生主体用户的高速增长。

一个以丁香医生为主体,包含丁香妈妈以及一众疾病科普号、健康生活类公众号的丁香医生微信公众号矩阵正式建立。它们都拥有相同的专业背书和完善的审核机制,行文间也都有丁香医生温暖、亲切、接地气的风格;但它们有着不同的目标受众,精准地为不同目标群体传递着不同的内容。矩阵间公众号的聚合效应对于品牌认知的塑造起到了非常强劲的作用,丁香医生系列微信号迅速占领了微信公众平台健康类的前十名,作为互联网医疗知识平台的丁香医生品牌终于打响了。

2.2.2 破圈

进入2017年,丁香医生微信公众号的用户增长量陷入了停滞。用户流量是丁香医生实现盈利增长的关键,尽管在"内矩阵"有声有色,丁香医生还是属于垂直领域的"隐形冠军",但眼前的困境亟需突破。初洋相信:高传播,是文章被传播的次数;高吸粉,是因为这些分享带来的用户留存情况。即便文章内容优质,但无法带来用户留存、无法在用户群体中建立品牌心智,那样的内容仍然意义不大。如何从用户角度提升对"丁香"品牌的认知、又如何"破圈"吸引更多的大众用户呢?

初洋与团队将目光放在了微信之外的公域流量平台,重点在抖音、知乎、微博等平台,开展"外矩阵"新媒体布局。外矩阵的账户少而精,以"丁香医生"和"丁香妈妈"为主。在新媒体的主要阵地上,以社交媒体平台微博、问答平台知乎、短视频新媒体抖音为主。

2017年,丁香医生回归微博,捕捉微博上的舆情,并在1~2小时内快速反应,争取用优质内容在第一时间发声,抢夺第一波流量红利。"之所以选择回归微博,主要看趋势和优势——趋势是微博上的流量在回暖,很多社会性的话题在上面得以发酵;优势就是丁香拥有绝对优质的内容。"在抢抓舆情之外,丁香医生利用信息不对称带来的冲突,主动制造话题。2018年,丁香医生的一篇《百亿保健帝国权健,和它阴影下的中国家庭》直接导致了权健帝国的坍塌,引发了读者的强烈共鸣,成功实现"破圈"。

2018年4月,丁香医生入驻抖音平台。初洋发现视频类软件上的活跃用户大多是二十多岁的年轻群体,与微信公众号上更加成熟的用户画像相比,年轻群体更钟爱天马行空的题材与内容,他们不喜欢严肃或者说话慢条斯理的老师坐在屏幕前宣讲,而是更愿意接受短时间信息量大、有包袱、有情节的情境短视频。为此,初洋和新成立的新媒体团队将短视频控制在2分钟以内,上架短视频平台的内容更是不到一分钟。麻雀虽小,五脏俱全。每一个视频都有一个小故事,贴合青年人关心的热门话题。例如,围绕《卡路里》的歌词,探讨"保温杯里泡枸杞"究竟有没有道理?在明星医生田吉顺轻松诙谐的演绎下,丁香医生出品的视频终于一个接一个地诞生了。截至2021年底,丁香医生在抖音短视频平台上的粉丝数量就达到600万,总播放量累积突破7亿。

随着新媒体平台上粉丝数量的快速增长,丁香医生团队增加了内部会议的频率,让不同平台的内容及运营团队每周都能获取到其他平台的内容发布、流量信息以及存在的问题,从而让高度标准化的内容在不同平台上都可以快速复用。

截至2021年12月,丁香医生的新媒体"外矩阵"(见表2-2)粉丝总数超过2000万,成为当之无愧的互联网健康领域的"顶流"。

表2-2 丁香医生的新媒体"外矩阵"

属性	社交类	问答类	视频类	短视频类	媒体类	门户网站
主要阵地	微博	知乎	B站	抖音	头条	百度、搜狐、网易等
目标群体 (粉丝数)	丁香医生 (580.4万)	丁香医生 (313万)	丁香医生 (81.3万)	丁香医生 (771万)	丁香医生 (203.5万) 丁香食堂 (1万) 丁香养生 (11.5万)	丁香医生 丁香食堂
	丁香妈妈 (11.4万)	丁香妈妈 (20.6万)		丁香妈妈 (67.3万)	丁香妈妈 (15.1万) 减肥之路 (5.2万)	丁香妈妈 减肥之路

(数据来源:丁香医生各平台账户)

2.2.3 共创

有了一个个"破圈"的产品，也收获了百万具有品牌忠诚度的用户，丁香医生是如何通过资源整合将他们进行联动进而实现平台用户与价值倍数增长的呢？

初洋发现丁香医生在不同平台的用户本身相对孤立，他们之间没有信息交流，这就导致他们有很强的平台依赖性。"举个形象的例子，这就像一家三口都关注了丁香医生。爸爸可能关注了我们的公众号，妈妈可能是微博及知乎号的粉丝，儿子则是抖音号的忠实用户。"初洋认为如果能够打通不同平台间用户的交流渠道，就能让丁香医生在现有资源不变的前提下，实现用户增长"裂变"。

为了实现不同平台间的用户流动，丁香医生做出了一些新的尝试。2018年6月，丁香医生在抖音号发布了一条视频——10秒纠正"猥琐肩"，同时也将文字版内容发布在了其公众号上。细心的网友发现了文章结尾附上了其抖音号二维码，对应地，抖音视频的置顶评论附上了公众号文章的链接。初洋在查看后台数据时惊喜地发现，该公众号文章和抖音视频分别获得了远超往常的阅读量和点赞量。经复盘分析，除了选题角度契合用户关注的健康问题外，"引流"的动作起到了不可忽视的作用——在抖音的评论区可以看到一些表示自己是来自公众号的新用户，不同平台的用户实现了第一次的汇合。初洋还会在公众号上，对知乎上一些关于健康问题的高赞提问撰写文章进行回应，至此，不同平台的用户有了更深入的交流与了解。"爸爸、妈妈和儿子终于在一个频道里汇合了。"用户逐渐摆脱了对原有平台的依赖，如果丁香医生的公众号今天没有按时更新，他们便会去抖音上看更新的短视频，去知乎平台参与讨论。

除此以外，在丁香医生平台的发展过程中，初洋一直坚持从用户立场出发，创造出符合用户价值的内容。"利他即利己，"初洋坚定不移地认为，并在公司门口贴出一条标语以期这种精神触达每一位员工，"赚更多的钱是为了服务更多的用户。"在丁香医生众多的用户中，具有医学背景和从事健康类工作的用户占据一定的比例，他们积极活跃在不同的平台，能在留言板写出精彩的点评引发讨论度。初洋把这一群用户定义为"核心用户"，并积极地邀请他们参与到内容创作中来。这么做能够更站在用户视角行文，使这些用户参与创作的文章获得更多用户的青睐，实现用户数量稳步增长。随着电商平台的发展与"带货"风潮席卷而来，丁香医生也开始"带货"。与其他平台不同的是，丁香医生会邀请部分用户做"共创体验官"，免费优先体验商品，体验官们反馈的"产品体验报告"会被发布在公众号里，成为"不是广告的广告"，这种从用户体验出发的"商品推广机制"实现了消费者、平台和厂商"三赢"的成效。

2.3 价值拓展：平台赋能

2.3.1 危机中育新机：面对疫情丁香医生的行动

2020年初，一场突如其来的疫情改变了每一个中国人的生活轨迹，"居家隔离"打乱了人们的生活节奏。在那段特殊时期里，人们可以支配的时间一下子多了起来，很多平时不关心健康医疗的人开始了解并关注这个领域，尤其是疫情相关的实时信息。针对新型冠状病毒的知识科普、自我防治工作的开展流程以及正规、平价的医护用品的购买途径等成为了互联网平台上各家争夺的热点资源。俗话说，祸兮福所倚。对于李天天和丁香医生团队来说,这无疑是一次挑战,却又是一次机遇。

李天天是如何应对的呢?首先,李天天认为在所有信息中,疫情病例的实时数据无疑是用户最关心,也是制作优先级最高的内容。权威、及时的信息可以帮助大众迅速了解疫情的变化。丁香医生团队迅速召集全部人力,仅仅花了一天时间,于2020年1月21日凌晨正式上线疫情地图,同时在内外媒体矩阵、移动应用上线,将疫情信息整合为"全国新型冠状病毒感染实时动态链接"。该疫情地图是根据国家卫健委、中国疾病预防控制中心以及全国大部分省级行政区的医疗卫生机构发布的病例数据进行梳理汇总,再通过中国地图的形式向用户进行可视化呈现。随着疫情在全球的扩散,丁香医生迅速将地图扩展为全球疫情地图,受众人群由国内用户迅速扩展为全球用户。截至2021年3月16日,丁香医生推出的疫情地图产品累计浏览量超过45亿次,为疫情信息的传递起到了不可忽视的作用。这个公共产品让丁香医生占据了极大的先发优势,再根据实时需求不断对原有内容、上线疫情数据总计、数据表分项统计、全国趋势图等多样化展现形式进行优化,并借助专业医生资源优势和线上问诊产品,增加互动方式。庞大的浏览人次带来的流量增长在短期内迅速提升了丁香医生的渠道影响力和口碑。据统计,自"疫情地图"上线,丁香医生的下载排名有显著提升,日均活跃用户数从2.18万增加到7.95万。

其次,丁香医生的内、外矩阵制作并发布了关于新型冠状病毒感染的科普以及如何防治的文章及视频,并由全国传染流行病专家背书,第一时间稳定人民群众焦虑与不安的情绪。2020年,丁香医生各平台的更新频率变得更快了,内、外矩阵合计发布图文3600余篇,累计阅读超过40亿次。相应地,丁香医生主体公众号及2020年主推的生活类公众号——丁香生活研究所,在疫情期间都获得了百万级别的粉丝量增长。疫情让更多的人意识到健康的重要性,通过互联网了解健康生活知识,也让他们不知不觉成为了丁香医生平台的新粉丝,使得丁香医生保持了高速的用户增长,成功"出圈",成为了各大平台综合排序下的头部账号。

2.3.2 变局中开新局:平台赋能与链路创新

疫情让实体市场进入了寒冬,很多企业失去了线下的主要销售渠道,却给电商市场带来了新的机遇。李天天看到了新的商机:拥有全网5000万大众消费者用户及210万医生用户的丁香医生能否凭借平台禀赋打造一个健康垂直类的电商市场,使企业与消费者之间形成新的价值连接?在团队的研发与打磨下,丁香家悄然上线。丁香家以"健康营销,丁香创造"为主题,通过充分挖掘企业的产品价值,与对平台内用户画像的精确刻画,帮助企业在平台内匹配到目标客户,同时也让消费者能快速找到自己需要的产品。李天天把科学审核机制带进丁香家,所有上线产品都经过丁香科学严审团队的层层把关,通过精准的算法推荐到用户的首页。截至2020年底,丁香家累计服务付费用户超过150万,覆盖母婴、护肤、口腔、鼻炎、睡眠、家居、食品营养等多个健康场景。

除了帮助健康消费品企业挖掘价值、连接客户外,丁香医生还为生物医药企业赋能。很多药企存在着积累了深厚的研发经验,但营销水平较为落后的现象。"认真搞研发的企业赚不到钱,反而不靠谱的企业赚得盆满钵满。"李天天基于丁香医生多年的内容营销经验沉淀、丁香系新媒体矩阵的平台资源以及丁香医生IP资产自身价值考量,成立丁香数字营销平台,以"B—D—C链路为医药企业的数字化营销提效"为纲,通过聚焦医众两端——医生教育和大众科普,为医药企业提供专业的营销解决方案,帮助企业打造医患两端的品牌声量。李天天认为丁香医生数字营销的核心优势在于五大能力:精准洞察力、专业公信力、品牌驱动力、内容影响力与原生感染力。李天天也规划了数字营销未来的蓝图:"我们的目标很单纯,就是希望与大家一起共建产业生态圈,并且让这个生态圈变得更加良性、健康。在这样的使命感召下,我们和越来越多的专业力量走到一起,同时丁香园也真正做到了把'半条命'交给合作伙伴。"

在疫情背景下,医疗机构和医生群体走到了镁光灯下,受到了广泛的关注。但全国80%的医疗机构都存在着数字化能力不足,品牌运营差的情况。李天天想借助丁香医生的平台资源回归初心,在数字化时代帮助医疗机构提供品牌运营解决方案,促进中国医疗行业品牌正向发展,医院汇由此应运而生。医院汇为医疗机构提供整套数字化运营解决方案,主要分为三步:第一步是医院品牌全案策划与运营——通过梳理对医院端(H端)客户的竞争优势,清晰规划医院品牌进行传播的全流程,提升医院的品牌影响力;第二步是利用丁香医生拥有的行业与平台资源进行对接和整合,并向 H 端输出丁香医生体系;第三步是在丁香医生平台上推广品牌。截至 2021 年底,医院汇的合作医疗机构数达到 20 余家,越来越多来自平台的患者前往这些医院就医。

直播是后疫情时代最受大众欢迎的新兴媒介形态,即时交互性、强社交性、题材多元性、趣味性等特点使其得到了用户的飞速增长。丁香播咖是丁香园旗下医生直播互动平台,它有效整合了丁香医生平台的用户渠道和数据资源,依托丁香医生品牌优势,在疫情期间为全国各地医院、医疗机构和企业实现了医生讲座、科室会、患教会、招聘宣讲会及多科室专家会诊等多种场景的线上直播,成为为医学专业人士打造的"线上学术加油站"。据统计,有超过 18 万观众在此期间使用播咖学习、参会。下一步,丁香播咖还会开发新的产品来服务 B 端与 C 端客户,将不同的价值主体进行连接,打造丁香播咖网络生态。丁香医生平台业务如图 2-1 所示。

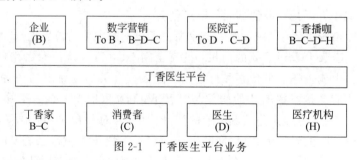

图 2-1 丁香医生平台业务

2.4 尾声

丁香医生取得的成就让李天天感慨万千,"现在很多人可能不知道丁香园是干啥的,但绝对听过或者用过丁香医生。"在内容影响力、商业影响力与助力战疫上,丁香医生都取得了非常突出的成绩。"秉持着'健康更多,生活更好'的愿景,丁香医生还会继续做中国互联网医疗事业的领跑者,帮助更多的人拥有健康、科学的生活方式。"李天天的演讲结束,台下响起了经久不息的掌声。

回到公司的李天天却并没有轻松下来,最近发生的一些事让他陷入了思考:丁香医生的内容质量下滑,营销手法遭受了质疑。例如,2021 年 5 月,丁香生活研究所发布原创推文《你买的可能是"假"全麦面包!扒了 50 款,我们推荐这 7 款》,在推文中,丁香生活研究所将田园主义全麦欧包列为推荐榜单第一。这款全麦面包随即被上海市消保委指出虚标成分、宣传不实。面对"带货"质疑的丁香医生,在此时却选择了不发声、不回应。2021 年 10 月,丁香医生"喝无糖的碳酸饮料不会损伤牙齿"的论断再度引发争议,并于当晚就在微博致歉。丁香医生早期的"101 条辟谣"也在不断地被网友翻出,引发"科学背后是引导消费"等质疑。如此看来,丁香医生的专业性和商业化平衡之路还有很长的路要走。此外,丁香医生各业务链路的发展良莠不齐,如何通过资源整合与内部经验共享让各业务团队实现"优等生带动差等生",实现平台可持续发展,依然是眼前亟须解决的问题。

案例思考题:

1. 什么是平台?丁香医生是平台型企业吗?
2. 丁香医生的发展可以分为几个阶段,其价值主张如何演化?
3. 作为互联网医疗平台,丁香医生如何实现平台的用户增长?
4. 面对专业化和商业化的争议,你认为丁香医生该如何改进其平台增长途径?

参考文献

案例 3 速途网络:技术驱动的新媒体企业业务模式变革[①]

摘要:以微信、今日头条、抖音为平台的移动互联网生态,正在催生新媒体和新营销的业态变革。随着移动互联网、大数据、人工智能的发展,技术正在推动新媒体的不断创新和组织变革。北京速途网络科技股份有限公司(简称"速途网络")成立十二年来一直不断创新,坚持在新媒体运营、内容营销、技术升级的方向上积累和沉淀。本文以速途网络为典型案例,对其已有业务组织变革、行业背景、组织面临问题等内容进行研究,关注特定市场环境之下速途网络是如何提前发掘有利的商业机遇,在每一次"风口"来临之际都能快速转型升级。

关键词:技术驱动,新媒体,大数据,人工智能。

Sootoo: Technology-driven Organizational Business Model Reform of New Media Enterprises

Abstract: The mobile Internet ecosystem with Wechat, Toutiao and Tiktok as platforms is accelerating the transformation of new media and new marketing formats. With the development of mobile Internet, big data and artificial intelligence, technology is driving the continuous innovation and organizational transformation of new media. Beijing Sootoo Network Technology Co., LTD. (hereinafter referred to as "Sootoo Network") has been constantly innovating since its establishment for 12 years, insisting on the accumulation and precipitation in the direction of new media operation, content marketing and technology upgrading. Taking Sootoo network as a typical case, this paper studies its existing business organizational changes, industry background, problems faced by the organization, and pays attention to how Sootoo network explores favorable business opportunities in advance under the specific market environment, and can quickly transform and upgrade when every "tuyair" comes.

Keywords: technology driven, new media, big data, artificial intelligence (AI).

---

① 本案例由中国人民大学信息学院的程絮森、杨波和商学院的王刊良撰写。

引言

速途网络成立于2009年,是中国领先的"新媒体生态运营商",主营业务包括"新媒体产品与服务、内容营销服务、新媒体营销平台业务"三大板块,具有业内领先的新媒体全生态链服务能力。其中,微媒体联盟已成为国内最大的微信自媒体联盟之一,覆盖互联网、萌宠、瑜伽、汽车、娱乐、教育、游戏等几十个行业。运营超过100个微信公众号,覆盖移动端用户上亿,是国内目前覆盖粉丝最多、行业最广的专业自媒体联盟之一。

本案例以速途网络这一新媒体服务商作为研究对象,通过对其业务变革历程、行业背景以及企业发展中面临的问题等内容进行深入地分析,希望能够为中国的新媒体服务型企业在未来成长过程中提供一些理论指导和建议。

3.1 公司发展及现状

3.1.1 生而独特:垂直媒体时代(2009—2012年)

速途网络成立的时间点恰逢 Web 1.0 时代的黄昏。创始人范锋认定速途网络的定位应该是"中国互联网社交媒体",现有的 Web 2.0 系统无法对用户发布的信息进行审核、监管。而速途网络要做的不仅是一个信息全分享的平台,更重要的是对用户生产的内容进行全面监管。同时,还希望这一平台具备互联网社交功能,即注册用户不仅可以在平台上发表评论,而且还可以建立双向交流联结。

因此,速途网络创立之初,成立了速途网。而速途网成立之时国内几乎没有一个专门以互联网行业为对象进行报道的垂直媒体,于是其成为了第一家专注于互联网行业报道的媒体,日后逐步成为中国互联网行业最大的行业网站和舆论社交的阵地,被誉为"中国互联网守望者",在其上线一年后就已有四千多家企业注册用户。

3.1.2 乘风而起:腾讯社交媒体时代(2012—2016年)

2004年以后,以 Facebook(脸书)、Twitter(推特)、YouTube、MySpace、微博、微信为代表的新一代社交媒体开始出现并迅速壮大。范锋在这一时期凭借敏锐的嗅觉,布局了许多媒体人未能察觉到的先机,敢为人先,积累了后续发展的力量。最开始,速途网络试图利用微博拓宽自己之前的营销业务,但是结果却不尽如人意。由于没有事先构建自己的 KOL(关键意见领袖)群体,导致属于自己的资源较少,所以尽管可以将自身的营销与微博相结合,但是绝大部分资源都是从各 KOL 及大 V 手中采购的。

汲取此次微博营销的教训,速途网络抓住了微信公众号这一社交网络优势,在微信公众号刚刚面世时,速途网络就率先注册了大量的公众号,提前布局了微信这一社交媒体,这一次抢注行为使其拥有了日后流量的一个主要来源。之后,速途网络还基于 QQ 公众号建立了"Q 媒体联盟",将自己的 Q 媒体联盟依照00后喜爱的内容进行布局,覆盖了时尚类、二次元、黑科技等多个类别,抓住了比微信群体更加年轻的一代用户。

3.1.3 破壁而出:多元新媒体时代(2016—2019年)

信息技术的高速发展和普及使得短视频进入蓬勃发展的阶段。短视频的爆发使得短视频平台逐渐成了为用户获取互联网信息的主要渠道。从2015年底到2016年,微信的红利期已经过去的言论初显端倪,范锋对此也有所察觉和思考。为了防止"落后就要挨打"的局面,速途网络凭借自己媒体资源的深厚积累入驻了多个内容平台,跳出了腾讯社交媒体的单一生态。

由于具有微信公众号的运营经验,速途网络将大量的公众号编辑后入驻了今日头条、UC号(大鱼号)、一点资讯等多个平台,开设了相关账号。在抖音、快手、火山小视频等短视频平台,速途网络也进行了布局;造一个短视频为主的新闻IP,去借助视频开放平台的流量来获得关注。此外,速途网络也将短视频与企业服务相结合,2017年元旦,速途网络为联想控股做了一个公益性质和社会责任感的短视频,播放量达二三十万,取得了很好的效果。另外,在蜻蜓FM、喜马拉雅等音频平台和映客、花椒等一些直播平台上,速途网络也相应做了一些针对性的策略。2017年,速途网络相继成立了速途影业、速途教育和盈司创意,积极布局与新媒体相关的其他行业。

3.1.4 自我革新:新营销+新消费(2019至今)

2019年1月20日,速途网络年会在北京总部举行,预示着速途网络第一个十年告一段落,新一个十年的开启。前十年里,速途网络历经变革,从用户需求迭代中感受到行业的颠覆性商业模式重构,及时发现并快速抓住新媒体时代企业变革的核心动力,实现了从垂直社交媒体到品牌生态运营商的华丽转型。在新营销业务领域,速途网络目前拥有网道咨询、盈司创意、速途大文娱和速途大健康4个品牌,并囊括了"每日瑜伽""猫来了""人力资源管理"3个新消费IP。目前,"猫来了"和"每日瑜伽"已成立独立的运营公司,真正实现了内部孵化。

速途网络在此期间经历了4个阶段的变革,如今,总部位于北京的速途网络在郑州、深圳、上海、广州、杭州均开设了分公司或办事机构。速途网络及旗下子公司"网之道"连续多年被评定为国家级高新技术企业。如今的速途网络定位为"移动创意工场",成为中国智能营销和新消费全生态服务商,主要致力于为企业级客户提供基于大数据的智能营销解决方案,以及为广大移动互联网用户提供基于新技术平台的内容服务和生活服务。其旗下的速途新营销、速途新媒体、新营销联合研究中心三大板块,品效协同,彼此支撑,是速途网络精耕细作的"经营圈",共同助力品牌驶入快车道。

3.2 行业背景

3.2.1 垂直媒体崭露头角——文字内容

速途网络成立的时间点正是Web 1.0时代的黄昏。博客的兴起、RSS技术的应用、P2P技术、HTML5、NodeJS、SNS等的广泛流行,使得以去中心化、开放、共享为显著特征的Web 2.0成为新的时代潮流,网络用户被赋予了再生产权,信息和服务由平台和再生产者共同制定,利益由平台和再生产者所有。受Web 2.0直接冲击的对象之一,就是Web 1.0时代的网络媒体。在Web 2.0的技术和意识形态基础上,最显著的特点就是UGC(用户自己生产内容)网络媒体平台的相继出现,随后便是自媒体平台和自媒体人的出现,大众既是信息的接收者,也可以成为信息的生产者。当时的中国,人人网、开心网等相继成立,拉开中国社交网络大幕,各类产品相继出现,形态各异,百花齐放。而在这一时间点,垂直社交网络则主要与游戏、电子商务、职业招聘等相结合。在这一时期,用户生成内容仍以文字为主。

3.2.2 社交媒体席卷而来——图文内容

2011年9月,在百度世界大会上,李彦宏将推荐引擎与云计算、搜索引擎并列为未来互联网重要战略规划以及发展方向,个性化推荐和"千人千面"逐渐成为许多行业都在关注的问题,而大数据的概念也随着国外学者的多方论述而吸引了诸多企业家灵敏的嗅觉。许多人可能对于什么是大数据,什么是个性化推荐还没完全搞明白,但是对于各类数据资源在未来的重要程度都做出了一致的判断——数据在未来将会是重要资产,要为各类数据争夺战早做准备。媒体行业天生就具有大量的数据,但由于困难程度和短期效益,这些纷繁复杂的数据,很少被一些运营者积累。速途网络在这一时期凭借敏锐的嗅觉,布局了许多媒体人未能察觉到的先机,敢为人先,积累了后续发展的力量。

3.2.3 多元媒体"井喷"而出——视频内容

技术的发展和成熟总是推动着媒介的不断变化,智能手机用户数量的飞速增长、4G通信技术和无线网络的高度普及,使得短视频进入蓬勃发展的阶段。根据2018年12月发布的第43次《中国互联网络发展状况统计报告》显示,我国短视频用户规模达6.48亿,用户使用率为78.2%。同时,AI技术创新也早已渗透到了短视频各个环节,应用在视频生产、传输、消费等各个阶段,AR相机姿态估计、智能视频编码、智能暗光增强、人体体态估计等技术给用户视频生成增加乐趣,也为视频分发和精准推荐贡献了力量。短视频的爆发使得短视频平台逐渐成为了用户获取互联网信息的主要渠道。"私域流量"概念在互联网行业逐渐流行起来,很多互联网公司都感觉到了增量天花板,流量红利殆尽,于是挖掘老用户更多的价值成为了所有公司的共识,"客户"这个最有价值的资产受到了本就应得的重视。此时,微信的红利期已经过去的言论初显端倪。

3.2.4 数字化技术助力新消费——直播内容

大数据智能技术对于企业生态系统的干预和管理,使得企业将开启全面量化运营的新时代,整个生态依靠各个生态伙伴有机协同完成各项工作和任务。"技术创新+商业模式创新"双轮引擎将带领公司的各个部门和人员形成协同创新的新局面,使得企业实现高质量的发展和成长。各大新媒体平台探索"直播+"模式,构建多元内容生态系统。随着新媒体的发展,传统电商市场已经达到饱和,"直播+电商"凭借实时性、互动性等优势极大增强了用户体验,KOL带货模式更是提升了商业转化率,为行业带来巨大的商业红利,成为直播行业增长新动力。不仅如此,三线以下城市用户规模大,用户可支配时间更多,变现潜力更大,成为直播行业未来挖掘的下沉市场。

3.3 面临的问题和解决方案

3.3.1 维持用户黏性难度增大

新媒体发展至今,互联网从增量时代步入存量时代,人口红利逐渐减退,用户规模增速逐渐变缓,媒体行业的"马太效应"逐渐凸显,争夺存量市场的博弈更加激烈。对于速途网络而言,前期粉丝(或称消费者)积累容易实现。然而,后期一旦对其进行聚焦或者细分,会发现同偏好、同类型或者同区域的粉丝稀薄,这导致后期维持消费者黏性难度加大。对于消费者而言,不论是消费实物,还是消费信息或者消费时间,这些都可以被视为是消费产品或服务。随着消费者对于质量要求越来越高,加之创新难度加大、流量红利期缩短,导致用户流失持续增长,持续变现的难度加大。

范锋说:"市场是我们这个公司最大的老板。"因此,范锋秉持着"用户需求至上"的观念,尝试打造超级IP。以速途网络"萌工厂"这一濒临"死亡"的萌宠类公众号为例,速途网络分别从顾客需求精细化运作,将目光转移到越发活跃的炫猫狂魔和现实中在外独自打拼、"靠吸猫为生"的90后"空巢青年",将"萌工厂"改造为一个"以猫为主,面向猫奴(包含云吸猫人群)"的公众号,通过广告、软文、打赏、电商、内容付费等形式来实现流量变现。之后,速途网络采用类似模式又成功打造了"每日瑜伽"和"人力资源管理"超级IP。速途网络的新消费模式以消费者为核心,以满足消费者需求为目的,重构消费者与商家的关系,实现业态整体的全要素升级。

3.3.2 高昂的用人成本

目前新媒体以人工运行为主,随着我国劳动力价格的不断攀升,新的热点内容不断涌现,人工运行成本成为制约自媒体行业发展的严重桎梏。同时,人的工作效率受到诸如情绪等因素的影响,工作效果不稳定和人力资源的流动性会对媒体平台的稳定性和质量造成明显的影响。速途网络运营55个主要账号,仅文本内容写作这一项就需要具有丰富经验的职业编辑人员37人。而这些编辑人员,需要长时间的训练才能达到需求标准。这种人工编辑具有至少两个明显的局限性。首先,人力成本极高。最近几年,随着我国国民经济的发展,我国人民的经济水平有着明显的提高。反映到用人单位,则是人力成本的急剧上升。因此,高昂的人力成本成为新媒体行业的一个痛点。其次,人员流动性大。新媒体的消费主力是新时代年轻人。因此,从事新媒体行业也主要以年轻人为主。然而,年轻从业者一般具有经验少、跳槽率高等特点。媒体编辑,特别是特定话题的编辑是需要经过长时间的学习和训练才能够适应工作的。而这些训练、培养后的编辑也会成为各个新媒体企业的竞争对象。正因为如此,造成了一种恶性竞争,各个新媒体企业都希望直接挖走其他企业培养出来的编辑而不是自己花时间和精力去培养。

随着计算机技术的发展,特别是自然语言处理技术的进步,将AI技术引入媒体行业是一个具有很高实际应用价值的课题。在引入AI技术这一点上,速途网络的领导层极具决断力和前瞻性,主动与中国人民大学信息学院合作进行了相关研究和实验。目前,基于AI技术的信息系统已经成为速途网络发展的重要助力。为解决速途网络的人工运营问题,中国人民大学信息学院针对新媒体数据的特点,研究结合数据和知识驱动的深度学习算法,并在新算法的基础上开发针对新媒体平台的自动内容选择和推送系统以及自动应答系统。

3.3.3 如何走好、走稳企业转型之路

随着大数据、云计算、人工智能和区块链技术等现代信息技术和通信手段的发展和应用,企业的产品、服务和流程正在发生变化,新的商业模式正在建立,企业资源计划、客户关系管理、供应链管理等各个渠道都正在转型。由新技术所推动的大趋势和大潮流,各个行业和企业都将在这潮水中或立于浪潮之巅,或葬身于骇浪之下。封闭式创新将会被逐渐放弃,并被创新生态化取而代之。

前十年里,速途网络历经变革,从用户需求迭代中感受到行业的颠覆性商业模式重构,及时发现并快速抓住新媒体时代企业变革的核心动力,实现了从垂直社交媒体到品牌

生态运营商的华丽转型。而在接下来的数字化时代，速途网络必须把握住大数据浪潮、人工智能浪潮赋予的机遇自建流量管道，积累流量、运营流量，让流量池成为产业的源头活水。为此，速途网络与中国人民大学商学院联合挂牌成立"新营销联合研究中心"。"新营销联合研究中心"立足学院研究与前沿实践，深入企业成为行业标杆，跟踪、研发、推广更具成效的营销经验、模型，全方位揭示新营销密码及"魔方"规律，成为了企业新营销的智慧平台。

3.4 尾声

首先，在新媒体发展迅速的时代，为充分发挥流量红利，唯有多个业务单元不断探索、不断试错，在试错中总结和分享实战经验，不断迭代更新自己的产品、服务，最大化发现有效的做法并尽快内部推广。同时，也要关注同行、增加宽度、总结横向经验来"避坑"。其次，破除人工运营的桎梏，实现新媒体行业的自动化成为解决上述弊病的重要举措。新媒体自动内容选择与推送系统可以解决纯人工编辑的瓶颈，解放生产力，提升公司盈利水平。随着计算机技术和 AI 技术的发展，特别是自然语言处理技术的进步，将 AI 技术引入媒体行业成为可能。因此，针对新媒体数据的特点，研究结合数据和知识驱动的深度学习算法，并在新算法的基础上开发针对新媒体平台的自动内容选择和推送系统以及自动应答系统，是解决速途网络目前人工运营问题的一个重要方向。更为重要地，2018 年以来新媒体成为互联网乱象"重灾区"，也成为相关部门监管治理的重点。《焦点访谈》之前的报道中，也曾指出新媒体领域的六大问题，分别是"低俗色情、标题党、谣言、黑公关、刷量、伪原创"。那么，对速途网络而言，如何在这一困境中保持独立性和判断力还有待思考。

案例思考题：

1. 速途网络是如何找到自己的市场定位并生存下来和取得成长的？

2. 速途网络经历了哪些技术驱动的转型，又是如何实现的？试举一个典型的技术可以解决的痛点。

3. 速途网络的垂直 IP 是如何出现的，有哪些创新的做法？

4. 速途网络的商业模式是什么？

5. 速途网络借助哪些技术手段运营新媒体？

案例 4 "云匹配促贸投":聚通人才网的孕育之路[①]

摘要:数字经济成为驱动我国经济高质量发展的重要引擎。如何借助数字技术更好地协助外贸企业顺利开展海外业务,助力来华留学生进行专业实习、就业实践等活动是疫情期间亟待解决的难题。本案例讲述了为服务外贸企业和来华留学生实现人企匹配、合作共赢,段文奇教授带领团队与杭州鑫之烁大数据科技有限公司合作搭建聚通人才网(下文简称为聚通。)平台的故事案例以平台的产生及发展为主线,阐述了平台从疫情背景下发现机遇到提出非接触式外贸发展新思路,进而构建聚通平台服务架构,并制定运营策略推广平台的过程。通过案例学习全面、系统地掌握平台生态系统及其成员构成关系,学会依托用户需求列表搭建平台服务架构,将平台生态系统思维运用到平台企业的推广运营中,提高企业的运营效率。

关键词:平台生态系统,外贸企业,来华留学生,非接触式外贸,服务架构。

"Cloud Matching Promotes Trade Investment": The Breeding Road of Jutong Talent Network

Abstract: Digital economy has become an important engine driving the high-quality development of China's economy. How to better assist foreign trade enterprises to carry out overseas business with the help of digital technology, and help international students to carry out professional internships, employment practices and other activities are urgent problems to be solved during the epidemic. This case tells a story about the Jutong Talent network platform (Jutong for short) that professor Duan Wenqi led and Hangzhou Xinzhishuo Big Data Technology Co., LTD., in order to serve foreign trade enterprises and international students to achieve human-enterprise matching and win-win cooperation. The case takes the emergence and development of the platform as the main line, and expounds the process of the platform from discovering opportunities in the context of the epidemic to proposing new ideas

---

① 本案例由台州学院商学院的段文奇教授和浙江师范大学经管学院的代小会、丁文廷、俞志芳撰写。

for the development of contactless foreign trade, thus constructing the service structure of the Jutong platform, and formulating operation strategies to promote the platform. Through case study, we can comprehensively and systematically grasp the relationship between platform ecosystem and its members, learn to build platform service architecture based on user demand list, apply platform ecosystem thinking to the promotion and operation of platform enterprises, and improve the operation efficiency of enterprises.

Keywords: Platform ecosystem, Foreign trade enterprises, International students, Non-contact foreign trade, Service architecture.

引言

段教授,浙江省高校中青年学科带头人,从事多年高校教育工作,同时也长期致力于平台企业管理的研究,并取得了重要成果。除了进行学术研究和教学活动外,段教授还经常与留学生、当地政府、企业进行交流学习,将理论用于实践,并在实践中修正理论,从而实现理论与实践之间的良性循环。

自疫情暴发以来,段教授一直关注外贸企业的动态,一篇关于外贸企业在疫情冲击下的现状的报道吸引了段教授的注意。外贸企业A总经理描述道:他们对海外市场了解相对于国内市场较少,无法获取如市场信息、经济情报等一手数据,加之跨国调研成本高等问题,使得外贸业务的开展具有一定的不确定性,而疫情的暴发进一步加剧了这些难题。另一方面,根据我国教育部发布的数据,截至2020年,来华留学生规模达到近50万,而来华留学生同样受到疫情影响,无法返校学习或正常参与线下教学活动,想要做点有价值、有意义的事情充实自己但又不知该做什么。段教授开始思考能否通过外贸企业和留学生合作,使得外贸企业能尽快获取目标市场信息、节约跨国业务成本、解决本土化人才困境,留学生也能够在实践过程中锻炼自身能力,积累工作经验,充实自己的留学生经历。

但如何实现两者之间的合作是一个难题,疫情期间催生的各种数字平台使段教授茅塞顿开。"钉钉""腾讯课堂"给百万学子架起了停课不停学的云端课堂;盒马鲜生等送菜上门及美团、饿了么等外卖服务撑起了疫情期间普通老百姓的饭桌。段教授内心萌生一个想法,我们是否也可以利用数字技术,构建实现外贸企业与留学生云连接的平台,为双方牵线搭桥,实现两者的协同发展。段教授立刻就自己的想法去进行信息搜索,发现目前国内专门针对外贸企业和留学生交互合作的平台较少,这坚定了段教授想要搭建平台的决心。由此,聚通人才网的故事拉开了序幕……

4.1 凝聚力量,共绘蓝图

段教授站在窗前理了理自己的思绪,然后回到办公桌前开始草拟搭建平台的计划。2020年1月底,段教授开始筹划组建团队,经过思考,段教授脑海中浮现了一些成员,通过与这些成员分享交流,项目聚集了擅长计算机软件、企业运营、平台管理等人员,初始团队由教授、研究生及企业人员构成。

团队组建好后,段教授便组织了团队成员的第一次碰面。在等待的过程中,大家就开始交流探讨,似乎对这个想法很感兴趣。正式会议的时候段教授谈到:"随着近年来世界经济增速放缓,贸易保护主义抬头,加之2020年新型冠状病毒感染在全球的持续蔓延,我国对外贸易摩擦不断,外贸企业的发展面临重大困境。虽然疫情严重阻碍了外贸企业的发展,但数字经济、数字贸易的高速发展为解决外贸企业的问题提供了新的契机。我想,我们可以基于数字技术搭建一个留学生与外贸企业协同创业的双边服务平台,外贸企业可以借助来华留学生对母国市场更为熟悉的优势,开展涉外业务,促进海外投资;而留学生可以借助外贸企业的资源和平台锻炼自身能力,积累就业经验。我相信这是一次有趣、有意义的探索"。

易总提到："这个想法确实既顺应疫情背景,也符合时代发展的需求,还能实现多方共赢。不仅能够帮助政府部门解决对外经贸及外贸企业扶持问题,还为高校留学生教育培养及招生提供了新思路,对于国内外外贸企业和留学生更是益处颇多。但是我们还需要对实施环境进一步分析探讨,保证平台搭建的可行性、可靠性。""是啊,我们得清晰地知道我们面临的环境、拥有的资源和优势,明确我们能做什么,这样才能使我们平台的落实更具方向。"何老师附和道。

紧接着段教授补充道："两位老师说的确实是我们需要思考的问题。而且平台作为一个商业生态系统,需要考虑其与外部环境的关系。在外部环境对平台的输入方面:首先,平台的运营管理和跨境电商知识体系的日益完善,为平台生态系统搭建运行提供充足的知识储备。其次,数字技术、互联网技术的发展,使得市场、行业、技术信息的获取更加方便。且平台搭建的服务器不断升级优化、相关人才资源充足,这为平台运行提供较为完备的物质条件。此外,政府对于外贸企业的扶持与重视,为外贸平台的运行提供良好的社会与政策环境。在平台对外部环境的输出方面:平台为外贸企业和留学生的协同发展提供新的思路,为双边用户提供针对性的产品和服务,如外贸企业可以在平台发布任务获取留学生资源、可以获取海外信息和市场分析报告等。最主要的是,我们还能利用自己的特长,做一些有意义的事情,与外贸企业、留学生一起共克疫情难关。"

小刘听到这里,激动地说:"我们具备很多优势,不管是平台搭建、外贸企业或数据分析、还是平台运营,我们都有专业的人员呢。而且我们学校有教育部重点培育的非洲研究院,有来自各个国家的留学生以及高校和留学生间的社交网络,这都是我们的资源啊!"小代补充道:"既然这样的话,我们基于疫情背景,对外贸企业和留学生用户开展需求调查,倾听用户声音;这样可以根据用户需求列表,制定需求服务矩阵,提炼出平台的核心服务与衍生服务。通过这样一个调研活动,我们不仅了解了用户需求,还能了解用户对于平台理念的反馈。"其他人员纷纷点头赞同,随着讨论的深入,大家对于平台搭建的想法越发坚定,讨论仍在继续……

4.2 数字赋能,搭桥牵线

4.2.1 策划调研,深挖用户需求

2020年4月初,根据之前会议的讨论,大家知道想要明确搭建平台的内容,就必须了解核心用户及利益相关者的需求。平台是一个生态系统,与平台相关的每一个组成部分都应该受到重视。因此,段教授计划针对平台核心服务主体——外贸企业和留学生,开展调研活动来真正了解用户需求。两次调研活动分别由小代和小刘负责。

首先,由易总带着小代负责开展疫情背景下的防疫克难全国外贸大调查活动。本次活动以全国百个地级市的外贸企业为样本,以浙江师范大学的研究生为主体组建调研团队,以问卷和访谈的方式开展调研活动,及时、有效地收集、分析和整理一手数据,了解外贸企业的现实经营困难,积极向政府和有关部门反映存在的问题,并提供相关决策咨询报告,助力解决企业发展的难点、痛点,利用大数据帮助企业更好地"求生存、谋发展",为外贸企业提供多元化、个性化、专业化的解决方案。在学校段教授、郑书记、孙院长等专家团队的指导下,在两百多名研究生和本科生的努力下,本次外贸企业调研回收了2023份问

卷、197份企业访谈和16份政府相关部门访谈。通过此次调研活动,团队掌握了有关外贸企业需求的一手信息,并通过与政府相关部门交流反馈,从多个角度再次补充了外贸企业的需求,从而对用户需求更加清晰。

其次,段教授带领团队对浙江师范大学的留学生进行了问卷及访谈,此次调研旨在了解来华留学生的动向,调研与挖掘留学生群体对我国及其来源国稳外贸、稳外资发挥的重要作用,以借助留学生群体帮助外贸外资企业更好地"求生存、谋发展"。此活动由小刘带领研究生和留学生队伍开展了为期一个月的线上调研,最后共回收了近456份问卷。在段教授的引导下,团队还与浙江师范大学6位留学生事务管理老师进行了交流。通过对留学生进行问卷调查和访谈,我们了解到留学生渴望进入中国外贸企业实习、就业的需求。通过与高校留学生事务管理老师交流,我们了解到高校的需求,并更新、补充了对留学生需求的了解。

经过两次调研活动,段教授及团队更加清晰了核心用户的需求,并进一步验证了聚通平台在助力外贸和留学生教育的现实意义。接着段教授又跟大家强调,平台是由核心用户及利益相关者构成的商业生态系统,仅了解双方用户的需求将有失偏颇,故段教授让小代认真整理调研成果,并且借助网络、文献等相关资料,整理出平台相关用户的需求,如表4-1所示。

表4-1 平台相关用户需求清单

需求	外贸企业	留学生	政府相关部门	中国高校	第三方服务商	…
需求1	产品情况、竞争对手动态等贸易信息	实践自己专业知识的机会	及时了解我国外贸现状,监控市场	提升来华留学生教育质量	寻求合作机会	…
需求2	了解交易国家的文化、语言、贸易政策等	寻求发挥自身优势、提升综合能力的机会	知悉外贸企业现状,及时提供帮助	留学生教学实践的新渠道	拓宽合作渠道	…
需求3	急需目标市场的本土化人才	积累工作经验,为就业做准备	推动中外经贸合作与发展	提高招生质量和扩大规模	宣传推广机会	…
需求4	寻求降低跨国调研成本并保证业务质量的新思路	利用闲暇时间赚取一定的劳务费	寻求多渠道的方法和思路来管理对外经贸事务	宣传本校教育成果,提升影响力	挖掘对自身有利的资源	…
需求5	寻找合作伙伴	为母国引资,促进本国企业与中国企业合作	在发展外贸事业同时,带动我国其他方面业务协同发展	加强校政企多方合作	企业革新或者运营学习	…
…	…	…	…	…	…	…

通过表4-1的分析发现,外贸企业和留学生确实存在迫切需要解决的需求,且外贸企业和留学生核心需求的解决可以给整个生态系统带来积极的连锁反应。例如,外贸企业

在借助留学生解决缺乏本土化人才的困境时,留学生也拥有了实践平台和机会;高校可以通过此方式解决留学生教学实践问题,还能在一定程度上提高留学生教育质量,增加中国高校的知名度;外贸企业的健康发展可以降低政府部门对企业的担忧,同时也为他们的管理工作提供了新思路;还有利于第三方服务商发现新的合作机会,对于其转型或者开拓新的合作渠道提供了新思考。

4.2.2 提炼需求,设计服务架构

2020年6月初,平台相关利益主体的需求均收集完成,段教授又开始思考怎么提炼核心服务与衍生服务,从而设计服务架构。段教授提到,用户对于平台总是持"观望"态度,原因在于用户存在转换惰性和转换成本,不愿浪费时间和资源致力于某个不确定的平台。在这种情况下,平台提供的服务可以帮助用户克服使用平台的阻力。因此,段教授开始带领团队对用户需求清单进行深入分析,旨在将用户的需求转换为平台的特定服务。基于服务架构搭建理论,段教授带领团队构建了聚通平台的需求-服务矩阵表,如表4-2所示。

表4-2中的结果表明,部分服务可以满足外贸企业和留学生双边用户的需求;部分则只满足了单边需求。我们将解决双边用户核心痛点的服务定义为核心服务,这些核心服务是平台最有竞争力的服务。通过综合分析,可以初步确定平台最主要的服务为人企匹配:一方面外贸企业急需本土化人才,而留学生亟需外贸企业;另一方面,只要建立起双边匹配,则其他需求可通过双边协商和平台辅助服务得到有效解决。这些辅助服务包括信息推荐、外贸产品数据信息、商业伙伴情报、热点及优秀案例分享等。

段教授紧接着提醒团队需要检验上述服务能否满足用户的需求,即聚通平台服务与用户需求之间的匹配程度。除此之外,由于双边用户的需求随市场环境和时间等因素动态变动,需要及时向双边用户反馈以更新信息。在进行检验之后,段教授从用户需求和商业模式两个维度对聚通平台的服务架构进行优化,最后基本确定了其服务架构。

4.2.3 创新思路,设计商业模式

转眼已经到了9月份,段教授开始思索如何将上述服务落地,构建有效的商业模式以实现价值创造、价值传递和价值获取。通过对国内互联网平台企业进行案例分析,并结合聚通平台的特点及理论研究成果,段教授提出了基于双边市场的聚通平台商业模式,具体如图4-1所示。

(1) 客户细分。依据各用户在平台生态系统中所扮演的角色的差异,将平台客户分为平台领导者(聚通企业)、平台关键用户(留学生与外贸企业)、骨干用户(第三方服务商及合作伙伴、高校、人员培训机构)、支持用户(政府相关部门)等成员。这些成员在为他人创造价值的同时实现自身的价值创造与价值获取。

(2) 渠道通路。聚通平台主要通过线下调研、宣讲活动、中非经贸会议等渠道引入外贸企业。通过网络招聘、校园招聘实现各类人才资源线上、线下的全方位覆盖。在疫情的影响和云招聘的大趋势下,聚通平台推出"云选才"模式,旨在打破地域空间限制,为外贸企业节约招聘成本,实现效果导向的目标,具体包括"云宣讲会""云双选会""云面试"。

表 4-2 聚通平台的需求-服务矩阵

	服务	掌握行业动态,关注外贸发展,获取最新资讯	整理海关产品数据库	设计任务发布、承接模板,不断优化精准匹配算法	用户信息搜集、保密、企业认证等安全工作	积极与外贸企业、留学生交流,引入用户	专家教授研究制定智能化分析报告	企业或留学生案例分享	留学生培训及企业建议	人企沟通及双向评价机制	问题反馈及建议征集	整理国家数据,企业制定商业伙伴情报
外贸企业	企业推广及宣传							√			√	
	最新外贸动态	√									√	
	相关产品数据		√								√	
	市场咨询报告						√		√		√	
	发布海外任务			√	√				√	√	√	
	海外人才推荐			√	√	√					√	√
	合作意愿发布			√		√					√	√
	个人信息保密				√						√	
	中国企业推荐	√						√			√	
留学生	实践机会			√					√	√	√	
	工作经验	√		√							√	
	金钱补贴			√							√	
	创业资源积累	√						√			√	√
	为本国引资											√

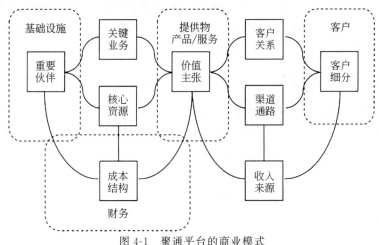

图 4-1 聚通平台的商业模式

(3) 关键业务。依托于用户规模及技术优势,聚通平台构建了一套完整的服务体系。针对外贸企业用户,平台首先为其提供市场分析报告、商业伙伴情报等,帮助外贸企业洞悉市场行情。其次,提供任务发布功能。外贸企业可以在平台发布市场调研、营销策划、在线代销、人脉对接等海外任务。针对留学生用户,平台首先为其提供职业性格测试、面试培训等功能,帮助留学生进行职业规划。其次,提供任务承接功能,留学生可以依据自身的能力选择任务类型是否承接。为实现双方用户的精准匹配,节约筛选匹配成本,平台采用移动端大数据匹配+直接招聘的模式。根据外贸企业所需人物画像匹配留学生,并让留学生与外贸企业直接在线交流,以便双方快速判断人岗匹配程度。

(4) 核心资源。核心资源主要包括区块链技术及大数据匹配技术。平台利用区块链的分布式存储、去中心化、防篡改、公开透明、可验证等特点,结合属性基加密作为数据访问控制策略,提出一种身份信息共享认证的方案,即通过与国内外高校建立合作,由高校将人才真实档案、履历上传至平台,使用区块链和强加密的方式,创建一个可以控制完整成绩记录的认证基础设施,提高双边用户信息的可信度。大数据匹配技术帮助平台准确识别留学生和外贸企业之间的需求匹配度,构建用户画像并做精准推荐。

(5) 收入来源。平台的主营收入来源于商业伙伴情报、市场分析报告、会员制收入。其他业务收入包括广告收入、留学生职业培训收入。平台尚在成长期阶段,处于微利水平。

(6) 成本结构。成本主要包括平台搭建与维护费用、运营成本及推广费用。为提高知名度,平台花费了大量的成本举办各类营销活动,并策划在各类平台投放营销广告,以扩大双边用户规模,提升市场占有率。

(7) 价值主张。平台的价值主张是为中国外贸企业精准推荐本土化国际人才,为海外人才精准推荐中国外贸企业,通过双方的精准匹配,实现企业和人才的协同发展。

(8) 重要伙伴。平台已有两家合作伙伴:杭州途象科技有限公司为平台提供人才和信息资源;杭州鑫之烁大数据有限公司为平台提供技术支撑。

(9) 客户关系。平台建立了留学生社群,将留学生聚集于社群,以便对留学生用户进行管理,并会在群里发送一些与留学生相关的政策、实践机会等,帮助留学生寻找就业或实习的企业。为实现双边用户的交流互惠,平台不定期举办线上宣讲会,诚邀外贸企业与留学生参与,实现双方之间的"云端"交流。

4.3 初出茅庐,稳步运营

在实现平台搭建和通过平台功能测试后,时间已经到了 2021 年 3 月,段教授这时在思考如何运营平台,怎样让用户关注并使用平台,以便在用户的使用中验证平台价值和优化平台功能。段教授认为应该将平台搭建串成一个环,从而在平台建设和使用过程中不断改进。在这样的启发下,"用户黏性"这个词出现在段教授脑海,在平台运营中可以聚焦用户黏性,这样一方面可以促进用户形成对平台的依赖,另一方面还可以在设计运营策略的过程中再次衡量用户需求与平台服务的匹配度。基于用户特点以及用户使用平台所需投入的成本盈利对比分析,可以将留学生作为免费用户,其转换和试错成本比付费用户外贸企业相对较低。因此,在完成平台搭建及内容设计后,首先将留学生引入平台,其次引入外贸企业,最后通过平台相关用户间交互不断提升用户活跃度、忠诚度,实现平台在用户社交网络间的推广传播。图 4-2 为聚通平台提升用户黏性流程路线图。基于以上分析,团队主要从内容设计、活动策划及用户交互 3 个方面实施平台运营策略。

图 4-2 聚通平台提升用户黏性流程路线图

(1)内容设计方面。首先,内容定位应符合用户需求及阅读习惯。只有提供的内容是用户需要的,用户才会使用,如外贸企业能否获悉最新外贸市场动态,留学生能否查询企业信息并承接任务实践。其次,内容需要符合用户语言、排版等习惯。基于企业和留学生不同的语言习惯,对平台页面展示进行了中英文分离,使得用户可基于自身语言习惯查看同样内容的页面。再次,内容设计还应具有差异化。如果提供千篇一律的内容,用户便没有兴趣继续查看,因此,平台与传统外贸服务或留学生服务平台不同,聚通平台致力于双边用户的协同,并且提供了一个外贸发展的新思路。最后,内容设计还应遵循时效性,平台为了增加用户兴趣,除了帮助用户搜集相关信息外,还会不定期发送时事及热点内容,或者优秀案例分享,从而帮助用户获取知识和经验。

(2)活动策划方面。段教授在这方面提到,要想让用户真正活跃起来,除了让他们获取有价值的信息、与平台或者其他用户有效交互之外,还可以策划活动让用户参与平台的运营,其中包括用户意见征集与反馈、用户交流会及调研等。聚通平台为了更有效地引进并活跃留学生用户,曾策划过"留学生言"活动,即招募部分对聚通平台感兴趣的留学生志愿者使用聚通平台,并在使用之后谈及感受,针对不满意或者希望优化的地方提出建议,团队会根据实际情况及时进行修正,并向提建议的留学生表示感谢。此外,团队还寻找对聚通平台感兴趣的来自不同国家的留学生用自己的母语为聚通平台录制宣传视频,这些视频在留学生引流与宣传中起到了很好的反馈作用。

(3)用户交互方面。平台作为一个桥梁,致力于实现双边用户的协同发展。因此,除了平台自身的内容设计及其相关活动外,平台还采取措施促进双边用户的交互。通过用户之间的良性互动,提升用户的满意度,增加用户的回头率,提高平台的知名度与美誉度。具体的运营策略包括:对外贸企业信息进行整理使得留学生能够更清晰地了解外贸企业;专门设计了精准匹配算法及匹配关键词,最大限度地减少无效信息,从而使得用户能快速获取与自身最匹配的信息,实现外贸企业和留学生的精准匹配;建立了留学生社群,将留学生聚集,并选取培养留学生代言人,促进留学生用户之间的交流。团队通过增加用户之间有效交互并提供辅助服务提升交互质量,从而不断增强用户黏性,促进平台推广。

4.4 风华正茂,未来可期

经过团队一年多的共同努力,聚通平台在段教授的带领、设计和规划下已步入稳步前进阶段。目前,聚通平台已经有六百多名留学生用户,同时也拥有了一批留学生代言人。以研究生为主的学生群体在各教授指导下积极参与疫情期间开展的外贸企业和留学生调研活动,将所学用于解决市场实际问题,积极反馈外贸企业现状和需求,为企业和政府建言献策,发表相应的媒体报道,为聚通平台新思路的传播拓宽了渠道。聚通平台的"非接触式外贸发展"思路得到部分地方政府和用户的认可。

此外,在平台搭建方面,平台初期计划的服务功能基本实现,通过了团队成员内部测试、留学生和企业的抽样测试。但现阶段平台管理仍存在以下不足:对市场和用户需求反馈的了解不够深入,平台的外观设计及内部服务机制不够完善,用户缺乏黏性,用户质量得不到保证,平台的优化和推广不够全面,用户增长放缓。因此,平台将致力于从以下几个方面解决上述问题。

首先,时刻关注用户需求,满足用户需求预期,并在此基础上进行产品或服务改进与创新。其次,关注留学生与企业双方用户质量,制定相关的行为规范和准则,约束主体行为,保证合作质量,减少不诚信行为。再次,利用潮流效应与正反馈机制,采用广告推广或低价补贴等形式,吸引用户加入、使用并主动分享平台。总而言之,平台在未来发展过程中应不断综合考虑评价定位,并对自身进行适时调整以应对不断变化的内、外部环境。

现阶段聚通平台只是刚刚起步,未来发展道路任重而道远。但是有了平台搭建的经验,大家更加坚定了继续推进聚通平台发展的决心。虽然之后团队可能遇到更大的挑战和困难,但是大家相信只要脚踏实地、稳扎稳打,将平台生态系统的特点和理念贯彻到平台搭建的全过程,始终坚持共建共享、合作共赢的原则,聚通平台总会持续绽放光芒。我们将继续全心致力于外贸企业和留学生的协同发展,助力我国对外贸易工作,做人企协同发展平台道路探索的"点灯人"。

案例思考题:

1. 本案例围绕平台商业生态系统展开,你是否了解平台及平台生态系统?平台生态系统有何特点?

2. 什么是双边平台商业生态系统?如何分析双边平台生态系统的成员构成?如何看待平台内部生态系统与外部环境的关系?

3. 如何创建一个新的双边平台商业生态系统?根据案例探究聚通人才网的构建过

程,学习如何确定用户需求与服务并绘制服务平台需求-服务矩阵示意图？如何确定核心业务并最终搭建商业生态系统的业务流程体系？在此基础上如何进行服务架构体系优化？

4. 如何进行平台经营策略的开发与运营管理？如何利用和理解平台生态系统动力机制？如何构建优化平台管理决策的闭环控制系统？

参考文献

案例 5　跨越鸿沟：康乃馨重构商业模式闭环[①]

摘要：江苏康乃馨广告有限公司成立于1998年，现已发展成为一家与江苏、湖南、浙江、安徽、天津、四川、江西等多家广电集团签约合作的媒介代理公司。这样一家广告代理公司却在2015年做起珠宝生意，后于2017年走上葡萄酒电商之路。康乃馨商业模式探索需要实现价值创造和价值捕获鸿沟的跨越，这是难题，也是动力。本案例旨在让学习者理解商业模式价值创造和价值捕获之间可扩展性闭环构建的机制与路径。

关键词：价值创造，价值捕获，商业模式闭环，传统媒体，电子商务。

Crossing the Gap: Kang Nai Xin Reconstructed the Closed Loop of its Business Model

Abstract：Jiangsu Kang Nai Xin Advertising Co., Ltd. was established in 1998, and has now developed into a media agency that has signed contracts with many radio and television groups in Jiangsu, Hunan, Zhejiang, Anhui, Tianjin, Sichuan, Jiangxi, etc. Such an advertising agency started the jewelry business in 2015, and then embarked on the road of wine e-commerce in 2017. The exploration of Kang Nai Xin's business model needs to bridge the gap between value creation and value capture, which is a problem and a driving force. This case aims to let learners understand the mechanism and path of scalable closed-loop construction between value creation and value capture in business models.

Keywords：value creation, value capture, business model closed-loop, traditional media, e-commerce.

[①] 本案例由安徽财经大学工商管理学院的李永发、孔恒洋、侯宇凡与南京三时记文化传媒有限公司的金燕琳共同编写，案例编写过程中得到了江苏康乃馨文化传媒有限公司创始人马嘉益与总经理徐玉兰的大力支持。

引言

2021年11月底,全网"双十一购物狂欢节"落下帷幕,根据华经产业研究院数据,全网总销售额为9651亿元,较2020年双十一活动期间的总销售额8600亿元提高了1051亿元,同比增长12.2%①,天猫双十一有29万商家参与,其中65%是中小商家、产业带商家和新品牌。位于南京百家汇创新社区的广告公司——江苏康乃馨文化传媒有限公司(以下简称为"康乃馨"),也是其中一员。

康乃馨,一家成立于1998年的媒介代理公司即广告公司,代理过近百个品牌,合作三十余家电视台,在2018年创立酒品牌"达颜",2020年正式在淘宝开起C店②,进入电商赛道,一年间在苏宁、天猫、京东等多个平台陆续开起线上店铺。康乃馨商业模式曾经构建了价值创造与价值捕获可扩展性闭环,而当前究竟如何跨越两者之间的鸿沟呢?

5.1 背景

5.1.1 企业及创始人背景

康乃馨注册资金200万元,其创始人马嘉益,曾任江苏电视台副台长兼广告信息中心主任,中广协电视委员会常委,江苏省广告协会副会长,南京市广告协会副会长等职。马嘉益退休后,便成立了康乃馨文化传媒,在知天命之年开启了创业之路。在电视台时,马嘉益主要负责竞技宣传和广告经营,作为退休的电视人,既有专业又有资源,无疑具备了极强的竞争力,吸引了很多有理想有抱负的年轻人。自1998年成立至今,康乃馨一直秉承"笃信、知行、勤健、求实"的理念,竭诚为客户服务,取得了骄人的成绩。康乃馨年度营业额不断攀上新的高度,日渐与多家强势媒体建立起稳固的战略合作关系,合作客户遍及日化、食品、药品、酒业等多个主流行业,从单一的媒介购买公司成长为以媒介策略与购买为核心,全面开展全案代理、媒介策略、媒介购买、市场监测与评估、危机公关等多种业务的综合型传媒集团。2015年,康乃馨开始探索第二产业,先后尝试了珠宝、葡萄酒以及白酒等产业。康乃馨重大事件如图5-1所示。

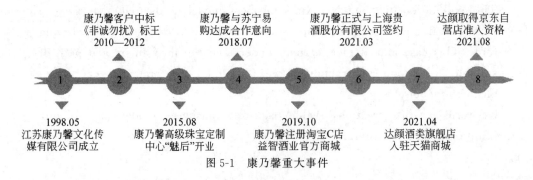

图5-1 康乃馨重大事件

---

① 数据来源于华经产业研究院。
② 淘宝C店其实就是个人店铺、集市店铺的意思,淘宝网有两种店铺,一种是普通的集市店铺,另一种是商城店铺(天猫),可以理解为除了天猫商城之外,其他的就是淘宝网C店。

5.1.2 行业与市场背景

20世纪90年代,各个省级电视台纷纷上星,在那个时期,电视内容稀缺、信息闭塞、人们渴望知晓外部精彩世界,频道上星开阔了民众的眼界,深受民众的欢迎,也刺激着整个电视产业链的发展。

1992年,邓小平南方谈话之后,各类企业广告需求量大增,媒体的广告经营规模随之大幅度增长,到20世纪90年代末期,电视和报纸的广告年营收都达到百亿元规模。广告之外媒体公司自身的商业模式探索也更加多元化,产业化浪潮开始到来。各级电视台开始发力,节目和频道数量快速增长。有线网络和卫星两种新的传输方式登上历史舞台,电视的覆盖率和影响力越来越大,使得广告效果非常惊人,广告收入亦随之快速增长。1991年,全国电视广告收入达到10亿元,首次超过报纸广告,并在1997年突破百亿元,达到114.4亿元。此时期的电视广告资源无比稀缺。1994年,央视首开黄金时段广告招标,得到广告主的热捧,孔府宴酒、秦池等一批白酒生产企业纷纷参与。广播在1997年的广告收入超过十亿元。1998年,报纸广告也超过百亿元,一些晚报、都市报纷纷兴起,《华西都市报》《新民晚报》等成为热门报业。这一时期媒体广告经营已经形成规模,广告逐渐成为媒体收入的主要来源。

21世纪初,数字技术发展进一步推动广电从模拟向数字过渡,推动报刊业全面进入数字化转型,以及互联网这一全新媒体形态的普及,媒体所能提供的功能越来越多样。到了21世纪第二个十年,媒体技术开始朝着智能化、融合化方向发展,出现OTT、云服务、跨屏互动等新的业态,大数据、人工智能开始广泛影响到媒体的各个环节,颠覆旧有的媒体形态、内容生产模式和媒体经营模式。

5.2 高开高走

创立初期,康乃馨的定位是一个全案公司。所谓的全案公司就是从策划到投放到计划的制定,最终使企业主的形象在电视中得到呈现。当企业主有需求时,康乃馨首先会针对消费群体与某电视栏目或者广告时段做市场调研,其目的在于清晰告知企业主该产品的最佳销售渠道、消费群体以及渠道与群体的吻合度。然后在对调研结果进行分析的基础上设计方案,交付于企业主。若方案满足企业主需求并得到认可,则进一步将企业主形象在电视上呈现出来。

一方面,彼时的电视台多由当地宣传部门主管,广告资源相对垄断,没有一定的渠道或者关系,企业无法完成广告投放,需要有渠道的广告公司从中帮忙对接。另一方面,各大电视台都进行频道定位,开始往细分领域发展,如以"锁定娱乐、锁定年轻、锁定全国"为频道定位的湖南卫视,以"剧行天下"为主导的安徽卫视。如何将企业产品与电视频道节目的定位匹配,成为一门技术活,需要一定的专业性。是否有好的渠道,是否专业,是判断广告公司是否具有竞争优势的依据。

马嘉益是媒体产业走出来的,科班出身,专业性比较强,资源丰富,这是一些其他代理公司所不具有的条件。马嘉益还强调细节决定成败,对细节把控非常严格,这也造就康乃馨一批销售人员的快速成长。专业的人做专业的事,马嘉益在短时间内将康乃馨带入行业前列。

康乃馨的发展伴随着电视广告行业的发展。电视广告的竞争在 2010 年—2012 年到了顶峰,竞价招标取代报价成为主流的广告招收形式。2010 年,江苏卫视新派交友类节目《非诚勿扰》新锐精彩、新鲜刺激,自惊艳亮相以来就获得极大关注,在赢得超高收视的同时也赢得良好的口碑,创下收视新高。于是该节目的广告位,成了众多企业眼中的香饽饽,标王[①]则由康乃馨的一个客户以一个季度 1500 多万元的价格竞得。一时间康乃馨名声大噪,但这也正是康乃馨最辉煌的时期,此时危机已经悄然而至。

5.3 难逃危机

2014 年以后,广告客户虽然没有减少,但是电视广告投放的预算却在下降。而同年,根据智研数据中心调研,中国智能手机出货量达到了近 4.5 亿部,我国网民规模同比达到 6.32 亿。艾媒咨询同期报告指出,2014 年中国网络广告营收超 1500 亿,同比增长 40%。随着智能手机的普及,微博、微信公众号等网络自媒体,分散了用户的时间,对电视台的用户分流十分明显。电视用户的不断流失,让电视台的广告优势不再。然而电视台的广告价格依旧十分高昂,用户变少价格却居高不下,让广告用户开始将预算砸向新媒体广告。

互联网的兴起使得传统媒体的市场份额不断下滑。康乃馨虽然有着很大的客户体量,同样逃脱不了互联网对客户的瓜分。既然传统媒体被瓜分,何不转战新媒体呢?然而这对于康乃馨而言却没有这么容易。

互联网是一个新的行业,它与传统媒体有着不同的玩法。传统媒体虽然对互联网并不陌生,但是在操作手法上与新媒体还是有区别的。未能紧跟时代发展的潮流即与互联网平台接轨,导致康乃馨的部分客户流失。曾有一些企业想要通过康乃馨进行新媒体广告投放,但是新媒体领域人才的缺失成了康乃馨不得不面对的一个现实问题。不管是传统媒体还是新媒体,都需要一个规模化的专业团队作为技术支撑。此时的康乃馨人才有限,人员更擅长于传统媒体的运作和服务,没有更多的人才和精力运营新媒体。

新媒体不擅长,传统媒体没市场,康乃馨进退两难。

5.4 开拓第二产业

5.4.1 尝试高级珠宝定制

面对来自新媒体的挑战,康乃馨并没有继续在广告行业进行转型,马嘉益认为广告受环境的影响太大,并不如传统实体产业稳定。康乃馨的客户即各广告主,其本质就是甲方,他们大多属于实体经济,相较于虚拟经济更具稳定性。看到实体行业的优势,同时,这些年来,康乃馨积累了很多消费能力相对比较高的客户,想着可以将自己拥有的资源变现。2015 年,康乃馨开始了第一次的实体尝试。

考虑到自身的客户群体相对而言比较高端,且作为奢侈品的珠宝利润率较高,康乃馨最初将目光放在珠宝产业。普通品牌珠宝模板化的设计和产品包装已越来越成熟,固定样式中规中矩,无法体现个性。康乃馨意识到随着人们对物质和精神的需求越来越高,人们更需要寻找适合自己的珠宝首饰,康乃馨高级珠宝定制中心"魅后"应运而生。

---

① 标王指的是投标价格最高者,广告竞标的标王可以得到广告中的正一位,即第一个播放。

虽然有着丰富的广告公司经营经验,但是实体产业毕竟有别于广告,康乃馨的第一次尝试从人员到销售再到管理都出现了问题。此外,当时的广告业务仍有一定积累,收入远远高于珠宝,此时精力主要还是在传统业务上。因此,康乃馨并没有坚持尝试,而是果断选择关店,开始在专注做好传统业务的同时总结经验,密切关注市场信息,寻找新的契机。

5.4.2 瞄向葡萄酒

经历了"魅后"的失败,康乃馨意识到做任何决定之前都要做好充分的准备,应该基于大量调研和市场分析,搞清楚成本、投资以及产出比等关键信息。

随着中国经济的飞速发展,居民消费升级,购买能力显著增强。2017年,康乃馨注意到,在饮食消费上,越来越多的消费者开始了解到身体健康的重要性,酒类消费向低度、营养等方向发展,葡萄酒作为符合这一消费趋势的产品,势必会大有发展。康乃馨就围绕葡萄酒做了全面调研,了解到在大多数消费者心中葡萄酒没有好与坏之分,只有价格的区别。大多数消费者不知道何为酒庄,何为酒厂?更不知道哪个国家哪个庄园的葡萄酿造的葡萄酒好喝。

转眼来到了2018年,短视频兴起,新媒体行业给广告行业继续带来新一波的冲击,电视广告的投放量已经断崖式下滑,这时,康乃馨必须要找到新的经济支撑点,开展新的业务。康乃馨出席了2018年的第98届全国糖酒会,在这次糖酒会上接触到很多外国友人,初步了解了一些关于葡萄酒的常识。为了更进一步考察葡萄酒产业的前景,2018年6月,马嘉益带着团队,包括专业的葡萄酒老师,远赴万里之外的伊比利亚半岛的西班牙和德意志联邦共和国的莱茵黑森州,对菲斯奈特及帝博利酒庄等5家酒庄进行实地考察。马嘉益在此次考察中提出了六字方针:品质、专业、规模。

2019年11月,马嘉益来到第二届国际进口博览会寻找突破点,更加认识到酒水行业在我国有较大的发展潜力且葡萄酒作为快消品在中国有很好的市场前景,另外,考虑到2017年加入公司的产品部总经理是学习酿造的,于是康乃馨决定进一步挖掘葡萄酒业务。

5.4.3 线上、线下同步运营

经过对整个酒类市场的比较研究,发现线下渠道有限,此前又有很多商家占据了中国大部分的市场,于是康乃馨考虑线上和线下同步来运营。为拓展线上渠道,康乃馨为旗下的葡萄酒注册了品牌——达颜,其价值主张是"心醉美酒、始于达颜",即要走进客户的心里,打破客户内心早已泛滥的认知,希望在消费者品尝到产品之后能够引起共鸣,从而产生客户黏性。

确定了新的销售模式之后,以线下部分高品质的产品做保障,再加上足够的专业度,同时康乃馨有别于普通酒商,而重在传播葡萄酒文化,从而与分销商之间的合作稳步增长。考虑到葡萄酒业务是一个全新的尝试,康乃馨搭建了一个年轻化的线上运营团队,成立了一个新部门——新零售部。为了给新部门赋能,康乃馨将一众年轻的专业人才调任到新零售部。

2018年7月,康乃馨与苏宁易购达成合作意向。康乃馨作为经销商向苏宁供货,后续的运营则由苏宁易购负责。2019年,康乃馨正式开始酒类产品的自营电商之路。

1. 从淘宝C店到全球购店铺

2019年10月,康乃馨在淘宝注册C店。真正接触过淘宝店铺之后,康乃馨才发现做电商更多的是"卖图",其实质就是网店装修[①],其中包括店招、主图、详情页等。漂亮恰当的网店装修,给买家带来美感,增加买家在网店的停留时间,提高浏览量。为了更好地运营网店,学习营销理念,新零售部负责人李瑞报名参加相关课程培训,同时向专业老师学习红酒的相关知识。李瑞说:"刚开始运营的时候不想错过任何一个可能成交的客户。遇到谨慎难缠的顾客想要试喝我们也都尽量满足其要求。"差评不仅会影响店铺的好评率,还会影响店铺的转化率、评分、信誉、搜索排名、广告投放等,从而影响销量。因此,开店初期,康乃馨需要积累大量的好评和买家晒图,将网店信誉做起来。

有了店铺,接下来就是品宣和引流。因为有做广告公司多年的经验和资源,在电商的运营当中也得到了发挥,达颜以一个新晋酒商的身份进入明星胡海泉的直播间的《举杯呵呵喝》栏目进行直播销售[②]。凭借着明星效应和直播带货的直观性,达颜一款名为"卡不卡拖"的葡萄酒销量有了重大突破,积累了大量的好评和买家秀,为达颜品牌带来了一批种子客户,慢慢地这款酒的销量就起来了。

淘宝C店是网络零售商圈,属于商家对客户的个人网上交易平台,成本小且操作方便,很适合"试水"。但其问题在于卖家混杂,流量较小,转化率低。要想取得更大的流量,达颜必须进入更高端的圈层。

淘宝全球购是淘宝首个海外精品折扣站,汇集了众多销售海外的优质商品(含港、澳、台)的卖家,以真正满足会员"足不出户,淘遍全球"的需求。由港、澳、台和国外直供的产品才可以申请全球购。由于达颜所有葡萄酒都是进口的,并且拥有检疫证明,手续、资质完备,于是运营团队在半年之后将店铺升级为全球购店铺。

2. 入驻天猫商城

天猫商城,属于综合性的购物网站,是线下知名品牌的线上销售平台,属于商家对客户的网上交易平台。对于一个品牌来说,想要更大的流量,天猫商城无疑是更好的选择。

2021年4月19日,达颜迎来了新的契机,天猫商城降低开店门槛,将首次试点"天猫试运营期"。商家申请天猫店,资质审核简化,通过7个月的试运营能力考核之后,就会正式成为天猫店。简化书面的资质审核,而以商家的实际运营能力作为商家开天猫店的标准,这降低了商家开天猫店的门槛。康乃馨提交公司资质和品牌资质以及媒体资源并通过审核之后,天猫店铺"达颜酒类旗舰店"正式开始运营。

由于天猫是品牌店,相比淘宝客户更高端,竞争更激烈,客户需求更不同。消费者在店铺选购某款产品时可能会顺带购买另一款产品。为了带动其他产品的销量,达颜运营团队选择在热销产品详情页关联主推款的葡萄酒以及赠送小样的形式来打开市场,即利用赠品为销售赋能,既能够增加主销产品的附加值,最大限度促使客户下单,又能为其他

[①] 网店装修本质上是网页设计工作,是通过计算机实现对网络商店页面的设计和排版。网店装修属于视觉营销的范畴,是通过色彩、布局、图像、文字等的合理应用使店铺看起来更加丰富、美观,给消费者带来更真实的视觉冲击力,以吸引潜在消费者的关注,刺激消费者的购买欲望,从而达到营销制胜的效果。

[②] 《举杯呵呵喝》是一档明星酒后真言秀节目,节目用"明星朋友圈"的概念,邀请主持人的朋友参加私人酒局,在游戏和酒烘托的氛围中,挖出明星不为人知的一面,喝真酒,讲真话,做真我。

产品引流、拉新。

康乃馨曾收到过这样一条来自顾客的真实反馈：下班回到家我身心俱疲不想做饭，然后打开一瓶"莫斯卡托"，瞬间找到了恋爱的感觉。这个案例让康乃馨意识到，天猫的运营对文案、消费场景的塑造要求很高，需要进行人群和画像的构造。如果一个品牌没有任何的调性或者故事，就没有办法去吸引人、打动人，消费者没有兴趣就很难产生购买行为。

除了文案和定位的要求之外，对团队的展现能力也是很大的挑战。对于一个网店而言，能不能吸引消费者点击宝贝链接最主要的还是主图或者主图视频有没有足够的吸引力。起初康乃馨没有专业的拍摄团队，更没有写脚本的编剧，只能自己去慢慢摸索。

然而随着抖音、快手等短视频平台直播带货的爆炸式发展，大量的天猫客户被瓜分，康乃馨也难逃影响，无奈之下又得另觅平台。

3. 转战京东

康乃馨与一些私域平台也有合作，途牛的一个采购总监建议康乃馨关注京东，这与马嘉益的战略布局不谋而合。据统计，京东的酒水占据中国整个互联网酒水销售额的50%多，是中国最大的酒水零售平台。2021年，"618"活动中京东白酒累计销售超过500万瓶，与京东一直保持着紧密合作关系的各大品牌，在京东"618"活动中，不仅与京东在大数据分析、渠道拓展等方面进行了更加密切的协作，同时还在全面深化、产品定制等领域进行了深度合作。深化C2M反向定制同样取得了优异的成绩，啤酒累计销售超过30万箱，是2020年同期的20倍；葡萄酒在"618"期间销售独家定制产品超过100万瓶。京东已成为综合电商中酒类排行第一的平台。

考虑到当初开淘宝C店时，由于受到店铺资质的影响导致流量平平。新零售部的运营团队想要直接供货给京东酒水部，做京东自营店。京东自营就是京东平台销售自己的产品，店铺主人是京东，客服、物流和仓库都是京东的，货源是京东自己邀请的，或者供货商申请的。京东自营的商品，可以直接来自品牌厂家，也可以来自经销商，所以做京东自营其实不像是普通电商，更像是线下超市的供应商。因为京东本身就是一个品牌，有自己品牌影响力，入驻京东自营更容易获得消费者的认可。同时，产品将由京东团队来运营，不用支付高额的运营管理费用。此外，还可以免除平台的使用费，免费参加京东的活动，有利于提升店铺的曝光率，帮助店铺获得较多的流量。

然而，申请京东自营并非一帆风顺。京东自营店不管是流量还是运营在京东平台都处在天花板级别，在全国招商也就五十几家，竞争相当激烈。由于品牌知名度不够加上运营团队也没有很大名气，达颜的第一次申请被驳回了。达颜越挫越勇，调整策略后整合了站外资源和各大电视台推广资源并向京东自营的直采部展示后续营销计划，康乃馨终于取得了京东自营店的准入资格。2021年8月21日入仓，达颜正式开始在京东运营。

5.4.4 营销升级

目前达颜已经进驻了我国四大综合电商平台，并且口碑和好评度都很不错。但是，仅仅进驻平台并不代表就一定能有好的销量，达颜作为一个市场晚入的品牌，又是如何找到市场的呢？线上有京东、天猫的平台，线下有团购、分销。为了区分不同的场景和定位，达颜的运营团队将酒做了一个细致的区分。针对不同的场景和需求，去多元化的产区寻找产品，找到高性价比的产品后引入国内。

2021年秋季,达颜又推出无醇系列,包括无醇干红、起泡酒、干白、葡萄汁。无醇葡萄酒既有干红的醇正,又有甜酒的爽口,是两者优点的完美结合,不仅保留了葡萄中的营养成分,而且口感更加淳厚,让人回味无穷。无醇葡萄酒以野生和人工培植的山葡萄或杂交葡萄为原料,经发酵、窖藏、陈酿、去杂等特殊工艺脱醇加工而成,所含酒精度不超过1%,其内含的8种氨基酸和白藜芦醇是普通葡萄酒的数倍,具有极高的营养保健作用。这并不是传统意义上的酒,但是却非常适用于一些不得不喝酒但是还需要开车的场景,或者害怕酒后失态的消费者。对于消费者而言,只要习惯了这种有针对性的场景化细分,就会成为达颜的忠实客户。

传媒出身的康乃馨很清楚文化传承对于一个产业的重要性,无论是线上还是线下,文化贯穿于达颜品牌打造的全过程。中国葡萄酒文化相对于世界而言很薄弱,属于有历史无文化的情况。中国的葡萄酒文化营销处于初级阶段,即处于学习和接受欧美葡萄酒文化的阶段。大部分消费者通过影视剧、广告片和网络了解红酒、认识红酒。但深层次的红酒文化教育仍然十分缺乏。导致大多数消费者仍处于"乱喝"阶段。"没有文化,葡萄酒就只是昂贵的饮料",抓住中国市场葡萄酒文化缺失这一痛点,达颜在销售产品的同时还致力于让更多的人认识到葡萄酒中的学问。

目前,在新零售的大环境下,对于康乃馨的达颜品牌来说线上渠道不可或缺。达颜的定位和未来发展都有一个较高的目标。在这种情况下,康乃馨投入了大量资金购置硬件和软件,例如,为了迎合线上销售、直播带货,康乃馨建立了自己的直播间并配置了专业化设备,可以做到4~5个场景同时进行直播带货,并聘请了专业的策划人员和软件工程师。

5.5 跨越鸿沟

康乃馨初始做广告媒体产业,风生水起,商业模式的价值创造与价值捕获良性循环,但因为外在环境变化,迫使它走上探索第二增长曲线之路。从苏宁到淘宝C店,再到天猫、京东,达颜这个进口酒类品牌不断扩大影响力,销售量正在稳定上升,线上营销宣传也在不断完善。对于康乃馨而言,正是因为有了第一产业的资源和经验,在对第二产业进行品牌宣传时才能得心应手。对于天猫和京东等平台的站内资源,康乃馨自然是物尽其用。但是对于站外的产品推广,包括但不限于抖音、小红书甚至于微视频等,虽然这些平台的元素各不相同,但这些新媒体元素却无一例外地与康乃馨擅长的传统媒体有着微妙的联系。于是康乃馨的第二产业在短短4年间取得了显著的成绩。

至此,康乃馨正式成为一个集传媒与电商性质于一身的商业集团。康乃馨媒介代理方面的项目涵盖了媒介策略、媒介计划、媒介购买、市场研究、品牌管理、危机公关等领域。互联网和酒业做起来之后,康乃馨的传统媒体业和酒业形成了相辅相成的关系。酒业可以借助传统媒体业发展,传统媒体业可以将酒业作为一个实体支撑和后盾。康乃馨的传统媒体业和酒业都处于发展的阶段,两块业务是两个体系在运营,未来将会进行更加细致的规划。

2021年3月14日,康乃馨与上海贵酒股份有限公司在南京东郊国宾馆紫熙楼紫薇厅举行战略合作签约仪式,正式进入了白酒市场。2021年9月30日,康乃馨与西班牙玳马集团进行了视频会议,双方就目前的市场环境、产品生产、销售平台和市场推广等问题进行了深入研究、交流。从广告到珠宝到葡萄酒再到白酒,康乃馨能够重构出一个稳健的、可扩展的与自我强化的商业模式价值创造与价值捕获闭环吗?

案例思考题:

1. 如何定义商业模式?如何描述康乃馨的商业模式?
2. 康乃馨重构商业模式闭环的驱动力有哪些?
3. 你对康乃馨构建商业模式闭环有何建议?

参考文献

案例 6 咕咚体育:用户游戏化体验为基的互联网顾客忠诚度构建之路①

摘要:咕咚是一家拥有超过 2 亿用户的智能运动社交平台。咕咚经历了十多年的发展,从一个简单的跑步工具蜕变为一个具有精准的运动记录,丰富的赛事活动、同城活动、达人社区,种类齐全的运动装备以及专业训练课程的一站式智能运动健康生活平台,成为国内智能运动的倡导者和先行者。本案例主要介绍咕咚体育从 2010 年成立以来、一路发展的成长过程,简述了咕咚是如何随着环境的变化,而调整相关的经营策略。案例中介绍了咕咚体育是如何基于消费者需求,通过游戏化要素打造极致的虚拟线上体验,不断地为顾客创造多维价值,从而构建了顾客的忠诚度。案例在消费者体验模型、游戏化思维模型及互联网顾客忠诚度构建模型的理论框架下,基于对咕咚体育用户运动习惯激励机制以及线上实时赛事的分析,从而洞察了在互联网企业在营造线上消费者体验与构建顾客忠诚度的要素与模式,破解企业在用户黏性之争与挖掘顾客价值的过程所产生的困惑。

关键词:顾客体验,游戏化,虚拟赛事,顾客忠诚度。

Godoon: the Consumer Gamification Experience as the Cornerstone of Internet Consumer Loyalty

Abstract:Godoon is a sports social media platform with more than 200 million users. After 12years development, from a simple pedometer transformed to an one-stop intelligent motion platform with accurate precise sports records, sports events, activities, community and sports equipment seller and professional training courses.This case mainly introduces the development and growth process of Godoon since its establishment in 2010, and briefly describes how Godoon adjusts relevant business strategies as the environment changes. The case mainly introduces how Godoon Sports creates the virtual online experience based on consumer demand through gamification, constantly creates multi-dimensional values for customers, thus building customer loyalty.

---

① 本案例由成都理工大学管理科学学院的贺雅文、张惠琴、王宇撰写。

Under the guide of consumer experience model, game thinking and customer loyalty model in the Internet, the users of Godoon exercise habit incentive mechanism and the analysis of the online real-time sports events, and insight into the Internet companies in the elements of building customer loyalty and build online consumer experience and patterns, solve the confusion of enterprises in the process of user stickiness and mining customer value.

Keywords: consumer experience, gamification, online sports event, consumer loyalty.

引言

2021年11月14日,一个周日的凌晨6:30,在成都市区的一个小区内,嘀嘀嘀……嘀嘀嘀……在银行任职的周经纬翻身关掉手机上的闹钟,起床洗漱,换好运动服,准备参加他期待已久的"双金赛事"(国际金标、中国金牌)——重庆马拉松比赛。早上7:30,他来到了日常锻炼的公园,打开放置在主页面的白绿色相间的咕咚App,连上运动耳机,打开他的电子赛事包,这一刻他与全球各地的261 042名参赛者,同时听到了主播活力、激情的加油打气,一起在云端共赴一场精彩的线上马拉松赛事。线下的2021重庆马拉松,却因为疫情的原因不断延期,并在北京时间12月7日宣布线下比赛取消举办。受到疫情的影响,2020年3月31日,随着《体育总局办公厅关于暂不恢复马拉松等体育赛事活动的通知》的发布,为减少人员流动和聚集给疫情防控带来的风险,马拉松等人群聚集性活动恢复暂无定期,路跑赛事行业寒冬已至。而咕咚作为超级"互联网+体育"明星品牌,早在2014年别出心裁地开创了线上马拉松,并成为这一赛道的"领跑者",疫情防控常态化的背景下,越来越多的跑友选择参与不限时间、空间与距离的线上赛事。还有部分马拉松赛事,将赛道转移到了云端。在2021年,咕咚赛事共举办284场赛事(线上+线下),累计参与人次41 792 537,全年累计跑步公里数为748 443 665公里,连起来可绕地球58 674圈。在疫情这场影响深远的危机中,咕咚却找到了潜力巨大的机遇,掀起了一阵虚拟马拉松赛事狂潮。

就在重庆马拉松宣布取消举办的当天,在咕咚体育成都总部的会议室中,一场面向投资人的洽谈会,正在如火如荼地进行中。咕咚赛事事业部的负责人马微正在专业、热情地用咕咚大数据信息向投资者介绍疫情后咕咚线上虚拟赛事的蓬勃发展情况。作为国内首款运动社交软件,目前咕咚是拥有超过2亿用户的运动社交平台,每天响应来自全球210个国家和地区的数千万次运动需求,累计举办各类线上、线下赛事超1000场,全国各地拥有超30万个运动团。2021年12月,运动社交平台"咕咚健身"完成新一轮战略融资,金额达2000万美元。据悉,此次融资由华赢东方(亚洲)控股有限公司领投,咕咚健身计划开启D轮融资,计划金额为5.2亿美元,此前咕咚健身已经完成6轮融资,累计融资金额超过1.2亿美元。

看着团队成员一个个有条不紊地介绍着业务信息,咕咚创始人兼首席执行官申波不由得回想起从2010—2021年,咕咚发展的这12个年头中一个个重要的片段。往事历历在目,无论是咕咚元年的初代健身追踪器,还是2012年"咕咚运动+"App正式发布,或是2014年首创的线上马拉松,再到2015年的运动社交平台的打造,2018年咕咚转向健身课程领域,2019年咕咚App陪跑教练上线。将这一个个重要的商业决策拼凑在一起后,一条发展脉络清晰地呈现在眼前,咕咚体育从"硬能力"到"软实力",从高效实用的"工具"到承载情感价值的"体验",从产品质量为王到用户体验至上。咕咚对于用户体验的重视或许能够解释为何咕咚能获得提升产品的多元价值,增强用户的黏性与忠诚度,能够使咕咚在运动App赛道上不断突破,不断创新发展。

6.1 公司发展及现状

6.1.1 咕咚的发展历程

成都乐动信息技术有限公司于2010年成立,"咕咚"品牌也随之诞生,在线上体育探索时期就已开始提供运动跟踪服务。公司倡导技术以人为本,目前已获专利20余项。自创立以来,咕咚一直孜孜不倦地追求技术、产品、服务创新,通过强大的运动数据、AI等技术手段,为用户提供简单、快捷、可靠的互联网泛运动服务。

1. 2009—2012 产品为王的初创摸索阶段

这一阶段的关键词:硬件起家,技术领先,探索软件。

2009年底,"可穿戴式设备"这个概念在国内甚至国际都少有听闻,而咕咚便是中国最早涉足可穿戴设备的互联网公司之一。由于同类的早期入局者寥寥可数,咕咚作为稀有标的,在2011年初获盛大集团天使轮数千万元投资,而此后咕咚专注于硬件,大力研发,取得多项专利,斩获当年的黑马企业称号。2012年,咕咚硬件产品线相继完善,"咕咚运动+"App正式发布上线,咕咚开始转型,走向"软件+硬件"的道路。

2. 2013—2016 用户需求导向的探索发展阶段

这一阶段的关键词:用户需求、运动社交、用户体验。

2014年,"咕咚运动+"正式更名为"咕咚";发布"咕咚ROM"以及硬件开源,平台化运作进一步完善,开始进入"运动社交+硬件开源"新时代;首创线上马拉松概念,与北京马拉松赛事赞助商阿迪达斯公司合作推出首个线上虚拟马拉松赛事;2015年成功举办30余场线上马拉松,成为全球最大线上马拉松和线上自行车赛事服务商,先后开发Running Girl、创业跑、城市微马、跑马季、城市领跑者等自有IP线下/线上赛事。2016年,咕咚正式迈入"全民运动生态系统"时代,打造的全民运动生态系统,将从运动数据搜集和管理模式入手,结合视频直播、图文交互、资讯传递,打造高价值运动社交内容平台;加大和各方伙伴的跨界合作,开放运动数据平台接口,持续完善移动支付、智能硬件接入等一系列解决方案;通过完备的线上马拉松、自行车赛事和自有IP赛事活动等全方位的服务,不断提升运动用户体验。这奠定了打造后续咕咚运动生态系统的关键节点,也为后续高速发展阶段奠定了数据基础。

3. 2017—2019 技术赋能的高速发展阶段

这一阶段,咕咚的高速发展基于用户大数据为基础的新技术的赋能。

2017年初,咕咚发布智能运动战略,加大对AI等新技术的投入,布局线下新零售,打造消费级品牌,从"要运动,用咕咚"升级到"智能运动,尽在咕咚",将运动装备、训练课程与AI技术结合,并推出了咕咚智能跑鞋等系列产品。通过AI技术科学实时指导用户运动,从而减少损伤,保持更安全、更高效的运动。此外,依托咕咚首创的V-COACH虚拟教练服务及CODOON LIVE直播课程,实现真人在线私教。2018年,随着智能交互技术的高速成长,多维度大数据的高效应用,训练课程的人性化调整,以及移动互联网的全方位覆盖,以运动大数据为夯实的基础,咕咚通过自主研发并植入的智能引擎和芯片等,以行业领先的数十项运动数据的维度和丰富的来源收集,打造了"数据+服务"的新平台,构建咕咚虚拟AI教练,完善运动商业生态。2019年,咕咚勇于颠覆传统、打破行业壁垒,通过上亿人的运动大数据和 AI 技术,让运动"有数可依,有数可查"。

4. 2020 新冠"寒冬"中的转危为"机"阶段

这一阶段可谓是咕咚在一处名为"疫情"的悬崖边,跳了一场绚丽的华尔兹。2020 年,随着新型冠状病毒感染在华夏大地的蔓延,咕咚作为一家有着十年超强社会责任感的企业,在危机中寻找机遇,充分利用互联网平台的优势,积极响应国家政策与号召,迅速开辟与完善在家运动的产品功能,创造了丰富的直播、视频等适宜在家运动、训练的课程内容,积极研发适配在家运动的健身设备,帮助亿万用户通过运动的方式增强免疫力,提高身体素质,共同抵抗疫情。在这样一系列抗疫举措的努力下,咕咚陆续获得了第九届中国财经峰会 2020 年最具投资价值奖、2020 年四川省体育产业示范单位、2020 年封面准独角兽企业 TOP10 品牌等诸多认可。

受疫情影响,为减少人员流动和聚集给疫情防控带来的风险,马拉松等人群聚集性活动恢复暂无定期,国内马拉松赛事基本停摆,由马拉松带动的消费几乎停滞。作为"互联网+体育"头部品牌,咕咚面对后疫情时代不断增长的运动健身需求,着力推动在线马拉松 2.0 模式创新,使线上赛事越来越具有和线下马拉松更为相似的体验感和竞技感,带动虚拟线上赛事这一现象级的潮流,为用户创造更加健康、更加完善的线上运动体验,有望加速运动的线上、线下融合发展,推动全民健身迎来新的爆发。

咕咚的发展历程如表 6-1 所示。

表 6-1 咕咚的发展历程

年份	重要事件
2010	成都乐动信息技术有限公司正式成立,咕咚品牌诞生,推出健身追踪器产品和咕咚网平台
2011	咕咚获得投资方首次青睐——天使轮获得盛大集团的 2200 万元投资,并成功申请了国家 20 余项硬件专利,优质产品远销海外
2012	咕咚硬件产品线逐渐完善,"咕咚运动+"App 正式发布,走上"软件+硬件"的道路
2013	国内首款智能穿戴运动设备"咕咚手环 S"和"咕咚手环 2"正式发布
2014	咕咚运动正式更名为"咕咚";发布"咕咚 ROM"以及硬件开源,平台化运作进一步完善,开始进入"运动社交+硬件开源"新时代;首创线上马拉松概念,与北京马拉松赛事赞助商阿迪达斯公司合作推出首个线上虚拟马拉松赛事
2015	发布《2014 年中国跑步白皮书》,打造全民运动社交平台,提出"约跑上咕咚"概念并成功举办 30 余场线上马拉松
2016	咕咚海外版正式更名为 Runtopia,用户数超过 100 万;在互联网体育垂直细分领域首创"运动狂欢节",销量取得爆发式增长;咕咚"运动团"数量数十万个,覆盖运动人口过千万,累计发起线下活动近十万场;推出针对企业级市场打造的运动生态平台/工具——"企业咕咚"
2017	咕咚用户数突破 9000 万;咕咚发布智能运动战略,加大对 AI 等新技术的投入,布局线下新零售,打造消费级品牌,从"要运动,用咕咚"升级到"智能运动,尽在咕咚",将运动装备、训练课程与 AI 技术结合,研发并推出了咕咚智能系列产品
2018	咕咚用户数突破 1.5 亿;将运动装备、训练课程与 AI 技术结合,研发并推出了更多智能系列产品和 V-COACH;咕咚战略升级"健身 3.0,Alive",正式切入健身领域,同时推出国内首创智能直播课程 CODOON LIVE,实现在线真人私教

续表

年份	重要事件
2019	咕咚用户数突破1.8亿;咕咚App陪跑教练上线,新增跑步指导功能,让运动者清楚了解每次跑步状态;发布了运动手表X3和跑步精灵两款运动新硬件,大大提升了绿道运营效率和商业化的绿道智能运动系统
2020	咕咚首场语音直播实时线上赛引万人报名,面对后疫情时代不断增长的运动健身需求,咕咚推动在线马拉松2.0模式创新,为用户创造更加健康、更加完善的线上运动体验
2021	咕咚联合新华网推出的"新征程 再出发 红色马拉松系列赛"正式启动,新华网体育与咕咚约定围绕"红色马拉松系列赛";推出FITMORE智能健身镜,正式进军家庭健身赛道

6.1.2 咕咚的发展现状

作为全国首款GPS运动+社交手机软件,咕咚经历了十多年的发展,从一个简单的跑步工具蜕变为一个具有精准的运动记录,丰富的赛事活动、同城活动、达人社区,种类齐全的运动装备以及专业训练课程的一站式智能运动健康生活平台,成为国内智能运动的倡导者和先行者,同时也是最具影响力的智能运动社交平台。2021年,咕咚成为拥有超过2亿用户的运动社交平台,每天响应来自全球210个国家和地区的数千万次运动需求,累计举办各类线上、线下赛事超1000场,全国各地拥有超30万个运动团。通过云计算、AI技术和运动研发专家团队,咕咚已为全国超过4亿运动爱好者提供定制化智能服务和高质量运动装备。在公司成立的十年中,一直专注于为运动人群提供运动解决方案,并延展出咕咚企业版、健康餐食、智能硬件、海外版App等新业务,涉及消费者的"吃穿用练"各方面。咕咚App本身专注于国内线上运动市场,通过智能硬件、内容运营、活动运营、电商等板块,围绕用户需求将平台打造为运动困境的破局者。

1. 产品矩阵介绍

作为全国首款GPS运动社交App,咕咚App集运动、社交、个性化服务等多种属性于一身,在十余年的发展历程中逐步推出了智能硬件、海外版咕咚、咕咚健康、企业咕咚等产品。

咕咚App借助GPS定位原理与独有的"咕咚算法",精确记录运动数据并推送运动知识、运动赛事、运动装备优选、个性化训练服务等内容,全方位满足用户需求。除最基础的运动功能外,咕咚大胆探索运动社交领域,以运动场馆、社交活动为载体,打通线上、线下资源渠道,构建丰富的人际网络,将彼此陌生的运动爱好者联系起来,充分挖掘运动过程中的社交要素,打造独一无二的运动社区;以运动跑鞋、健康食物、健身器械为例,为丰富用户体验,咕咚健康横跨饮食、服装、装备、器械等多领域,致力于开发更健康、更实用的新产品;作为咕咚App最具代表性的设计之一,蓝牙心率运动耳机、运动手环等搭载了多款智能硬件的运动装备深受用户喜爱。借助智能硬件,用户能够轻松获得更加专业的运动支持与服务,有效拓展智能运动场景;为进军海外和B类市场,咕咚于2016年推出了海外版应用Runtopia和企业级运动生态平台"企业咕咚"。Runtopia致力于为海外用户提供跟踪运动数据、定制训练计划、减肥健身等高级教练功能;企业咕咚则专注于提供B2B企业运动与健康业务以及API基础数据服务业务,通过鼓励员工参与个人挑战、团队活动、趣味榜单等运动板块,培养积极健康的运动习惯。

咕咚产品矩阵如图 6-1 所示。

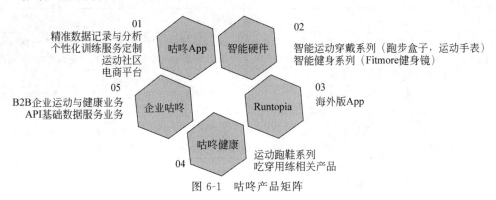

图 6-1 咕咚产品矩阵

2. 咕咚 App 用户画像

截至 2019 年 6 月,咕咚 App 用户数突破 1.8 亿,其中日均活跃用户为 175.07 万,月均活跃用户高达 967.68 万。在庞大的活跃用户中,处于黄金年龄的中高收入者居多且保持着人均单日 2.75 次的启动频率。根据易观千帆数据显示,男性用户占比 56.40%,女性用户占比 43.60%,性别比例接近 3∶2,几乎所有用户都钟爱夜跑、马拉松。其中,男性用户还侧重增肌等健身内容,而女性用户则更青睐形体健美课程。年龄方面,咕咚 App 在青壮年群体中大受欢迎,40 岁以下的用户接近九成,大于 40 岁的用户仅占 10.50%。从消费人群看,超七成用户为中高收入群体且大多来自一二线城市,中等消费者占比 36.00%,中高消费者占比 31.76%,而高消费者则为 4.89%;新一线与一线城市用户占到了 66.31%,二线城市用户为 16.67%,总共占比 82.98%。

6.1.3 基于游戏化着力打造消费者极致体验

从上述信息不难看出,用户量与咕咚 App 日活、月活的用户黏性与顾客忠诚度保持在一个较高的水平,一方面是由于咕咚产品的丰富程度大大满足了用户不同的需求,消费者得以在这个 App 中找到关于运动相关的各种产品,另一方面则是咕咚从用户需求导向出发,着力打造消费者的使用体验,使得消费者紧紧地"黏"在咕咚上。纵观咕咚所有的产品与服务,基于大数据的运动习惯培养的激励机制与 2020 年的虚拟线上实时赛事把这一特色发挥得淋漓尽致。

1. 基于游戏化设计的用户运动行为激励机制

对于普通大众来说,运动不管是何种形式,即使是最简单的不需要任何器械辅助的跑步,都是一个有门槛的事情。从人的本性来说,虽然要保持身体健康的念头一直都在,但是天性本"懒",除非特别有毅力或者有特定目标的人,对于大多数人来说,坚持运动就是一个"三天打鱼两天晒网"的状态,甚至更有可能的是锻炼几天之后,就因为各种原因放弃锻炼。

因此,如何"激励"用户,使得用户形成运动的习惯,让用户持续不断地使用 App 则是需要重点关注的问题。创始人申波和他的团队思考了很久后确定,只有把运动做得有趣、好玩,才能解决用户的真正需求。通过社交、内容和娱乐的手段,让用户克服对运动的抵触情绪,变得主动、积极、上瘾地去参与运动,这才是最有价值的事情。在项目进行之初,他们也分析过市场,发现大多国民仍处于不爱运动的状态,如何在这样一个潜在市场内唤起需求,让人更科学、安全、有效地运动呢?为此,申波的团队提炼了4个关键词:碎片、娱乐、社交、智能。无论是通过娱乐化、游戏化等方式培养、建立用户的运动习惯,还是打造全民运动社交平台,又或是后续咕咚发布智能运动战略,加大对 AI 等新技术的投入,进入家庭智能健身赛道,这 4 个词一直贯穿着咕咚整个发展历程。

(1)咕咚用户运动习惯养成方式。

咕咚 App 在培养用户运动习惯的过程中,常常用到以下 3 种方式。

① 目标计划(训练目标设定+训练方法+日程安排)。

② 荣誉体系(勋章、完赛证书+奖牌)。

③ 在运动过程中增加趣味性(歌单/语音教练/播客接入)。

咕咚采用以下要素来进行激励体系的制定:等级与积分制度、活动、LBS 社交、成就。

(2)基于游戏化设计的咕咚激励体系(见图 6-2)。

等级与积分制度:类似游戏机制的等级与积分制度,根据 30 天的平均运动量拥有一定的等级,找跟自己具有相同等级的人进行比赛;卡币,有 3 种获取卡币的形式,使用配件运动,使用咕咚运动,参加竞赛赢的话获得卡币,输掉比赛失去相应的卡币,并且卡币可以在咕咚官网兑换礼品,参加抽奖等。

成就:包括勋章、排名、记录、奖章。

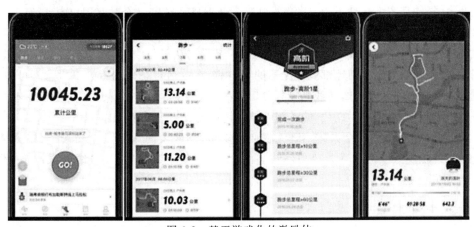

图 6-2 基于游戏化的激励体

(3)基于社交设计的咕咚激励体系。

跑团/LBS 社交:通过附近的人、附近的群组等,找到可以一起参加运动的人,或通过兴趣圈内的"附近"找到附近跟自己有相同运动兴趣的人等。

社群线下跑团:由团长带领,每周进行两次线下团跑训练,目前全国各地拥有超 30 万个运动团。

2.基于临场感的咕咚虚拟线上赛事

(1)线上赛事的背景与发展。

2020 年 3 月 31 日,随着《体育总局办公厅关于暂不恢复马拉松等体育赛事活动的通知》的发布,为了减少人员流动和聚集给疫情防控带来的风险,马拉松等人群聚集性活动恢复暂无定期,赛事停摆成为必然结果。疫情于路跑赛事业务相关的公司而言是一次沉重打击,影响涵盖赛事运营、商业开发、业务拓展等多个层面。寒冬之下,要怎么活下去?这是摆在每一个从业者面前绕不过的问题。咕咚在这场挑战中,却找到了属于自己的节奏,着力发展参与不限时间、空间与距离的线上赛事,将线下赛道转移到了云端,从而转危为机。

咕咚作为线上赛事的首创者,2014年10月,首创线上马拉松概念,与北京马拉松赞助商阿迪达斯公司合作推出首个线上虚拟马拉松赛事。在2015年成功举办30余场线上马拉松,成为全球最大线上马拉松和线上自行车赛事服务商,先后开发Running Girl、创业跑、城市微马、跑马季、城市领跑者等自有IP线下、线上赛事,在随后几年的发展中,结合咕咚自己的技术优势与数据优势,深挖用户的行为数据,并结合线下赛事的特点,在疫情暴发的2020年8月,咕咚首场语音直播实时线上赛引万人报名,面对后疫情时代不断增长的运动健身需求,咕咚推动在线马拉松2.0模式创新,为用户创造更加健康、更加完善的线上运动体验。不仅联合新华网体育推出了"新征程 再出发 红色马拉松系列赛",更是打造了首届线上马拉松赛事博览会,引领疫情防控期间科学运动的热潮,掀起了线上赛事的狂潮。在2021年,咕咚赛事共举办284场赛事(线上+线下),累计参与人次41 792 537,全年累计跑步公里数为748 443 665公里。

(2)营造极致体验,临场感+竞赛感拉满的咕咚线上实时赛。

2021年,咕咚赛事共举办199场线上赛事,平均每场线上赛事有210 012人参与;每场线上赛事,平均完赛率达到了78.13%;据咕咚大数据显示,每5.7个咕咚用户中,就有1人体验过线上赛事;咕咚赛事的跑友,一年平均参加7.91次线上赛事,参与频次逐年攀升。从这组数据可以看出,咕咚的线上赛事受到了用户的喜爱与认可。线上赛事能够打破时间空间的局限,让跑步的人随时随地都能有比赛的参与感,在疫情常态化的背景下,是一种具有明显优势的赛事形式。咕咚的在线马拉松2.0版本——实时语音线上赛,在数据与技术的优势基础上,通过不断地更新迭代,给予跑者越来越贴近线下实时体验的参赛感。

马拉松离你太远、一个人跑步既无聊又不安全,咕咚实时线上马拉松来了,搭载全新AI技术,外加真人实时语音直播,打造沉浸式的马拉松赛事体验,突破时空限制,让你随时与上万人一起跑步。

6.2 行业背景

6.2.1 行业宏观环境

1. 国家政策红利释放,推动运动健身行业飞速迈进

大力发展体育产业是国家级战略,体育行业将享受不断释放的政策红利。2014年至今约20+条政策发布,体育行业规划愈加清晰,扶持空间巨大,剑指竞技体育、大众体育、冰雪运动和冬奥会、户外运动、体育旅游等多个方向。对于咕咚最为重要的业务——跑步领域而言,一系列政策提倡优化产业布局,进一步促进体育消费,鼓励举办跑步竞赛活动,拓展消费空间。为提升大众跑步服务消费,相关政策提倡优化消费环境,加强资金保障,健全体育消费政策体系,加强体育消费权益保护,鼓励跑步运动服务和跑步赛事服务发展。2016—2030年中国体育运动健身行业发展目标如图6-3所示。我国体育运动相关政策梳理如表6-2所示。

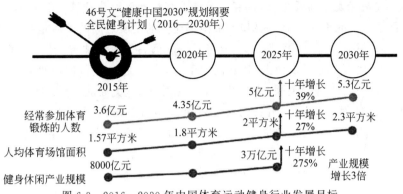

图 6-3 2016—2030 年中国体育运动健身行业发展目标

表 6-2 我国体育运动相关政策梳理

时间	政策	相关内容
2016 年 10 月	《"健康中国 2030"规划纲要》	政府定调体育被列入国民幸福产业,全民运动健身成为顶层国家战略,到 2030 年,经常参加体育锻炼人数达 5.3 亿,健康服务业总规模达 16 万亿元
2017 年 3 月	《全民健身计划(2016—2020 年)》	将全民健身作为健康中国建设的有力支撑和全面建成小康社会的国家名片
2018 年 3 月	《政府工作报告》	加大力度推动智能体育的发展,拓宽智能生活的渗透领域
2018 年 8 月	《中国群众体育发展报告(2018)》	搭建智能化的建设服务平台和健身设备
2019 年 1 月	《进一步促进体育消费的行动计划(2019—2020 年)》	加大力度推进健身运动项目的可持续发展
2019 年 7 月	《健康中国行动(2019—2030 年)》	到 2022 年和 2030 年,经常参加体育锻炼(每周参加体育锻炼频度 3 次及以上,每次体育锻炼持续时间 30 分钟及以上,每次体育锻炼的运动强度达到中等及以上)人数比例 2022 年达到 37% 及以上,2030 年达到 40% 及以上
2019 年 9 月	《体育强国建设纲要》	体育成为中华民族伟大复兴的标志性事业,同时打造一批具有国际竞争力的知名体育企业和自主体育品牌。到 2035 年,经常参加体育锻炼人数比例达到 45% 以上,人均体育场地面积达到 2.5 平方米。到 2050 年,我国将全面建成社会主义现代化体育强国
2020 年 11 月	《中共中央关于制定国民经济和社会发展第十四个五年规划和二〇三五年远景目标的建议》	到二〇三五年基本实现社会主义现代化远景目标。建设体育强国,提高国民素质,彰显文化软实力;增强包括体育在内的服务业向高品质、多样化升级
2021 年 8 月	《全民健身计划(2021—2025 年)》	推进体育产业数字化转型,鼓励体育企业"上云用数赋智",推动数据赋能全产业链协同转型。提供全民健身智慧化服务,推动线上和智能体育赛事活动开展,支持开展智能健身、云赛事、虚拟运动等新兴运动

2. 经济发展激发高品质需求,体育运动健身领域面临消费升级

人民日益增长的美好生活需要和不平衡不充分的发展之间的矛盾是我国当下的主要矛盾。2020年,中国人均GDP为1.13万美元/人,远高于美国体育产业"井喷"时期的经济水平。其中,体育产业增加值占GDP的比重为0.8%,占比仍低但增幅显著。根据人均GDP水平与体育运动间的关联,当人均GDP超过6000美元时,跑步开始流行;当人均GDP超过8000美元时,骑行、滑雪的参与者将开始增加,可以预测随着人均GDP的增长,潜水、户外、攀岩等项目会有更深入的发展。随着经济发展、大众生活水平提高、健康意识增强,消费者对于优质健身资源和高质量健身服务的需求逐渐突显;而传统运动健身行业发展方式较为粗放,技术水平比较有限,导致其难以察觉并满足用户的新需求。

3. 社会文化环境利好,健康生活方式的价值观逐渐形成

随着工业化、城镇化、人口老龄化发展及生态环境、生活方式变化,慢性病已成为城市人口的主要死亡原因和疾病负担,健康问题当前,参与体育运动,养成更健康的生活方式对预防慢性病,提高身心健康有重要意义。在全民健身思想的倡导下,大众在体育运动方面的投入和消费都有所增加。体育消费潜在人群数量在十年内将达到顶峰,用户规模空间巨大。对于互联网类的运动企业而言,据中国互联网络信息中心(CNNIC)发布的第44次《中国互联网发展状况统计报告》显示,2019年6月中国手机网民规模已达8.46亿人,20~39岁阶段手机网民规模有4.11亿人。互联网+大众体育的产品和服务形式激增并且快速迭代,大众体育人口开始形成新的运动生态和生活习惯,随着用户和大众体育产品服务之间相互引领变革,带动产业链加速完善和升级,打开更广阔的市场空间。

此外,疫情成为了推动运动健身行业发展的催化因素,大众对个人健康的关注与运动健身意识的唤醒,健康生活方式的价值观逐渐形成。疫情让人们重新意识到了健康的重要性,群众健康观念与健身习惯产生转变,纷纷投入运动健身的行列中。随着大众对健康关注程度的提升,运动健康逐渐成为一种新式时髦,生活方式不断调整,运动健身演变为新型健康社交方式。

4. 人工智能、大数据、物联网科技赋能,运动健身行业迎来新纪元

随着人工智能、大数据和物联网技术的发展,运动健身行业与人工智能技术的联系愈发紧密,大数据、移动互联、高清直播、智能设备等新技术已经在体育产业中有了长足应用,主要变化集中于场景、产品与用户体验。目前,人工智能技术在智能运动健身行业中得到不同程度应用。在智能健身硬件上,人工智能可通过动作识别等方式对运动姿态给予纠正,同时还可通过分析用户的运动表现为其提供健身课程的个性化建议。物联网可通过结合基础层面的芯片、传感器、计算平台部分与技术层面的计算机视觉、语音识别和机器学习等技术,为用户全面提升智能健身的体验。

这些新技术在行业中掀起了新的浪潮,带来了三大方面的优势:①提升用户健身效率;②优化健身数据管理与挖掘;③增强健身交互体验。而咕咚作为智能运动倡导者和先行者,作为最具影响力的智能运动社交平台,从诞生之时便倡导技术以人为本,目前已获专利20余项。自创立以来,咕咚一直孜孜不倦地追求技术、产品、服务创新,通过强大的运动数据、AI等技术手段不断开发新产品,提升服务质量以满足消费者多样的健身需求,并从2017年就制定了智能运动战略,加大对AI等新技术的投入、布局线下新零售、

打造消费级品牌,从"要运动,用咕咚"升级到"智能运动,尽在咕咚",将运动装备、训练课程与AI技术结合,研发并推出了咕咚智能跑鞋等系列产品,根据运动大数据分析,可评估用户身体状态,并进行打分。在用户跑步运动过程中,实时监测相关数据,并提出安全而科学的语音指导;2018年,咕咚战略升级为"健身3.0,Alive",正式切入健身领域,同时推出国内首创智能直播课程CODOON LIVE,用创新智能化玩法打造在线健身房,实现在线真人私教。在2021年,FITMORE作为咕咚布局家庭智能运动健身的重要新品牌隆重亮相,并推出FITMORE智能健身镜,正式进军家庭健身赛道,科技赋能一直让咕咚走在了科技+体育行业的最前沿,智能技术融合深度发展,不断细化健身运动场景,更好地满足了消费者多元的运动需求,提升消费者的使用体验,持续为消费者创造价值,形成了技术壁垒,在行业竞争中获取优势。

6.2.2 行业发展情况

1. 中国互联网大众体育服务行业

伴随着政策倡导、健身社会风尚形成、大众运动需求上升和生活方式升级等积极因素影响,大众体育行业迎来巨大的市场商机。同时在互联网技术红利的带动下,互联网体育人口迅速崛起。根据运动健身CBNData《国民运动健康趋势报告(2022)》,疫情期间App月活跃用户规模同比增加1.9倍,健走计步、跑步、健身类应用占有较大部分线上流量。然而,虽然中国体育人口的体育消费水平在逐年提升,但从结构来看更加集中于体育用品的消费,服务付费仍然处于培养期。

互联网+大众体育的产品和服务形式激增并且快速迭代,大众体育人口开始形成新的运动生态和生活习惯,随着用户和大众体育产品服务之间相互引领变革,带动产业链加速完善和升级,打开更广阔的市场空间。

聚焦到咕咚的主战场——跑步类运动服务赛道,我国跑步运动行业受国家政策鼓励、全民健身热潮、运动人口增多等利好因素影响,行业规模整体向好发展。到2019年末,跑步运动相关行业规模将达3600亿元,到2020年跑步运动相关行业规模已超过4000亿元。在细分领域中,成熟的跑步鞋服市场将保持稳定发展,占绝大比例;智能设备随着新设备类型增多,设备功能提升,市场份额将进一步加大;随着核心跑者(每周锻炼3次以上达到中等运动强度的跑步用户)比例增长,跑者对运动服务的需求加大,大型企业对跑团文化建设的需求发展稳定,跑步运动服务市场规模将持续增加;由报名费、门票费、赞助费等构成跑步赛事运营收入将保持稳步增长,跑步赛事与其带动的竞技类旅游有较大继续挖掘空间。相比其他运动类型,跑步类运动产业链相对完善,跑步App形成稳定服务模式,2018年1月以来,跑步线上服务用户规模增长19%,期间出现一定变化波动,跑步线上服务用户规模变化趋于稳定,预示了跑步线上服务企业在用户规模扩张层面进入相对稳定期,需进一步优化服务来保证用户黏性。

互联网+大众体育服务业产业链如图6-4所示。

2. 我国路跑赛事服务

路跑赛事包含越野跑、马拉松赛以及各类休闲趣味跑,如图6-5所示。

从运营收入来看,路跑赛事运营收入稳定增长,非规模赛事增速更高。我国跑步赛事按参赛规模可分为规模赛事和非规模赛事,赛事运营收入由报名费、门票费、赞助费收入

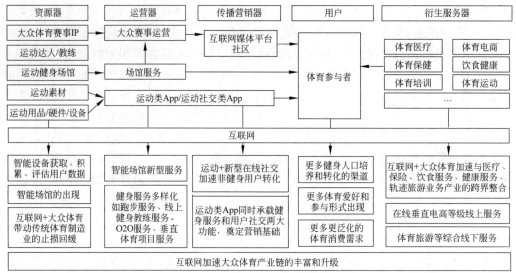

图 6-4 互联网＋大众体育服务业产业链

图 6-5 中国路跑相关赛事定义与分类

构成,随着跑步赛事办赛数量、参赛人口规模的增长,整体跑步赛事市场规模将保持稳定增长。

从细分类别来看,跑步规模赛事发展相对成熟,单场比赛参赛人口规模发展受限,赛事体量与赞助品牌级别和数量匹配较为稳定,直接收入增长率逐年放缓,截至 2019 年,规模赛事运营收入达 39 亿元;非规模赛事相比之下更具特色,且发展刚刚起步,市场饱和度较低,未来发展仍将保持较高增速,到 2019 年,非规模赛事运营收入已达 14.9 亿元。

从参与人数的规模来看,跑步规模赛事数量和参赛者增长势头保持良好,未来发展可期,根据中国田径协会 2019 年的数据,我国规模赛事超过 1700 场,参赛人数达到 700 万人次,规模赛事产业突破 1200 亿元。

3. 被疫情按下"暂停键"的中国路跑赛事市场

正当路跑赛事市场发展如火如荼之时,2020 年突然袭来的疫情,将这一问题摆到了中国路跑赛事从业者眼前。受疫情影响,目前国内路跑赛事基本停摆,由路跑所带动的消费几乎停滞,中小企业经营和生存面临巨大压力。从2014年就开始驶入发展快车道的中国路跑赛事行业,此前从未经受过如此严峻的考验。2020年3月31日,随着《体育总局办公厅关于暂不恢复马拉松等体育赛事活动的通知》的发布,为减少人员流动和聚集给疫情防控带来的风险,马拉松等人群聚集性活动恢复暂无定期。赛事停摆的必然结果是运营收入缩水。赛事公司因疫情造成的损失可谓惨重。江苏省体育竞赛有限公司相关负责人说:"公司预计损失将会达到全年营收的一半"。疫情于路跑赛事业务相关的公司而言是一次沉重打击,影响涵盖赛事运营、商业开发、业务拓展等多个层面。"寒冬之下,要怎么活下去"是摆在每一个从业者面前绕不过的问题,更是压在每个相关企业头顶的一座山。

6.3 面临的问题

作为互联网+体育行业的"老炮",申波清晰地认识到,随着行业的竞争日趋白热化,作为细分垂直领域的App,咕咚目前现有注册用户近2亿,月均活跃用户高达967.68万,这样一组庞大体量的数据背后,是这些年来面对市场环境变化咕咚所作出的努力。但是,随着移动互联网人口红利逐渐消失,行业竞争更加聚焦于存量市场,人口红利之争已成为用户黏性之争。通过获取新顾客所能带来的营收是非常有限的,同时这也就意味着,咕咚想要获取新客户的难度较大,成本较高。可谓是维护好一个忠诚的顾客,胜过开发10个新顾客。如何在现有的用户池中开发更有价值的产品和服务,拉动现有用户的消费潜力,全方位挖掘顾客的价值是咕咚需要去考虑的重要议题。

2021年12月,在一年一度的年终述职大会结束后,CEO申波将公司主要负责营收的三个部门——广告事业部门、电商事业部以及赛事部门的负责人召集在一起,围绕着这一议题,共同商讨新一年的工作计划。

6.3.1 广告营收为王:深挖数据资产,提升精准匹配

"互联网的精髓就是占有用户,且要保持高频率使用,盈利自然接踵而至!",作为咕咚营收支柱之一的广告事业部负责人杰森率先发言道:"我们只要在现有的用户基础上,采用我们所擅长的'软硬兼施',只要继续保持高流量,高活跃度,我们的商务顾客就会认可广告投放价值。目前所有的主流运动App都是采用这个方式,动辄百万的流量自然不会放过收广告费的路子。而对于商业广告主而言,在选择投放渠道时有两个值得思考的问题:一是广告的投放效率到底高不高;二是产品设计上,用户在使用过程中是否能注意到广告。通过咕咚强大的大数据系统,精进算法和系统,提升用户数据的全面性和准确性,挖掘海量数据的价值,做好精准匹配,更好地为企业广告客户做好投放服务,以最小的投入获取最大的利益,这样不仅符合商业世界的经典规则,同时也是目前我国运动类App公司营收的主要模式。我相信广告事业部能为公司作出更为出色的业绩"。

6.3.2 着力电商业务:科技赋能,丰富产品,满足多元需求

电商事业部的雅琪则对未来的发展有着自己的见解。"作为运动垂直领域的主流App,我们目前集中了众多的运动爱好者,当用户运动习惯被培养起来,装备需求也就天然产生。如果一个运动App是受到用户认可的,那么App结合自己的教学课程和资讯内容向用户推荐运动类商品也比较容易能让用户接受。电商这条路也就顺理成章地跑起

来了,这也是目前几个大公司所采用的策略。根据我手上的数据,自建商城是比广告更为普遍的盈利来源。从商品类型看,服饰装备、智能配件、硬件设施、营养补剂是最常见的。目前国民在健身上的消费支出的最大部分就是鞋服配件,达到运动消费总支出的70%以上,可见,运动App通过电商这个点尽可能多争取国民在鞋服配件上支出的获利机会,这个思路是没有大问题的。我们目前有这么庞大的用户基础,只要解决好供应链问题,继续保持科技导向的技术优势,继续打造有品牌的商品矩阵,从用户的吃、穿、用、练出发,开发出形式多样、内容丰富、满足不同用户需求的产品则能吸引用户,提升用户的购买意愿,深挖用户的价值"。

"此外,我们咕咚智能硬件及穿戴设备有近十年的布局,累积了大量的技术专利与供应链资源,无论是咕咚专业鞋服、咕咚专业运动手表、智能手环、咕咚心率带,还是说2021年顺应疫情常态化所延伸出的居家健身场景的全新品类细分赛道智能健身镜产品FITMORE,咕咚早年的技术导向思维与技术累积为我们提供了竞争优势"。

"产品和供应链这一块我们完全有优势,因此我们来年就应该发展销售这一端的能力,我们已经采用直播电商、经销商商务合作等方式进行营销推广,销路一旦打开,我相信在未来,电商事业部一定能将公司的现有优势发挥得淋漓尽致,为公司营收创下新高"。

6.3.3 深挖赛事价值,提升用户体验让渡价值,聚焦存量市场

赛事部门的负责人马薇则认为,增值服务才应该是未来深挖现有用户价值的发力点所在。她缓缓地说道:"随着人口红利逐步消失,存量市场上的争夺就变得激烈起来,咕咚所在的在线运动健康行业,人口红利之争已经演变成为用户在线时长之争、用户黏性之争。因此,如何提升用户的线上体验,最大限度地为顾客创造价值,满足他们多元的需求,提升顾客的忠诚度才是一切业务的根本"。

"由于疫情的原因,线上虚拟赛事的大获成功,成为营收的重要来源之一。我们深度梳理了用户的运动行为数据,结合线下赛事的特点,2020年8月,咕咚首场语音直播实时线上赛,对后疫情时代不断增长的运动健身需求,最大限度地将线下赛事的魅力通过线上展示,咕咚推动在线马拉松2.0模式创新,为用户创造更加健康、更加完善的线上运动体验。2021年,咕咚赛事共举办199场线上赛事,平均每场线上赛有210 012人参与,每场线上赛,平均完赛率达到了78.13%。无论是从用户运动习惯的培育,用户黏性和顾客忠诚的提升还是说公司营收的角度来讲,线上虚拟赛事都发挥出其巨大作用"。

马薇接下来又说到另外一个点:"我们近两年在赛事IP的开发上也是想要为中国文化自信作出努力,无论是我们的中国朝代跑,还是说与各大博物馆合作的文物主题赛事,再到咕咚联合新华网推出的'新征程 再出发 红色马拉松系列赛'都处处彰显了民族自豪感与家国情怀。我们咕咚体育一直是有社会责任与担当的企业,也是有民族自豪感的一家中国企业。与此同时,疫情前官方马拉松组织与我们的合作关系一直都很难建立,毕竟官方金标赛事的品牌号召力在那里,但是由于疫情的原因,线下赛事停摆,我们通过线上虚拟赛事这样的形式已经与众多国内、国外官方赛事与政府机构建立了良好的合作,在2021年,咕咚获得合作官方授权线上赛28场,吸引数百万人次的跑友参与,其中不乏国际金标赛事,如波士顿马拉松、厦门马拉松。这些资源优势都是可以继续维持,也是吸引专业路跑用户的重要资源。通过虚拟赛事这一载体,我们可以整合,在媒体传播、品牌资

产平台技术等方面的优势资源,深度构建包括大众线上赛、团队定制赛、跑团训练营在内的赛事服务体系"。

"另一方面,在众多利好因素的共同作用下,跑步运动是一个发展潜力巨大,也是大众体育运动类别中参与门槛较低,人口基数最为广泛的项目。其发展是国家政策和社会重大事件等多重因素共同作用的结果。从众多政策支持,再到大量精英企业家的跑步自律习惯给跑步带来'自律、健康、精英'的标签,跑步运动在大众中得到广泛普及,大众跑步运动开始向开展赛事活动进行升级。赛事活动所带来的直接或者间接经济效益都是值得深挖的,特别是衍生的旅游收入、文创周边收入和赛事医疗以及金融收入等赛事活动价值。由于疫情的影响,赛事业务部门曾经的营收组成的最大部分——赛事旅游的营收近两年几乎为0,但是我相信在疫情得到控制之后,需求端一定会迎来报复性反弹,因此我们应该提前布局,做好'冬去春来'的部署与准备"。

对于咕咚而言,从其核心用户的需求出发,提升用户的体验,培育用户的运动习惯与付费意愿,这些都是需要一步步扎实做的。在众多的增值服务中,咕咚的路跑赛事业务将会成为未来的重要营收点。

6.4 尾声

会议结束后,申波一个人坐在办公室,陷入思考。从产业特征来看,目前主流的运动App能提供的功能其实并不具备什么壁垒,行业同质化特征突显,类似的产品太多,不可能向用户收取费用。很多运动App企业的盈利点依赖广告植入,但是虽然咕咚有着用户基数大的优势,同时也存在着降低用户体验感的风险。

电商业务的开发投入成本较高,而且存在着库存等成本因素,直播电商这条赛道咕咚从来没有这个基因,是否能够打开销路这些都还是个未知数……

赛事部门今年的业务确实亮眼,但是其他运动类App已经涉足该领域,未来肯定会逐渐成为红海竞争,线下赛事的旅游、报名等延伸业务还得等疫情完全结束后才能真正地带来营收,但是这一天到底啥时候才能到来,答案无人知晓……

所以到底哪一条路才是咕咚未来重点布局的方向?还是说应该开始思考下一个新的业务,那这个新业务又是什么呢?申波和他的团队仍需要继续探索这些问题……

案例思考题:

1. 咕咚为何会从"产品为王"转换到以顾客体验为导向的经营思路?
2. 咕咚的线上赛事(虚拟马拉松)是如何营造消费者体验的?
3. 咕咚是如何运用游戏化思维帮助用户培养运动习惯的?
4. 咕咚采用了什么方式来增加用户黏性,提高用户的忠诚度?

参考文献

案例 7　纵腾集团：抗击疫情，跨境电商物流的逆行者[①]

摘要：随着中国跨境电商异军突起，成为国际贸易领域中极具竞争力的新业态，行业蓬勃发展。然而，在 2020 年初突然爆发新型冠状病毒感染，这场危机给传统外贸企业、跨境电商企业带来了巨大的负面冲击。但纵腾集团却在这场危机中做到了逆势增长，其冠通分销平台订单量同比增长 328%，卖家注册量同比增长 540%，平台交易额同比增长 436%。在这场抗击疫情大考中，纵腾集团为什么逆势增长？其中的缘由值得我们思考。本案例详细介绍了纵腾集团在疫情各个阶段面临的机遇与挑战，分析其采取的应对举措，旨在为跨境电商企业应对突发危机，增强跨境电商供应链安全管理与弹性，提供决策依据与参考借鉴。本案例记录疫情的阶段历程，探索危机的应对策略，展现中国企业的担当。

关键词：跨境电商物流，危机管理，供应链能力，供应链安全。

Zongteng Group: Fighting Against the COVID-19, Stand Up for Cross-border E-commerce Logistics

Abstract: Cross-border e-commerce is becoming increasingly popular around the world. While COVID-19 suddenly broke out at the beginning of 2020, which brought a huge negative impact to both traditional foreign trade enterprises and cross-border e-commerce enterprises. However, Zongteng group has kept growing in this crisis. The order volume of Guantong distribution platform increased by 328%, the registration volume of sellers increased by 540%, and the transaction volume of its platform increased by 436%. It's worth thinking about the reason why Zongteng group is able to do this. We firstly discuss the opportunity and challenge caused by COVID-19 in 3 stages. Secondly we analyze different coping strategies and actions of Zongteng group at different stages. The results offer important insights into how to best manage sudden crisis for cross-border e-commerce companies.

Keywords: cross-border e-commerce logistics, crisis management, supply chain capacity, supply chain security.

---

① 本案例由闽江学院经济与管理学院的王莹撰写。

引言

随着我国"一带一路"倡议效果显现,跨境电商交易规模持续扩大,据海关等部门统计数据显示:2019 年,中国跨境电商零售进出口额[①]达到 1862.1 亿元,是 2015 年的 5 倍,年均增速 49.5%,海淘用户规模将近 1.55 亿人。跨境电商拉动我国外贸高质量发展的进程加快,《2020 年国务院政府工作报告》中指出:"加快跨境电商等新业态发展,提升国际货运能力"。截至 2020 年 4 月 8 日,跨境电商综试区增加到 105 个,跨境电商市场规模进一步扩大,2020 年进出口交易额达到 2800 亿元,海淘用户有望扩大至 2.35 亿人。同时,世界电子贸易平台和非洲电商联盟等海外试验区在世界范围内铺开,跨境电子商务正在加速推进供应链全球化,国际贸易呈现出数字化的趋势。

2020 年初突如其来的新型冠状病毒感染,影响到了各行各业,打乱了整个跨境电商行业的运行节奏。疫情初期,企业停工停产;随后,国际需求萎缩,外贸订单量减少,企业现金流压力增大;因国际物流受阻,运输成本增加,全球供应链受到冲击。对于跨境电商行业企业,这些问题都是非常严峻的挑战。2020 年第一季度随着国内外疫情暴发后,跨境电商平台货品需求下降,订单交易困难,1~2 月份,以人民币计,中国进出口、出口和进口分别下降 9.6%、15.9%和 2.4%。艾媒咨询数据显示,2020 年跨境电商市场预计呈轻微下滑态势,交易规模达 10.3 万亿元。大多数跨境电商卖家都经历了二月没货源、三月订单"腰斩"、四五月部分货品需求大增、六月货品积压,卖家觉得上半年心情像坐过山车一样,"创业 6 年遇到的行业变数,都没有这半年多。"

然而有一家跨境电商企业,却在逆势中成长。2020 年 4 月 17 日,央视财经频道《正点财经》栏目报道了纵腾集团作为跨境电商物流代表,面对疫情带来的多重挑战,采取了众多有效措施来保障正常运营,维护行业稳定发展。

纵腾集团是一家怎样的跨境电商企业,当疫情来势汹汹时,经历了哪几道考验?面对危机引发的不确定,他们是如何快速准确地做出应急决策?他们又采取了哪些措施,突破重重难关,从众多跨境电商企业中脱颖而出?

7.1 公司背景

纵腾集团于 2007 年在福建省福州市成立,现总部位于深圳。纵腾集团是国内最早开展跨境电商的企业之一,最初是以跨境电商业务为主的跨境电商大买家,但后期经过转型,重心转变为基础物流服务商。旗下拥有"谷仓海外仓""云途物流"和"冠通分销"等服务品牌,提供海外仓、专线物流和分销的国际化物流一站式服务。2019 年,纵腾集团以"全球跨境电商基础设施服务商"为企业定位,聚焦于电商海外仓储配送、小包专线物流、头程运输服务及供应链金融等增值服务,为跨境电商企业提供高效便捷、具有性价比的综合物流服务。纵腾集团已经建成覆盖美、欧、日、澳等国家与地区的跨境电商物流服务网络,拥有境外仓储及中转枢纽近 20 座,总面积超过 40 万平方米,日

[①] 海关统计数据以跨境电子贸易商务(代码为 9610)进口为主,未包含邮政通道的包裹或市场采购等其他渠道进出口跨境电商货物。

处理订单超过60万份,拥有员工2000余名,其中海外员工1000多名,在全球7个主要发达国家以及福州、武汉、成都等地设有分支机构,成为亚马逊、WISH、JOOM、速卖通等第三方电商平台推荐的物流服务商,服务客户涵盖中国顶尖的跨境电商企业和品牌商。疫情爆发以来,纵腾集团克服多重阻碍,采取多项措施,保障物流畅通,期间为国际社会积极承运抗疫物资。

7.2 疫情期间,纵腾在行动

7.2.1 疫情早期发展阶段(2020年1月下旬—2月中旬)

1. 疫情突发,猝不及防

此时,新型冠状病毒感染在中国武汉局部暴发。随着国内感染人数增多,中国采取了史无前例的严格措施,短期内将人员流动和接触下降了80%。许多工厂、企业都处在停工、停产和难复工状态。

在这一阶段,纵腾集团主要做了两件事:一是从国外采购防疫物资运往国内,二是加快复工复产,保障捐赠物资通道的顺畅。但是,由于救灾应急系统的薄弱,国内关于防疫物资进口及捐赠相关的规则不断变动,每天都面对很大的不确定性,要处理许多由于规则变动所产生的问题。除此之外,员工的人身安全才是企业最担心的。纵腾集团副总裁李聪表示:"其实那个时候最基础的问题是出门办事要冒着生命危险,把人暴露在危险之中,生命安全可能是最大的顾虑。"

此刻,纵腾集团为了保护自身、供应链以及客户,采取了哪些举措,发展了哪些与供应链安全相关的核心能力来化解危机呢?

2. 组织灵活,决策快速

在这种情况下,纵腾集团的高管紧急召开会议,分享信息,交流讨论,并快速做出反应和决策。纵腾集团CEO王钻表示"自大年初一起,集团内部就启动紧急会议,每天下午3点,集团高层召开会议来讨论、计划做一些稍微深层次的预测和前瞻性的研究"。纵腾集团各分公司密切联动,临时成立应急小组,根据危机造成的外部环境变化和新任务进行组织重组,并且经常跨部门合作,部门间的边界淡化,组织灵活性强。第一天应急小组成员为3~5人,第二天为9~10人,第三天为30人左右,后来涉及全球几千名员工,他们跨越时间和空间的障碍,为了恢复企业正常运转团结一致、共同奋斗。

当许多人还惶惶然在家里过春节时,纵腾集团就为国内政府采购、捐赠抗疫物资而开始工作了。李聪表示:"我们不单是为了自己的业务,更多是为了大家和全局。在这个过程中,我们对疫情的发展变化有很多切身的体会,认识到防疫物资在什么时候会出现需求高峰,什么时候会出现恐慌导致抢购,什么时候会出现需求下滑等"。这些防疫经验,使纵腾集团能够在下一阶段国际疫情暴发时,提前做好准备。

3. 加强防疫,提供保障

此时的当务之急,是尽快复工并保障复工员工的人身安全。为此,纵腾集团布置了严格的防疫举措(见图7-1),"谷仓海外仓"针对疫情列举十项防疫措施(见表7-1),普及强化员工防疫知识,严格监控员工健康状况,应用远程办公软件,开展灵活工作制,顺利复工。由于谷仓的海外仓遍布全球,海外员工多为外籍人士,在文化上差异较大。对于海外员工,纵腾集团做了许多疫情相关宣传,让国外员工产生抗疫意识。虽然疫情期间大量企业都实施裁员,但是纵腾集团不但未裁员,因海外仓人手不足,还积极招募新员工。在提高员工工资的同时,采取"为员工安排就近住处"等降低感染风险的措施,既留住老员工,又吸引新员工。正是因为纵腾集团在面对疫情时的快速反应,带动了员工迅速地投入工作。

图 7-1 国内外员工积极响应防疫举措

表 7-1 "谷仓海外仓"防疫措施一览表

措　　施	具 体 分 析
健康打卡	复工前一周起,公司开始各方面的部署并要求员工进行"每日健康打卡",确保所有员工的身体健康状况,一旦发现问题能够及时做出反应
调查问卷	在返岗人数增多的情况下,公司发出了《共抗疫情,健康返岗》的调查问卷,保障返岗员工的生命安全,降低返岗风险
线上考核	临近返岗,发布了《新型冠状病毒防控知识》线上课程与考卷,要求员工必须进行学习并且考核达100分才算通过
办公管理	要求各一级部门负责人严格把控复工情况,并把员工分成了可现场办公、在家远程办公、无法远程办公三个梯队进行管理,共渡难关
加强防控	加强复工前疫情防控工作,再次对所有员工的复工情况进行了说明和调查,确保措施可执行性
远程指导	发布了《员工远程办公指导手册》和《远程办公使用及规范通知》。远程办公人员由公司技术部网管组进行统一管理,并且明确了远程办公人员的办公流程以及公司管理流程,确保工作正常运转
规范管理	建立了远程办公全员群,明确远程办公的工作纪律,除了每天上下班的远程考勤打卡之外,还要求全员履行中午休息前后的签到,严格的规范管理力求创造出与平常相同的工作状态
全面消毒	公司对办公室的门厅、楼道、会议室、电梯、楼梯、卫生间等公共部分进行了统一消毒,对有可能接触的公共设施进行全面管控,每天再进行两次消毒,保障线下办公人员有安全的工作环境
口罩发放	公司大门口设立口罩领用区,按照每人每天2个口罩的标准进行发放。各楼层消防电梯口设有口罩专用垃圾桶,公司将定时对垃圾桶进行集中处理和消毒

续表

措　施	具 体 分 析
就餐要求	倡导员工自行带餐,办公楼已禁止外卖人员进入。公司小卖部会采购大量的方便食品,方便员工扫二维码进行支付购买

多项防疫举措保障了员工在疫情期间的生命安全,稳定了士气,潜移默化中加强了员工向心力,提高了员工的积极性。2月10日,纵腾集团旗下企业谷仓海外仓、云途物流、冠通分销、跨呗供应链金融服务、沃德太客均正式全面恢复运营。

7.2.2　疫情加速爬坡阶段(2月中下旬—3月中旬)

1. 疫情扩散,危机加深

2月中旬之后,新型冠状病毒感染开始全球扩散,国内外都处于疫情非常态应对阶段。国内疫情开始好转,许多工厂陆续准备复工复产,但离完全恢复正常生产生活还有很长一段时间。疫情全球蔓延,各国运输物流政策频繁变动(见表7-2),国际快递市场承压,跨境电商企业面临着货物经常排仓、爆仓,物流时效大幅降低,物流成本显著上涨的挑战。

表7-2　疫情下各国物流方式及政策变化一览表

国家/地区	物流方式	政策变化
北美地区	航空客运(主要是客机腹舱物流)	往来中国航班暂停至3、4月底
欧洲地区		绝大部分往返航班暂停至3月底,英国航空暂停至4月中旬
亚洲/中东/非洲		部分航司暂停至3月底,部分航空公司未明确停飞截止日期
澳大利亚/新西兰		澳大利亚、新西兰航空公司暂停往来中国航班至3月底
中国		民航数据显示,2月以来,国内航班每日取消班次超过50%
澳大利亚	海运	2月1日及以后来自中国大陆的船舶需隔离14天,期间如船员生病,将重新隔离14天
菲律宾		取消经停受疫情影响国家港口的船舶直接进入码头泊位的权利
越南		来自中国等新型冠状病毒高发国家的船舶及人员,需在特定地点隔离14天
马来西亚		所有来自中国船舶及人员需隔离,直到当地检查合格为止
美国、新加坡		14天内到过中国大陆的乘客、船员、船只加强检疫
科威特		自2月25日起,禁止接收所有包括中国大陆、中国香港、伊拉克、韩国、意大利、泰国、新加坡、日本等国家和地区抵达的船舶
巴西		需填写"海事健康声明"
意大利	邮政	暂停国内部分地区包裹以及特快专递邮件的接收以及派送服务

资料来源:据marketplus的统计数据整理

(1) 各国航空公司来往的航班大量减少,特别是飞往中国、日本、韩国、美国、意大利等国家的航班大幅减少,导致整个国际航空运力下降。截至3月27日,据民航资源网不完全统计显示(见图 7-2 和图 7-3),共有 77 家航公空司停飞所有国际航线(包括 63 家航公空司全线停飞),14 家机场停止运营,7 家机场关闭部分航站楼,9 家机场关闭塔台。全球货运航空运力有一半左右来自客机腹仓,当绝大部分国际客运航班停运时,就意味着"航空运力至少砍掉一半"。

图 7-2　全球航空公司航班停飞情况(截至 2020.3.27)

图 7-3　全球机场关闭情况(截至 2020.3.27)

(2) 物流效率降低。受疫情影响,货物国内出口、国际中转、目的国进口都会进行多次检疫、消毒。货物的管控和检查、检疫更加严格,清关的时间也有所增加。疫情严重的国家甚至会暂时关闭边境通道。

(3) 受物流运力下降的影响,企业的运营成本上涨,物流成本也显著上升。疫情暴发后,物流费用大幅增长,云途物流运费对比如图 7-4 所示。

对于纵腾集团来说,虽然国内疫情逐步控制住,跨境电商出口与进口业务有序恢复,

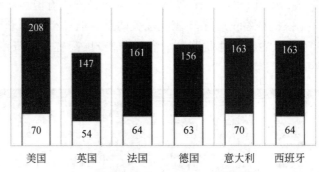

图 7-4　疫情暴发后云途物流运费对比

但是国外跨境电商出口远程运输及末端配送问题严重,美国当地负责配送的企业 UPS、美国邮政和 FedEx 都出现了大量的停工停产,造成货物大量堵塞,导致投递效率下降,退货量猛增。整个跨境电商市场仍处于剧烈的不安与动荡之中。

此时,纵腾集团主要面临由于航空运力不足,造成货运线路不稳定,以及货运市场价格剧烈波动等问题,摆在他们面前急需做的决策是"在疫情还在加速爬坡阶段,包机费用已经大幅上涨,是否要早于往年增加包机数量,包机收益是否能高于成本"? 要想更准确地预测市场需求及运力供给趋势,必须基于数据挖掘技术提前把握疫情发展趋势。

2. 分析数据,预测走向

首先,纵腾集团启动了疫情数据分析。纵腾集团认为:数据分析"要深入数据里面去,不能够浮于表面、道听途说,要踏踏实实做数据"。他们将 4 天作为分析单位,考察这 4 天疫情新增人数的变化,分析每组数据的增长率,并运用滑动平均值分析数据、预测走向。同时,借鉴了 3 月 16 日帝国理工学院和国外权威数据网站发布的研究报告(见表 7-3),定期主动收集各国疫情数据,并通过数据挖掘技术分析对比各国病床和 ICU 病床的数量、核酸检测的能力、社会或者政府管控的力度和老龄化的程度(与死亡率密切相关)等指标因素,结合各国人口因素、医疗资源配备、海外权威预测数据和各国政策措施差异等实际情况,对欧美及其他一些区域的疫情发展态势做出预测,针对不同态势,制定不同的应对方案。这项基于疫情数据分析的举措为快速准确地做出市场判断与经营决策,提供了必要的依据。

李聪表示:"我们对空运、海运等运输物流都做了预测,判断运费价格可能会猛涨。因为出口贸易在复苏,但海运班次与空运航班的锐减,加上港口、机场效率降低,极可能出现拥堵、货物滞留的现象,加上信息不对称和一些环节运作失效,必然会造成运费价格的飙升。"

3. 紧握供应链,力保通畅

其次,纵腾集团力保供应链通畅。旗下品牌"云途物流"为面对当前货量巨大的局面,3 月中旬较往年提早启动包机季,3 月份预定了 6 趟包机,4 月份预定了 12 趟包机,从香港直飞欧美,其中欧洲航线采用 B747-800F 机型,载货量高达 120 吨。虽然运价成本提高了很多,是疫情暴发前的 2～3 倍,但是因为货量也是增长的,所以纵腾集团的收入增长是超预期的。

表 7-3　帝国理工学院研究报告

发　现	分　析	基本策略及影响
最高死亡数可达 51 万	通过建模预测出了不同措施下英国可能会死亡人群的具体数字：如果政府对新型冠状病毒不采取任何行动，预计英国会有 81% 的居民被感染，将导致 51 万人死亡；如果政府坚持用有限的措施控制传播，如对有症状的患者进行居家隔离，那么这个数字将减少一半，为 26 万人；如果采取最严格的措施，如关闭学校，禁止集会，强制家庭隔离等，那么自疫情暴发两年内的死亡人数将降至 2 万人以下	帝国理工学院认为，目前各国对于新型冠状病毒的防疫措施主要有两个基本策略。 (1) 缓解 (mitigation)。其重点就是减缓病毒的传播速度，虽然不一定能够阻止病毒的蔓延，但可以有效降低病毒带来的医疗需求峰值，同时保障那些最严重的疾病感染者的生命安全，这就是英国目前采取的策略。 (2) 抑制 (suppression)。该策略旨在通过强力干预彻底扭转新型冠状病毒的增长趋势，使得确诊病例数目减少到一个很低的水平并一直维持这种情况，这也是中国目前采取的策略。 这两种策略可以说是各有利弊，对于缓解策略来说，实现起来门槛相对较低，政府可以通过对疑似病例进行家庭隔离、对老年人和免疫力较低的人群进行"社交疏远"等措施，使得峰值的医疗需求减少 2/3，死亡人数减少一半。但采取该措施仍有可能导致数十万人死亡，卫生系统（尤其是重症监护病房）最终还是会不堪重负。 对于抑制措施来说，政府需要将整个国家的民众进行"社交疏远"、对确诊病例的人群和其家庭成员进行隔离，而且还需要关闭学校等，这种强干预措施虽然会对卫生系统产生巨大的压力，但可以在短期内有效较低确诊病例的感染数量。但采取该措施需要政府一直保持"强干预"直到疫苗投产使用，而这可能需要 18 个月之久甚至更久，这对于很多国家来说很难做到。 所以，研究认为，最好的做法就是采取适应性控制政策，也就是根据英国 ICU 床位的发展情况，实行时松时紧的控制措施
死亡高峰在 3 个月后到来	如果不采取任何措施，英国的死亡高峰可能会在 3 个月后到来，差不多在 6 月中旬	
英国国家医疗服务体系（NHS）的压力不可避免	如果没有任何控制措施，英国 ICU 病床会在 4 月第二周达到满负荷，在高峰期间，ICU 的需求量将会是英国目前现有 ICU 病床量的 30 倍左右	
关闭学校只能减轻 NHS 压力	研究显示，关闭学校并不一定会减轻 NHS 的压力。如果不采取任何措施，ICU 需求高峰期在 4 月左右出现，如果采取措施，只会推迟 ICU 需求高峰期的来临，ICU 床位的需求数与不采取任何措施的情况基本一致。如果前期关闭学校，虽然可以在短期内有效抑制病毒传播，并将 ICU 的需求人数控制在全国能够负荷的数量以下，但是在取消限制措施后，未来依旧会出现类似的高峰。但若前期不关闭学校，虽然 ICU 的需求量会在短期内出现激增，超过医院的负荷，但是在措施取消后，10 月之后的反弹会相对减弱	
疫苗是唯一退出机制	不过，在采取更加严格的措施后，整个社会也需要一种"退出机制"，也就是大家选择在什么时候结束防控措施，进入正常生活。否则，一旦限制措施取消后，病毒很有可能会再次卷土重来。对于这个"退出机制"，报告指出，接种疫苗是"唯一可行的退出机制"。因此，为了避免病毒传播再次反弹，这些政策必须维持到大量疫苗储备到位时，这很可能需要 18 个月甚至更长时间。也就是说，按照目前的计划，英国民众需要维持"社交疏远"的生活长达 18 个月	
单一的非药物干预措施（如居家隔离等）效果有限	在报告中，研究人员评估了目前的一些公共卫生措施，也就是非药物干预措施（NPIs）的效果。这些措施主要是为了降低人群接触率，从而减缓病毒的传播。而这项研究的结论是，任何一种单独的非药物干预措施的有效性都是十分有限的，需要综合多种干预措施才能对病毒传播产生实质性的影响	

资料来源：帝国理工学院研究报告 *Impact of non-pharmaceutical interventions（NPIs）to reduce COVID19 mortality and healthcare demand*（非药物干预对降低 COVID-19 死亡率和医疗保健需求的影响）

包机的优越性得到充分体现,在仓位、时效性和确定性上弥补了其他物流方式的短板,让海外买家真正享受到航空物流速度,有效提振外贸行业的整体信心。"云途物流"已经开通了中国香港到洛杉矶、马斯特里赫特、列日等多条包机航线。每周3~4台包机,确保运力充足。据香港最大航空公司国泰航空在4月28日发布的公告显示,2020年5、6月仅维持极少航运,5月份继续削减客运网络运力至3%,香港始发航班近0局面仍将继续。在根据疫情和市场供需变化进行分析后,"云途物流"5月包机计划强势升级,开设从香港出发,直飞欧美多条航线,40余架航班,2000余吨运力,每周执飞4~5班,全面保障客户的运力需求。

"谷仓海外仓"还启用备用尾程渠道,全力保障海外仓储平稳运作,在美国、英国、捷克共和国、法国等国家发挥出了强大的抗风险能力,公开透明地与客户探讨疫情趋势以及应对方法,保证包裹投递时效,力保外贸产业链、供应链畅通运转,帮助跨境卖家渡过难关。

"冠通分销"平台为了帮助卖家科学抗病毒,及时掌握海外市场变化趋势,合理备货,每两星期左右发布《国外疫情走势预测报告》。在2月份就紧急上线七大品类防疫用品且均支持发往疫情较为严重的欧美主要国家,根据消费需求变化,3月份提前上线居家防疫产品专区,开放汽配产品和知名品牌产品分销新品类开拓;热卖爆款预计5月中旬全面到仓;并且严控平台产品价格,保障疫情期间不涨价。

7.2.3 疫情全球暴发阶段(3月中下旬—5月初)

1. 全球暴发,新的危机

疫情进入全球暴发阶段,国外疫情开始快速恶化。根据世卫组织实时统计数据显示,截至欧洲中部时间3月18日18时(北京时间3月19日1时),全球新型冠状病毒感染确诊病例累计达到207 860例,已报告病例的国家和地区达166个。截至欧洲中部时间5月27日上午10时(北京时间5月27日17时)全球新型冠状病毒感染确诊病例累计达到5 488 825例,影响国家和地区达255个,累计死亡人数349 095。随着疫情新情况的出现,新的危机纷至沓来。

由于在世界范围内疫情越来越严重,各国贸易限制不断升级,国外跨境电商平台规则频繁变更,如亚马逊限制口罩和洗手液的销售,FBA限制非生活必需品以及医疗用品入库等。可以预见,今后各平台的医疗类商品审核程序将会越来越严格,门槛也会越来越高,甚至完全关闭某些商品的审核端口。据雨果网3月中旬的调查显示,有77%以上的卖家面临着存货不足的问题。在这些卖家中,有51%的卖家已经断货,其余49%的卖家库存只能维持10~20天。对电商企业来说,店铺排名与资金运转是很重要的,但是此次疫情的暴发,使得很多中小型企业因无货可卖,导致店铺线上排名下降,无论从实力,还是资金来说,都是非常大的负担。以亚马逊平台为例,线上排名是动态的,卖家可能花3~6个月把一个产品营销到前100名,但只要3天不发货,或买家给了差评,排名可能很快掉到1000名,再过几天可能又掉到5000名,出现雪崩式下降。

许多中小型跨境电商卖家面临存货不足的问题、资金流问题和亚马逊限品危机,这时他们最头疼的问题是"订什么货、订购多少、何时订货?"

2. 限品危机,沉着应对

行业内有句流行语"七分靠选品,三分靠运营。"在行业困难时期,卖家更需看重选品,发现买家评论、反馈和销量的变化,快速调整产品结构。在亚马逊发布禁品类的消息之前,纵腾集团就先用数据分析手段提前对品类进行需求预测,优先选品:避开限品,备货爆品。李聪表示:"能够先于市场发现机会才有胜算,如果都等着别人告诉你,绝对不是机会。"事件发生后对数据进行分析,这只能作为预判市场的参考,其带来的价值没有对市场进行预测来得高。高额利润往往会奖励给那些提前对风险判断正确的人。

纵腾集团运用数据分析工具,积极吸取国内抗疫、防疫经验,总结疫情一般发展规律,同时对国外疫情发展进行预测,结合顾客用户画像,进行品类的需求预测,优先采购符合市场需要的、相对紧缺的商品,李聪提到:"在大部分同行都还没准备好的时候,我们已经有这些库存了,这是比较重要的。"天猫海外提供的数据显示,3~4月,在跨境电商平台上不同品类的销售呈现"冰火两重天":一方面,户外园艺类用品的订单同比下降40%左右;另一方面,室内产品销量增长较快,适合家庭室内的运动器材销量同比增长230%,包括乒乓球网架、桌上足球台、象棋等,尤克里里(一种四弦拨弦乐器)、口琴等乐器同比增长74%。据卖家介绍,狗粮、跑步机等订单同比增长了三四倍,拼图订单同比上涨了约10倍。到了4~5月,"行情来了个大反转,玩具和家居产品订单量比往年最旺的时候还高出一倍。"

3. 共渡疫情,矩阵联合发力

纵腾集团旗下品牌充分发挥各自优势,品牌矩阵联合发力,全力服务好客户,维护行业发展稳定。

(1)当运费上浮,邮政小包停发,直发中小卖家难以为继,"冠通分销"支持海外仓一件代发,非普货类及大件类产品海外仓直发,力保卖家有货可售。冠通平台不仅拓宽了中小卖家的销售渠道,增加了其销售能力,帮助它提高了备货的规模,还不增加负担。李聪表示:"企业可以在冠通平台上买我们的商品,但他不用去现金采购这些商品,卖完了再结款,对他们来说资金压力就没了"。这一阶段,冠通平台运用自身的优势帮助部分企业增加销售量达328%。

(2)"谷仓海外仓"力保海外仓重地运营如常。为了帮助更多卖家解决物流费用贵的难题,决定从4月6日开始,澳洲Fastway尾程渠道直降13%,并且新增TOLL(Priority)和TOLL(Standard)服务。王钻表示:"作为行业领先的企业,维护行业发展的稳定,特别是物流环境的稳定,是我们责无旁贷的责任。""谷仓海外仓"在此次疫情中,主动承担起作为跨境物流仓储头部企业的责任与担当,全员坚守岗位,克服困难,超负荷工作,齐心协力,保障库内平稳运作,还主动与客户交流动态,及时提供解决办法。

纵腾集团提前做好市场预测、分析和部署,助力卖家渡过困境。4月8日,谷仓邀请到了利朗达、泽汇科技、易佰科技等数十家行业大咖,线上连线共同探讨疫情下跨境行业发展趋势预判以及应对措施。会上,李聪从主要受疫情国家的ICU病床数、核酸检测能力、社会控制力度以及死亡率的对比分析得出,越是发达的国家,ICU病床数反而越少。通过欧洲十国近期新增病例数据可知,意大利、西班牙等欧洲主要国家几周前实施的封锁措施开始见效,疫情增长曲线已经趋于平缓,预计4月下旬开始缓解,随着5月复工,整体经济将逐步回归正常。美国经济复苏可能要再往后推一个月,5月中下旬情况会比较明朗。这些对国际疫情发展的预判,为跨境电商卖家提供了关键市场信息,对运营、备货等决策提供必要依据,增强了卖家的信心。

谷仓销售总监陈凯斌建议:因国外逐步实施居家令,4~5月可能会迎来以家居生活品类为主的消费高峰,卖家可以通过海运进行正常补货,但是还需卖家以自身状况来具体分析与决策。5月起,随着国际疫情走势逐渐缓和,根据分析显示,欧洲将大概率早于美国率先走出疫情,建议平台的卖家可以参考这些进程在经营备货上尽早准备,把握好欧洲5月份的市场机会,尤其重点挖掘家居场景下的消费品类的潜力。

7.3 后疫情时代,纵腾的展望

7.3.1 加强资本化壁垒

目前,跨境电商行业对基础设施设备,如飞机、航空尾程配送等,自购比例不高,能够掌控的资源较少,大多靠整合外部资源提高供应链的整体控制能力,还需要加大资本化投入,加大自购自营所占比例。

7.3.2 加强G2G网络建设

经过疫情大考,优胜劣汰,对跨境电商企业的竞争力要求拔高,整个跨境电商行业集中度提高,跨境电商市场容量增大,这要求更快、更稳定的供应链保障能力与反应能力,因此,纵腾集团要加快G2G(Global To Global)全球网络布局。

7.3.3 增强抵御供应链风险的能力

疫情后,新的跨境电商品牌出海,供应链上游要具备控制能力,还要增强供应链抵御风险的能力;供应链末端的销售环节,要能够跨越文化差异,掌握海外文化及变化趋势,关注TikTok(抖音短视频国际版)等引流渠道,争取品牌能够在文化上影响消费者。

综上所述,疫情进入后期,国内已经逐步恢复,有序地开展复工复产,国外的疫情也趋于缓和,但是疫情留给我们了长久的思考。李聪表示:"黑天鹅事件早晚会发生,只有坚持做一个长期主义者,每次承受住黑天鹅的考验,面对'不确定性'能快速、准确地做决策,最后就是'剩'者为王。"回顾国内跨境电商企业的发展历程,每一次的危机之后,有优势的企业总会脱颖而出,优秀的企业都是在危机中探索,火中取栗,探索藏在火中的机会。

案例思考题:

1. 当全球性的黑天鹅事件(COVID-19新型冠状病毒感染)发生时,企业所处的宏观环境发生巨大变化,面临巨大挑战,请运用SWOT-PEST模型,分析纵腾集团在疫情下所处的内外部环境?

2. 面对疫情造成的危机,供应链有中断的危险,纵腾集团为了保护自身、供应链以及客户,采取了哪些举措,发展了哪些与供应链安全相关的核心能力来化解危机?

3. 回顾纵腾集团在疫情发展的各个阶段是如何做到缩减力、预备力、反应力和恢复力?请运用危机管理4R理论的相关知识进行分析。

案例 8 "新零售+直播"下羽绒服装品牌数字化营销转型①

摘要：随着互联网、大数据和云计算等数字技术的深入应用，加上直播带货、短视频营销等方式的兴起，纺织服装电商发展环境有了很大的变化，行业呈现出线上线下融合，"社交＋内容＋电商"模式成为突破口，市场下沉到三四线城市和数字化转型等趋势。纺织服装已成为电商直播的第一大品类，通过直播的多维度展示、强交互等方式有效缓解网购痛点。数字化转型升级的本质是以终端消费需求为驱动力，利用数字化技术进行产业链全面数字化改造。而数字化营销是企业数字化转型的第一步，通过大量销售数据沉淀分析进而指导企业研发生产等业务环节。新零售与电商直播趋势下如何推动羽绒服装品牌企业数字化营销转型升级呢？

关键词：新零售，电商直播，羽绒服装，品牌，数字化营销。

Digital Marketing Transformation of Down Clothing Brand under "New Retail +Live Broadcast"

Abstract：With the application of digital technologies such as Internet, big data and cloud computing, as well as the rise of live delivery and short video marketing, textile and garment e-commerce has undergone great changes. The industry presents the integration of outgoing lines, online and offline. The "social ＋ content ＋ e-commerce" model has become a breakthrough, and the market has sunk to third and fourth tier cities and digital transformation. Textile and clothing has become the largest category of e-commerce live broadcast, which can effectively alleviate the pain point of online shopping through multi-dimensional display and strong interaction of live broadcast. The essence of digital transformation and upgrading is to comprehensively digitize the industrial chain by using digital technology driven by end consumer demand. Digital marketing is the first step of enterprise digital transformation. Through the precipitation analysis of a large number of sales data, it can guide the business links such as enterprise R & D and production. How to promote the digital transformation and upgrading of down brand enterprises under the trend of new retail and e-commerce live broadcasting?

Keywords：new retail, e-commerce live broadcast, down clothing, brand, digital marketing.

---

① 本案例由绍兴职业技术学院范蠡商学院的缪顾贤撰写。

引言

2019年1~12月全国羽绒服产量为1.96亿件,市场销售额为1,068亿元。目前,我国羽绒服的普及率不足10%,刚需拉动行业规模增长,此外居民生活水平提高较快,这将带动我国羽绒服行业市场规模的进一步扩大,时尚需求日益旺盛,流量营销打破行业"天花板"。随着互联网、大数据和云计算等数字技术的深入应用,加上直播带货、短视频营销等方式的兴起,纺织服装电商发展环境有了很大的变化,行业呈现出线上线下融合、"社交+内容+电商"模式成为突破口,市场下沉到三四线城市和数字化转型等趋势。纺织服装已成为电商直播的第一大品类,通过直播的多维度展示、强交互等方式有效缓解了网购痛点。据阿里研究院报告统计,2020年直播在淘宝平台上整体渗透率是2019年同期的两倍,用户通过直播购买商品数量同比增加190%,成为新商业的主流。数字化转型升级的本质是以终端消费需求为驱动力,利用数字化技术进行产业链全面数字化改造。而数字化营销是企业数字化转型第一步,通过大量销售数据沉淀分析进而指导企业研发生产等业务环节。新零售与电商直播趋势下如何推动羽绒服装企业数字化营销转型升级呢?

8.1 公司及电商发展现状

浙江百思寒羽绒股份有限公司创立于1998年,从事羽绒收购与销售。2006年,百思寒品牌正式成立。百思寒羽绒提出"专业羽绒寝具、原创鹅绒时装"概念,并以自主品牌的身份进入国内市场。2008年,百思寒大力推进电子商务业务,将电子商务等非传统渠道业务纳入公司长远发展战略。2016年,百思寒正式开启品牌专业羽绒平台计划,推出中央售后服务体系,创纪录地提出"十年质保"概念,中国羽绒至此进入新纪元。2017年3月,百思寒正式在新三板挂牌上市,又一次在新的起点上开拓一个辉煌篇章。2018年,首家"羽绒生活馆"旗舰店在南通开业,同年10月云南丽江品牌店开业,标志着百思寒正式进军终端市场,区别于传统家纺的展示新模式。公司目前正在新建年产1000吨精品羽绒生产流水线暨国内业界首家专业观光体验工厂,将互联网的创新成果深度融合,提升实体经济的创新力和生产力。

公司已初具品牌效应,公司自成立以来,经过依托区域内行业优势和自身先进质量控制手段,结合互联网电商销售在羽绒家纺行业已初步形成了一定的品牌效应。公司被各大电商平台高度关注,部分平台重点扶持公司产品成为羽绒家纺板块的龙头品牌。公司多次获得电商平台各类奖项,成为线上羽绒家纺行业第一标杆品牌,并连续多年在羽绒制品的"双十一"活动中销量领先。

公司与多个电商平台长期稳定合作,经过公司多年发展和积累,公司已形成较大规模的销售网络,目前与各大电商平台都有密切合作,如天猫、京东、淘宝、唯品会、拼多多、抖音小店等。上述电商平台均为访问量较高,有较强影响力的主流电商平台,其能够为公司扩大宣传效应,推荐潜在客户,提供行业数据分析等服务,以保证公司经营规模持续增长。

2020年,百思寒依托多年互联网运作经验,通过运用粉丝大数据,结合"线下体验、线上成交"的商业模式,遵循"以体验提人气、以人气促销售"的市场发展方针,围绕"观光工厂游、体验娱乐游"的产业发展格局,打造羽绒文化、观光体验精品线整体思路,重点打造两个体验主题观光,建设5个特色版块,搭建移动销售小程序,做好互动体验,从而全面提升百思寒品牌之路,提高百思寒的产业规模和效益。该项目有效顺应市场发展趋势和时代潮流,为公司未来业务发展提供新机会,从而保证公司持续盈利。

8.1.1 羽绒服装与家纺的市场定位

百思寒是专业从事羽绒寝具、服装生产和销售的企业,设立以来一直专注于主营业务的发展,其产品线如图8-1所示。依托地处绍兴市柯桥区轻纺城的有利条件,利用互联网电商销售模式,公司积极拓展服装及羽绒家纺品类,并坚持高质量,致力于提高公司产品品质。公司将质量监控落实到每一个生产环节,确保销售的产品都符合国家、行业的标准和客户的要求。经过多年经营发展,公司已经形成了从羽绒原材料采购、生产加工、电商销售等一体化的生产管理体系,并积累了一批稳定的优质客户。

Light/轻薄款　　Short/短款　　Long/中长款　　Fur collar/毛领款　　Csahmere/羊绒

95%东北生态白鹅绒加厚冬被　　　97%东北生态雪鹅绒加厚冬被
加厚冬被 东北鹅绒 更保暖　　　加厚冬被 东北鹅绒 保暖、轻柔感优于95鹅绒

图8-1　产品线

8.1.2 数字化技术赋能企业发展

拥抱外部赋能。 百思寒品牌主动拥抱外部赋能,希望在自主发展的同时获得专业护航。在掌握数据和技术的平台上,专业服务商成为品牌数字化实践关键助力。

应对措施。 公司将继续深耕品质,严格控制原材料质量及产品的工艺,并结合新兴的自媒体消费渠道,利用2019年新建成的羽绒制品体验工厂(见图8-2),从线上、线下双管齐下,提高品牌知名度,增加销量提高品牌的核心竞争力。

门店价值。 电商冲击实体店的论调已破除,门店直达消费者的优势使其成为品牌数字化场景搭建的基本载体。

线上线下融合。 在数字化的持续改造下,品牌商线上、线下融合的深度和广度不断强化,1+1＞2的效应日益显著。

布局社交电商。 社交电商的流量价值、增量价值已经得到验证,产品打磨最完善、社交流量最庞大的微信平台即将成为零售战场新高地。

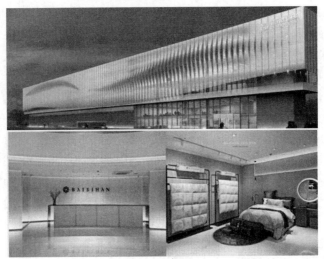

图 8-2 线下体验工厂

8.2 行业背景

8.2.1 宏观市场

绍兴是全球纺织产业链最完整、最具综合竞争力的纺织产业集群,成为集全球纺织指数发布、产品标准制定及时尚创意引领的"时尚纺织之都""全球袜艺之都"和"国际领带名城"。

数据显示,2015/2016/2017 年全国羽绒服产量为 3.36/3.33/2.86 亿件,2018 年 1～12 月全国羽绒服产量为 1.96 亿件,羽绒服呈下降趋势是由于环保趋严导致部分小厂关闭。据中国服装协会数据统计,2018 年我国羽绒服市场规模约为 1068 亿元,较去年同比增长 10% 以上。近年来,由于中国服装消费市场庞大,且市场规模逐渐扩大(见图 8-3),国外服装品牌企业纷纷进军中国。

图 8-3 中国羽绒服市场规模

8.2.2 微观市场

根据对国内羽绒服品牌女士羽绒服热销款式的分析发现,线上所销售的女士羽绒服对年龄段的定位主要以 5 年为一个年龄段界定区,主要年龄段有 18～24 岁、24～29 岁、

30~34岁以及35~39岁,如图8-4所示。

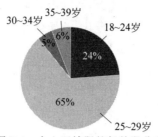

图8-4 女士羽绒服的年龄段分布

在品牌整体热销女士羽绒服的年龄段分布中:25~29岁是主要的年龄段分布区间,占比65%。其次是18~24岁,相应占比为24%。而在30~34岁以及35~39岁年龄段区间的分布上,相应的占比只有5%和6%。由此可以看出,国内羽绒服品牌女士羽绒服线上销售的受众群体主要偏向于18~29岁的女性消费群体。

2019年,中国羽绒服TOP10品牌占比29.78%,竞争品牌相对较多,市场集中度较高。10月销售额前3名品牌分别是Bosideng(波司登)、Misun(米尚)、Yaloo(雅鹿),分别占比7.53%、5.93%、4.31%;在10月,TOP10品牌加厚羽绒服销售额排行中,波司登、米尚、雅鹿的市场份额远超其他品牌,如图8-5所示。

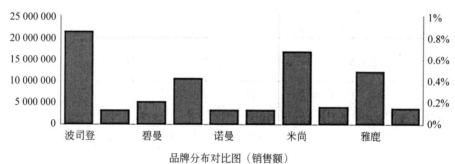

图8-5 2019年羽绒服TOP10品牌

8.3 企业发展面临的问题

8.3.1 服装行业进入新零售时代

"新零售"是企业借助数字化技术实现产品从设计生产到销售的全渠道变革,是基于消费者大数据来整合营销的一种新业态,由线上、线下销售渠道与现代物流重构"人、货、场"新关系,"新零售"的核心是提升用户体验。目前,服装行业正面临线上、线下相结合,直播电商、网红经济崛起,产业数字化全面升级,渠道下沉至"三四线城市"等新变化。全渠道融合是将服装线下渠道体验优势与线上渠道信息优势全面融合。品牌文化建设、销售渠道拓展是新零售模式下服装品牌营销的重要手段,精准营销是服装品牌有效的营销策略。线上、线下的有机融合是"新零售"的方向,线下用好实体门店布局和供应链,线上用好移动新技术和大数据,共同推动服装产业从单纯产品销售转向多元营销互动。

8.3.2 服装品牌电商直播兴起

直播营销作为当下热门的营销方式,主要通过主播与用户的线上实时互动沟通实现销售目标。新兴的直播平台越发呈现多元化、差异化发展趋势,为新零售发展提供了坚实的基础。电商直播因高互动参与性、现场感真实、内容形式自由广泛等优势成为服装品牌发展的重要契机。电商直播下的营销策略,应抓住流量、内容、形式三大直播要素,完成电商直播的升级和创新,满足顾客的个性化服务和消费升级需求。直播营销中,主播与顾客沟通风格的相似性会影响购买意愿。直播时代的服装电商营销策略,需不断进行直播内容创新,原创、高质、专业且独特的直播内容将成为品牌营销新的方式。产品创新,让消费者与企业在产品或服务设计、开发、生产、消费等环节进行互动与合作。

8.3.3 行业数字化营销转型升级

服饰类产品具有高度非标准化、多元审美、潮流瞬变等特征,移动互联网时代的消费者更加自主个性、需求多元化,品牌必须通过数字化革新去提升对消费者的把控。服饰零售数字化的本质是以消费者为驱动,利用大数据和新技术进行产业链全面数字化升级,通过线上、线下一体化最终实现效率与体验的提升。数字化营销是企业数字化转型第一步,通过大量销售数据沉淀分析,进而指导企业研发、生产等业务环节。营销渠道是品牌进行数字化转型中极为重要的环节,数字化转型需要线上、线下全渠道布局,新媒体平台精准营销,打造数字化场景体验是最有效的营销策略。利用CRM系统将企业与客户互动的全过程数字化,并通过对数据的深入挖掘和分析,持续对销售流程进行调整和优化。通过数字化渠道布局、客户数据价值挖掘、精准化营销、SCRM社会关系管理等,实现数字化转型中的几项重要评价指标,包括产品服务创新率、客户价值主张、数据资本化等。

8.4 "新零售+直播"下羽绒服装品牌数字化营销策略

8.4.1 以消费者为中心构建线上与线下全渠道营销

在消费升级的趋势下,线上、线下的渠道不再割裂,数字化营销渠道需要围绕"人、货、场"进行重构,实现全渠道营销。终端销售渠道作为消费者的直接触点,通过线上、线下同步,实现消费者服务体验闭环。搭建以社交电商和传统电商双引流,线下实体店作为体验服务载体的数字化渠道,羽绒服装产品数字化营销渠道布局如图8-6所示。

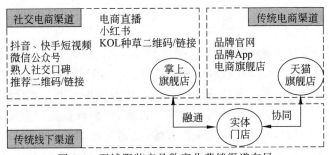

图8-6 羽绒服装产品数字化营销渠道布局

门店价值:新零售下门店有效解决消费者网购痛点,成为品牌数字化渠道的基本载体。传统电商渠道正面临流量下降、推广成本高等问题,需积极拓展电商直播与内容电商流量。布局社交电商:社交电商的流量价值已经得到验证,包括抖音、快手短视频,微信公众号,小红书,电商直播等渠道进行内容种草与口碑营销,通过私域引流到传统电商。

8.4.2 基于大数据分析实现精准化营销

新零售与传统零售的本质区别就是网店不单是销售产品,更注重的是建立与消费者的关系,即建立国人体质数据库,以服务、数据为依托,构建消费者体验式系统,贴近消费者习惯与喜好。基于大数据分析进行精准营销,需根据客户所处情景推送广告,强化市场定位的精准性,提高服务的个性化程度。基于大数据分析实现精准营销如图 8-7 所示。

图 8-7 基于大数据分析实现服装精准营销

(1) 数据收集阶段,包括获取用户标识、产品数据、营销数据和渠道数据。

(2) 数据分析阶段,将收集到的数据输入大数据精准营销模型中,并利用大数据挖掘技术进行分析,从中提取客户消费行为特征等有效信息,包括消费者的基本属性、产品偏好、采购能力、促销兴趣、消费行为、社交兴趣等。

(3) 营销策略实施阶段,根据多位标签实现智能化精准营销。基于大数据分析及驱动,打造羽绒服装品牌营销核心能力,销售过程的数据能够沉淀、使用,并形成经营思维的两个方面:管理洞察(数据有所展现)和数据经过算法形成指令给到其他业务系统。

8.4.3 通过电商直播进行内容创新营销

随着直播的进一步发展,出现了内容同质化的现象,从而引发审美疲劳,收益降低。场景化是核心竞争力,这要求商家能够思考出比平台电商、传统线下渠道更多、更好的展示商品的方式。停留时间是直播行业中非常重要的数据,需要更有趣的内容让大家持续在直播间呆下去。通过直播构建新的消费场景,使内容到消费的路径更加顺畅。原创、高质、专业且独特的直播内容将成为品牌营销新的存在方式,包括如下两个方面。一是功能面需求:网络红人与名人、明星个性搭配;二是情感面需求:以情动人+品牌故事。直播内容的新颖性成为用户关注的重点,服装电商品牌如何讲好自己品牌故事树立自身的品牌个性是发展的关键所在。直播内容制作与网络模因传播路径如图 8-8 所示,直播内容正从 UGC(User Generated Content,用户生产内容)转向 PGC(Professional Generated Content,专业生产内容),内容生产者可快速反映用户或消费者的需求,并及时给出回应和调整,这与其他方式相比,大大缩减了品牌了解用户需求的时间。由于直播平台具有高交互性特征,消费者与主播互动共同参与到直播内容创作环节。因此,能够产出大量极具传播力的互联网模因并且迅速扩散。

8.4.4 根据响应速度打造柔性供应链

数字化营销从智能制造延展到上下游供应链,数据驱动运营操作,以客户为先,整合

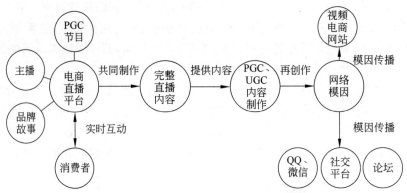

图 8-8 服装直播内容制作与网络模因传播路径

上下游供应链,数据化、端到端运营,横向贯通订单、计划、物流全流程。消费者对产品的个性化需求越强,越来越倾向于即时满足替代延迟满足。基于移动端和物联网等数字化技术支撑,面向消费者的产品个性化服务能力需不断提升。因此,从直播、下单、到生产到物流到送货上门,需要一站式解决消费者挑货选货的痛点,用最短的时间生产出满足足够多消费者的产品来。也正因为如此,电商平台也在做出改变,都开始瞄准上游工厂配合平台商品快速上新与出货。以消费者为市场主导的C2M(反向定制)的工厂电商模式优势逐渐显现。要将传统供应链向智能、高效和连通的数字供应链转变,就是打造一条价值链(端到端集成)的数字化柔性供应链如图8-9所示,包括设计、制造、渠道、销售等业务环节。通过数字化技术进行数据采集与分析,通过价值链分析进行供应链数据集成,通过数字化模块作用于业务流程实现智能决策与控制。

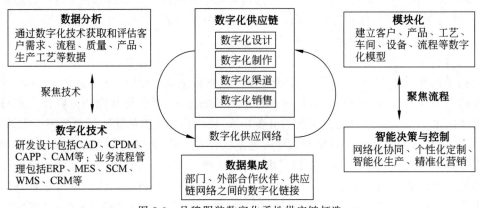

图 8-9 品牌服装数字化柔性供应链打造

8.4.5 基于终端消费需求进行产品与服务创新

服装品牌商需利用数字化营销改造,不断挖掘与创造需求,进而实现持续沟通和有效转化。通过不断数字化营销循环方式为客户开发新产品与服务。直播下的消费者连接效应,包含了消费者与品牌、消费者与消费者、消费者与意见领袖等多个环节,无论是直播前期的造势、直播现场的变现、后期产品的跟踪服务都离不开品牌在直播平台上与受众进行实时的互动分享。多环节连接促使用户深入参与到产品研发过程中,激发他们参与新产品开发的热情。服装电商品牌根据自身的品牌特性,通过与消费者的互动,及时反映消费者的需求,推出联合个性化定制。高度参与互动拉近了消费者与品牌之间的距离,提高了用户的体验,加强了对品牌的认知,最终有助于增加消费者的品牌黏性。

8.5 尾声

后疫情时代羽绒服装品牌需通过新零售与电商直播加快数字化转型升级。而数字化营销是企业数字化转型第一步,通过大量销售数据沉淀分析进而指导企业研发生产等业务环节。以消费者为中心构建线上与线下全渠道营销,重构"人、货、场",实现消费者服务体验闭环。基于大数据分析实现精准化营销,强化市场定位的精准性,提高服务的个性化程度。通过电商直播进行内容创新营销,构建新的消费场景,使内容到消费的路径更加顺畅。根据响应速度打造柔性供应链,数据驱动运营操作,以客户为先,整合上下游供应链。基于终端消费需求进行产品与服务创新,进而实现持续沟通和有效转化。新零售、电商直播、数字经济结合推动羽绒服装品牌发展、企业数字化转型升级,成为数据化驱动的个性化、定制化、智能化"新零售"企业。

案例思考题:

1. 什么是新零售,纺织服装企业的机遇在哪里?
2. 你如何看待百思寒羽绒数字化营销转型问题?
3. 如何借助大数据分析、优化企业数字化营销?
4. 纺织服装企业电商直播如何进行营销内容创新?
5. 纺织服装企业如何根据响应速度打造柔性供应链?

参考文献

案例 9 社群电商平台的价值共创过程：B 站如何破解内容与商业化之间的平衡①

摘要：随着社交商务的兴起，基于内容驱动的社群电商应运而生，正以极快的速度渗透到人们生活的方方面面。社群电商集社群与电商的优势为一体，但也存在社群被商业化过度利用的风险。如何在社群内容质量和商业化之间保持平衡？这是社群电商平台行稳致远的关键难题。成立于 2009 年的哔哩哔哩（简称为 B 站），目前是中国年轻人聚集度最高的社区之一。2021 年第三季度财报显示其月活用户达到了 2.67 亿，日均使用时长 88 分钟，创历史新高。2021 年 3 月，B 站在香港完成了二次上市，但是 B 站面临着一个不可回避的问题：持续亏损！为什么 B 站可以在持续亏损状态下获得资本市场的认可？面对持续亏损，B 站又是如何缓解内容与商业化之间的焦虑？B 站找到破解二者之间平衡之道的办法了吗？

关键词：社群电商，价值共创，价值主张，价值共创活动，DART。

Value Co-creation of Community E-commerce Platform: How does Bilibili Balance between Content and Commercialization

Abstract: With the rise of social e-commerce, community e-commerce which is driven by content emerges and is fundamentally changing people's life. Community e-commerce have advantages of community and e-commerce, which also have the risk that communities will be overexploited. How to balance between content and commercialization? This is the key problem for the development of community e-commerce. Bilibili was founded in 2009, which is a leading video community with a mission to enrich the everyday life

---

① 本案例由杭州师范大学阿里巴巴商学院的孙璐、张佳慧、寿菊萍撰写。本案例得到以下项目资助：国家自然科学基金地区项目(71962013)，教育部人文社会科学研究青年基金项目(19YJC630146)，杭州师范大学科研启动经费项目(RWSK20201025)，杭州市哲学社会科学规划课题(Z21JC100)，浙江省基础公益研究计划项目(LY22G020005)。

of young generations in China after twelve years of growth. According to the third quarter 2021 financial results, average monthly active users (MAUs) reached 267.2 million, and mobile MAUs reached 249.9 million. Users spent an average of 88 minutes per day on Bilibili, the longest time they have seen in their operating history. The company is listed on the Hong Kong stock exchange for a Secondary Listing in March 2021. However, Bilibili is facing with an unavoidable problem: Loss! Why can Bilibili be recognized by the capital market even in a state of continuous loss? In the face of continued losses, how does Bilibili alleviate the anxiety between content and commercialization? Has Bilibili found a way to break the balance between content and commercialization?

Keywords: community e-commerce, Value creation, Value proposition, Value co-creation activities, DART.

引言

随着 Web 2.0 等基于社交计算的工具兴起,Facebook、Twitter、微信、微博和各种分享媒体的出现,我们已经快速进入社交商务时代。社群①电商平台作为社交商务的新形态既具有社交属性,还具有符合社群特点的表现形式,如更强调基于兴趣而衍生出社交关系,这使得社群电商平台比社交电商更侧重内容、互动与共享,因此,社群电商既不是对社交电商的颠覆,也不是对其简单的延伸。对社群电商平台来说,一方面需要源源不断地获取优质内容,同时面临投入成本过高的问题;另一方面,实现商业化变现的同时又不能影响用户体验,这正是社群电商在发展过程中普遍遇到的问题。如何在保证社群内容质量和实现商业化之间实现平衡呢?例如,前几年以女性时尚分享为主的垂直时尚领域社群电商平台"美丽说",曾是国内最大的社区型女性时尚媒体之一,在引入电商实现商业化变现后,其社群属性被严重弱化,并与 2016 年与其典型的模仿者蘑菇街合并转型为货架类电商。究其根源在于实现商业化变现过程中,企业没有破解内容与商业化、增长与用户体验之间如何保持动态平衡,没有弄清楚企业与其他参与方创造价值的过程是什么。

成立于 2009 年的哔哩哔哩弹幕网,也称为哔哩哔哩,简称为 B 站,如今已是年轻人最活跃的文化社区(community)之一,B 站的发展路径及关键事件如图 9-1 所示。2018 年 3 月,B 站(NASDAQ:BILI)在美国纳斯达克成功上市,2021 年 3 月,B 站(港股:哔哩哔哩-SW09626)在香港实现了二次上市,短短三年时间里,B 站的市值翻了近 4 倍。2021 年第三季度财报显示,B 站月活用户达到了 2.67 亿,日均使用时长 88 分钟,创历史新高。健康的用户增长和不断繁荣的社区生态,推动 B 站商业化不断向前迈进。同时,B 站面临着一个不可回避的问题:持续亏损!为什么 B 站可以在持续亏损状态下却能实现高速的用户增长并获得资本市场的认可?面对持续亏损,B 站又是如何缓解内容与商业化之间的焦虑?B 站找到了破解二者之间平衡之道的办法了吗?

9.1 小破站

2009 年的一天,一位名为⑨bishi 的 AcFun② 正式会员用户(徐逸),独自离开了 A 站。2009 年 6 月 26 日,他建立了另一个弹幕视频网:Mikufans 网站,并开始收揽新用户。这个弹幕视频网就是哔哩哔哩的前身,2010 年 1 月改名为 Bilibili。最初这只是一个旨在为用户提供以 ACG(Animation、Comic、Game,即动画、漫画、游戏)为主题的弹幕视频分享网站,支持即时弹幕评论,视频来源于日本电视台播出的新番动画、NICONICO 动画、YouTube 等视频分享网站,也包括国内的动漫作品及动漫爱好者制作的二次创作内容,被粉丝们亲切地称为"小破站"。

---

① 社群(community)一词源于拉丁语,意思是共享居住空间、兴趣或其他共同点的人群,或是指亲密的伙伴关系。它是 19 世纪末 20 世纪初社会学中描述人与人之间关系的一个非常重要的概念。如今,社群已经是个商业词汇,承载了非常复杂的企业商业模式。简单来说,社群是一个群体基于某个点(兴趣、爱好、身份、需求)而衍生的社交关系链。

② AcFun 即 AcFun 弹幕视频网(简称为 A 站),成立于 2007 年 6 月,取意于 Anime Comic Fun,是中国大陆第一家弹幕视频网站,2018 年被快手全资收购。

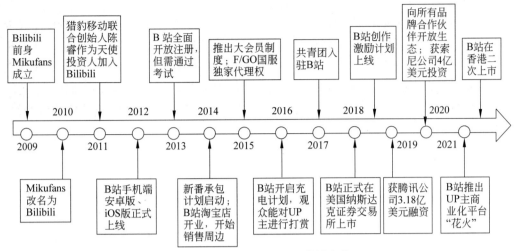

图 9-1　B 站的发展历程及关键事件

9.1.1　备用站——一个更稳定的弹幕视频分享网站

早期,弹幕网站 AcFun 的网站服务器不稳定导致客户体验感不佳,于是创始人徐逸创立了 Mikufans,被称为 AcFun 的备用站,也就是 B 站的前身。最初的 B 站功能非常简单,只有基础的评论、弹幕、看视频和投稿功能,知名度也不高,仅为 ACG 文化爱好者提供一个稳定、社群氛围良好的小型社区网站,服务小众群体,用户主要来自圈内爱好者的推荐和 A 站的部分"出逃"用户,用户基数积累缓慢,但用户黏性高,社区氛围和谐良好。B 站的初期用户基本都是抱着建设二次元家园的理想,完全因为喜爱而不为利益来到 B 站,其用户基本为重度二次元文化爱好者,此时的 B 站是一个连公司都没注册的小众社区,网站没有任何盈利。很明显,此时 B 站定位于一个小众二次元弹幕网,为二次元文化爱好者提供一个更好、更稳定的弹幕视频分享网站。

9.1.2　萌芽阶段的价值共创活动

1. 社交性互动

B 站本身就是为重度二次元文化爱好者建立的一个社区分享平台,其价值共创活动主要表现为以吸引用户关注为目的的文化氛围营造和社交性互动。B 站非常善于利用内容互动营造良好的社区氛围,例如,2010 年 2 月,Bilibili 组织了 40 位 UP 主制作了第一个春节拜年视频(拜年祭前身),吸引了众多网友前来观看,聚集了相当多的人气。通过 UP 主[①]搬运外网以 ACG 元素为主的视频、电影,快速吸引有类似爱好和需求的普通用户围观,增强用户黏性和社群认同感;同时,基于创始人团队对于二次元文化的狂热喜爱,在平台建立后,始终保持着稳定的更新优化,持续改善不足,提升了用户使用体验,完善了共享功能,促进了社交性互动。

---

①　UP 主(uploader),上传者,网络流行词。在 B 站,UP 主指上传视频的人。上传视频的 UP 主主要分为两类:一类是搬运 UP 主,他们主要是转载、搬运其他作者的视频到 B 站,投稿的时候会标注转载的信息和来源;另一类是原创类 UP 主,他们自己参与视频的制作,投稿的时候会选中"自制"选项。

2. 内容性互动

当大多数用户适应社群氛围后,就会积极分享自己有关 ACG 文化的二创①作品或者观点想法,即形成 UGC(用户原创内容)。用户在社群上分享自己的二创作品和观点想法,由社交性互动延伸至内容性互动。平台内视频类型比例,也从原先的以搬运视频为主逐渐转变为内容原创为主,内容结构不断改善。随着用户量和视频数量的不断积累,此时平台和用户之间相互促进,社群氛围不断加重,B 站和用户不断积聚能量,达成价值共创,从而形成了良性价值共生循环。

3. 功能性互动

当 B 站还是一个小众社区时,就已经具备了价值共创的基本特点——互动性,即 UP 主与用户之间的互动。网站虽然简单,但是网站主要的功能,如评论、投票和弹幕功能连接 UP 主和用户实时对话。弹幕是 B 站极具特色的,在当时互联网平台上少有的、去权重化的互动机制。无论是会员还是普通用户,其发送的弹幕都能够被同程度地曝光,被所有人看到,是一个真正扁平、完全去中心化的互动机制。

9.2 从 0 到 1

2011 年,猎豹移动的联合创始人陈睿以天使投资人的身份加入 B 站,2014 年正式进入 B 站任职,成为董事长兼 CEO,2018 年带领 B 站成功登陆资本市场。陈睿刚加入 B 站时,"小破站"是一个完全靠理想和兴趣爱好驱动的小社团,几乎没有任何公司治理体系。陈睿作为一个资深的、成功的职业经理人,同时又是重度动漫粉,从零开始一步步推动了 B 站的公司化运作。事实上,B 站从接受第一笔天使投资开始,就开启了它的商业化探索之路。这个过程中,B 站完成了由 PC 端小众社群向企业运营的社群电商平台的转型。

9.2.1 一切以用户为先

B 站最初源于二次元小众网站,社群性是 B 站最典型的特点,营造一个友好、包容、保持二次元氛围的社区,是 B 站的初心。连接 UP 主和用户,持续为用户创造价值是 B 站的价值主张。正如陈睿所说:"只要你能持续为用户创造价值,那么你就一定能够找到自己的商业价值。过度强调用户增长和商业化非常容易冲散社区的核心文化,导致用户流失。"随着企业的发展,B 站开始在游戏、广告、直播、线下活动、电商等方面进行不同程度的商业化尝试。随之而来的是内容与商业化之间的平衡难题,例如,2016 年,B 站的一个番剧添加了贴片广告,很快社区恐慌一片,用户担心平台被商业所"污染"。陈睿最终做出了"正版番剧永远不添加贴片广告"的承诺,这使得 B 站丧失了作为视频平台主要的营收来源,但同时使用户获得了更好的体验。后来,B 站推出大会员制度时,用户担忧未来平台是不是会越来越倾向那些充钱的会员,担心 B 站"变心"。B 站首先尊重用户的意见并做出适当调整:B 站一度关闭了注册大会员的入口。面对发展中随时可能出现的难题,B 站始终坚持自己的价值主张,即为更多的 Z+世代②用户提供优质内容和沉浸式、交互

---

① 二创是用户基于其他视频节目重新剪辑、配音、制作而成的作品,这是 B 站的特色内容,如鬼畜、三分钟了解一部电影系列等。

② Z+世代一般指 1985—2009 年出生的中国人。

式用户体验。

9.2.2　从0到1阶段的价值共创活动

1. 社交性互动

首先，B站是一个高黏度、高活跃度、极具互动性的社区，其本身就构成了社交性互动。2011年，Bilibili拜年祭上线，共有210位UP主参与了本届拜年祭制作，自此开启了以后每年一次的拜年祭活动。其次，从2014年11月开始，陈睿以董事长的身份正式加入B站，除了线上社区活动，B站开始积极开展具有典型二次元风格的线下活动（如动漫展和大型节日活动），并与国内多家平台合作，成为弹幕合作伙伴。从2014年开始B站在成都、广州、西安、北京、上海等多个城市多次举办Bilibili Macro Link大型线下演唱会（简称为BML）。2015年，B站相继创建了"萌节""Bilibili学园嘉年华"，首届动画角色人气大赏也在这一年开赛。2016年，B站上线充电计划功能，1月开始，Bilibili爱相随发出的Bilibili号列车陆续来到全国十多个城市的地铁、巴士站，最后一站是广州的小蛮腰塔，12月3日，Bilibili包下全国49座城市70个万达影城，请遍布全国的B站用户免费观看现象级日本动画电影《你的名字》，11万多张电影票被B站用户用1小时4分钟抢光。在现实中连接UP主和普通用户，使得彼此之间产生更加深厚的连接加固了社区氛围，借助社区和会员购多年沉淀的高口碑，打造多元的消费娱乐场景，满足用户线下的情感体验和接触需求。同时，头部UP主在线下活动中有了更多与用户对话交流的机会，实现了自我价值，获得了极大的满足感，从而保障了社区内容的优质持续产出。

2. 内容性互动

这个阶段B站的视频内容以PUGV(Professional User Generated Video)为核心，即用户自制的、经过专业策划和制作的高质量视频。对于B站来说，社区文化、社区的氛围以及用户体验能否凝聚核心用户，还是要靠UP主不断在平台产出优质内容，这是维系B站社区文化、留住核心用户的根本保证。因此，由UP主创作的高质量视频（PUGV）是B站内容的重中之重，构成了内容性互动。另外，B站联合其他内容出品方参与出品了很多优质内容，如2016年12月在全国上映的由Bilibili参与出品的《我在故宫修文物》大电影。同年，CCTV9纪录片频道入驻B站，并开始在Bilibili直播纪录片《自然的力量》。

3. 功能性互动

这个阶段B站App和网页的界面设计和功能设置趋于个性化，特别注重与用户交互的功能性互动。另外，B站的内容分发和个性化推荐机制底层逻辑就是要实现内容与用户的高效连接，做到千人千面，满足不同用户的个性化需求，改善使用体验。本身也构成了功能性互动。正如陈睿所说："B站的推荐系统是基于一键三连的数据去判断内容是否值得被推荐，推荐系统的主要数据来源是用户的正反馈，其中包括"一键三连"（即点赞、投币、收藏）、正向弹幕及评论内容。"B站设置了相当多的交互性功能，如关注、订阅、播放、评论、弹幕、点赞、投币、收藏、转发等，允许用户与内容进行交互，对平台来说，利用这些数据可以实现内容标签化与用户标签化。为了能够凝聚核心用户，形成社区文化，B站制定了非常严格的规则，如平台对弹幕内容有极其敏感的筛查机制。B站还设置了中国互联网产品中最高的会员准入门槛，筛选高质量用户。为了保证社区氛围有足够的包容度，B站会刻意引导评论区，基本没有负面评论。陈睿说："对于创作者来说，不需要扛精,需要的是爱他的观众。"。

4. 商业性互动

随着社群基数日益庞大,用户需求与日俱增,作为国内最大的年轻人潮流文化娱乐社区,B 站的商业价值很快就被各大广告商所看中。但事实上,始终将用户视为生命的 B 站,在商业化方面一直都比较克制,如不在正版番剧中添加贴片广告。2018 年上市前后,B 站的广告业务、大会员和直播等增值业务都刚刚起步,其商业性互动主要表现于二次元游戏。2016 年是国内二次元游戏大爆发的第一年,同年 9 月,B 站代理的 *Fate/Grand Order*(F/GO)国服上线,并迅速成为二次元垂直类爆款大作,同时粉丝自发的二次创作,引入大批流量,这个时期逐渐形成了一个强大的"二次元社区+二次元 IP 游戏"生态闭环。紧接着,B 站又取得了国产二次元游戏《碧蓝航线》的代理权,也取得了不错的战绩。其他业务方面,2017 年,B 站通过会员购的形式开展电商业务,其电商业务明显区别于淘宝、京东等传统电商,也不同于以小红书为代表的社区电商,其电商业务的核心依旧围绕动漫衍生品(包括游戏、周边、电商、VIP 会员,以及线下演唱会等)。作为最懂二次元的平台,B 站集聚了一大批铁杆粉丝,拥有大量忠实的用户群,他们对二次元衍生品有巨大的潜在需求。目前,B 站贩卖相关周边商品、代理演出票务的业务已成规模,形成了其独特的电商销售方式。为了满足更多用户更多元的购买需求,B 站正在积极地拓展第三方品牌商家,积极引导第三方商家入驻建立品牌号,被审核认证后,即可在 B 站内发布与自己品牌有关的 BGC(Brand Generated Content,品牌生成内容),可以在视频中添加购买链接的弹幕或者消息条,直接向店铺引流,在 B 站完成了一站式闭环销售,进一步促进了商业性互动。

9.3 破圈

2018 年 B 站赴美上市,三年后,B 站在香港二次上市,B 站迎来了它商业化的又一次高潮。从 2020 年开始,B 站向所有品牌合作伙伴开放生态,联合优质商家打造品牌,上线花火商业合作平台,引导 MCN(Multi-Channel Network,多频道网络)机构①入驻。从最初小众 ACG 亚文化社区演变为涵盖广泛内容品类及多样化视频消费场景的综合性视频社区,从二次元文化的年轻人热爱的弹幕视频分享网站,到中国年轻世代高度聚集的文化社区和视频平台,毫无疑问,今天的 B 站已经突破了"小而美",努力破圈成长,成为当代中国年轻人的精神乐园。

9.3.1 你感兴趣的视频都在 B 站

目前,B 站是中国年轻人聚集度最高的社区,拥有非常好的流量。在 B 站,用户和 UP 主保持着高速增长,而且用户的留存率常年保持在 80% 以上。根据 2021 年第三季度财报显示,用户互动水平达到历史新高,活跃用户、付费用户、整体付费率等关键指标也在快速增长,用户黏性和参与度更进一步提升,再次实现了高质量增长。B 站有非常明确的价值主张:构建有强烈归属感、充满活力且健康的社区,为有文化追求的用户、高质量的

---

① MCN 机构源于国外成熟的网红经济运作模式,即将 PGC 内容联合起来,在资本的有力支持下,保障内容的持续输出,从而最终实现商业的稳定变现,如帮助签约达人进行内容持续输出和变现的公司。

内容和有才华的创作者建立情感连接,为Z+世代打造一个精神乐园,丰富中国年轻人的日常工作和生活。正如陈睿所言:"我们会做一家值得用户尊敬,经得起时间检验的公司。我希望,十年、二十年以后,大家始终记得有一个地方,我们能一起分享爱好、欢乐和感动"。

9.3.2 快速成长阶段的价值共创活动

1. 社交性互动

目前,B站已经成为拥有15个内容分区,7000余文化圈层的年轻人文化社区。"社区优先"是B站的发展战略,维护好B站的社区核心氛围和用户体验一直都是B站的首要任务。正如陈睿在一次公开演讲中所说:"B站很特殊,哔哩哔哩这家公司能代表B站,但它不能完全代表B站。B站是一个社区,B站是社区的物业,用户才是社区的业主。"B站于2018年正式推出Bilibili创作激励计划,针对UP主创作的自制稿件进行综合评估并提出相应收益的扶持计划,进一步优化社区氛围。

2. 内容性互动

内容创作是B站的本质,内容性互动根植于B站。根据2021年第三季度财报显示,B站93%的播放量来自UP主创作的PUGV内容,月均活跃UP主数量达270万,月均视频投稿量突破1000万。除此之外,B站拥有大量OGC(Occupationally Generated Video,专业机构生产内容)作品。B站通过不断引进优质番剧,维护B站二次元特有属性,同时,通过签约UP主、购买赛事、购买影视版权、自制综艺等,先后投资并出品多部优质电影、纪录片、综艺等OGC内容,B站社区已经形成了多层次、多维度的内容生态。从小众ACG亚文化逐渐到大众文化,B站通过内容互动持续破圈,共创价值。2019年B站在成立十周年之际推出了跨年晚会,这是一场被《人民日报》和共青团"打榜"点赞的跨年晚会,这场晚会直播同时在线人数突破8000万,总播放量超过4300万次,弹幕总数达到了130万条,《人民日报》称,"这场晚会是最懂年轻人的晚会。"2020年,B站从"后浪"[①]到"入海"[②]再到"喜相逢"[③],一次次重现了80后、90后、00后的集体记忆。其实,社交性互动与内容性互动是相辅相成的。社区的良好氛围很大程度上来源于优质内容,而社区的力量则更能推动平台内容质量的改善。因为,"我们一直认为对于好内容的判断是非常难的。我们分析了很多数据之后发现,用户的正反馈最能够长期筛选出对于平台来说的好内容。"

3. 功能性互动

为了实现用户、优质内容、UP主、品牌方之间的良性互动、建立起情感纽带,B站精心设计了很多功能性互动,如B站最具标志性的评论功能——弹幕,增强了用户参与度,提升了用户体验;独具特色的正式会员考核系统,保证了进入平台可以发表言论的用户都是经过筛选的高质量用户,提升了用户对社区的归属感,也保证了社区的核心氛围。另外,除了支持用户,为了营造美好且有强烈归属感的社区,相较于规模,B站更重视社区的

---

① "后浪"是B站联合央视新闻、光明日报、中国青年报、环球时报、新京报、澎湃新闻、观察者网媒体献给新一代青年人的宣言片。
② "入海"是B站联合歌手毛不易发布的MV,献给即将或已经毕业的年轻人。
③ "喜相逢"是B站11周年特映的宣传片,宣传语为你感兴趣的视频都在B站。

健康度,B站会持续从流量扶持、创作激励、创作工具、培训体系、投稿流程等方面支持UP主的发展,推动平台产生多元化优质内容。

4. 商业性互动

在快速发展阶段,B站通过游戏、直播、内容付费、广告、电商多种变现方式推进B站商业化升级,构成了B站的商业性互动。2018年,B站与阿里巴巴公司合作推出"悬赏计划",即支持UP主开店的电商功能,如支持视频链接带货、UP主视频下方加入推荐商品广告等。2020年,B站又升级了悬赏计划,进一步完善B站平台的电商生态。也是在2020年,B站向花火商业合作平台开放了入口并开始招募MCN合作平台,推出"Z+计划",明确提出B站商业化的价值主张,即"为品牌方提供与用户建立信任伙伴关系的良好土壤"。2021年,B站整合了优质营销资源,成立了新一代视频营销平台——e.bililibi.com,作为B站官方营销网站。尽管内容与商业化对社群电商来说是个难以平衡的难题,但是B站还是凭借良好的社区氛围引导和优质UP主对商业化视频用心的选题和创意,对视频内容坚持一贯高质量要求,并要求"品牌要像UP主一样,用年轻人的语言对话互动,做有品质的内容收获好感,以长期的经营建立信任关系",打造了一个用户不反感甚至收获用户正向反馈的良好商业社群氛围。

9.4 尾声

过去几年里,B站发生了很多变化,如用户数,特别是年轻用户数在增长,UP主数量在增长,B站依然是中国互联网年轻用户聚集度最高的地方之一;UP主创作内容质量在变高,影响力在变大,UP主的很多优秀视频成为爆款,被人民日报、新华社、央视新闻等主流媒体转发报道超过2.2万次[①]。但同时可以看到,时至今日,B站仍处在巨额亏损中,B站的商业化可持续吗,B站什么时候能盈利等类似的问题层出不穷,B站屡次被质疑。用户剧增,带有商业化性质的社群平台,破圈的压力等,让原本干净、和谐的"社区"时不时会被一些不法商家利用,充斥着软文广告、虚假信息,甚至是违禁内容。例如,2020年B站就被相关部门约谈了10余次,行政处罚6次,被举报500余次。问题不断,困难重重,对于社群电商平台来说,优质内容与商业化似乎是不可调和的矛盾。

不同于传统社群电商依赖广告的盈利模式,B站从一开始就把最容易的路堵死了,在发展过程中,不断寻求着破解之道,并且正在探索着一条新路:以优质内容维系社区美好氛围和用户的高黏性,围绕高黏性搭建场景,布局多元化产业,实现价值共创,突破商业化变现的难题。对于B站来说,这其实是一个漫长而复杂的过程。知易行难,尽管B站的高用户忠诚度、高用户黏性具有很大的变现潜力,但B站的商业模式还是有太多不确定性,B站的终局依然未到,未来可期。

案例思考题:

1. B站的价值主张是什么?在不同发展阶段,B站的价值主张一样吗?
2. B站的价值共创过程是什么?

---

① 根据陈睿在B站十二周年生日庆上的演讲摘录汇总。

3. B 站是否破解了内容与商业化之间的平衡难题？针对 B 站的未来发展，请尝试提出相关的建议和解决方案。

参考文献

案例 10　上海欧佩克机械：传统外贸工厂从 0 到亿的跨境电商转型之旅[①]

摘要：上海欧佩克机械设备有限公司（以下简称为"上海欧佩克机械"）是国内一家典型的制造业工厂，成立于 2005 年，是一家从事空气压缩机的研发、制造和销售的高新技术企业。此前，上海欧佩克机械主要依靠线下展会渠道的传统外贸模式，2017 年开始尝试跨境电商，初期经历了失败，公司 60 后总经理徐镜钱从零基础学习跨境电商运营。2020 年初，在疫情背景下，上海欧佩克机械外贸全面转向线上，跨境电商平台每个月询盘数量多达数百条，6 个月带来了 6000 万元左右的订单。经过 2 年的精细化运营，其店铺在阿里巴巴国际站机械大类中排名第 4，成为从传统工贸一体企业成功转型跨境电商的典型代表。

关键词：跨境电商，B2B 跨境电商，传统外贸转型，数字经济。

Shanghai APCOM: The Transformation of Traditional Foreign Trade Factories to Cross-border E-commerce from 0 to 100 million

Abstract: Shanghai APCOM Compressor Mechanine equipment Co., Ltd. is a typical manufacturing factory in China. It was established in 2005 and is a high-tech enterprise engaged in the R & D, manufacturing and sales of air compressors. Previously, apcom mainly relied on the traditional foreign trade mode of offline exhibition channels. In 2017, it began to try cross-border e-commerce. At the initial stage, it experienced failure. Xu Jingqian, general manager of the company, learned cross-border e-commerce operation from zero basis. At the beginning of 2020, under the background of COVID-19, apcom' foreign trade has fully turned online. The cross-border e-commerce platform has hundreds of inquiries every month, bringing about 60 million orders in six months. After two years of operation, its store ranked fourth in the machinery category of Alibaba international station, becoming a typical representative of the successful transformation from a traditional industry and trade integrated enterprise to a cross-border e-commerce enterprise.

Key words: cross border e-commerce, B2B cross-border e-commerce, traditional foreign trade transformation, digital economy.

---

① 本案例由浙江工商大学杭州商学院经法学院的高帅、申万宏源证券承销保荐有限责任公司的王文星撰写。参与的基金项目：浙江省社会科学界联合会研究课题成果"直播电商赋能浙江山区 26 县高质量发展的路径与对策研究"（2022N107）、中国（杭州）跨境电子商务综合实验区 2022 年度跨境电子商务研究课题成果"杭州市中小企业跨境电商发展的现状及对策"、杭州商学院跨境电子商务专业建设课题成果"基于大数据的跨境电子商务实务课程教学模式研究"（PX-2721314）。

引言

"我是60后外贸人,2005年开始办厂,2018年跨境电商零基础起步,2021年通过跨境电商收获了1亿元的海外订单。"2022年1月,在阿里巴巴滨江园区举办的分享会上,上海欧佩克机械总经理徐镜钱一开场这么介绍自己。现场的嘉宾纷纷投去难以置信的目光,"60后""工厂""跨境电商"这几个看似不相关的词放在一起,让大家对眼前的这家公司的经历充满好奇。

上海欧佩克机械是国内一家典型的制造业工厂,成立于2005年,是一家从事空气压缩机的研发、制造和销售的高新技术企业,主要产品线有无油涡旋式空压机和永磁变频螺杆式空压机两个系列,在全国和海外建有销售服务网络,目标是成为世界一流的小型空压机制造商。

徐镜钱(后称徐总)看出了大家的疑惑,顿了顿,说到:"我们原本是一家传统外贸工厂,4年前抱着尝试的态度试水跨境电商,2020年初疫情之下全面转型线上,经历了质疑、尝试、失败和调整,2020年我们接到6000万元的订单,这就是跨境电商给我们带来的一个巨大飞跃!"看着台下的嘉宾,徐总的思绪回到了2017年……

10.1 行业背景

2005年创办于浙江省义乌市的上海欧佩克机械的主营业务属于空气压缩机行业。空气压缩机是一种通过压缩的方式使低压气体转变为高压气体,从而将原动机(通常是电动机)的机械能转化为气体压力能的气压发生装置,广泛应用于装备制造、汽车、冶金、电力、电子、医疗、纺织等工业领域。根据国家发展改革委等部门发布的《战略性新兴产业分类(2018)》《绿色产业指导目录(2019年版)》和工信部发布的《国家工业节能技术装备推荐目录(2019)》等文件,空气压缩机隶属"7.1.1 高效节能通用设备制造"等战略性新兴产业。

徐总从事空气压缩机行业十余年,对行业情况了如指掌,他首先对行业的国内外现状做了介绍。

10.1.1 国内市场呈增长态势但增速放缓

"我们这个行业相对传统,虽然中国空气压缩机行业市场规模呈逐年上升态势,但增长速度相对缓慢",徐总说到。根据华经研究院的数据,2016年中国空气压缩机行业收入规模为491.65亿元,2016—2018年行业呈现上升态势,复合增速只有3%左右,2020年市场销售额达到583.36亿元,2021年市场规模达到605.54亿元,如图10-1所示。

10.1.2 出口规模大但附加值偏低

和国内其他厂家一样,徐总早就将目光瞄向更为广阔的海外市场。中国是空压机进出口大国,但目前出口产品的附加值偏低。根据中国海关的数据显示,2015—2020年,国内空气压缩机进出口金额均实现增长,其中2020年空气压缩机进口额达到7.19亿美元,出口额为14.71亿美元,如图10-2所示。虽然国内空气压缩机贸易顺差呈现增长的趋势,但是我国出口产品主要以低端产品为主。2019年,我国进口空气压缩机平均单价为1112.61美元/台,是出口单价的近10倍,出口平均单价远小于进口平均单价。

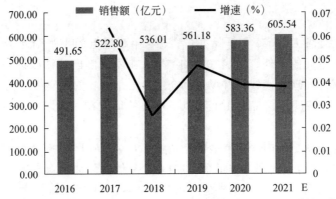

图 10-1　2016—2021 年中国空气压缩机行业销售额及增速（单位：亿元）

图 10-2　2015—2020 年中国空气压缩机进出口金额情况（单位：亿美元）

10.1.3　全球行业竞争格局

目前，高端压缩机市场主要被阿特拉斯（瑞典）、英格索兰（爱尔兰）、加顿丹佛（美国）、寿力（日本）等海外企业占据，中低端市场竞争激烈。发达国家由于行业发展时间较长，技术水平较为领先，在高端领域占有较大优势。在我国中低端市场，多数企业不具备设计生产能力，仍停留在购置主机进行组装生产的阶段，呈现出产品结构单一、技术附加值低、产品同质化严重等现象。上海欧佩克机械处于行业的第二梯队，能够自主开发产品，采用部分进口的零部件，拥有 25 项专利，1 个省级研究院，1 个省级名牌，具有一定的行业竞争力。全球空气压缩机行业竞争格局如图 10-3 所示。

随着国家政策的利好和国内企业实力的增强，国内空气压缩机在国际市场也面临着机遇，因此，徐总对海外市场颇为看重。

一方面，国内空气压缩机行业日益壮大，国内与国际先进水平间的差距越来越小。随着我国工业整体水平的不断提高，综合实力的增强，我国空气压缩机行业将持续快速发展，不断接近甚至超越国际先进水平。

另一方面，"一带一路"带来的发展机遇为我国工业品的出口扩大了市场，有助于我国工业领域的进一步发展，进而增加对空气压缩机的需求，给空气压缩机行业带来了向东南亚、中亚、东北亚及非洲市场发展的机遇。

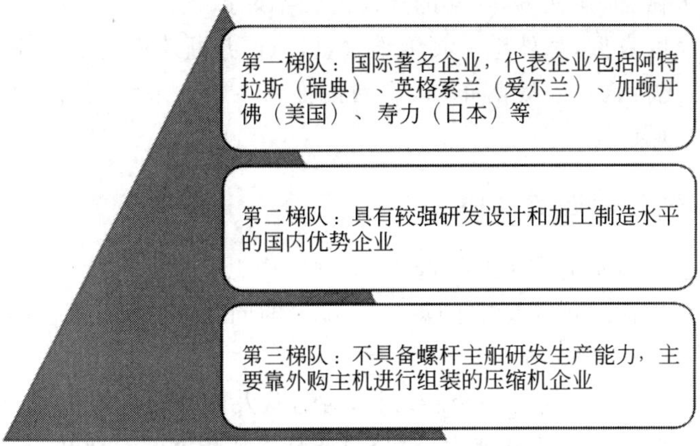

第一梯队：国际著名企业，代表企业包括阿特拉斯（瑞典）、英格索兰（爱尔兰）、加顿丹佛（美国）、寿力（日本）等

第二梯队：具有较强研发设计和加工制造水平的国内优势企业

第三梯队：不具备螺杆主舱研发生产能力，主要靠外购主机进行组装的压缩机企业

图 10-3　全球空气压缩机行业竞争格局

10.2　力排众议开辟跨境电商

2017 年之前，公司的销售重心一直在线下渠道，徐总每年都要亲自带领团队远赴德国汉诺威参展，凭着过硬的品质、较高的性价比和完善的售后服务，每次都颇有斩获。2016 年，在公司全体员工的努力下，上海欧佩克机械营业额突破了两亿元大关。

2017 年初发生的两件事引起了徐总的警觉。一是当年的展会虽然人流量和往年相差无几，但订单数量却有所减少，这让徐总有点摸不着头脑。二是一个客户谈好的订单迟迟没有下单，客户经理深入了解后才发现这个客户通过跨境 B2B 平台找到了其他供应商。该客户表示通过跨境电商平台，可以看到更多的厂家和产品，从货比三家到货比百家，选择余地更大，另外，由于平台有担保，他对大额交易更放心。虽然经过公司的努力最终达成了这笔交易，但尝试跨境电商的想法已经在徐总脑海里生根发芽。

2017 年的一天，徐总召集了外贸部人员，环视一周说到："大家都知道，我们不少同行已经开始使用阿里巴巴国际站来开拓客户，我们现在还主要靠老客户复购和展会销售，获客渠道单一，而且展会之余大家也有闲暇的时间，要不我们也试试水，大家怎么看？"

话音刚落，急性子老高就按捺不住："徐总，我们目前在行业已经属于中上游，主营的 APCOM 螺杆空气压缩机竞争相对较少，老客户订单稳定，何必赶电商这个时髦呢？"老高是早年跟着徐总的老员工，手里积攒了不少客户资源，对于开拓新渠道缺乏动力。

"对啊徐总，这可不像淘宝上买件衣服几百块这么简单，我们空气压缩机单价都是在几万到十几万元，一个大点的订单就超过百万元，国外客户对我们产品看不见摸不着，就靠网上沟通，凭什么相信我们呐！"，人过中年的大刘也附和道，质疑网购是否适合贵重的货品。

"这几年电子商务确实发展很快，依我看是个趋势，我爱人也经常从国外网购化妆品、奶粉，可是我们并没有电商经验，也不知道怎么开展呢。"，小李是个刚毕业两年的大学生，愿意尝试新事物，但缺乏跨境电商经验，信心不足，打起了退堂鼓。

最后，外贸部负责人吴经理扶了扶眼镜说道："跨境电商确实是一个新思路，现在线下渠道有下滑的趋势，我们可以把跨境电商作为现有渠道的补充。我建议可以招聘有跨境电商经验的人来做,但在义乌,这样的人才恐怕不好招啊。"

徐总听完大家的意见,虽然感觉到困难重重,但他判断跨境电子商务会像国内电商一样普及,想要抢占先机就必须提前布局,主动拥抱新事物。最终,徐总力排众议,在2017年入驻了阿里巴巴国际站。

10.3 四次换将遭遇滑铁卢

虽然阿里巴巴国际站的店铺开了起来,但并未像想象中一台计算机、一根网线就能做全球生意那么美好。徐总很快就遇到第一个棘手的问题,人力资源(HR)反映很难招到成熟、专业的电子商务运营人员。

2017年,跨境电子商务还是一个新事物,对运营人员的综合能力要求很高,不仅需要熟练的外语能力和跨文化的沟通能力,对公司产品了如指掌的专业知识,还需要电子商务运营的技能和经验。当时浙江省只有极少数高校开设了跨境电子商务的专业和课程,公司很难招聘到专业对口的毕业生,更别说能搭建整个公司线上业务的中高级运营人才。

更令徐总没有想到的是,好不容易招到电子商务运营人员,不到一年时间,这个岗位就换了四位员工。徐总找到离职员工了解其中缘由:公司重心都放在线下渠道,资源也向线下倾斜,线上不受重视,感觉公司把跨境电子商务当成了可有可无的业务;其他的业务人员还是按照以前的做法,没有电子商务意识,很难和他们沟通和配合;装修线上店铺和发布产品需要文案、美工、设计、拍摄、剪辑等多环节配合,公司提供不了这些配套工作。听着这些运营人员的抱怨,徐总觉得都有一定的道理,深感想运营好跨境电子商务没有想象中那么容易。

当2017年财报送到徐总面前,公司全年在跨境电子商务上的投入和产出让徐总颇为震惊。"投了57万元,全军覆没,颗粒无收,一点水花都没有",分享会上徐总这么评价第一年做跨境电子商务的境遇。

10.4 亲自上阵,躬身入行

这样的结果给徐总的刺激很大,难道自己做跨境电子商务的决策是错的?夜深人静,徐总在办公室陷入了沉思。如果说跨境电子商务不适合空气压缩机行业,但也有做的不错的同行;如果说公司在跨境电商上投入不足,57万元也不是个小数目;如果说失败是因为没有物色到合适的运营人才,那么谁又能担起这个重任,是就此放弃还是继续坚持?

徐总想过亲自尝试,但自己毕竟已经年过五旬,是否能够掌握跨境电子商务新知识心里也没底。徐总回忆着十几年来创业的点点滴滴,就是靠着不断学习一步步走到今天。徐总本是技术出身,带领技术团队开发出产品之后,为了解决产品销路难题,凭着一股不服输的劲,恶补外语、外贸知识和销售技巧,带领公司从一家手工作坊走到行业中上游的位置。12点的钟声响起,徐总也下定了决心,亲自来做跨境电商的运营。

2018年开始,徐总在繁忙的工作之余铆足了劲学习。不懂计算机,不会做Excel表格,就连打字也是问题,徐总就从最基础的办公软件开始学。不懂电子商务运营就钻研平台规则、后台报表和软件工具。为了更好地推广自己的产品甚至考取了直播上岗证书,玩转自媒体营销,成为行业的"网红"。

"从学习打字开始学习电子商务运营,这真是一个痛苦的过程。把握趋势,该学得学,学习的过程让我这个老外贸的格局再次打开",徐总分享会上这样说道。在徐总的带领下,阿里巴巴国际站逐渐有了起色,开始陆续接到一些询盘和订单,店铺也从一个开到三个。

10.5 乘风破浪,扬帆出海

2020年初,来势汹汹的疫情让很多中国企业停工停产。3月,上海欧佩克机械受疫情冲击巨大,销售人员出不去,国外客户也进不来,订单骤减,工厂停工,全盘计划被打乱。这段时间是徐总创业以来最焦虑的时刻,他常常看着空无一人的工厂里的"铁疙瘩"静静发呆。

这时学习的跨境电子商务运营经验派上了用场,徐总毅然决定破釜沉舟,全面转型加码线上。徐总首先从浙江某上市公司挖来了当高管的大学同学担任公司副总裁,接手公司的日常运营管理,稳住国内基本盘,另一方面亲自带领电销团队放手一搏。到了4月底,国内疫情基本得到控制,复工复产,同时国外疫情开始暴发,大量的国外订单通过线上涌入中国。徐总用心经营跨境B2B平台,投入十几万元把3个普通店铺升级为金品诚企。店铺除了展示产品的性能参数,也利用视频、VR展厅等全方位展示工厂的整体实力和制造细节,让国外客户在千里之外如同身临其境。一个埃塞俄比亚的买家因为疫情无法前来验厂,通过线上比较最终选择了徐总公司的产品,成交额达10万美元。客户后来告诉徐总,"之所以选择你们是因为你们店铺看起来像是源头工厂,不是'二道贩子'"。从4月到年底,国际站每个月询盘数量多达数百条,带来了6000万元左右的订单。2021年徐总带领团队再接再厉,线上订单一举突破亿元大关,公司整体营收达到3.5亿元。

徐总最后分享了他做阿里巴巴国际站的三大"法宝",分别是产品、流量和团队。

一是将产品打造成实力优品和爆品。上海欧佩克机械在行业领域深耕多年,拥有诸多商标和专利,对自己的产品信心十足,"酒香也怕巷子深,你要花心思让客户看到自己心仪的产品"。首先充分利用站内外工具进行数字化选品,精准地选出适合在网上销售的商品。然后对选出的商品进行包装,优化标题、筛选关键词和配以优质的视频和文案。目前,在公司平台的713个商品中,实力优品数占比46%。徐总总结道:"实力优品数越多,越能推高我们的商家力,因此获得平台更多的曝光量和提升转化率。"

二是做电商平台要以"流量为王"。徐总将流量分为场景流量、付费流量和私域流量,商家需要重视和开发每一种流量,为店铺和产品引流。"今年兴起的B端直播、短视频、3D展厅等场景,都是很好的高转化利器",徐总如是说。此外,积极参与平台活动和采购节,就能获得大量低成本的流量。

三是重视电商团队的培养。公司想走得更远,关键还是要靠团队。半年的时间,徐总的电商团队从2个人增加到12个人,还在源源不断地吸收更多优秀的人才。一方面徐总将自己电商运营的经验毫无保留地传授给团队,另一方面请外聘的高管制定详细的岗位说明书、产品知识手册、系统化的工作流程、详尽的培训资料和明确的奖惩制度,构建了"招人、育人、留人、晋升"体系。

徐总真挚朴实、富有激情和干货满满的分享引发了现场多次掌声,现场听众纷纷反映受益良多。

10.6 尾声

在干中学的过程中,徐总在数字化外贸新征程中愈发自信。2020年,他报名参加了2020阿里巴巴数字浙商达人赛,以50多岁的高龄和年轻人同台竞技,从海选赛、义乌赛区、金丽衢战区,一路挺进大区总决赛6强,荣获"数字化运营达人"称号,成为阿里巴巴国际站签约讲师。他谦虚地表示,参赛是为了跟年轻人并肩努力,向年轻人学习,努力从一名老外贸到数字贸易潮人。分享结束后,徐总步履匆匆赶往公司,路灯照亮了前行的路,在跨境电商转型之旅中,他的步伐从未停止。

案例思考题:

1. 什么是跨境电商?
2. 上海欧佩克机械为什么要转型跨境电子商务?
3. 上海欧佩克机械转型跨境电子商务面临哪些困难和挑战?
4. 徐总最终成功转型跨境电子商务给我们哪些启示?

参考文献

案例 11　数字农业能否实现农村电商的可持续发展[①]

摘要：农产品电子商务是数字农业的最早应用。2007年，L县开设了第一家淘宝店，15年来L县已经发展成为全国知名的农村电商示范县，形成全国知名的坚果电商产业聚集区，并通过坚果电商产业带动了当地经济发展。在此过程中也遇到了与环境协调发展和产业提升转型的问题。通过对当地政府、企业、农户的长期跟踪调研，发现L县山核桃产业数字化应用可以分为3个阶段，并对经济发展、生态环境和社会治理产生正面和负面的影响。那么，如何借助数字农业实现农村电商的可持续发展？

关键词：数字农业，农村电商，可持续发展。

Can Digital Agriculture Realize the Sustainable Development of Rural E-commerce

Abstract: E-commerce of agricultural products is the earliest application of digital agriculture. In 2007, L County opened its first Taobao store. In the past 15 years, L County has developed into a nationally famous rural e-commerce demonstration county, forming a nationally famous nut e-commerce industry cluster, and driving the local economic development through the nut e-commerce industry. In this process, it also encountered the problems of coordinated development with the environment and industrial upgrading and transformation. Through the long-term follow-up investigation of local governments, enterprises and farmers, it is found that the digital application of pecan industry in L County can be divided into three stages, which has a positive and negative impact on economic development, ecological environment and social governance. So how to realize the sustainable development of rural e-commerce with the help of digital agriculture?

Key words: digital agriculture, rural e-commerce, sustainable development.

[①] 本案例由浙江农林大学经济管理学院的杨雪雁、张月莉、李兰英撰写。

引言

数字农业基于近几年逐渐在农业中融合应用的计算机技术、网络技术、GIS、GPS、遥感技术、传感器、自动化技术、农业无人机、大数据、人工智能、5G 移动技术、云计算、区块链等新技术,与地理学、生态学、土壤学、植物生理学等有机结合,采集和处理农业生产、环境、销售、经营全过程各类数据信息,开展农业环境可视化、生长过程模拟化、销售经营信息化等数字化管理,最终实现农业资源的合理利用,降低农业成本、改善生态系统、提高农产品质量,最终提升农产品竞争力。2018 年起,中共中央国务院接连推出乡村振兴战略与数字乡村系列文件,2019 年,农业农村部、中央网络安全和信息化委员会办公室联合印发了《数字农业农村发展规划(2019—2025 年)》。

11.1 L 县坚果产业的数字化发展进程

浙江省 L 县是以生态环境优良闻名,拥有 5A 级国家风景区的中国优秀旅游城市。L 县农村电子商务起步较早,有第一批被阿里巴巴认定的淘宝村——BN 村,也有第一批被认定的淘宝镇,采用的是典型的自下而上的发展模式。

根据欧特欧咨询 2019 年数据显示,以县域为单位的热销农产品网络零售排名中,L 县坚果产业的销售额在休闲食品类中排名第 10,占据全国农产品网络零售额的 0.59%。但这并非 L 县坚果产业的全部网络零售额,因为许多知名的农产品品牌网络零售商,如三只松鼠、百草味、良品铺子、来伊份、洽洽等,其部分货源均来自 L 县,这些品牌的销售额均位于休闲食品类网络零售额的前 10 甚至前 5 位。2020 年,L 县累计网络零售额 93.9 亿元人民币,各类活跃网络零售网店 31500 家,以天猫为例,L 县活跃天猫网店 250 家,活跃网店占比 92.6%。活跃天猫网店中旗舰店、专营店、专卖店分别为 220 家、16 家、14 家,旗舰店占比达到 88.0%。活跃网络零售网店总数在全省排名第 47,其中 63.5% 零售额来自食品保健。

L 县坚果产业的数字化发展历程如图 11-1 所示。

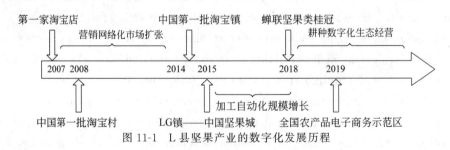

图 11-1　L 县坚果产业的数字化发展历程

11.1.1 营销网络化的市场扩张阶段(2007——2014 年)

2007 年,L 县 BN 村出现了第一家淘宝店,专卖 L 县知名特产山核桃。此后不到一年,村中农户纷纷入驻淘宝平台,在 2008 年,BN 村入选中国第一批淘宝村。截至 2014 年年底,借助平台红利和先入优势,该村已经有网店 56 家,销售额在 1000 万元以上的 2 家,2000 万以上的 4 家,2 家入驻天猫商城。2014 年,BN 村的淘宝店交易额达到了两亿元,仅"双 11"当天就有 100 多万元的交易额,全年山核桃销售额约占销售总额的 63%,如

"文文"淘宝店交易额达到 2000 多万元。BN 村的示范效应和辐射效应覆盖了整个 L 县地区,其中 QLF 镇在 2014 年成为全国首批 6 个淘宝镇之一,镇内共有 4 个淘宝村,该镇线上交易额达到 4.2 亿元。

网络营销是 L 县坚果产业数字化的第一步,其成效推动政府、协会和第三方服务的逐渐完善。政府在金融、土地、人力资源等方面及时出台各项政策,并为农户、企业联系种植专家、各类第三方服务商、科研机构等。协会则通过各项举措帮助农民解决实际困难,如为地处海拔 600 米以上的乡村筹资建设公路,与物流公司协调服务费用,各类第三方服务商纷纷落地 L 县农村和山区。

11.1.2 加工自动化的规模增长阶段(2014——2018 年)

网络营销的成功提高了山核桃的销售同时,坚果品类开始不断丰富,从山核桃扩展到碧根果、巴西松子等,这些坚果的加工大都在 L 县本地,为此带动了当地的加工业,特别是位于 L 县最西的 LG 镇和 QLF 镇。两镇具有较为悠久的山核桃炒制加工历史,最初多为家庭作坊,此后发展为手工+半自动化加工设备。2014 年以后,因为业务量大大增加,多家加工企业上线全自动化加工设备,目前共有 230 多家规模以上加工企业,其中 LG 镇 70 多家,QLF 镇 130 多家,YL、GL、YK、HZB、TY 等都是规模以上加工企业,成为全国主要的坚果加工地区,LG 镇成立了中国坚果城,将中小加工企业汇集到坚果城园区,同时还在园区内提供商贸、仓储和自动化物流设备和功能,实现加工制造环节的数字化。

加工制造的自动化进一步推动坚果产业规模增长,到 2018 年,L 县农产品电子商务网商 1100 多家,亿元以上网销企业 2 家,2000 万元以上 15 家,500 万元销售规模以上 38 家,全区实现网销额 55 亿元,其中坚果为主的 L 县农产品电子商务突破 20 亿元。山核桃种植规模随之扩大,山核桃种植面积达到 64 万亩,2018 年山核桃产量 1.36 万吨,一年产值 8.2 亿元,全产业链产值 37.3 亿元;L 县还成为坚果产业主要加工地,知名坚果网上品牌,如三只松鼠等十多家企业的坚果产品加工纷纷选择了 L 县。规模化发展带来的荣誉显著,2019 年,L 县先后获全国首批"互联网+经济林产品(山核桃)营销模式示范单位""中国电子商务发展百佳县""省级电子商务示范县""浙江省电商换市十大创新样本""全国农产品电子商务示范区"等称号。

11.1.3 耕种数字化的生态经营阶段(2019—)

2018 年以后,一方面是农业投入品和劳动力价格上涨,微信、自媒体等销售渠道的加入带来更激烈的市场竞争,造成山核桃销售业的比较效益显著降低,种和加工投入产出比显著下降,从 2000 年的 25% 降低到 2018 年不到 5%。另一方面,生产加工对地方环境的影响凸显,山核桃种植的过度精细化经营,导致山核桃林地生态系统退化,生态灾害更为频繁。

提高山核桃产业和品牌溢价、做好种植与生产环节的质量控制与生态安全监管成为产业发展的迫切要求。为此,地方政府在省财政支持下,投入千万资金,由农机站补贴为 6 个山核桃数字赋能示范基地铺设轨道,以政府补助第三方模式开展病虫害的无人机防治,并打造山核桃全产业链云平台"数字大脑"。截至 2021 年,"大脑"已经接入了 6 家山核桃数字赋能示范基地、160 家山核桃加工企业、4870 家山核桃网商,并连接农林、气象、国土、市场监管部门实施全程监管。目前"大脑"用区块链技术生成一份集成基地山核桃面积、树情、病虫害、产量的土地资产数字化证书,成为指导绿色生产和提供授信贷款溯源可靠的评估参考。

从以上发展历史可以发现,L县山核桃产业的数字化进程首先开始于第三产业的网络化和电商应用,电商的低门槛和快速经济回报激励山核桃网络销售的快速普及;继而带动了当地坚果炒货业的自动化进程,加工规模化促使当地炒货企业逐渐淘汰了原先全手工或者半手工的坚果炒作工艺,迫使加工企业逐渐开始数字化改造;而第三产业和第二产业的快速发展,一方面带动当地经济,但却影响到当地生态环境,第一产业种养殖环节和生态环境监管的数字化改造迫在眉睫。

11.2 L县坚果产业的可持续影响效应

L县坚果产业是农产品电子商务发展规模化带来产业集聚的典范。根据阿里研究院发布的《2020中国淘宝村研究报告》,2020年,中国5425个淘宝村和1756个淘宝镇在淘宝平台交易额超1万亿元。产业集聚可能对当地农村发展带来双面影响,案例从经济、生态、社会3个维度分析其正反两方面影响。

11.2.1 经济生产视角

1. 正面影响

(1) 坚果电商产业规模化扩张。L县十几个淘宝村形成以山核桃网销为核心的坚果电商产业集群。在2018中国果品区域公用品牌评估中,L县山核桃的品牌价值为24.95亿元,蝉联坚果类桂冠。网销的坚果品类不断丰富,除了山核桃以外,还有瓜子、开心果、碧根果、杏仁、夏威夷果、巴西松子等。除山核桃外,其他坚果原材料大多从广东进货,或者从香港、广西等地进货,还有从国外进货的。产业规模不断提高,从而占据全国坚果市场的三分之一。L县坚果加工主要是在LG镇,该镇具有较为悠久的山核桃炒制加工历史,最初都是家庭作坊。而今天,L县的坚果加工企业有250余家,其中LG镇70多家,QLF镇130多家,产值200多亿元,规模以上企业30余家。年产值都在亿元以上。这些坚果加工企业除了进行制造环节自动化和数字化转型外,也积极参与数字营销环节。表11-1是产值最高的几家加工企业进行自动化改造和数字营销发展的情况。

表11-1 L县坚果加工企业进行自动化改造和数字营销发展的情况

企业	自动化改造	数字营销发展
YL	投资1300多万元;半自动化加工设备,自备冷库;主打夏威夷果加工;原料来自澳洲、南非	三只松鼠的第一代供应商,为其贴牌加工企业,每天进货不低于15吨
JL	净资产3180万元;半自动化加工设备;杭州市龙头企业、杭州市名牌企业、杭州市著名商标;主打山核桃(仁)、碧根果(仁)、杏仁等加工;50%为自主品牌线下销售	三只松鼠、恰恰、良品铺子、来伊份供货商;小包装(如巴旦木)贴牌加工企业
HZB	全自动化机械化生产线(中国最先进的炒货生产线),唯一一家自动化程度达到90%的企业	90%山核桃加工供货给来伊份网商

(2) 培育了本地电商销售龙头企业。带动L县坚果销售的电商企业包含3种:一是

L县淘宝村经营的淘宝店,它们大部分都为 C 店,不过由于起步较早,积累了较强的客户基础和店铺信誉,又因运营成本低,从而在坚果电商领域占据一定的龙头地位,如"琪琪小阁",从 2009 年开始做淘宝,目前已经 4 颗皇冠,年销售额达 500 万元以上,推广主要靠老客户和微信,是小而美的创业典型。二是电商代运营企业,在天猫、京东等平台上拓展销售渠道,如 LZY、CL、XNG、GDF、DS 等,从而成为当地坚果电商的龙头企业,年网销额一亿元以上企业 10 家,一千万元以上企业 100 家,一百万元以上企业 1000 家。三是集加工与电商销售为一体的企业,这类企业不仅为电商提供货源,同时还自创品牌进行网上销售,如 SWTY 于 2013 年注册天猫平台,第一年销售额即达到 600 万元。

2. 负面影响

(1) 产业内企业恶性竞争严重。L 县十几个淘宝村,大多数的创业者规模还是较小,以夫妻二人淘宝店为主,虽小而美,但产品同质化现象严重,大都以价格竞争为主,容易陷入恶性竞争,出现柠檬效应。大部分企业规模较小造成产品质量良莠不齐,坚果品类虽不同于生鲜果蔬,但同样需要有冷库和冷链运输体系。以山核桃为例,每年采摘是在白露之后,加工后最好在几个月内尽快食用,为保证新鲜和口感,最好能将原果用冷库储存;非本地产的坚果,如碧根果,从国外的原产地到 L 县的运输过程以及存储,也需要冷链体系。然而,由于大部分企业规模较小,有的缺乏完善的冷链体系,容易影响产品质量。

(2) 可能沦为"产地和加工地"。尽管部分企业借助产业聚集效应得到扩张,但绝大部分企业还是受到规模限制:在人力资源上以夫妻店为主,在物理空间上以商住混合为主,造成一旦做大就需要外迁,这些限制造成本地化品牌建设不足。即便是本地的坚果电商销售龙头企业,如 LZY、CL、XNG、GDF、DS 等,也将企业加工、发货环节放在 L 县,而品牌、渠道与运营在上海等地。而规模以上加工企业与电商关系紧密,但却大都供货给非本地的坚果网络零售品牌(如恰恰、三只松鼠、来伊份、中粮、百草味、良品铺子等),自己专职为坚果网商做贴牌加工。

11.2.2 环境生态视角

1. 正面影响

改善了山区交通环境。L 县的淘宝村大都位于山区,其中 MX 村甚至坐落于海拔 500 米的高山中。MX 村成为阿里巴巴认定的淘宝村,是源于村中一位因交通事故致残的年轻人,他身残志坚,最早尝试开淘宝店卖村里的山核桃和茶叶等农产品。当时村里与外界交通不便,连邮递员都不能天天进村。但随着越来越多的村民开通淘宝店,物流公司也开始天天进村。村民致富后,在县乡政府和村民的共同努力下,在 2012 年修好了水泥浇筑的盘山公路,拉近了乡村与城市的距离,山区的优美环境更是吸引了国内外游客。

2. 负面影响

(1) 规模化种植导致环境污染。尽管与高校和研究所密切合作,有效推进了山核桃生态化、标准化经营,如林下套种、测土施肥、张网采收、病虫害防控等关键适用技术,但为了追求规模化和扩大产量,还是导致了除草剂、化肥的大量施用,带来大面积病虫,干腐病、根腐病多发,再加上酸雨的影响,山核桃林退化甚至成片死亡。1982—2018 年,林地土壤 PH 均值从 7.1 下降到 5.5,林地土壤有机质含量也从 38.4g/kg 下降到 33.7g/kg,如图 11-2 所示。

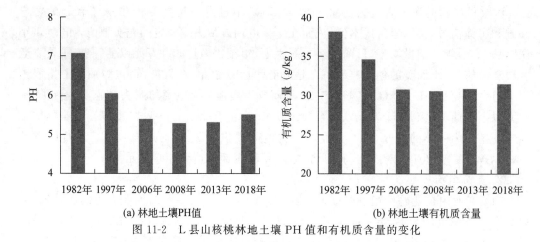

图 11-2　L 县山核桃林地土壤 PH 值和有机质含量的变化

(2) 加工增加的废料废水导致水源污染。加工 1kg 的山核桃干籽要产生 3kg 的果皮,山核桃果皮碱性较强,不易腐烂,乱堆乱放(除了部分山核桃果皮用于烧制活性炭的厂家收购)会导致水源污染;加工山核桃时会有废水污染,同样造成水源污染(尽管政府集中安排了污水处理,但仍有企业私自排放污水)。

(3) 长期复垦造成山核桃林地退化。长期复垦还造成林地土壤质量退化,精细耕作致使树根裸露、林下植被稀少,生物多样性遭到破坏,水土流失严重,冬季变荒山,甚至造成每年泥石流滑坡事故增加,造成人员伤亡。

11.2.3　社会治理视角

1. 正面影响

(1) 山区农民增收减贫。农村电商的发展带来了农村增收,单 QLF 镇老百姓在信用社的存款就有 25 亿元。海拔 500 米的 MX 村,更是由于电商发展,物流快递企业入驻,并引入专用光纤和第三方服务等相关配套服务,不仅解决了村中几位残疾困难户的经济问题,还带动了全村人致富。2020 年电子商务就业、创业氛围良好,直接解决就业岗位 87 300 个,间接带动就业岗位 229 500 个。

(2) 乡村文化振兴。山核桃文化渗透入 L 县人生活的方方面面,也铸就了 L 县人特有的坚硬、朴实的人文特质,"白露到,竹竿敲,家家户户打核桃",打造特色旅游节,铺设山核桃特色旅游线路和文化廊亭,并选取资源优势村落,引导山核桃特色的农家乐和庭院生活驿站,振兴山核桃乡土文化。

2. 负面影响

(1) 经营场地冲突带来邻里矛盾。场地小限制了发展,村委为一些电商户特事特办,批准在家附近加盖仓库等,影响了其他村民的利益,造成新的不平等和邻里矛盾。

(2) 人才缺乏现象普遍。农村电商发展急需人才,但人才问题解决不能仅仅依赖企业。大学毕业生不愿意回到农村,也难以吸引和留住人才,是由多重因素导致的,如发展机会少、网络基础差、医疗服务配套不全、教育文化水平不够等。

11.3　尾声

L 县坚果电商产业可持续发展问题在全国具有普遍性。如早期义乌青岩刘村在居住、商用、仓储物流混合型用地状态使得居住环境受到很大影响,最终以建设电商产业园区的方式解决;国内以工业品为主营产品的淘宝村,有些并不与本地资源禀赋相契合,与当地第一产业不融合,从而沦为"贴牌加工地"的命运;而工业发展带来的排污问题,更可能对当地生态带来难以修复的影响和破坏。

L县山核桃产业案例引发了对县域电商的反思问题:数字化进程中如何保持地区经济发展和当地资源禀赋的平衡关系,实现可持续的协同发展?

案例思考题:

1. 案例中电子商务在产业融合中起到怎样的作用?
2. 从可持续发展角度探讨如何实现经济与环境的协同发展?
3. 如何避免案例中的坚果电商产业沦为"产地和加工地"?
4. 如何借助数字农业实现产业发展和资源禀赋的平衡、协同与可持续发展?

案例  摩西管家：数智赋能万家快递网点解决最后100米配送难题[①]

摘要：摩西管家2016年诞生于"中国快递之乡"——浙江桐庐，是一家为三四五线城市、农村乡镇快递网点提供末端公共配送和自动化分拣服务的公司。为了解决电子商务背景下快递末端网点效率低、成本高、留人难、管理难的问题，摩西管家以软硬件等数字化技术和共享模式赋能快递末端网点，提高末端网点管理的智能化和数字化水平，以更低的成本、更高的效率为用户提供更好的服务。仅用了5年时间，摩西管家已经覆盖20多个省市，合作10000余家网点，每天处理数百万单快递，服务千万用户，成为国内领先的第三方快递末端服务品牌。

关键词：电子商务，物流配送，数智赋能，数字经济。

Moxi: Digital Empowers more than 10 000 Express Outlets to Solve the last 100-meter Delivery Problem

Abstract: Moxi was born in Tonglu, Zhejiang, the "hometown of express delivery in China" in 2016. It is a platform company that provides end-to-end public distribution and automated sorting services for express outlets in fourth and fifth tier cities, rural villages and towns. In order to solve the problems of low efficiency, high cost, difficult retention and ineffective management of express outlets under the background of e-commerce, Moxi empowers express outlets with digital technologies such as software and hardware and a Innovative sharing model to improve the intelligence and efficiency of terminal outlet management. Moxi can provide users with better services at lower cost and higher efficiency. In just 5 years, Moxi has covered more than 20 provinces and cities, cooperated with 10 000 outlets, processed millions of express deliveries and served tens of millions of users every day, becoming the leading third-party express terminal service brand in China.

Key words: e-commerce, logistics and distribution, digital empowerment, digital economy.

---

① 本案例由浙江工商大学杭州商学院经法学院的高帅、卢俊峰、陈斌、郑绍庆撰写。

引言

"您的快递已到杭州商学院体育馆一楼摩西管家,请凭提货码 18-04-8472 尽快领取,有问题请致电!",每当同学小吴收到这样的短信,她就知道自己网上购买的宝贝到了。凭着这条短信,小吴走进摩西管家快递驿站,径直走到 18 号货架 4 层,找到自己的包裹,拿到物流扫描仪前扫条形码,"滴"的一声,即完成了包裹签收,整个过程用时不到一分钟。

小吴笑着说:"摩西管家给像我这样几乎每天都有快递的人提供了方便。以前取快递是我们提供单号,快递驿站的工作人员人工从快递堆里帮我们一一寻找,取快递需要排很长的队,高峰期能排上近百米,尤其是冬季在室外排队,简直太受罪。现在知道了自己快递的位置,很快就能找到,实在是太方便了!"

上万家快递末端网点给用户带来这样便捷体验的背后,离不开一家叫摩西管家的公司。"摩西"总部位于浙江省杭州市,是一家为三四五线城市、农村乡镇快递网点提供末端公共配送和自动化分拣服务的平台公司,主要通过向加盟门店输出包裹管理 SaaS 软件,向用户提供快递代收、电商代购、导购、代退货、第三方 O2O 生活服务以及向网点提供混合分拣的 SaaS 管理软件,提高人员效率,压缩配送成本,为末端网点赢得成本优势。"摩西管家"已在国内多个省份建立服务网点,为千万用户提供多样化、个性化、智能化管家服务,成为全国领先的末端物流新模式的开创者和实践者。

尽管公司业务繁忙,摩西管家创始人陈灵花(后称陈总)常会抽空来网点视察,听取用户的心声,思考改进的方向。看到网点络绎不绝的用户,陈总微笑着,回想起 2016 年刚创业时快递行业的高歌猛进。

12.1 中国快递行业最后 100 米概况

12.1.1 中国快递行业发展现状

2010 年之后,在国家政策利好和电商渗透率持续提升的背景下,我国快递行业业务总量保持逐年增长的趋势,年复合增长率达到 50% 以上。2014 年以来,快递业连续四年被写入政府工作报告。2014 年全国两会上,政府工作报告首提快递业,"要深化流通体制改革,清除妨碍全国统一市场的各种关卡,降低流通成本,促进物流配送、快递业和网络购物发展"。2015 年的政府工作报告提出,"发展物流快递,把以互联网为载体、线上线下互动的新兴消费搞得红红火火"。2016 年的政府工作报告提出,"促进线上线下协调互动,推动实体商业创新转型。完善物流配送网络,促进快递业健康发展"。

这些利好的政策鼓舞着陈总准备在快递行业二次创业,后来的行业发展也印证了陈总的判断。根据《中华人民共和国 2020 年国民经济和社会发展统计公报》,2020 年我国快递业务量 833.6 亿件,快递业务收入 8795 亿元,如图 12-1 所示。

互联网、物联网加持的新零售快速发展,网络零售的多元化、社交化趋势和消费者的需求分层为快递带来新一轮增量。根据前瞻产业研究院预测,未来几年快递业务将保持高速增长。到 2025 年,快递业务量将达到 2276 亿件左右,业务收入将达到 17 267 亿元左右,如图 12-2 所示。

快递业务量激增,快递末端网点开始迎来了发展契机。菜鸟驿站、蜂站、百世店

图 12-1　2010—2020 年中国快递行业业务量趋势图

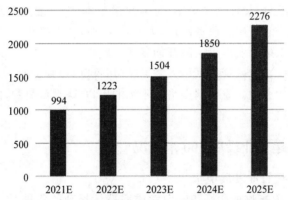

图 12-2　2021—2025 年中国快递行业业务量走势预测图(单位：亿件)

加、圆通速递妈妈驿站、中通快递超市等第三方末端门店开始横空出世。根据 2019 年国家邮政局公布的数据显示,我国的快递末端网点备案数量已经突破 12 万个。我国快递网点的大肆扩张,促进快递服务在受理、揽收、投递、售后和信息服务等环节服务水平全方位提升。桐庐籍企业家创办和管理的快递企业超过 2500 家,"三通一达"等大部分快递品牌创始人都出自这里,很多桐庐人都与快递行业有着或多或少的联系。陈总也不例外,她是中国快递行业的老将,亲历了快递行业的崛起,敏锐地发现了快递末端网点扩张带来的机遇。

12.1.2　快递末端网点最后 100 米难题

快递行业中有"得末端者得天下"的说法,注意到快递网点扩张带来的机遇后,陈总将目光放到了末端配送上。快递末端配送由快递公司加盟网点完成,网点的主要收入来自进港的派费和出港的面单费。快递单量直接决定了网点的营收,一个网点每天少则几百件,大则可达上万件。网点给快递员的提成是计件方式,每天的派送件数直接关系着他们的收入。现在的城市小区居民白天大多上班,家里只留下老人,不方便取包裹,快递进行二派甚至三派会影响快递员的派送成功率,也大大降低了派送速度。于是,快递员萌生了开发便民代取点的想法,开始跟小区里的商店或者物业合作。最后100米是快递业务高速增长的一个瓶颈,也是快递巨头、电商巨头以及独立的第三方企业一直致力于解决的问题。当时,陈总调研了末端网点以下两种模式。

第一种是快递智能柜,如丰巢、E邮柜、京东自提柜、速递易以及邮宝、派速魔方等。目前智能快递柜可以支持用户24小时自取件,安全方便,也最大程度节省了人力成本,但物料投放成本及运营维护成本相对较高,而大件包裹放不进柜、包裹破损、三四线城市的空柜现象等问题尚待解决,客户的体验感一般。

第二种则是物业或者便利店代寄存,这种方式快递员不用送件上门,提高了送件效率,缺陷是签收率不能保证,产生较多的延误遗失,客户体验感差甚至常进行投诉,快递品牌受影响。物业没有专门的包裹管理系统,天天人来人往,也许有的居民重名拿错,也许有的居民顺手牵羊,出现这种情况物业是不会赔偿的,最终还是找到快递小哥,一旦包裹被投诉,快递小哥将会面临巨额罚款。

近几年,快递单量激增,但快递网点的生存状况却不容乐观,出现收入在涨、利润下滑的怪象。陈总通过与快递网点老板聊天,深入了解了快递末端网点的现状和痛点。

1. 价格战下的利润下滑

2011—2020年我国快递行业平均单价逐年下降,2020年平均单价下滑至10.55元/件,2021年1~5月进一步下降至9.90元/件(见图12-3)。近些年,随着淘宝、拼多多和直播电商的崛起,尤其是2020年初疫情暴发,部分快递企业采取低价抢量策略,发起激烈的价格战。2020年,圆通、中通、韵达、申通的单票盈利均低于0.4元。百世快递的单票成本甚至大于收入,单票毛利呈负值,为-0.01元。快递公司的价格战必然传导到基层网点,总部下调派费导致网点的利润日益微薄。在这样的背景下,网点老板追加的投资普遍不足,投入动辄数十万元的自动化设备的意愿不强。

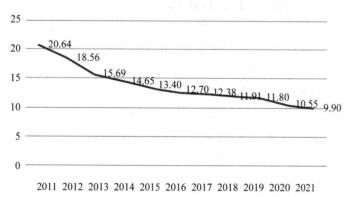

图12-3 2011—2021年中国快递行业平均单价走势(单位:元/件)

2. 员工成本上升且流失率高

快递行业具有劳动密集型产业的典型特征,网点按照每500件左右的日单量配置一人。快递网点人员需求量大,文化素质要求较低,人员的流失率也较其他行业高,达到70%。近些年,快递员直观的感受是"活变多了,钱变少了",末端网点面临人员招不到、留不住的难题。网点想要留住人,提高快递员薪资待遇成为必然之举,但这样又增加了运营成本。

3. 末端网点管理跟不上

加盟网点主要是个人或夫妻店,为了网点经营的稳定性,部分员工是网点老板的亲戚或朋友。员工培训主要用以老带新的模式,除了总部的培训之外,网点本身难以提供的系统的培训和规范的管理。此外,根据2019年的《中国青年发展报告No.4》调查显示,快递从业者平均年龄为27.62岁,受教育程度为高中及以下的快递从业人员占比为81.02%。快递网点的从业人员偏青年化且学历层次较低,这也给网点管理增加了难度。

4. 消费者对服务品质的要求日益提高

随着电商的日益成熟,消费者对服务品质的要求日益提高。2016年9月1日起,商务部发布的《电子商务物流服务规范》在全国正式实施,该规范深入电子商务物流系统、仓储、运输、配送、退换货等各个环节。快递公司总部对网点的时效、服务的质量要求越来越严苛,对网点"以罚代管",这一简单粗暴的策略加重了网点的负担,这又进一步激化了快递总部与末端网点的关系紧张。

12.2 数智赋能解决快递最后100米难题

了解了末端网点最后100米的痛点之后,陈总凭着数字经济时代来临的嗅觉,给出了解决末端网点之痛的"药方":从规模驱动转向技术驱动,以软硬件等数字化技术和创新共享模式赋能第三方末端网点,提高末端网点管理的智能化和数字化水平,以更低的成本、更高的效率为用户提供更好的服务。同时,摩西管家有着清晰的盈利模式,作为第三方快递末端平台,公司为合作网点提供自动化硬件(PDA)、线上管理SaaS系统、品牌、管理方法等,向合作网点按照快递单量收取一定的服务费,合作共赢。

12.2.1 研发包裹管理软硬件,提高服务质量

以往快递到了网点之后,由网点工作人员一一发短信或电话通知用户,不仅有可能因为通知不及时造成包裹积压,还可能因为通知错误造成用户误领、丢件等。摩西管家自主开发了行业领先的线上物流管理系统,以"短信+微信"全方位通知客户,可以使用户方便地掌握包裹信息。密码取件和微信自主扫码取件功能,大大降低了用户误领、错领的概率。自主开发取件一体机、高拍仪等智能硬件,让消费者自助快速取件,保护消费者隐私。这一包裹管理软件,提升了服务水平,减少了投诉。网点店主与消费者之间也可以借此保持良好的关系,为延伸的商业打下了良好基础。

12.2.2 开发混合分拣系统,提升人员效率

末端网点人员配置通常由快递人员、仓库操作人员和管理人员组成,大的网点还配有客服人员。过去,快递网点单量增加,只能通过增加员工数量来解决。为此,摩西管家开发了通过向末端网点提供包裹管理moses软件和培训服务,将快递包裹信息扫码录入系统,同时自动发放短信和微信提醒用户包裹已到,减少配送频次,压缩配送成本,将快递员的工作效率提高至原来的5倍。同时,该系统为快递员自动分配快递,每天的配送任务和派件情况一目了然,数字化后台提高了末端网点老板的管理效率。

12.2.3 整合末端集中配送，降低配送成本

摩西管家团队之前从事快递物流行业，有着丰富的经验和资源，已经和中国邮政、顺丰、圆通、申通、中通、韵达等30多个快递公司总部进行合作。双方打通了快递系统，可以将多家快递企业的业务对接给合作网点，形成规模经济。例如，一家快递公司对某个社区的派件量是100件，联合起来的快递业务量可能就超过500件。此外，摩西管家总部投入自动化设备、本地仓储和标准化管理等硬件和服务，降低末端网点的投入成本，提高利润水平。

12.2.4 拓展用户增值服务，增加多元收入

原来网点的收入来源较为单一，即总部提供的进港的派费和出港的面单费，对于快递的线上线下流量并没有很好的加以利用以产生附加价值。疫情加速同城生活服务的快速发展，摩西管家除了提供快递代收，还为末端网点提供电商代购、导购、代退货、第三方O2O生活服务、广告植入和再收资源回收等增值服务，为末端网点拓展多元的收入来源，如图12-4所示。

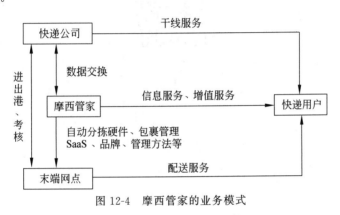

图12-4 摩西管家的业务模式

12.3 未来展望

陈总为摩西管家设计的这一套"组合拳"，精准解决了末端网点最后100米配送的痛点，轻资产的模式也为其快速推广打下了基础。为了避开与菜鸟驿站在华东市场的正面竞争，摩西管家采取了"农村包围城市"的市场策略，将重心放在三四五线城市和农村乡镇。事实证明这个策略取得了一定的成功，摩西管家在华北和华中地区处于绝对优势地位。

2021年业绩报告显示，摩西管家已经在北京、天津、河北、辽宁、吉林、黑龙江、内蒙古、新疆、浙江、上海、湖北、山东、贵州、江西、重庆、四川、广州等二十多个省份推广并建立服务网点，与10 000多家末端网点合作，每天处理单量数百万件，服务的用户群体近千万人，成为第三方末端配送的头部品牌。

陈总很清醒，随着顺丰等快递公司与菜鸟网络等第三方平台对末端网点市场的争夺，摩西管家如何保持和扩大市场的竞争优势将是下一阶段的一场硬仗，她看着窗外霓虹灯下车水马龙的街道，再次陷入深思。

致谢

本案例在采编过程中得到了摩西管家的鼎力支持,感谢摩西管家陈灵花女士和接洽人员为本案例提供的一手企业资源和宝贵意见,丰富了案例的内涵,特此致谢!

案例思考题:

1. 什么是物流配送?物流配送的作用是什么?
2. 电子商务背景下快递最后 100 米配送有哪些难点?
3. 摩西管家是如何数智赋能末端网点的?
4. 如果你是陈总,将如何应对其他公司在末端网点市场的竞争?

参考文献

案例 13 111集团：三大板块共创互联网医疗生态圈①

摘要：2010年的中国老百姓正面临着"看病难、买药贵"的就医困境，为了解决这个困扰中国百姓的就医难题，于刚和刘峻岭便在其创办的网上超市"1号店"内开创了"1药网"子频道。2015年，于刚和刘峻岭离开1号店，独立运营1药网，并创办111集团，由此便开启了111集团(1药网)的探索之路。经过多年的发展，如今的111集团已经形成了"1药网""1诊""1药城"三驾马车并驾齐驱的商业模式，由此也形成了由药企、药店、医院、其他药品流通商以及顾客等多组织互利共存的互联网医疗生态圈。那么，111集团是如何一步步进行业务拓展的呢？又是如何利用科技赋能实现互联网医疗生态圈的呢？

关键词：111集团，电子商务，互联网医疗生态圈，商业模式。

YI Group: Three Sectors to Create an Internet Medical Ecosystem

Abstract: In 2010, the Chinese people were facing the dilemma of "difficult to see a doctor and expensive to buy medicine". In order to solve this medical problem that bothered the Chinese people, Yu Gang and Liu Junling created the 1 medicine network sub channel in the online supermarket store 1 they founded. In 2015, Yu Gang and Liu Junling left store 1 to operate 1 medicine network independently and founded YI group, This has opened the exploration road of YI group (1 drug network). After years of development, YI group has formed "1 drug network", "1 diagnosis" and "1 drug city". The business model of the troika driving hand in hand has also formed an internet medical ecosystem with mutually beneficial coexistence of pharmaceutical enterprises, pharmacies, hospitals, other drug distributors and customers. So, how does YI group expand its business step by step? How to use science and technology to realize the Internet Medical ecosystem?

Key words: 111 Group, e-commerce, Internet medical ecosystem, business model.

---

① 本案例由首都经济贸易大学的张洁、丁晓霖、卢彦君、王润波、王懿桢撰写。

引言

随着"互联网+"的发展,各种先进的信息技术使得数字经济快速发展,与此同时,医疗领域开始结合数字经济出现新的发展趋势——大量非传统医疗企业如雨后春笋般涌现。这些医疗企业将移动互联技术与医疗产业深度融合,充分发挥出移动设备的便捷性和互联技术的高效性,为医疗产品的拓展与医疗服务的延伸提供了广阔的平台。

在传统的医疗体系下,我国的医诊行业面临着诸多问题。医疗卫生资源的分布不均使得一些百姓面临着"看病贵,吃药难"的窘境,偏远地区的医疗条件难以得到保障,去大医院看病又面临着挂号难等问题。一些行业乱象,如黄牛挂号,加剧了医院和患者之间的矛盾。这种医疗资源供需不平衡的状况在2020年的新型冠状病毒感染下显得愈加突出。在病毒易传播的情况下,去线下医疗诊断,患者很难保证自身安全。因此,"互联网+医疗"模式在2020年得到了迅速的推广,这种方式凭借避免群众聚集和分散医院压力的优势获得了百姓的广泛关注与认可。而在中国互联网健康领域独树一帜的111集团此时迅速脱颖而出。2010年,于刚和刘峻岭为了改变中国百姓"看病难,买药贵"的现状,致力于融合互联网技术和医药行业开创了111集团。它运用创新的互联网和IT技术提供在线诊疗、购药和健康管理等服务,缩减中间环节,优化供应链,增加药品流通的效率和透明度,为中国大众的就医买药提供完整的解决方案以及实惠和方便。目前,111集团主要由三大板块支撑其业务:B2C模式下的"1药网"和"1诊"平台,B2B模式下的"1药城"。通过创新技术全面实现B端和C端、线上和线下、自营和平台、医和药的融合发展,打造中国以科技驱动线上线下有机融合的医药健康平台,为医生、药店、医院、药企、药品流通商赋能,促进健康医疗生态圈的发展。

13.1 "1药网"诞生,探索医药B2C电商发展之路

2010年,中国互联网行业的发展呈现出向好的趋势,各行各业都开始探索电子商务服务模式,那时的于刚和刘峻岭敏锐地察觉到了互联网红利时代的到来,毅然决然地选择了辞职。就这样,他们怀揣着互联网创业的梦想一起创立了中国网上超市鼻祖——1号店。1号店经营的商品品类丰富,包括食品、服饰、化妆品以及药品,而1药网当时更是作为1号店的药品子频道开创了网上药店的先河。

在创办1药网之前,中国还没有出现网上药店平台,老百姓买药必须去正规医院或者线下药店,购药渠道十分有限。时任亚马逊全球供应链副总裁的于刚前往美国出差之时发现人们买药不仅可以选择线下购药,还可以选择网上购药、线下取药,购药渠道的拓展为患者提供了很大的便利,也为药企拓宽药品销售渠道创造了条件。那一次美国之行让于刚联想到中国当时"看病难、买药贵"的社会背景,于是他产生了一个大胆的想法,为什么不能在中国创办一个网上药店呢?因此,当于刚和刘峻岭在创办1号店的时候,特意开创了1药网子频道。2012年,1药网开始独立运营,2015年,1号店被沃尔玛收购,此时的于刚和刘峻岭又作出了一个十分重要的决定:忍痛割爱,彻底离开1号店,全身心地投入1药网的经营,由此便开启了111集团(1药网)的探索之路。

13.1.1 线上零售渠道

1 药网最初的零售渠道十分单一,药品的销售渠道主要是在线上,消费者线上下单,平台负责线下配送。为了吸引 C 端用户,增加用户流量,1 药网与各大知名药企合作,其中包括拜耳、辉瑞、强生、同仁堂、云南白药等国内外知名医药厂商,这不仅保证了消费者所购买药品的质量,还提升了平台的可信度。同时,为了给用户提供更好的购药体验,1 药网在平台设计、营销、物流等多个方面都进行了精心的设计。在品类管理方面,消费者打开 1 药网 App 时便能清晰地看见所有药品的分类,这有利于消费者根据自己的购药需求迅速找到正确的药品;在营销方面,1 药网提供多件批发优惠、活动日折扣等活动,这有利于增加平台用户流量;在物流方面,1 药网对消费者的订单进行全程跟踪,并且 50% 以上的订单都实现了 24 小时内送达。

13.1.2 全渠道零售

随着新零售时代的到来,拥有线上网络渠道和线下实体渠道已经成为各行业的普遍特征。111 集团作为医药电商行业的领头企业也开始通过增加线下渠道来增加药品销售量。消费者不仅可以通过 1 药网电商平台购药,也可以直接去 1 药网旗下药店"壹号大药房"或全国合作药店进行线下购药。然而,仅通过增加渠道来扩大产品销量的方式在发展过程中出现了很多问题。对于消费者,线上线下品类、价格、服务不一致增加了消费者购买决策制定的时间成本,降低了消费者购物体验满意度;对于药企而言,出现了渠道冲突问题。因此,2017 年,111 集团开始搭建线上、线下一体化平台,该平台可以保证线上、线下的商品同款、同质、同价且同时上线。当消费者通过线上渠道访问 1 药网时,系统会显示距离消费者最近的合作药店,以及相应产品在该药店是否仍有库存,在这样的条件下,消费者得以随时随地在全渠道进行切换,选择自己偏好的渠道进行药品购买。

13.2 开创"1 诊"业务,B2H 实现"医+药"融合发展

时间来到 2016 年,那时很多大型互联网电商平台,如阿里巴巴、京东也发现了医疗电商的红利,于是阿里健康、京东大药房等医疗电商平台陆陆续续开始出现,而 1 药网尽管凭借先入为主的优势已经成为当时最大的自营 B2C 医疗电商平台,但平台定位十分简单,患者只能在平台上进行线上购药,然后由平台负责线下配送,这样简单的模式随着这些大型互联网医疗电商平台的加入很快会变得没有竞争力。此时的于刚很快便意识到了 1 药网仅仅作为一个购药平台是远远不够的,那么如何给患者带来更好的购药体验,又如何在这样一个竞争如此激烈的医疗电商市场脱颖而出成为 111 集团急需解决的问题。

于刚很快便注意到了移动医疗市场,那时的移动医疗市场发展虽然已经初具规模,但仍面临不少挑战。例如,在移动医疗领域,医生是稀缺资源,同时又是服务主体,而医药行业人才培养时间周期较长,短时间内增加医疗卫生人员数量不太现实;此外,部分移动医疗企业未建立完善的患者信息档案,用户信息无法追踪;还有大部分移动医疗企业只实现了前端问诊,因为线下诊疗资源不到位,没有有效承接后端的治疗。为了给患者创造更好的购药体验,也为了解决当时移动医疗市场的"痛点"。2016 年,111 集团建立了自己的移动医疗平台——"1 诊",就此开启了"诊+疗"一体化模式。

1 诊移动医疗平台拥有自己的互联网医院和线下合作医院,并且拥有数千名签约医

生,为了更好地整合医生资源,这些签约医生既包括全职医生——1诊全职医疗专家,也包括各个医院的兼职医生。除此之外,1诊平台覆盖多个科室,用户可通过1诊平台或1药网平台实现在线图文问诊、电话问诊以及视频问诊,医生可根据病症开具电子处方单,药品则由1药网线下门店壹号大药房配送,同时,患者在接受线上问诊之后还可以选择到111集团线下合作医院获得进一步的服务。除此之外,1诊还为患者建立全面的家庭健康档案,目标是"永久可追溯,随时随地找到历史病源",完善的家庭健康档案还能为患者提供包含饮食、营养、健身、用药、就医等全方位健康建议。

随着2020年新型冠状病毒的传播,各省市相继出台政策要求民众尽量减少外出,避免聚集。部分线下医疗机构暂停医疗服务导致民众的日常医疗健康服务需求受限。对此,111集团依托1诊移动医疗平台向全国发起免费在线问诊,并且针对慢病患者推出"免费续方+送药上门"的服务。这种问诊模式和送药服务不仅极大地降低了患者在疫情防控期间外出问诊的风险,也为患者提供了省时、有效的治疗。为患者的健康提供了保证,同时也改变了传统的问诊环境和方式,带来了极大的便利。

1诊平台的搭建不仅为每一位医疗健康需求者提供了个人健康信息档案和长期有效的健康咨询,也为药企供应商通过大数据分析与预测不同药品的需求提供了方便,还使供应商减少了库存经营成本。如今的1诊平台促使医疗保健服务需求者、医疗保健产品提供者和医疗保健服务机构的三方统一,通过全渠道整合减少了损耗和成本,为B2C模式下的健康生态圈实现了互相依存的基础。同时满足和优化了B端厂商和C端用户的需求,真正促进了"医+药"模式的融合升级。

13.3 "1药城"诞生,B2B业务异军突起

2017年,111集团的B2C业务领域面临的竞争愈加激烈,并且当时的医药零售电商(B2C)无论是在第三方平台开店还是做直营官网,其竞争成本、运营成本、推广成本都非常高,在这样激烈的竞争环境中,111集团的B2C业务亏损严重。但多年B2C业务的发展却让111集团与数百家著名医药生产厂商企业建立了良好且稳固的合作伙伴关系,如此优质的资源供给端又为111集团创造了新的机遇,那便是开启111集团的医药电商B2B业务板块,因为那时的医药B2B电商领域虽然已经发展起来,但是缺乏对于上游优质医药资源供给商的整合以及对下游医药零售商店、医院、诊所的全面覆盖,所以111集团在2017年开始运营新的业务模式,即其B2B医药电商平台"1药城"。1药城着力于服务医药流通领域的上下游企业,压缩中间环节,节约成本,提升供应链效率,充分发挥自身优势,成为第三方中介平台。

13.3.1 与上游药品供应商的合作

在B2B业务领域方面,111集团积极拓展与全球各大药企生产厂商的合作,以此来保证药品供给品类的丰富性及药品供给质量的需求,截至2021年,111集团已经与259家药企形成了战略合作,其中不乏礼来、诺华等大型跨国药企。而111集团之所以能够吸引这么多药企与其合作,是因为111集团帮助药企实现了药品的全渠道商业化,这为制药企业拓宽药品销售渠道以及进行药品推广都作出了极大的贡献。于刚曾在采访中谈到此事:"我们帮药企做大量工作,比如说做供应链集成,不管是阿里健康,还是平安好医生、

京东健康,都从我们这采购,我们的药是最齐全,供应链最高效,同时,我们也给药企做数字化营销、顾客洞察以及各式各样的患者管理。"由此可见,加大与药企的合作不仅帮助111集团的B2B业务发展更具竞争力,药企也能够借助该平台的科技赋能实现更好的发展。

13.3.2 与下游药品零售商的合作

111集团的B2B业务供应链下游企业包括医院、线下零售药店、诊所,其中线下零售药店由于药品采购和流通限制小且数量庞大,因而成为B2B业务供应链下游主要覆盖对象。截至2021年,111集团已搭建覆盖全国28万家药房的网络,超过中国药房总数的50%,其中3~6线城市药房覆盖率超过63%。

B2B的合作也能够为线下零售药店创造价值,例如,一家普通的零售药店原本可能只能经营大概2000~4000种药品,但1药城平台上有接近30万种药品可供药店批发购买,而且药店任何时候都能从平台购买药品,购买的药品基本上24小时内就可以送到,这就相当于合作药店如今的经营规模直接扩大到30万种药品了。

13.4 尾声

111集团的三大业务板块将药企、药店、医院、用户以及其他药品流通企业联系起来,通过科技赋能商业来优化服务,打通线上线下零售终端,形成了第三方服务平台、药企、药店、医院和用户等多组织互利共存、稳固发展的互联网医疗健康生态圈,如图13-1所示。

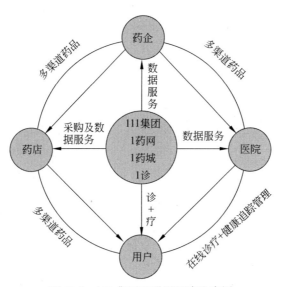

图13-1　111集团互联网医疗生态圈

但111集团如今的发展也面临着许多问题,例如,集团最早创办的"1药网"在竞争激烈的医药B2C电商领域变得越来越没有存在感,平台用户数量越来越少,用户流失严重;111集团的盈利状况一直以来表现平平,如何增加B2C端用户黏性,提升用户忠诚度以及如何在医疗电商领域利用大数据技术强化持续盈利能力并探索出适合的盈利模式已成为111集团日后需要解决的问题。

案例思考题：

1. 什么是商业模式？111集团的商业模式是怎样的？
2. 什么是全渠道零售？111集团是如何实现全渠道零售的？
3. 111集团是如何构建互联网医疗健康生态圈的？

参考文献

案例  社交电商的迅速崛起——拼多多的商业模式分析[①]

摘要：数字经济时代,电子商务行业发展日新月异,而社交电商拼多多是移动互联网时代社交红利下的黑马,仅创立三年就赴美上市,仅创立五年市值就高达万亿元。基于此,本案例通过梳理国内外学者关于商业模式创新的相关研究,并基于相关理论剖析拼多多的商业模式发展路径。

关键词：拼多多,商业模式,路径。

The Rapid Rise of Social E-commerce Pinduoduo—— An Analysis of Its Business Model

Abstract：In the era of digital economy, the e-commerce industry is developing rapidly. As a dark horse under the social dividend in the mobile internet era, Pinduoduo went public in the United States only three years after its establishment, and its market value reached trillions only five years after its establishment. Based on this, this paper combs the relevant research on business model innovation by domestic and foreign scholars, and analyzes the development path of Pinduoduo's business model based on relevant theories.

Keywords：Pinduoduo, business model, path.

---

① 本案例由河北师范大学商学院的李沛强、胡贺撰写。

引言

随着移动互联网的普及、发展,商业环境呈现日渐复杂的动态变化,发生在各行业、企业乃至员工层面的创新层出不穷,传统行业的壁垒不断被打破,商业巨头被颠覆,究其背后原因,离不开技术、产品、服务和商业模式创新的支持,其中商业模式创新近年来备受关注,成为国内外学者和商业人士研究的主题。商业模式在价值定位、业务架构和盈利模式上的创新不仅能切实提升客户的消费体验,而且能快速占据市场份额,但商业模式并不是一成不变的,在日趋激烈的商业竞争环境中,贪恋固有的成功模式只会被后来居上的竞争者赶超。以往学者的目光更多地聚焦在技术创新和产品创新上,但技术本身不具备盈利性,创意产品也不能保证能获得超额的经济回报。即使有好的产品和技术,没有商业模式的加持也难以大放异彩。随着通信技术和互联网的发展,消费互联网与工业互联网紧密关联,社交媒体与电商平台也再壁垒分明,企业经营、盈利模式上的跨界互联、重组变革将成为势不可挡的趋势,商业模式创新正慢慢成为企业获得可持续竞争力的关键。

数字经济时代,电子商务行业发展日新月异,而社交电商拼多多是移动互联网时代社交红利下的黑马,仅创立三年就赴美上市,仅创立五年市值就高达万亿元。基于此,本案例通过梳理国内外学者关于商业模式创新的相关研究,并基于相关理论剖析拼多多的商业模式发展路径。

14.1 案例背景

拼多多是国内移动互联网下主流的第三方社交电商平台,专注于 C2M 拼团购物,于 2015 年 9 月成立,2019 年入选中国品牌强国盛典榜样 100 品牌。截至 2020 年底,拼多多年活跃买家数达 7.884 亿,成为中国用户规模最大的电商平台。拼多多推出的购物模式为社交+电商,鼓励用户通过分享的方式进行商品的购买。用户通过发起和朋友、家人、邻居等的拼团,可以以更低的价格,拼团购买优质商品。拼多多旨在凝聚更多人的力量,用更低的价格买到更好的东西,体会更多的实惠和乐趣。通过沟通分享形成的社交理念,形成了拼多多独特的新社交电商模式。

14.2 拼多多的商业模式画布

拼多多的商业模式画布九要素分析图如图 14-1 所示。

14.3 拼多多的商业模式分析

14.3.1 拼多多的重要伙伴和关键业务选择分析

1. 拼多多的重要伙伴选择

重要伙伴是位于商业模式画布左上方的要素,是为了使商业模式有效运转所需要的一众合作伙伴和供应商伙伴,合作关系主要包括以下 4 种:战略联盟关系、战略合作关系、合资关系和供应商关系。在拼多多案例中重点研究前两种,从政府、企业和平台 3 个维度切入。

KP(重要伙伴) 政府、企业、平台	KA(关键业务) 产品制造、平台网络、解决方案	KP(价值主张) 创新、价格、定制化、风险抑制	CR(客户关系) 入驻商家、消费者	CS(客户细分) 家庭主妇、退休老人、工薪一族、学生、白领
	KR(核心资源) 知识性资源 人力资源		CH(渠道通路) 付费流量、免费流量	
CS(成本结构) 补贴与推广费用、研发费用、管理费用			RS(收入来源) 在线营销服务收入、交易收入、商品销售收入	

图14-1 拼多多的商业模式画布九要素分析图

2020年以来,新型冠状病毒感染严重影响各地区经济增长,旅游、消费、农业等行业遭受重创,在此背景下,各级政府部门与拼多多开展战略合作,从沿海地区的江浙沪到内陆地区的湖北、四川和云南,从省域政府到市域、县域政府,不少市长、县长出现在拼多多电商直播间,推销当地富有特色的工业或农副产品,这不仅反映出疫情后期地方政府有强烈的恢复经济需求,更反映出拼多多作为数字经济平台在整个经济产业链的影响力。

在与政府这个重要伙伴合作下,助力三农成为拼多多至关重要的突破点,为了更好地解决偏远地区的农产品滞销问题,拼多多响应国家政府号召,开展一系列农产品特卖、直播促销活动,不仅解决了农户产品滞销问题,而且切实为广大消费者带来了质优价廉的产品,为拼多多进一步打开市场奠定了良好的品牌口碑。

除了与政府合作,拼多多也与企业深度品牌合作,如与国美集团战略合作,认购其发行的两亿美元可转债,旗下家电产品不断上架拼多多,参与百亿补贴计划,在物流、仓储、交付以及售后方面为消费者提供一整套服务方案。物流方面由国美集团旗下安迅物流有限公司主要负责。

除了政府与企业,还有关键平台为其提供引流,这就是拼多多在起步时期最重要的伙伴。其投资方腾讯系的微信平台,作为社交第一平台,微信的日活数几乎覆盖全国,凭借与腾讯的合作,其社交拼购模式才能在微信平台上不断吸引流量,这部分成为拼多多早期最忠实的客户群体,是拼多多崛起成为电商三巨头的关键因素。

2. 拼多多的关键业务选择

关键业务是企业必须且重点要做的事情,一般分为产品制造、平台网络和解决方案3部分,而网络服务、交易平台软件的运营管理都是关键业务的组成部分。为客户提供有价值的解决方案,就需要在关键业务上精进管理并不断完善。由于拼多多作为电商平台目前还没有涉足自营产品制造领域,本案例的重点介绍平台网络下的关键业务。

早期,拼多多为了不断地吸引客户群体和入驻商家,提出"零成本、零抽成"等扶持政策,在消费端一边大力推行拼购模式,以顾客本身作为引流关键,另一方面投入巨大资金成本作百亿补贴,吸引广大顾客成为其购买者。

为了迎合价格敏感者的低价需求,拼多多主要通过拼购和反向定制两种营销模式快速获得客户。拼购模式下的价格比自行购买更加优惠,而成本就是通过转发拼团的方式让其他人加入拼团;反向定制是指通过平台销量反馈到产品制造端,既能满足规模生产的价格优势,同时有效减少库存甚至达到零库存,在现金流方面形成别的平台难以企及的优势。

14.3.2 拼多多的核心资源和价值主张分析

1. 拼多多崛起所具备的核心资源

核心资源是企业为了使商业模式有效运转所必备的关键资源要素,除了人、财、物还有无形的知识资产,包括品牌、专利、技术等。从资产负债表来看,拼多多属于典型的轻资产模式企业,本案例作者认为拼多多的核心资源有品牌、专利等知识性资产以及人力资源。

在品牌方面,拼多多通过社交拼团和赞助品牌综艺活动而家喻户晓。另外,同样重要的是,拼多多还通过直播助力农业上行,在电商扶贫方面提升了市场口碑,品牌效应显著。

在专利权(专利技术)方面,拼多多本身的专利技术无论在数量上还是质量上都远远落后于其他电商巨头企业,但拼多多却非常精准地利用分布式 AI 技术为平台赋能。不同于传统电商平台的集中式 AI 为单个消费者服务,分布式 AI 对所有用户开放,可供所有用户监督,用户获得决策主导权,这提高了消费者与商品的匹配效率,为不同消费人群打造不同的消费场景和定制化产品。通过开发假货识别算法,拼多多在数据挖掘分析的基础上构建模型,有效限制假货在平台的滋生,也间接维护了品牌的公众形象。

在人力资源方面,人才战略是拼多多发展的源泉,员工规模不断扩大,始终占比 50%以上的技术工程师是其中坚力量。每年通过校园招聘获取各地电商人才,大批年轻的技术人才为算法设计和技术升级提供保障。在人才保留和人才激励上,拼多多提供优质的薪酬福利,提供平台成长和个人发展等多维度关照。拼多多还实施股权激励计划来吸引和保留人才,不断加强对核心人才的激励。

2. 拼多多的价值主张

价值主张是用来描述企业为服务市场客户所创造价值的一系列产品服务,帮助顾客解决何种需求或难题,向客户传递何种价值等。不同企业价值主张的差异决定了企业是否能在市场生存和长久发展,价值主张有新颖设计、性能、品牌、价格、成本、风险等一系列简要要素,本案例从创新、价格、定制化、风险抑制来介绍拼多多的价值主张。

拼多多的创新具有一定颠覆性,克里斯·安德森的长尾理论是源起爆点,克里斯坦森的颠覆性创新理论也为其发展提供理论依据,在成立之初,电商领域已形成阿里巴巴和京东两大巨头难以撼动的格局,但成熟度较高的平台存在头部效应,过高的平台费用和推广费用让很多商家无利可图,即大部分中小型商家没有盈利生存空间。拼多多抓住这一契机,零佣金等一系列优惠政策吸引中小型商家入驻,从巨头忽略的长尾商家和下沉市场着手,这一创新让拼多多突出重围。

价格是拼多多崛起的不二法门。早期,阿里巴巴旗下的淘宝平台在价格方面也具有无法比拟的优势,但随着平台的发展和盈利模式的成熟,其算法推荐机制不再以低价为主,而且随着消费升级,多数产品超前追求品质、品牌而非性价比,这确实赢得一二线城市用户的青睐,但下沉市场的低价需求始终存在,即便在产品性能方面表现一般也可以接受,拼多多正是契合了下沉市场的需求,才在价格这个价值主张维度上大获全胜。

但低价带来的风险不可忽视,如假货盛行、品牌声誉受损等风险,为了规避影响拼多多长远发展的风险,拼多多内部大力打击假冒伪劣产品,如通过算法技术精准识别假货和不法商家，通过退货免运费政策让顾客没有退货的后顾之忧，也使不敢承诺退货免运费的假冒伪劣产品商家没有生存空间。早期拼多多低价的原因之一还在于承担了去库存的角色，在产能严重过剩的小商品、服装制造业中，大量库存成为企业现金流的隐患，低价处理库存是企业的明智选择，是商家和平台双赢的结果。平台进一步壮大后发展出反向定制化，近年规模化定制已经具备足够的生产和技术条件，如拼多多通过新品牌计划等扶持计划，让消费者的需求前置化，从而决定产品的研发设计方向，抑制企业生产和销售的不确定性风险。

14.3.3 拼多多的客户细分和客户关系管理分析

1. 拼多多的客户细分

客户细分是企业在其商业模式下想要对接和服务的不同顾客群体或组织群体，具体指重要客户是哪一群体，要为哪一群体创造价值。从市场层面划分，可以分为大众市场、多边市场、利基市场和区隔化市场，本案例不对以上市场类型进行区分，将重点从顾客群体出发，按照性别、年龄、职业、地区等不同因素为拼多多的服务人群进行画像。

从拼多多搜索指数可以发现，日活和成交指数的高峰在周末，可以推断出周末不加班的工薪一族或不上学的学生群体符合拼多多用户低价需求较高的特征。从淘宝、京东和拼多多三大电商人群年龄占比来看，淘宝和京东各年龄段人数占比较为均衡，但拼多多25岁以下和55岁以上人数占比超过淘宝和京东同年龄段人数占比。从性别来看，女性用户占比更多。

根据以上分析可以归纳出拼多多主要顾客群体分为以下几种：一是家庭主妇，二是参加工作不久的年轻人，三是退休老人，四是学生群体，五是社交拼团关联者和百亿补贴获取者。相较于学生和职场群体，家庭主妇和退休老人的空闲时间较多，时间成本较低，愿意付出更多时间在商品的浏览、选择上，社交关系亲密性更强，更具有私域分享传播的特质，而价格又是他们重点考量的因素，当低价易传播两种属性合二为一，拼多多就在这两个群体中悄然流行。

学生群体和工薪一族虽然闲暇时间较少，但购买欲望相对于家庭主妇和退休老人更强，他们不是消费升级的对象，不过多追求产品设计、包装和品质、品牌，性价比是决定其购买行为的重要因素，因此，拼多多上低价但不那么精美的生活百货用品、服装服饰等成为这两类人群的首选。

但拼多多在客户拓展方面多措并举，重重发力。为了赢得一二线白领的青睐，拼多多真金白银推出百亿补贴活动，其产品不局限于低价消费品，而是以苹果等高端手机、戴森等高端电器以及各种高端服饰品牌为补贴的主要对象，烧钱的结果就是获得大批有购买力、追求品质的都市白领客户。在产品设计上，针对年轻人不喜欢的界面设计和弹窗模式，拼多多在微信小程序上积极改革出备受好评的、简洁明丽的购买界面。

2. 拼多多的客户关系管理

客户关系是在商业模式运转中与客户建立起的某种联系，从而达到其经营目标。客户关系主要有开发新客户、维护老客户和增加单体客户复购3个驱动因素，通过私人服务、自主式服务、自动化服务和社区型服务维护客户关系，形成良性循环。本案例从入驻商家和消费者两个客户维度来分析拼多多的客户关系。

入驻商家与拼多多平台是合作伙伴关系,商家为平台提供可供交易的产品,平台为商家提供转化交易的流量。早期,拼多多为了吸引更多商家入驻,提出"零成本入驻"及一系列曝光、惩罚等举措,仅需要一定保证金即可在平台开店卖货。随着拼多多的发展,假货问题层出不穷,拼多多在商家入驻条款中加入一系列严苛规定和相应的惩罚措施,许多商家因售假被扣罚巨额违约金,此外,新品牌扶持计划、多多大学等还是对合格的中小商家提供各种帮扶保障。

消费者与拼多多属于自动化服务关系、社区关系和私人关系。首先,拼多多后台根据消费者平时的商品浏览和搜索下单情况等进行大数据分析,推断消费者类型和偏好,然后根据算法继续推送相关商品内容,减少其决策时间,提高复购率。而在基于微信分享的拼团模式下,熟人、团友之间本质上存在社区关系,这种社区关系需要源源不断、物美价廉的商品作为支撑。最后,消费者与商家客服、拼多多平台客服的沟通属于私人关系,无论是售前耐心的解答还是售后贴心的服务都能促进客户关系的良性循环。

14.3.4 拼多多的渠道通路选择

渠道通路是指企业通过何种方式和渠道触及目标客户、传递价值主张。对于拼多多来说,主要推广渠道、推广的主要目的是获得流量。和淘宝一样,流量有站内流量和站外流量之分,对于入驻商家来说,站内的推广渠道有多多进宝、直通车、明星店铺和营销活动。而站外流量包括朋友圈、微信群、QQ群、贴吧论坛等。本案例重点分析拼多多入驻商家的两大类引流方式——付费流量和免费流量。

付费流量也叫作付费推广,在拼多多营收中占到一定比例,如直通车,它不是以下单量而是以点击量来进行计算收费,优点在于见效快,缺点在于成本高,可转化率存在不稳定性。从长远角度来看不如排名稳定,大部分商家两种方式都兼顾。除了付费流量,还有其他平台引流、平台活动引流和平台免费流量。其中,其他平台如直播、微博等社交平台,大部分活动流量和自然搜索流量都是免费的,产品展示率和流量成正相关关系。

14.3.5 拼多多的收入来源和成本结构分析

根据拼多多的财务报表显示,其收入结构随着规模扩大而发生变化,早先拼多多属于自营电商,2016年商品销售的收入为4.56亿元,即销售新鲜农产品给买家。2017年完成平台模式的转型,当年在线服务收入达17.4亿元,商品销售仅为339万元。到了2018年第一季度,所有收入均来自在线服务,当季收入为13.84亿元。

在线服务收入主要包括佣金收入和在线营销服务。2018年第二季度在线营销服务收入为64.671亿元,占总收入72.9亿元的88.6%,2020年第三季度在线营销服务收入为128.88亿元,占总收入142亿元的90.7%,而交易服务收入为13.12亿元。因此不难看出,拼多多主要收入是在线广告和交易佣金,商业模式与其他电商并无不同。

2020年前三季度拼多多营业收入为329.44亿元,同比增加了135.95亿元,同比增长70.26%;营业成本为77.53亿元,同比增长了34.52亿元,同比增长80.26%,营业毛利润为251.92亿元,如图14-2所示。2020年前三季度净利润为-58.03亿元,同比减少了5.87亿元,如图14-3所示。

2020年第三季度拼多多运营费用为122.41亿元,达到了自2019年以来的顶峰,如图14-4所示。其中:管理费用为3.69亿元,同比减少了0.67亿元,下降15.37%;研发费

图14-2 2016—2020年前三季度拼多多营业收入、成本和毛利润

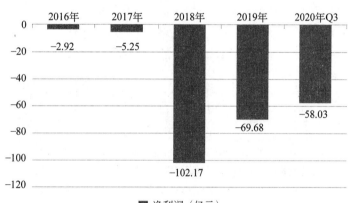

图14-3 2016—2020年前三季度拼多多净利润统计图

(数据来源:公司财报,华经产业研究院整理)

用为18亿元,同比增加了6.73亿元,增加59.72%;补贴与推广费用为100.72亿元,比去年同期增加了31.62亿元,同比增长45.76%,如图14-5所示。

不难看出,补贴与推广费用占据了拼多多较大比例的运营费用,在2020年第三季度中占总运营费用的82.28%。从2018年开始的百亿补贴活动,从以前的自营日用百货服装便宜,到现在的大牌也便宜,提升了拼多多的品牌形象和市场美誉度,虽然让拼多多运营费用大幅度增加,但却让拼多多的市场迅速扩大,细分的顾客市场从下沉市场向包括以一二线城市的整个市场进攻,呈现浩然崛起之势。

14.4 拼多多稳定发展的建议

拼多多基于品牌、算法技术等知识性资产和人力资源等核心资源建立了家庭主妇、退休老人、学生群体、工薪一族、白领等客户群体,通过给入驻商家提供平台和在线营销服

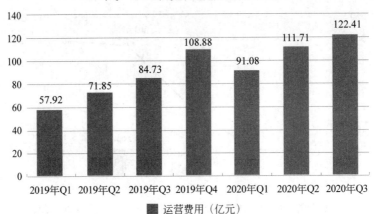

图 14-4 2019 年 Q1—2020 年 Q3 拼多多运营费用统计图

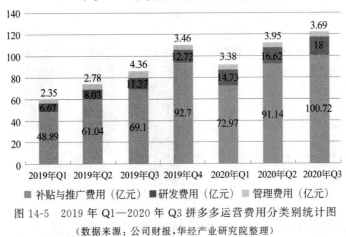

图 14-5 2019 年 Q1—2020 年 Q3 拼多多运营费用分类别统计图
(数据来源：公司财报，华经产业研究院整理)

务，与消费者建立合作伙伴关系，给消费者提供低价、定制服务，与其建立私人关系、平台关系和自动化关系，在付费流量和免费流量等关键推广渠道中建立起多边平台的商业模式。通过促进不同群体的互动而创造价值，价值主要通过扩大入驻商家和用户数量来实现，从而慢慢占据市场，形成聚集效应。

拼多多以"农村包围城市"的战略成功以低价在价格敏感人群集中的下沉市场大获成功，此后通过百亿补贴等继续大举进攻一二线城市，通过广告投放和活动赞助等提升品牌美誉度，通过严厉打击假冒伪劣产品提升用户好感度，这一系列举措无形中抢夺了竞争对手阿里、京东的用户，低廉的获客成本对拼多多是巨大机遇。在商业模式分析的基础上，本案例对拼多多提出以下发展建议。

1. 提高研发占比，增加专利数量

拼多多的研发费用仅为宣传费用的十分之一，且拼多多专利数量极少，仅停留在界面设计上，应加大对算法等技术的研发投入，重视研发的企业不容易在未来的技术革新中被淘汰,发明创造出众的企业也会赢得社会的尊重。

2. 重视人才发展,关注员工成长

人力资源是企业生存发展的关键资源,培训员工可以提升员工的专业度,关怀员工可以提升员工的忠诚度,二者缺一不可,近半年来,拼多多在劳动用工方面频出事故,压榨员工致使其猝死、窥探员工隐私并开除员工等新闻让拼多多的品牌形象严重受损,也因此失掉2021年中央电视台春节联欢晚会合作机会。

3. 推展自营业务,减少现金流风险

佣金收入降低不利于企业的现金流,尤其在2018年前尤为明显,企业收入弹性降低,在现有收入盈利模式成熟的前提下,可以积极探索新的盈利增长点。近半年来,诸如网易等互联网公司、华为等通信公司都开始探索对于养猪业的技术介入,拼多多也可以根据自身优势捕捉新的市场机遇。

4. 精进价值主张,更好地服务用户

继续打击售假行为和低劣产品,丰富、优化产品品类,在拼多多平台的界面设计上改进、增加实用性和便利性,减少套路在营销方式上由低价营销向内容营销转型,通过增强故事性和互动性吸引用户主动参与,在售前体验上减少用户决策时间,在售后体验上改善用户的体验和满意度,真正以价值服务用户。

案例思考题:

1. 阐述你对拼多多商业模式的理解和应用。
2. 选取一个你常用的电商平台,就其商业模式和拼多多商业模式进行比较,分析二者存在的必要性。
3. 从这个案例的学习中,你得到什么启示?
4. 拼多多是如何体现客户价值的?

参考文献

案例  从盛极一时到深陷泥潭,掉队的途牛该如何突围①

摘要:16 年前,酷爱做网站,又喜欢旅游的于敦德从在线旅游市场中看到了商机,于是 25 岁的他,和合作伙伴一起创办了旅游产品电子商务网站——途牛。途牛起初因为独特的定制游,成长速度非常快,2010 年销售业绩就达到 4 亿元,仅仅用了八年时间就于 2014 年在美国纳斯达克成功上市。通过完善的人力资源培养模式、创新的营销模式、出色的品牌创建方案,途牛一度跻身中国在线旅游行业的前列。然而高层人员的变动、行业竞争的加剧以及新型冠状病毒感染的到来让企业的资金链紧张,市场份额不断下跌,股价也不断降低,面临退市风险。面对当前个性化的时代,途牛该如何借助时代的浪潮实现自救,又该如何实现市场的重新覆盖呢?

关键词:在线旅游,电子商务,商业模式。

From the Peak to the Mire, how should the Straggling TuNiu Break through

Abstract:16 years ago, Yu Dunde, who loves websites and tourism, saw business opportunities in the online tourism market, so at the age of 25, he and his partners founded TuNiu, an e-commerce website for tourism products. TuNiu initially grew very fast because of its unique customized tour. In 2010, its sales performance reached 400 million yuan. It took only eight years to successfully list on NASDAQ in 2014. Through perfect human resource training mode, innovative marketing mode and excellent brand creation scheme, TuNiu once ranked among the forefront of China's online tourism industry. However, changes in high-level personnel, intensified competition in the industry and the arrival of COVID-19 have led to tight capital chains, declining market share and declining share prices. How can the way cattle realize self-help with the tide of the times in the personalized era, and how can the market be recovered?

Keywords:Online travel, Electronic Commerce, Business model.

---

① 本案例由东南大学经济管理学院的张玉林、黄文泽撰写,本案例受国家自然科学基金项目(72071040)和国家社会科学基金重大项目(21&ZD118)资助。

引言

随着互联网技术的不断发展,线上交易活动逐渐取代了部分线下的商业活动。同时,随着国内经济的持续发展,人民对美好生活的需求更加强烈,这带来的是旅游业的规模持续扩大,国民旅游消费的热情日益增加。这使得基于互联网提供各种旅游产品以及旅游服务,如出行前的旅游攻略,酒店信息搜集,机票预订,出行时的餐饮、交通消费和景区门票购买,出行后的经验分享和评价等成为了新的热点。

途牛(途牛旅游/途牛旅游网/途牛网)从中发现了商机。为满足不同客户的需求,途牛夹缝中求生,通过定制旅游路线和服务,打造独家品牌,增强客户的体验感,从携程、艺龙两家企业的包围中寻求突破。然而,随着互联网技术的发展及应用的深入,在线旅游行业中很多新的竞争对手成长迅速。面对强大的行业压力,途牛从"纯旅游"转型为"旅游+金融"服务,在线旅游业务与在线金融业务结合,逐步实现了企业的转型。但好景不长,公司内部出现了裂痕,内部高层震荡,创始人团队接连出走,团队逐渐丢失凝聚力。同时,企业的创新也受到新进入平台的冲击,竞争力不断下降,一直引以为傲的定制游一直被模仿,加之新型冠状病毒感染对线下门店以及旅游业的冲击,途牛的资金链出现了问题,逐渐掉出国内在线旅游企业的第一梯队,美股时刻面临退市的风险。如何拯救"步入中年"的途牛于水火之中,这是摆在每位途牛人面前的难题。

在数字经济的时代,途牛要想重新占据市场,扭亏为盈,转型不可避免。途牛需要在技术层面进行突破,包括大数据、云计算、物联网、区块链、人工智能等新兴技术。同时,通过应用层面的"新零售""新制造"实现企业质的变化,走出目前落后的困境,才有可能在未来收获更多的投资,翻开途牛发展崭新篇章。

15.1 公司发展及现状

"让旅游变得更简单"的途牛于2006年10月创建于江苏省南京市。创立之初,携程和艺龙两家公司已经占据了我国在线旅游市场的很大比重,复制这两家公司的盈利模式获得发展的可能性微乎其微。因此,途牛从建立之初就打破了传统用户和服务商的固有思维,通过精准定位,选择在线订购旅游线路模式,开辟属于自己的新天地。

建立的最初半年,途牛花费大量时间打造景点库,建成了当时国内较全面的景点数据库,同时又创造性地推出了"路线图"和"拼盘"两个产品,让全国各地的驴友可以在其中交流旅游心得,从而让旅游变得更轻松。

途牛初期的运营模式是中间商模式。当时国内有很多线下的旅行社,各个旅行社都有自己设计的旅游路线。途牛将这些旅游路线进行了整合并加以分类处理,旅游消费者可以通过访问途牛网查询各大旅行社的旅游路线,并最终在途牛网进行预订。期间途牛会提供免费的咨询服务,以给到消费者更加优质的用户体验。途牛从中赚取消费者向平台支付的价款与途牛和旅行社签订的合同之间的差价,以及游客签订合同后旅行社定期反馈的佣金。

途牛起初知名度很低,创始人于敦德和他的伙伴一直借助各种途径增强途牛的知名度。作为互联网企业,网络竞价的方式便成了途牛的主要营销手段。接下来的几年里,依靠网络竞价,途牛获得了不少的客源。

不过营销手段带来的客源并不是长久之计,途牛还不断提高自身的创新能力。通过开发新产品和新技术,途牛在成立不久后就获得了风投的青睐。2009年,途牛打造了高品质跟团游"牛人专线"等一系列高质量产品,凭借独特的产品思路和高品质的服务,使得"牛人专线"成为了跟团游中一抹亮色。通过对产品和服务的不断升级,游客的游玩体验不断提升,创造了属于途牛的竞争壁垒。截至2021年,"牛人专线"已累计服务超过550万人次出游,客户满意度达到97%,拥有超过五百条超99%满意度线路产品供广大游客选择。

正因如此,2011年,途牛获得了戈壁合伙人有限公司(Gobi Partners)首轮数百万美元的风险投资。2012年,途牛获评"中国消费市场最具影响力品牌"成长潜力奖和"第十一届中国企业成长百强亚军殊荣",2013年获得"在线旅游行业——最具影响力品牌奖",2014年荣获"中国最佳客户体验奖"。同年5月,作为中国领先的休闲旅游公司,途牛在美国纳斯达克成功上市。逐渐成为线上、线下跟团,自助,自驾,邮轮,景区门票以及公司旅游、机票、酒店等在内的多元化互联网旅游公司。

得益于中国在线休闲旅游市场的高速发展以及用户群体的广泛支持,自2015年第四季度以来,途牛一直位居中国在线休闲旅游市场份额第一。2016年,途牛旅游网上榜"中国互联网百强企业",并于同年斩获业内最高荣誉的"最佳在线旅游品牌"大奖。经历漫长的亏损期后,2018年第3季度,途牛终于实现净利润为正,扭亏为盈。随着供应商规模的不断扩大,截至2018年底,和途牛合作的服务供应商已经超过1.6万家,可以为用户提供多元化的跟团、自助、酒店、机票、签证等服务超过220万种。截至2019年第一季度,途牛累计服务游客超过1.08亿人次,获得600多万条用户点评,其中好评率高达93%。2019年,途牛旅游网"牛人专线"荣获"中国服务"旅游产品创意案例,"高品质跟团游"的品牌形象逐渐深入人心。

2020年初,全球疫情暴发,旅游业受到了极大的影响,作为行业翘楚的途牛始终坚持客户第一的原则,全力保障客户的权益。在全球疫情蔓延的初期,途牛第一时间为客户提供了行业一流的退改服务和保障,展现了行业一流的退款速度。对受疫情影响的客户,途牛对无损部分以现金方式全额返还,对有损部分提供等额的旅游津贴券。疫情期间,途牛为退订客人承担的直接损失超过1亿元人民币,为供应商垫付的对客退款额同样超过1亿元,因此承受了巨大的财务压力。尽管如此,截至2020年12月,途牛已建立30多家境内外自营地接社,提供了420个城市出发的旅游产品的预订。

从整体上看,2006年,途牛打造"路线图"和"拼盘"两个产品,通过景点库的建设,让旅游变得更轻松。2009年,途牛推出核心产品"牛人专线"高品质跟团游,相比于旅行社的固定游玩路线,"牛人专线"对跟团游的各个服务环节进行改善,重点强调游客的体验和满意度。2015年,途牛升级牛人专线2.0,在交通、上网、导游服务等方面全面升级,将客户点评数据绑定导游日常管理,确保可以为游客提供专业、规范、细致的服务。同年,《爸爸去哪儿》等一系列亲子节目的热播,使得大量"互联网+亲子游"产品涌现。在这股风潮下,2015年12月,途牛推出的产品品牌"瓜果亲子游"受到了广大家长和孩子的青睐;2016年,途牛发布了"乐开花爸妈游"等春季新品。"乐开花爸妈游"是途牛继"瓜果亲子游"之后打造的又一个针对旅游客户群细分市场的独立产品品牌。2019年,"牛人专线"上线10周年,再次对服务标准进行迭代升级,升级"牛人专线"、发力"牛人严选",聚焦头部产品持续提升客户体验,除继续发展高客户体验的自营产品"牛人专线"之外,途牛与合作伙伴共同精选的"牛人严选"产品,凭借高品质也受到越来越多游客的欢迎。2020年,高品质跟团游品牌再度升级,让一站式服务专而精。

从服务形式上看,途牛创立初期的主要服务是汇总各大旅行社的旅游线路,供消费者集中选择,后逐渐推出自己的高品质"牛人专线"等一系列产品,推动了跟团游的品质提升。在扩大受众的同时收获融资并站稳脚跟后,途牛逐渐开辟自驾游、自助游等旅游形式以及游轮、景区门票、机票、酒店在内的多元化服务,成为全方位的在线旅游服务公司。后又推出小团游、特价游等促销活动,并在旅游的事前咨询、事中运营、事后反馈方面提供24小时全流程的服务,让高品质、个性化成为途牛旅游的标签。

从收入上看,自2011年开始,途牛的收入持续增长,到2016年达到顶峰的105.48亿元。随着研发投入的加大,途牛的年度净利润在不断负向增加,2016年亏损达24.27亿元。受到市场冲击的影响,2017—2019年途牛的收入有了大幅下降,仅仅维持在20亿元左右。2020年爆发的疫情,对旅游业产生致命打击。2020年,途牛的年度收入跌入最低谷,仅有4.5亿元,亏损13.08亿元,如图15-1所示。从收入结构上看,2011—2016年途牛的主要业务是打包旅游(packaged tours),占比一直保持在95%以上,但2017年以后途牛收入不佳,便不断拓展其他业务(other),打包旅游的收入比例也有一定程度的降低,如图15-2和图15-3所示。

图15-1 途牛收入与净利润

15.2 行业背景

15.2.1 宏观环境

我国的政治环境对途牛的发展来说相当有利。中国一直将旅游业的发展放在国内经济发展的重要位置,先后出台了很多促进旅游结构性改革的法律法规和政策措施,将旅游业打造成为国民经济支柱产业。旅游业发展的意义是不言而喻的,旅游业可以带动经济

图 15-2　途牛收入结构

图 15-3　途牛收入结构占比

发展,是脱贫攻坚的重要支柱,是美丽中国的助推器,给了中国很多企业家进行创新和创业的机会。因此,加快发展旅游行业,不断加强旅游业的硬件基础建设,强化市场监管力度,推动全域旅游和旅游+互联网相结合,可以助力国民经济提质增效。

我国的经济环境十分良好。我国人均可支配收入不断提升,人民生活水平显著提高,进入全面建成小康社会新时代。从2006年途牛建立至今,经历过金融危机,经历过百年不遇的病毒大流行,但中国都用中国智慧和中国方案让我国经济社会快速恢复。当前,虽然疫情仍然阻碍着旅游业的发展,但人均可支配收入的增加以及国内疫情的防控得力,让人们在旅游上的支出持续提高。

我国的社会文化环境向着利好旅游的方向发展。随着国内经济的发展,人民的教育水平得到了显著的提高,这让我国人民的消费观念出现了天翻地覆的改变。在欢度传统节日时,很多人没有选择传统的居家团聚,而是选择外出旅游,旅游过节已经成为了一种新的业态。旅游业报告显示,我国的在线旅游行业近年来不断发展,虽然遭遇疫情,但从2020年第4季度开始,旅游依然保持稳中有进,不断复苏,自助游玩是当下大多数人的首选。其中,使用在线旅游度假比重最高的用户年龄段是31~35岁,其次是25~30岁。可以预见,更具个性追求的 18~24 岁这个年龄段的互联网民,未来将成为在线旅游的主力军。

网络通信技术的不断更新升级为旅游业的发展提供了坚实技术保障。在取消流量漫游费以及移动网络变得更加便捷和便宜后,移动互联网用户拥有更加安全、稳定的网络的同时,减少了流量的使用成本,给网络电子商务的发展提供了良好的环境。在线旅游行业就是依托这种网络电商平台,推出自己的订酒店、订机票、办签证、谋路线的产品和服务,商家透明的价格公示以及用户稳定的收入来源为旅游业注入了强心剂。越来越多的游客放弃了传统的旅行社订购,选择在线订购旅游的方式。这给在线旅游业带来了发展新机遇的同时也带来了挑战。

15.2.2 行业内部环境

根据文化旅游部、虎鲸数据科技公司(Fastdata)、智研咨询整理的数据,疫情对旅游行业造成严重影响。2020 年国内旅游人数 28.8 亿人次,较 2019 年减少 31.2 亿人次,同比下降 52.1%;随着中国疫情得到有效控制,2020 年 5 月开始,旅游业就在逐步恢复,12 月单月国内旅游人数 2.65 亿人次,较 2 月增加 2.09 亿人次,同比增长 373.21%。2020 年下半年开始,在线旅游月活跃用户数逐渐恢复以往水平。2020 年 12 月我国在线旅游月活用户数为 1.32 亿人,在线旅游月活用户与 2019 年 12 月相比,恢复率达到 92.1%。

艾瑞咨询的《2021 年中国在线旅游行业研究报告》显示,2021 年第一季度到第四季度中国国内旅游人次数分别恢复至 2019 年的 57.6%、65.2%、77.5% 和 79.2%,市场保持向好趋势;伴随疫情下全社会数字化转型的加速,需求侧、场域侧和供给侧相互促进发展,需求侧用户需求升级推动旅游产品服务迭代,场域侧内容运营助力提升旅游供需链路触达效率,疫情推动供给侧逐步开始重视私域流量运营。近 5 年我国在线旅游市场交易规模及预测情况如图 15-4 所示,2021 年中国在线旅游市场交易规模实现恢复性增长,约达 1.3 万亿元;2022 年将基本恢复到疫情前的高水平。

图 15-4 中国在线旅游交易市场规模

旅游行业将持续趋向年轻化、内容化、数字化。旅游用户年轻化趋势将推动行业及产品转型,用户属性年轻化和用户习惯内容化推动旅游内容产业发展,需求侧的数字化生活习惯将推动旅游产业进一步向数字化转型。

总体来说,2021年中国在线旅游市场虽未能实现迅速恢复,但在国内疫情流行态势逐渐缓和、防控力度强劲、管控流程完善、国内新型冠状病毒疫苗大规模接种等环境因素下,居民逐渐习惯与疫情共存的生活,国民旅游需求将逐步释放。与此同时,旅游群体的年轻化、旅游消费的本地化、旅游体验的数字化等趋势逐渐显现。

另外,途牛处于在线旅游行业(OTA),行业的内部竞争十分激烈,主要有以下4个原因。

(1) 在线旅游行业近年来发展速度虽然有所减缓,仍然有很大的发展空间,但行业竞争激烈。这个行业主要是客流以及渠道的搭建,没有过多的技术难度,技术壁垒比较低,同时初始投入的资金需求也不是很高。这使得OTA行业对外界具有较强吸引力,携程、途牛的盈利让外界看到了这个行业的羊毛。一些传统的线下门店类的旅行社,如中青旅、旅游用户生成内容(UGC)类平台、蚂蜂窝旅游等,纷纷开启互联网旅游功能,同样可以实现网上旅游的计划制订。还有很多单一的服务平台,如在线住宿平台、在线交通平台,也在其平台中加入旅游的元素,消费者选择住宿的同时,会有推荐的旅游线路和旅游资源。进入门槛低、攫取利润高使得在线旅游行业潜在竞争者威胁大。

(2) 客户有很强的选择和议价能力。相比于传统线下门店的旅游公司,互联网的在线旅游企业需要面临很强的比价问题,客户在网络中可以很方便地货比三家。行业内平台种类繁多,价格也参差不齐,给了客户更多的议价能力。在线旅游客户虽然没有能力或者没有手段来影响在线旅游企业的定价,但是他们可以在其中选择类似产品中价格最低的,并且客户可以每次选用不同的平台,中间没有转换成本。这使得消费者对旅游产品的价格敏感,忠诚度不高。

(3) 替代品不断涌现。当前青年消费者占据了全国旅游度假人数的很大比重,这个年龄段的人深受互联网的影响,更倾向选择网络平台去购买旅游产品。而且这个年龄段的旅游者向往自由,更加倾向于自由行。以爱彼迎(Airbnb)等民宿资源集成平台为例,他们提供了住宿环境远超现在普通、同等价位酒店所能提供,住房面积大,房间有创意成为了旅游的卖点之一。这些民宿同时还会提供相应的旅游支持,如附近的景点、美食介绍。这些信息让自由行更加便利,也让传统的A到B到C的固定式旅游线路成为了过去式。这些新晋平台,甚至是微信、微博、小红书等平台提供的旅游服务都可以从在线旅游行业分到一杯羹。

(4) 行业内企业多,派系严重,产品差异化小。目前,我国在线旅行业内众多企业主要分为携程系、海航系、阿里系与其他4类。根据2016—2020年国内OTA行业市场评价显示,国内OTA行业市场份额主要由携程占据,途牛仅处在第二梯队。携程的商业模式核心是酒店和机票的预订,辅以旅游度假的销售,其拥有超过五千家会员酒店,机票预订覆盖国内外所有航线,度假超市覆盖国内外众多目的地,此外还有商旅管理业务。行业龙头携程拥有最多的在线旅游资源。同程和携程相似,提供国内外多家酒店预订,覆盖全国所有航线的机票预订、景区门票预订、全球热门演出门票预订、城市租车预订、境内外品质旅游度假预订都是主要的服务,并在行业内首创"先行赔付"和"点评返奖金"等特色增值服务,是中国增长速度极快的旅游预订平台。航空出身的凯撒受海航支持,机票预订是主要的商业模式,是目前口碑最好的出境旅行社之一。飞猪旅行是阿里旗下的综合性旅游服务平台,充分触达淘宝、支付宝、高德地图、钉钉、口碑等场景中的用户,不过他们与传统的OTA采销模式不一样,飞猪仍然以平台业务为主。理想的状况下,飞猪的to B模式服务空间更开阔:卖家在飞猪开店,运营主动权握在自己手中,是属于自己的数字资产。去哪儿网作为在线旅游平台的后起之秀,通过平台的比价,为消费者提供低价旅游商品,但最终的产品并不是由去哪儿提供,去哪儿只是通过用户的点击来获得利润。由此可见,当前在线旅游行业市场交易主要在交通、住宿和度假3方面,其中交通和住宿为主要方面。但在线交通和在线住宿方面,携程占据市场的主要份额,携程系拥有很高的市场份额与较大的竞争优势。途牛在这两方面的生存空间相对狭小,虽然一直是不断依靠各类营销宣传,维持在行业中的知名度,但也面临重重阻碍。

15.3 面临的问题

15.3.1 优势

1. 企业人力资源培养

除了建设牛人专线以外,途牛还在员工培训体系上下功夫。途牛的员工培训体系原则是全员参与、总体控制和分级管理。在总原则的引领下,途牛拥有一套完善的内部培训课程体系——"牛道",课程体系是按照培训的对象设计的,如针对新员工有新员工的岗前入职培训,针对岗位资质,有岗位资质的认证培训,还有业务技术培训、管培生培训、管理领导力提升培训等。这些课程的讲师不是外聘,而是来自更加了解企业实际需求的企业内部人员。每年通过选拔和认证的企业内部"牛道"讲师,会根据需求编写相对应的大纲、讲义、考核和评估方案,这样让培训更加有效,更加有针对性。

此外,途牛建立了岗位胜任力模型,而人才流水线这个概念,就是把岗位胜任力模型、岗位胜任力匹配、岗位胜任率、绩效评估、绩效管理、绩效改善、培训管理、结果的应用组成一个正向的计划、实施、检查和行动的PDCA循环。通过这个循环,在员工中树立"岗位胜任率"的目标,在实际工作中发现员工的短板,通过适当的培训或者工作的调整,让大家各司其职,充分发挥各自的特长。针对短板的培训还能让培训工作有的放矢,有效配置培训资源,对培训效果也能进行持续跟进和测量。

这一系列对人的培训和考核评估办法,现在已经成为很多企业评价人员的通用方法。

2. 商业模式和盈利模式选择

途牛的商业模式概括来说就是"跟团游+自助游","互联网+呼叫中心+实体店"三个渠道并行,线上线下并行。市场定位方面,途牛在成立之初就坚持多元化战略,根据市场的需求,途牛会提供跟团游、自助游、主题游等不同种类的旅游方式,通过一些组合、捆绑,达到多元化以应对不同客户的不同需求。经营模式方面,途牛采取的是批发和直采相结合的策略,充当批发商与游客之间的代理商,当然也会自行整合产品与客户进行直接交易。途牛早期主要是批发活动,那时候资源还不是很丰富,途牛先行对接旅行社,为旅行社招揽顾客,后期逐渐形成一定规模后,直采业务占比逐渐提高,直采相比于批发,会省去很多在第三方代理商和批发商处的成本,盈利率会更高,如2017年国内跟团游的直采占比达到80%~90%,境外20%~30%。加大直采比例,一直是途牛所追求的。

途牛原联合创始人严海锋曾说:"我们当时对旅游产品做过市场调研,其实这个市场很大。要是做酒店、机票在线电子商务,没有机会。因为市场竞争很激烈,我们作为后来者再去做就不合适。"在途牛建设初期,在酒店、机票的在线电子商务领域,携程、艺龙等已经在渠道、产品资源等方面打造出先发的明显优势,形成了较高的竞争壁垒。途牛没有去硬碰硬,而是选择差异化之路。

途牛的盈利模式中主要收入来自旅游产品带来的收入以及其他项目连带收入。其中旅游产品的收入主要来自跟团游和自助游,采用的是差额式盈利模式,即通过顾客支付给途牛的价格和途牛支付给供应商的价格两者之间的差价来盈利,还有一部分是来自供应商针对人数返还的佣金。此外,在客户购买产品后,途牛为客户提供优惠券、代金券、会员积分等奖励,对于提前购买的项目给予激励措施,这些营销策略一定程度上减少了后期营销费用。

3. 企业品牌建立和营销战略的使用

自2009年打造高品质"牛人专线"后,途牛又不断细分受众,设计了更加细分的"乐开花爸妈游""瓜果亲子游""澎湃定制游"等不同的旅游产品品牌。途牛创始人于敦德曾在采访时表示:"在大量高客单价的行业,客户是否信任品牌是能否搞好业务的关键。途牛的打包旅游产品正是高客单价类产品,需要途牛自营产品,整合产业链,提升用户对品牌的信任度。打包旅游产品意味着服务链条不会短,想要让用户完全满意还需要对每个环节精细打磨、服务到位。"

品牌是企业的无形资产。在竞争激烈的在线旅游业,越来越需要培育差异化。随着国内经济的不断发展,人民的可支配收入有了质的提升,廉价有时候不一定能胜过品质,价格的差距往往不是人们考虑的最重要的因素。服务、品牌以及创新能力逐渐成为了客户关注的焦点。多年来途牛一直致力于深耕品牌推广,以更多地影响客人的消费决策,提升品牌竞争力和影响力。

途牛在如下3方面着力打造自己的优质品牌。

一是找准自己的定位,提供相对专业化的服务。在创建之初,途牛避开订机票、酒店的商旅模式,专注于旅游度假产品,将所有的旅行社线路放在了网站上供顾客挑选。在旅游线路上下功夫,提供专业化的指导,为客户提供一站式服务,从而在众多的旅游网站中开辟出一条自己的道路。

二是规范流程,在服务中体现人性。途牛从建立之初就一直进行标准化的操作,在预定流程、售前流程、运营流程、售后流程、客户关系流程、客服标准等各个流程制定具体、细致的规范。从游客登录网站开始,无论是购买、预订前期的联络沟通,还是随队同行,还是后期的回访评估制度,都很大程度上助力途牛的自我完善,让途牛可以很好地控制自身的品质问题,打好品质牌。从一开始合作上千家旅行社,到后来仅合作几十家,途牛优中选优,只选择合作效果较好的企业继续深入合作,专而精。2016年,途牛成立厦门随往国际旅行社,成为首家线下自控的目的地接待社。通过优化供应链,扩大对产品的控制能力;通过导游管理系统对导游实行奖惩措施,规范导游行为。售后服务方面,客人游玩归来后,客服人员都会及时、主动地进行电话回访,请顾客对出游感受进行满意度评估,在电话回访过程中若有不满意的地方,途牛通过赠送小礼品等方式有针对性地处理、解决客人的投诉。这种人性化平台的搭建有利于了解客户需求,在游客评价中寻找线路改进方向,不断完善服务,提高顾客忠诚度。这些举措为途牛在与携程等的竞争中杀出重围提供了有力支持。

三是加强技术创新,注重个性化的服务。在线旅游服务与传统旅游的最大区别在于它可以通过双向交流后提供各种个性化的定制服务,并建立专门的数据库管理系统,能满足游客特定要求的业务运营支撑系统(BOSS)。该系统具备强大的旅游信息数据库功能,可以使顾客按特定需要进行检索,快速找到所需的信息。2013年,BOSS系统的升级版NG-BOSS系统开发上线,实现了自助游产品库存与系统的自动化对接,使预订流程更简捷、快捷,大大节省了业务流程中的时间和人力成本,这都是途牛在技术方面不断努力而凸显出的优势。

在营销手段方面,途牛也有很多过人之处。途牛在建设初期就把营销作为品牌使命,充分利用博客、微博、微信等新型媒体平台将企业的理念、产品和服务信息传递给客户,与客户建立良好的关系,通过良好的口碑效应进行营销推广。在这些互联网平台上,有专人对平台账号进行日常维护,通过创意图片、发布软文、有奖参与活动等持续创新的活动,吸引客户的注意,为吸引新客户和维系老客户做铺垫。在途牛建设初期,途牛还充分利用百度的竞价排名功能,让途牛在百度网页搜索时处在更前的位置,吸引了大量的潜在客户,在短时间内有效提高了订单量、销售额和品牌知名度。如途牛创立一年后,尽管行业内知名度不高,但依靠百度的排名,依然能盈利数百万元,创立第二年更是获利近千万。途牛注意抢抓典型场合进行品牌宣传。在南京地铁建设初期,途牛就盯上了这块"蛋糕",抢先在地铁内布置广告,成为业内首个在地铁站打广告的互联网公司。

在品牌推广到一定规模后,途牛开始通过央视和地方卫视广告进入二三线城市,开启周杰伦、林志颖双代言人模式,冠名《非诚勿扰》《最强大脑》《奔跑吧兄弟》等综艺节目,潜移默化地向客人灌输途牛品牌。之后将广告覆盖电梯、电影院、大厦外墙等地,形成全方位、多层次的营销模式。电影《唐人街探案》中借助植入性广告进行品牌推广,让途牛成为了首家进行"旅游+互联网+影视"营销的在线旅游企业。途牛为了吸引更多的客户,还适时开展特价促销活动,如持续推出的"1块去旅游""1元出境游"活动,借助促销活动以优惠的价格博得游客的注意,通过高品质的产品和服务提升游客对途牛品牌的认识,并逐渐建立游客对品牌的忠臣度和美誉度,扩大品牌影响力。

途牛还善于用语言造势,"要旅游,找途牛"的广告语很快传遍大街小巷。创立的JIA6特色专线,秉承途牛"简单,分享,极致"的核心价值观,寓意颇丰,其中JIA意味着家庭、假期、加入、绝佳等多方面含义,数字6则代表途牛致力于在线路、政策、模式、品质、服务、价格6方面打造绝佳的品质与服务。在国家"一带一路"倡议背景下,途牛开创的JIA6专项,给消费者营造出一种高格调的温馨家庭气氛,很好地诠释了途牛的核心价值观。

15.3.2 劣势

随着行业的竞争加剧,以及全球疫情导致的旅游业市场规模的阶段性明显萎缩,途牛这个新兴互联网企业的发展面临新挑战。

1. 企业经费的不足

2014年,途牛对未来的发展与策略进行了进一步规划,其在品牌建设与技术研发投入上的支出与2013年相比至少翻了一倍有余。在行业占有率低的状况下,途牛通过规模性的品牌宣传,扩大了自身所占的市场份额,同时提高了品牌知名度及影响力。随着经济的不断发展,互联网技术越发成熟,途牛通过大量的研发投入,以优质的客户服务提高了用户转化率及品牌黏合度。对于途牛来说,先抢占市场份额,再通过高客单价的先发优势立足未来的这些规划是极具远见的。

然而,2018年两位创始人的接连离开给途牛带来了不小的打击。2018年第三季度业绩报告第一次显示途牛实现净利润2800万元,但由于之前的连年亏损使得这种"盈利"更多的是依靠削减支出换来的。为了降低管理成本和研发成本,从2017年底,途牛就开始了持续的裁员,例如,2018年媒体报道途牛为了降低研发的投入,就裁减了多名研发技术人员,而对普通员工也进行了降薪,直接的结果就是大幅度地降低了研发和管理成本。但这也意味着企业产品创新和营销乏力,市场曝光度不足,容易失去消费者的品牌印象和品牌消费。研发的削减意味着创新投入的下降,这种依靠降低成本换取短期盈利的做法是非常"脆弱的",从长远看,都是釜底抽薪的战术。

研发的削减还体现了资金周转难的问题。作为一个技术壁垒不高的在线旅游行业,外来势力不断涌入,都想在这个高利润的行业中分得一杯羹。途牛建设初期,正是国际金融危机爆发的时候,大环境的不利,让投资人不会轻易投资,而建设初期需要研发自己的产品库等都需要消耗大量的资金,这让途牛创立初期举步维艰。虽然经过几年打拼,途牛找到了互补的合作伙伴,如2015年海航的加入,实现了双方的优质资源整合,促进了各自的产品与服务改进、完善。但好景不长,虽然2018年途牛曾短暂扭亏为盈,但这是在临时降低成本下换来的,之后途牛再次陷入负债危机,疫情暴发带来旅游业全面受挫。今时不同往日,途牛想要真正扭亏为盈还有漫长的路要走。

2. 内部组织结构的变动

途牛在运营期内还出现了多次重大的人事变动。2016—2017年包括公司联合创始人、总裁兼首席运营官严海锋及首席财务官杨嘉宏等三位高管离职,高管离职不久网上盛传途牛裁员超过400人,后虽相关人员专门辟谣称裁员比例不超过3%,属于正常人员流动。但多名高管的离职与较多技术人员被裁员,透露出公司人员结构尤其是研发人员结构存在问题。其中,减少人员开支是提升盈利的最简单易行的方法,按照研发人员平均月薪1~1.5万元标准,人员精简后每月可以减少200万元~300万元的人力成本,公司的财务指标短期明显改观。受疫情冲击影响,2020年在线旅游处在恢复增长中,但线下游及旅游产业链上的机会与空间变大。线下门店成本年均3000万元,对快速布局线下店并拥有过500家线下店的途牛也是不小的挑战。

途牛的高层人事调整似乎非常频繁。2020年,关键高管陈世宏卸任途牛首席技术官,辛怡辞任途牛首席财务官,1年内两位高管卸任,连续3年3任首席技术官竟然"组团"离职。人事剧变令人对途牛发展前景担忧。

3. 模仿风险和行业竞争

2006年开始,从低端市场起家,途牛一直主攻出境跟团游,避开与当时的在线旅游的携程、同程双雄的正面竞争。从财务指标看,途牛的主要收入是公司打包旅游产品收入和其他收入,而竞争对手携程则积累了大批高质量用户。2015年,海航的加入一定程度上缓解了危机,而目前海航资不抵债宣告破产。随着市场的不断变化,具有明显的先发优势的携程在多个旅游垂直领域下沉和探索,让途牛的已有努力化为泡影。而途牛则依然徘徊在让传统线下旅行社上网来缩减和用户距离的常态中。

此外美团创始人王兴曾说,最危险的对手往往不是预料中的那些。如这些年阿里一直盯着京东,最后却是拼多多"杀"出来,用户数一举超过淘宝。看起来艺龙被同程合并,在线旅游行业里只有携程、同程、去哪儿等为数不多的几个竞争对手,但事实并非如此。美团从侧面切入商旅出行和休闲旅游,依托巨大客流量,用"高频打低频"模式快速取得在线旅游业的优势。

短视频网站抖音和小红书都开始分享国内外的网红景点和网红城市,这些网红景点正一步步地挤压一些传统景点的人流,很多短视频和社交平台的业务拓展,让在线旅游平台增添了一些更强大的对手。这些新的竞争者在夺取用户的使用时长和流量的同时,也在一点点夺去在线旅游业中"途牛们"的生意。这些网红景点、网红城市,实际上是将在线旅游行业从产品的价格战转变成产品特色展,短视频和社交平台依靠流量让很多客户从途牛等传统在线旅游企业流失。

2020年度在线旅游市场份额显示(见图15-5),携程是毫无疑问的老大,美团、去哪儿、同程占2~4位。途牛已经不是主要的在线旅游平台,所占的份额不到携程的六分之一,不及美团的三分之一。

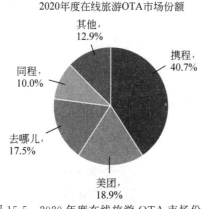

图 15-5　2020 年度在线旅游 OTA 市场份额

目前的途牛,营收结构单一,似乎被资本抛弃,打入商旅出行领域似乎可能性不大。而跟团游的市场规模,相比在线旅游不值一提,且营收链条更长。途牛的辉煌过于短暂。在这个短暂辉煌中花出去的营销费用和线下布局,并没有获得应有的市场规模,甚至没有给用户留下差异化印象。途牛实体店采用的直营模式,与携程的加盟模式不同,对资金有着很高的要求。2019年年底,途牛自有门店509家。线下市场的扩张必然会推升运营成本,进一步压缩平台的利润空间。途牛因为资金匮乏不得不丧失一些市场份额。

15.4　尾声

疫情的突发冲击,仅仅2020年,我国就有6456家旅游企业注销,其中包括1670家旅行社,46家景区相关企业,其中就有知名旅游企业百程网。途牛的辉煌太过短暂。途牛上市七年,亏损七年。而如今,在线旅游行业呈现携程系、阿里飞猪、美团三足鼎立之势,途牛已经离开第一梯队。2021年3月,途牛在公布上市公司财报的前一天,进行了有史以来最大一次的股权变更,技术背景出生的创始人于敦德的持股比例从28.66%变更为80.99%。老股东纷纷出走,传闻中的"白衣骑士"没有如约而至,途牛的创始人老于自己扛下了所有风险和压力。

疫情全球暴发已经两年多,疫情风险仍然没有消散,对旅游的影响也还在继续。国外的疫情形式仍然非常严峻,出境游市场恢复持续不明朗,途牛的主要产品已变成了国内跟团游,以及一些分拆的酒店类产品,这些并非途牛的优势。途牛要想渡过后疫情时期,求得生存和发展,必须进行改革。

途牛也尝试过一些变革,2020年,途牛在疫情期间创建自己的抖音账号,通过抖音短视频直播自驾游、直播带货来赚取流量。但这还远远不够,途牛还需要有更好的想法和筹措更多的资金。创始人于敦德表示,途牛希望搭建销售、服务网络,在自营方面继续深度建设,同时搭建智能网络平台,实现供给和需求之间智能的匹配,通过数据、深度学习等来实现更碎片化的、更动态的、更实时的资源供给和需求的匹配。

在这个数字经济的时代,大数据、云计算、物联网技术将成为行业的主流,同时,新零售和新制造也会对企业的成长发挥重要的作用,途牛唯有紧跟时代步伐,通过不断的改革,拓展一条独特的发展道路,才能有可能让自身避免退市风险,拯救自己于水火中。

案例思考题:

1. 途牛如何应对资金与人才难题?
2. 途牛应该选择什么样的营销模式?
3. 后疫情阶段途牛如何转型发展?
4. 如果你是途牛的创始人于总,你将如何带领途牛前行?

参考文献

案例 16 雨果跨境：跨境电商服务商的华丽蜕变①

摘要：短短 7 年时间，雨果跨境成为了跨境电商领域最大的流量入口。其通过线上线下多样化活动与跨境电商卖家全方位互动，主动链接产业链上下游服务商、供应商等各个主体，整合资源，打通壁垒，形成了以雨果跨境平台为核心、多方参与的生态体系，从而全链路赋能跨境电商品牌出海。从跨境电商新媒体、跨境电商智能服务平台，到品牌出海产业互联网平台，雨果跨境敏锐洞悉跨境电商行业发展趋势，及时调整自身定位和发展战略，赋能其链接的各个角色，其演化之路，值得探究。

关键词：跨境电商服务商，赋能，演化过程。

The Gorgeous Transformation of Cross-border E-commerce Service Providers Named Cifnews

Abstract: Cifnews has become one of the largest traffic entrances in the field of cross-border e-commerce in just 7 years. Through online and offline diversified activities, it interacts with cross-border e-commerce sellers in an all-round way, excavates demand, actively links various entities such as upstream and downstream service providers and suppliers in the industrial chain, integrates resources, breaks through barriers, and forms an ecosystem with Cifnews cross-border platform as the core and multi-party participation, so as to enable cross-border e-commerce brands to go to sea. From cross-border e-commerce new media, cross-border e-commerce intelligent service platform, to brand overseas industrial Internet platform, Cifnews has a keen insight into the development trend of cross-border e-commerce industry, timely adjusts its positioning and development strategy, and empowers the various roles of its links, as well as its evolution path, all of which are worth exploring.

Keywords: Cross-border e-commerce service provider, empowerment, evolution process.

---

① 本案例由杭州师范大学阿里巴巴商学院的范志刚、孙绘景、翟宣舜撰写。

引言

2020年以来,我国跨境电商行业经历了"冰火两重天"。一方面,在全球疫情的催化作用下,跨境电商高速发展,大多数跨境电商企业实现了业绩增长[①],大量创业者争相涌入,行业竞争愈发激烈;另一方面,2021年4月全球电商巨头亚马逊以"操纵用户评论行为"为由大量封杀中国卖家,"封店潮"给跨境电商卖家带来沉痛打击,同时推动着跨境玩家在这片"厮杀惨烈"的红海中寻找发展新通路。

希音(Shein)、安克(Anker)等企业的崛起,代表了跨境电商行业发展的新方向,多渠道布局、建独立站、DTC品牌出海成为中国跨境玩家的新选择。在这个过程中,越来越多的跨境电商服务商涌现,活跃于跨境电商产业链、价值链、交易链和供应链,连接交易性平台、制造商以及其他服务商,提供跨境物流、跨境支付、商标注册、海外营销、SaaS选品等单项服务或一站式综合性服务,赋能中国企业以更多元的方式"走出去"。

在一众跨境电商服务商中,雨果跨境表现尤其亮眼。从成立之初携手跨境电商从业者共同打造"内容工厂"起,雨果网就已逐步构建起一种"突破传统雇佣关系"的赋能型平台组织;通过打造聚合行业内各类资源的平台,雨果网通过加强跨组织、跨层级、跨网络的互动合作,在与其他主体深度链接的过程中构建协同网络并实现赋能;凭借着其"在所处生态系统中的枢纽地位",雨果跨境可以提供一站式的全链路服务,从资源、成本、能力等多维度对跨境玩家进行赋能。

雨果跨境在赋能跨境电商从业者的同时,也培养了敏锐的行业嗅觉,早在2018年收购欧洲咨询公司、成立独立站孵化基地时,雨果跨境就展开了对品牌出海领域的布局。在2021年12月举办的"Google大中华区合作伙伴峰会"上,雨果跨境从众多Google大中华区官方一级代理商中脱颖而出,荣获"出海影响力奖";在同年5月举办的"Facebook 2020中国代理商颁奖会"上,雨果跨境斩获Best Acquisition Award。在发表获奖感言时,雨果跨境团队COO刘宏说:"雨果跨境一端链接全球跨境电商销售渠道,另一端链接了中国卖家生产供应链,帮助中国品牌'批量'出海。"

实际上,在业内拥有广泛影响力和认可度的雨果跨境也不过才成立7年左右,但却已从当初的跨境电商新媒体,演变为跨境电商智能服务平台,最终蜕变为品牌出海产业互联网平台。作为行业先行者,雨果跨境是如何"链接"跨境电商产业链上下游企业、赋能跨境电商卖家、实现自身成长的?故事要从2013年说起……

16.1 雨果网1.0:内容赋能,做好跨境电商新媒体

"现在的跨境电商,就像十年前淘宝网崛起时的电子商务。"2013年前后,一批创业者敏锐地感知到了跨境电商行业正在孕育的大量商业机会。与此同时,传统外贸公司、贴牌代工厂商开始涌入跨境电商赛道。在主流跨境电商平台上产品的价格动辄数倍于国内同样商品的价格,极具性价比的中国产品理应成为创业者进军海外市场的一张"王牌",但实际不然。

---

① 据雨果网调查,2020年,70%的跨境电商卖家实现了业绩增长。其中,有23%卖家完成100%以上的增长。

长期活跃在外贸领域的财经记者翁耀雄在与外贸从业者交流时,发现国内外市场存在着巨大的信息鸿沟。许多新入者并不了解国外电商市场需求,对于如何在跨境电商平台进行营销、怎么打造好的用户体验更是一头雾水。直觉告诉他,机会来了!于是翁耀雄毅然离开报社,创办了雨果网,从自己擅长的领域出发,开始做内容生产。

16.1.1 从0到1,积累内容用户

成立之初,翁耀雄几乎"足不出户",翻译并发布了大量关于欧美、东南亚等主要海外市场运营知识和市场需求信息。这些优质内容本应快速"输送"到被国内外市场信息不对称所深深困扰的跨境电商从业者手中,但遗憾的是,精心准备的内容并没有得到从业者的广泛关注。

如何才能将这些信息又快又准地传播出去?内容分发渠道成为了翁耀雄当前最为紧要的问题。在没有用户流量基础的情况下,翁耀雄从第三方渠道入手,入驻阿里外贸论坛圈、今日头条等众多有影响力的第三方平台(见表16-1),发布大量关于国际市场、传统外贸、跨境电商等领域的新闻报道和运营操作技巧,通过论坛互动为从业者答疑解惑的同时逐渐积累一批粉丝;完善自建渠道,不仅打造"细分"板块优化网站,帮助用户在海量信息中更高效地搜索和摄取,而且加速上线雨果App,开通官方微博和微信公众号。

表16-1 2013—2014年雨果网入驻众多第三方平台

时 间	主 要 事 件
2013.05	雨果网成为阿里外贸圈论坛版主
2013.06	雨果网成为百度新闻源
2013.07	雨果网入驻搜狐新闻客户端
2013.08	雨果网入驻环球外贸论坛并开通专栏
2013.08	雨果网入驻网易云阅读
2014.01	雨果网入驻百度新闻客户端
2014.06	雨果网入驻今日头条

通过这两大渠道,翁耀雄及团队将资讯快速地分发出去,雨果网也被越来越多跨境电商业内人士知晓,慢慢变得小有名气。2014年9月,雨果网作为合作媒体参与"2014年中国跨境电子商务大会"年会,并被授予"中国跨境电商最佳媒体奖"。这份荣誉大大鼓舞了雨果网团队,也更加坚定了翁耀雄要把雨果网做大做好,帮助更多跨境电商从业者的决心。

16.1.2 加快内容业务布局

此后三年多时间里,雨果网加快业务布局(见表16-2),继续提高内容质量,拓展内容触达卖家的渠道。

表 16-2 2014—2017 年雨果网上线的主要新业务

时间	业务	形式	定位
2014.10	雨果微友圈·扒点干货	线上	不定期微信访谈节目
2014.12	雨果论坛	线下	跨境电商线下实操会议
2015.11	果园	线上	跨境电商知识、经验与牛人
2017.08	雨课	线上/线下	跨境电商在线学习培训社群平台

"雨果微友圈"和"雨果论坛"均邀请经验丰富的行业专家或跨境电商资深卖家分享平台运营经验、实操技巧和失败教训,为正在成长中的跨境电商从业者提供充足"养分"。然而跨境电商市场情况瞬息万变,在真正运营过程中卖家随时都会遇到各种各样的问题,不知道该怎么解决。针对这一痛点,雨果网上线"果园"栏目,不仅将各平台的规则讲解、打造爆款的策略方案、仓储物流解决方案等全部囊括其中,而且邀请跨境电商大卖、运营牛人入驻,分享经验,同时设立问答专区,打造实时互动交流的圈子,在一定程度上保证了解决问题的时效性,可以帮助卖家及时调整运营策略。

信息的共享、经验的传输、实时的互动,通过雨果网这个"小圈子",一大批跨境电商创业者边干边学,并进一步将创业过程中积累的经验分享给后来者。随着越来越多"慕名而来"的追随者的涌入,翁耀雄意识到:只有帮助卖家建立了完整的跨境电商知识体系,他们才能走得更远。因此雨果网上线"雨课",邀请拥有资深运营能力和团队管理经验的老师担当"雨课"讲师,推出"平台开店""推广运营"等课程,提升卖家的综合运营能力,帮助卖家实现从"小白"到"大咖"的转变。

16.1.3 获得多边认同

一系列优质内容的输出使得雨果网在跨境电商卖家群体中迅速收获良好口碑,也让雨果网积累起线上、线下的用户流量。通过组建跨境电商从业者社群,雨果网与卖家深度互动,在为卖家答疑解惑的过程中增进对卖家群体的了解,洞悉卖家运营过程中的难点和痛点,从而对网站和 App 进行迭代更新,优化升级现有业务。面对"选品"这一电商圈里的头号难题,雨果网尝试性地推出线下"雨果网跨境电商选品大会"(Cifnews Cross-border Ecommerce Exhibition,CCEE)、线上"ccee.com 在线选品平台"和"帮工厂找卖家,帮卖家找工厂",雨果网发挥中介作用,链接双方实现双边赋能。

首届 CCEE 一举成功,场内与会人次达 6400 余人,不仅得到了卖家和供货商的一致好评,也得到了主流跨境电商平台和跨境电商服务商的大力支持。卖家和工厂通过 CCEE 实现了多维度品类接洽和零距离互动对接,速卖通、Lazada、Zilingo、Paytm 等平台通过 CCEE 与广大卖家分享市场信息和平台推广策略,帮助卖家掌握市场需求,把握出口趋势。而线上选品平台 ccee.com 进一步拓宽了优质产品触达跨境卖家的渠道,允许工厂通过短视频、直播等形式进行宣传;卖家也可以通过 ccee.com 线上询盘,寻找想要的商品。自此,CCEE 成为雨果网每年都会举办的大型线下活动,越来越多的好货工厂、实力卖家、电商平台在这里交汇、沟通、携手、合作。

通过在内容、论坛、课程、选品等多个板块打造出一张张"金名片",雨果网与众多平台参与者"以利益广泛共享为基础,互相成就,一起成长,共同为用户创造新价值",逐步打造以合作为主旋律的赋能型平台组织,这进一步促进了雨果网与用户的深度互动,充分激发平台参与者的积极性与创造性。雨果网成为了跨境电商创业者学习、沟通的首选平台,并发挥资源集聚的组织优势,进一步演化为链接行业内各方资源的关键角色。

16.2 雨果网2.0:聚合资源,赋能跨境电商全产业链

看着CCEE规模越来越大,翁耀雄心中充满喜悦,但也满满担心。"信息鸿沟"可以通过多形式的干货分享来逐渐弥补,"选品"这一难题通过CCEE在一定程度上得以解决,但卖家想要做好跨境电商却依然不易。对大部分卖家来说,入驻哪种类型的平台、新兴平台各有什么特点、跨境服务商又到哪里找……在众多的选择面前,如何才能找到一条更适合自己的道路,成为他们最关注的问题,而跨境电商交易平台、工厂、服务商都希望能吸引到更多跨境卖家进行合作。明明各方都有需求,怎么样才能将他们链接起来呢?

不如做一个能够整合各领域资源的平台! 翁耀雄和团队成员一拍即合,着手于聚合、沉淀全球优质产业链资源。依托于前期积累的内容用户流量,再加上在行业内的良好口碑,雨果网很快就吸引了包括Pingpong、LianLian Pay、DHL在内的众多跨境电商产业链上下游企业入驻。雨果网如同催化剂一般,促使各方在连接和互动中共同创造更大的价值。

16.2.1 上线跨境电商智能服务平台

2018年8月,雨果网2.0版本"雨果网跨境电商智能服务平台"正式上线,雨果网从原来单纯的信息撮合转变为服务撮合。依托于强大的垂直行业流量以及庞大的用户行为轨迹大数据,雨果网采用职业生成内容(Occupationally Generated Content,OGC)模式为跨境电商从业者建立专属内容聚合页和产品详情页,用"内容—流量—产品—转化(留资)"的逻辑,打造全新服务生态链条,并衍生出智能服务平台和智能选品平台两大平台。

智能服务平台把雨果网自营服务资源和第三方服务资源聚合起来,为跨境电商从业者做服务撮合;智能选品平台帮助中国厂商跟全球小B作对接。在自营服务方面,雨果网将雨课、线下培训、雨果论坛等业务整合起来,成立智慧教育板块,同时引入物流、支付、商标、软件、平台等跨境电商第三方服务。在选品板块,CCEE选品平台聚合众多具备"柔性化供应"能力的厂商,为卖家提供最小订货量(Minimum Order Quantity,MOQ)从10件起订的持续供应服务;线下选品大会加紧"走出国门"的步伐,与米奥等会展公司合作,向海外布局,带领传统外贸出口卖家和跨境电商出口卖家探索新的蓝海市场。

就这样,在"智能服务"和"智能选品"的双轮驱动下,线上的资源聚合平台逐渐成形,雨果网所搭建的服务体系越来越庞大。随着全国第三批跨境电子商务综合试验区的成立,跨境电商再次迎来发展新机遇。雨果网搬入厦门自贸区,与当地政府一起,打造跨境电商价值链提升的线下生态体系。

16.2.2 建设全球跨境电商中心

"雨果网全球跨境电商中心"(简称为"雨果中心")建立之初,翁耀雄希望将其打造成跨境电商价值链提升的线下生态体系,同时为自贸区品牌出海计划出一份力。因此,雨果中心涵盖品牌孵化基地、品牌服务中心和品牌营销中心三大板块,不仅帮助企业实现基于

Shopify等建站工具的跨境电商品牌营销培训与孵化,而且引入全球各地的品牌设计、海外营销、电商运营等跨境电商产业链相关服务商,同时提供展厅和直播间,支持厂商将样品寄到雨果中心,面向全球小B卖家做直播。

但随着跨境电商"分利者"越来越多,一些嗅觉灵敏的卖家开始谋求他路,寻找新渠道来进行口碑和品牌建设,雨果网将品牌营销中心和品牌孵化基地整合升级,打造了中国首个跨境电商独立站孵化基地。其实早在2018年4月,雨果网全资收购了帮助欧洲企业"一揽子"解决品牌运营咨询的公司OBOR(欧博),并陆续帮助数十家中国企业实现独立站B2C及B2小B的出海营销。雨果中心独立站孵化基地成立后,OBOR中国区运营团队即成为业务核心,结合雨果网的配套培训课程,帮助品牌意识强、产品客单价高且质量好的入驻卖家,快速发展跨境电商独立站。

雨果中心还吸引了Vcan跨境金融集团、大森林全球物流(深圳)有限公司、深圳蜂窝供应链有限公司等海内外知名企业入驻,因此,一条涵盖平台、物流、支付、软件工具、SNS平台、商标、VAT等服务的跨境电商生态链被打造出来,它为入驻商家提供线下的一站式服务,提供一手的国内外市场咨询,打通跨境电商上下游,实现资源共享。

16.2.3 形成资源集合池

2019年10月,雨果网针对在全球新兴跨境电商平台有开店需求的卖家,推出了雨果论坛"春雨计划"。不仅为雨果会员提供全方位全球平台开店及孵化培训服务,而且联合各大平台、服务商、资深卖家等打造雨果会员全生态链服务,深度赋能卖家,助力卖家成长。

线上线下的一系列业务整合和深度布局使得雨果网形成了跨境电商资源集合池。在用户方面,从跨境电商"小白"卖家到跨境电商"金牌卖家"、从贴牌代加工的传统外贸工厂到品牌厂商,从跨境电商服务商到各大跨境电商交易平台,多边用户积累触发的网络效应为雨果网的"蜕变"奠定了良好的基础。在业务方面,从成立之初以内容和信息资源为主到后来聚合多种服务资源、为跨境电商从业者提供一站式服务,雨果网在链接产业链上下游资源的同时实现了自身业务优化和升级。最后,通过智能服务平台和雨果中心,雨果网连接上下游企业、平行企业,汇聚跨境流通全环节的全球服务商资源,将原本分散在跨境电商产业链的各个节点联系起来,各方共享要素、资源和成果,并打造以共赢为目标的协同网络。雨果网逐渐从资源聚集主体向能力创造、服务供给主体转变。

16.3 雨果跨境3.0:打造生态,全链路赋能跨境电商品牌出海

2020年以来,雨果网发展势头强劲。注册用户数超110万、网站近30天UV300W+、月活超10万、百度权重上升至第7位……但同时,翁耀雄也注意到,新型冠状病毒感染下的全球贸易链重构、过度依赖跨境电商交易平台所暴露出来的种种弊端等一系列现实问题使得独立站和小语种市场势能迅速变大,品牌出海迎来前所未有的新机遇。因此,雨果网紧抓"风口",打造生态,于2021年初上线3.0版本——品牌出海产业互联网平台,并正式更名为雨果跨境,为跨境卖家集聚一众跨境平台,匹配需求,提供一站式精细化服务,帮助更多的中国品牌完成品牌出海。

16.3.1 内容生态、资源生态和服务生态

在3.0阶段,雨果跨境进一步优化内容质量,拓展内容生产方式和内容分发渠道。继2019年推出观察员计划后,2020年9月上线新手观察员计划,对于坚持生产原创内容并得到用户认可的观察员给予更多的流量扶持,截至2021年1月,雨果网每月PGC、UGC和OGC等文章超2500篇,直播超100场次;在内容分发渠道上,微信体系、头条体系、百度体系、抖音平台等多渠道入驻,触达用户;为了降低新兴平台的入门门槛和学习成本,雨果网官网和App推出"看内容、找服务、刚入门、找干货、要学习、获情报、找人问、找投资"八大板块内容,为跨境卖家构建完整的知识体系。

同时,基于越来越多的雨果会员用户画像,翁耀雄发现卖家端存在很强的共性需求,那就是利用好工具、数据及平台机制,提升营销效能和利润。基于此,雨果跨境进一步沉淀全球优质服务商资源,包括开店、收款、增值税(VAT)、商标、物流、软件、选品、站外推广等服务资源,卖家在雨果跨境可以实现一站式采购。

但除共性需求外,不同层级的卖家所需服务具有差异化,因此,雨果跨境3.0打造了更加精细化的服务生态,帮助体量不同、经营品类不同的卖家找到最匹配的服务。"以亚马逊开店为例,除了亚马逊开店,针对不同的卖家,根据他们的研发能力、设计能力、供应链实力,为他们提供制造+、时尚+、企业购、VC计划、亚马逊店铺等不同的销售计划。"一站式与个人定制式的服务体系基本覆盖跨境电商从业者的全生命周期,雨果跨境的服务生态愈发完整。

16.3.2 打造品牌出海的雨果跨境模式

在打造生态的同时,雨果跨境加紧品牌出海的步伐。在以"定位"为议题的"2021雨果跨境品牌出海峰会"上,翁耀雄指出,"如今的品牌出海浪潮已经是势不可挡。作为品牌出海产业互联网平台,雨果跨境以'让世界出现更多中国品牌'为愿景,一直以来都从品牌出海的全产业链,企业成长的全生命周期,来支持中国企业实现品牌出海。"作为Google、Facebook等跨境电商平台巨头的顶级合作伙伴,雨果跨境与他们联手推出了独立站/Google/Facebook的一站式服务,从建站服务、投放服务,到广告开户、工具指导,所有的服务都可以在雨果跨境找到;也与Shopify等官方平台合作,以大数据选品支持和本地化运营支持,帮助更多的中国品牌更好地完成出海的工作。

作为中国品牌出海的敲门砖,雨果跨境在与海外平台达成战略合作的基础上,让品牌企业以官方直采,或者是具有流量倾斜优势的企业卖家快速打开市场,跳过品牌出海需要海外代理的固有模式,更具竞争力地与海外同行抢夺市场。目前,"雨果跨境"已将这一模式在韩国试验成功,并且即将复制到东南亚、欧洲乃至全球各国。"雨果跨境"这一品牌出海产业互联网平台不仅能减少出海成本,还能快速提升品牌在海外市场的知名度,甚至于批量复制中国品牌出海。

16.3.3 与众多跨境电商从业者共同成长

从"内容工厂"到"资源集合池"再到"服务生态",雨果跨境将合作共赢理念贯彻成长的全过程,帮助千千万万中小跨境电商卖家实现自己的运营目标和业绩目标,与其共同成长,实现协同演进。作为生态系统中的核心企业,雨果跨境依托其拥有的信息资源、数字技术等优势,一方面帮助中小跨境电商卖家提高获取和整合资源的能力,另一方面通过营

建一个充分赋能的生态氛围,赋予依托于雨果跨境的其他生态企业持续获取竞争优势的能力。

在自身的发展过程中,雨果跨境并没有通过大量收购或并购等传统手段扩大企业规模,而是依靠核心优势产品和服务的派生、衍化,不断增强网络外部性,扩大协同网络半径。通过向产业链上下游多"走半步",雨果跨境推动行业融合发展,为跨境电商提质增效。在雨果跨境的链接下,各方跨越边界进行大规模协作,逐渐构成一个完整闭环,形成互联共享、彼此赋能的大生态圈,实现利己与利他的统一。

16.4 尾声:乘风破浪,能否奔向"星辰大海"

回顾发展的整个历程,雨果跨境链接产业链上下游,构建以自身为核心的协同网络,从内容、资源、服务三个维度赋能跨境卖家、制造商、服务商、跨境品牌商,在促进各方发展的同时完成了从以"干货分享"为主的跨境电商新媒体到以"资源整合"为主的跨境电商智能服务平台,再到以"一站式出海服务"为主的产业互联网平台的华丽蜕变(见图16-1)。雨果网的内容赋能体现在其通过多种渠道发布符合从业者需求的资讯信息,提高跨境电商卖家把握行业发展趋势、跨越"信息鸿沟"的能力;资源赋能即雨果网在2.0阶段形成巨大的资源集合池,提高被赋能者获取和使用各方资源的能力;服务赋能是指雨果跨境构建了平台、独立站、品牌出海的一站式服务体系,可以全方位帮助从业者发展和优化公司业务,提高被赋能者的综合运营能力,实现价值增长。

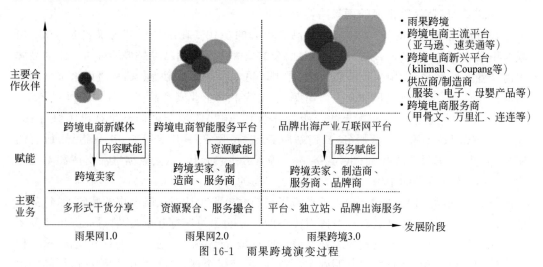

图16-1 雨果跨境演变过程

作为"赋能主体",雨果跨境通过内容共建、资源供给、服务支持、过程互动和利益共享等机制,支持作为"赋能对象"的跨境电商从业者在信息获取、经验学习、决策优化、机会把握、商业经营等方面获得持续提升,帮助其提高从事跨境电商行业所必需的个体能力、结社能力和合作能力;同时打破行业信息壁垒,畅通产业链,在内容生态的基础上进一步升级构建资源生态和服务生态,形成了独特的生态体系。在持续提供优质内容和服务的过程中,雨果跨境不断吸引用户参与,"平台的直接网络外部性增加,用户协同价值增加,进一步吸引互补品提供商加入生态系统,进而间接增强网络外部性",雨果跨境的自我价值同时得到提升。

2021年5月,雨果跨境获得中信资本的独家投资。翁耀雄表示,"此次新筹得的资金将主要用于3个方面:一是技术开发,雨果跨境正在建立品牌出海大平台,帮助中国品牌进军新的流量渠道;二是在韩国、日本、欧洲、拉美等海外市场组建本地化的运营、售后团队;三是用于全国产业带的布局,雨果跨境将于今年在全国多个产业带城市设立办公室,贴近产业带做品牌出海。"

愿景虽好,但也不难看出,雨果跨境的发展面临诸多问题:雨课付费课程用户增量有待提高、多渠道分发的内容阅读量不高,如何才能继续保持"跨境电商最大的流量入口"这一优势?面对其他跨境电商服务商的竞争,其业务布局该如何调整?随着雨果跨境构建的跨境电商生态体系越来越庞大,如何领导并协调各方成员的协同合作,打造去中心化的赋能网络,加强生态治理,也是一大难题。而2022年以来,雨果跨境动作频繁,严防严控疫情形势下利用微信社群推进线上资源对接、针对企业CEO和高管精心打造老板会员服务、推出YUGUO新渠道营销平台……但是在跨界整合和跨界经营趋势更加明显、平台经济快速发展、服务商经济大放异彩的形势下,雨果跨境还有很长的路要走。

案例思考题:

1. 各阶段雨果网战略定位是怎样的,是如何进行战略布局的?
2. 如何理解跨境电商服务商的?雨果网作为提供综合服务的跨境电商服务商,你认为其核心竞争优势是什么?
3. 如何理解"赋能"?雨果网在不同阶段的赋能方式和赋能对象是怎样的?
4. 如果你是雨果跨境的CEO,在品牌出海的风口期,你会如何布局业务?

参考文献

案例  泡泡玛特：潮玩领域如何实现 IP 价值最大化①

摘要：泡泡玛特2010年成立，2016年推出首款潮玩玩具盲盒。它作为国内潮玩赛道的先行者，掀起盲盒销售潮流，并逐步拓展为全产业链的IP运营平台型公司。泡泡玛特通过深耕IP创新及粉丝运营能力夯实竞争壁垒，经过IP沉淀、线上线下终端零售、社群互动的一体化平台形成多元变现能力。其中IP储备是泡泡玛特的核心"护城河"，而它是如何实现IP价值最大化的呢？

关键词：泡泡玛特，IP价值，潮玩。

Pop Mart: how to Maximize IP Value in the Field of Art Toy?

Abstract: Pop Mart was established in 2010 and launched the first fashion toy blind box in 2016. As the pioneer of domestic art toy track, it has set off the trend of blind box sales, and gradually expanded into an IP operation platform company of the whole industrial chain. Pop Mart tamps the competitive barriers by deeply cultivating IP innovation and fan operation ability, and forms diversified liquidity through an integrated platform of IP precipitation, online and offline terminal retail and community interaction. Among them, IP reserve is the core "moat" of Pop mart, and how does Pop Mart maximize its IP value?

Keywords: Pop Mart, IP value, Art toy.

---

① 本案例由温州商学院金融贸易学院的孙晓霞、金余、黄晓芯撰写。

引言

互联网时代,在消费升级、"她经济"红利、Z世代崛起、潮玩文化兴起等推动下,盲盒经济的热度不断攀升。泡泡玛特率先将潮流玩具与盲盒销售模式结合,凭借先发优势成为"盲盒经济"的头部公司。

2021年8月,泡泡玛特首届国际潮流玩具线上展通过视频号直播间开启。这是泡泡玛特首次在线上开展大规模的潮流玩具展,云展出包括150多家潮流玩具品牌,云首发800多件限定品,曝光人次达到152万,线上展用户平均停留时长达10分钟,远超行业平均水平。三天直播在线观看人次超130万,累计成交额达2520万元人民币。

从整体上看,中国盲盒潮玩行业仍处于发展的早期阶段。头部企业(如泡泡玛特)由于拥有领先的粉丝规模可以深度、精准地描绘消费者画像,进而进行更有效率的IP设计和营销规划。头部企业因其较高的市场份额从而拥有更强的供应商议价能力。因此,可预见盲盒潮玩行业的市场集中度会不断提高,而头部企业的领先优势将不断扩大。

我们不禁要问,为什么是泡泡玛特?下面以最通俗的商业模式视角(见图17-1)分析泡泡玛特是如何赚钱的?视线回到泡泡玛特的诞生。

图17-1 泡泡玛特商业模式视角

17.1 从格子店到IP品牌运营商

泡泡玛特的创始人王宁1987年出生于河南省新乡市,2005年进入大学,学习广告学专业。2008年,王宁和伙伴发现了"格子店"这种新兴的零售业态。在"格子店"里有各式各样的创意商品,堪称一个迷你创意百货店,吸引年轻人的驻足和消费。王宁开设的格子店很成功,但是慢慢地,他发现这种模式不可持续。因为模仿者越来越多,校园周边开起了十几家格子店,并且由于开店门槛低,很容易形成价格战,最后导致店主都无钱可赚。

如何破解上述困境呢?2010年前后,中国零售市场在"供给侧"非常缺少"创意商品"或"潮流杂货"这个大品类。王宁想在格子店的基础上,做一种统一采购并控制品质和毛利,又能保持产品丰富度的零售模式。为此,王宁和他的团队考察了很多城市的潮流零售聚集地,他们在香港看到了一家名为Log On的公司,这家公司将潮流商品像超市货品一样陈列和销售,这种模式很成功。Log on在香港开了多家店铺,产品销量都不错。这与王宁想象的零售商业模式契合,于是他参照此模式在北京创办了"泡泡玛特"。2010年11月,Pop Mart(泡泡玛特)的首家实体店在北京中关村欧美汇购物中心正式开业,如图17-2所示,王宁做潮流创意零售平台的想法得以落地。

图 17-2　泡泡玛特实体门店图

然而,泡泡玛特首家实体门店开业后经营并不顺利,面临诸多的压力。首先,在泡泡玛特的创业初期,为了节省成本,其选品的方式主要是在潮玩市场"跟卖",即在潮玩市场上利用自己的渠道优势去选择潮玩产品。这种"买手跟卖"的模式虽然降低了企业产品开发的成本和风险,但也存在选品难度大、产品供应不稳定和缺乏核心竞争力的问题。其次,在选址上,泡泡玛特将其门店开在高档购物中心。从吸引客流的角度来看,它的竞争对手就由原来的个体店面(格子铺)变成了实力雄厚的品牌专卖店。泡泡玛特的店铺风格虽然"超前",但是跟购物中心的其他品牌专卖店相比,还是显得"档次"不足,这也造成了泡泡玛特的实体门店客流稀少。最后,缺乏优秀的、具备零售管理经验的人才,当时王宁及其团队几乎都是二十几岁的大学毕业生,虽然有过"格子店"的创业经验,但是在零售运营管理方面并不是很专业,甚至还曾因为运营艰难,遭遇店员集体辞职的状况。

17.1.1　绝处逢生,天使投资

2011 年底,经营困境使得泡泡玛特不得不开始考虑转型。

在选品方面,为了增强产品的竞争力,王宁用了一年时间从全国找来各种适合泡泡玛特风格的优质商品,但门店的营收和运营效率依然低下。经过思考,王宁认为可以尝试把优质的货源打包卖给和自己一样想要开店的人,于是创建了"淘货网"。但是网站建起来之后需要巨额的资金来进行推广和运营,这就需要引入风险投资。2012 年,王宁见了十几家风投机构,都被拒绝。最后遇到天使投资人麦刚,终于获得了 200 万元的投资。但投资人表示,他对淘货网不感兴趣,而是对泡泡玛特感兴趣,钱是投给泡泡玛特的。

这笔"救命钱"不仅拯救了泡泡玛特的首家实体店,还实现了王宁"再开三家店"的愿望。从事零售的企业一般都能体会到,多店或"连锁店"才能摊销后台成本,单店很难盈利。有了风投的"护航",泡泡玛特的门店能够生存下来并扩大规模,而多店模式分摊了后台成本使得利润率上升。

时代的红利也开始向王宁倾斜,消费者对潮流百货的需求不断增大。2012—2015年,泡泡玛特在年轻人市场中迅速崛起,许多投资机构纷纷投钱。这些投资机构中包括零售行业的产业投资者,他们对泡泡玛特零售体系的完善提供了帮助。在市场向好和资金的支持下,泡泡玛特从几个人的创业团队发展为规范化的企业,门店的管理也越来越有效率。

17.1.2　爆款密码,玩具收藏

市场环境在不断变化,2015 年在"新零售+消费升级+供给侧改革"的浪潮中,王宁

感受到了潮流商品行业的变化——泡泡玛特实体门店销量下滑、毛利下降,整体经营环境开始走下坡路。受到市场环境的冲击,泡泡玛特下一步该怎么走呢?

首先要总结经验教训,在分析中发现新的出路。正如团购网站的鼻祖 Groupon 是其创始人在查看即将关闭的 The Point 网站后台,发现这个帮助请愿者征集支持者的网站上最热门的活动居然是团购时创立的。在王宁总结经验的时候,有一款商品给了他启发。这款名叫 Sonny Angel 的商品(见图 17-3)是泡泡玛特经营的一个很普通的品类,但从 2015 年下半年开始,这款商品迅速爆红,销量不断飙升。月销量从几千个上升到几万个,而且呈持续上升状态。很多限量款一到货就被抢购一空,门店甚至有粉丝排队抢购的情况。

图 17-3 Sonny Angel 产品图

爆款 Sonny Angel 背后有什么密码?王宁通过对 Sonny Angel 的分析(见表 17-1),发现了一个巨大的市场——收藏类玩具市场。收藏类玩具的手办模型通常是根据各类知名漫画、动画、游戏、影视作品角色形象所生产,这些 IP(Intellectual Property)绝大多数源自海外,在国内还没发展起来。IP 的本义是知识产权,在涉及文化和内容产业时可以理解为"有丰富开发空间的形象或品牌"。

表 17-1 爆款 Sonny Angel 分析

盲盒销售	收藏属性	解压方式
"盲盒营销"类似于抽奖游戏的商品营销,能刺激用户的复购率	收藏类玩具的销售,用户 IP 忠诚度高,常常有收集癖	"高压"的生活使年轻人寻求"刺激"进行解压。"隐藏款"带来的刺激感能帮助消费者解压

此外,王宁还发现收藏类玩具与二次元手办市场存在重合,但也有区别。二次元手办是指利用动画、漫画、游戏等作品中的人物或者动物的造型,经过原作作者或者版权方授权后制作成的商品。收藏类玩具与二次元手办的主要区别在于二次元手办是以动画、漫画为主的原创的周边产品,因此原创作的内容才是核心,并且二次元手办要忠实于原著人物,二次加工不宜过多。

相比于二次元手办,收藏类玩具的 IP 存在更多的艺术创作空间。例如,盲盒 IP 不需要长时间的内容积累,设计不同的 IP 系列和多种 IP 形象能满足年轻一代的个性化审美需求,他们购买时首要考虑的是玩偶颜值并且愿意为颜值买单。不少年轻消费者喜欢收藏这些玩偶,这是他们解压的一种方式。

得到爆款密码的王宁,将泡泡玛特从一个单纯的零售公司转型为以 IP 运营孵化、商品开发生产和连锁零售为主营业务的服务平台。泡泡玛特作为 IP 品牌运营商先后成功推出多个爆款 IP 产品,开拓了一个全新的市场,其品牌知名度也在不断上升。泡泡玛特的发展历程如图 17-4 所示。

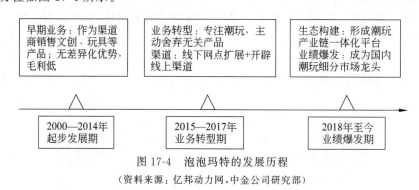

图 17-4 泡泡玛特的发展历程

(资料来源:亿邦动力网,中金公司研究部)

17.2 用户群体

泡泡玛特的核心用户集中在"Z 世代",他们构成了泡泡玛特的消费主力。"Z 世代"一般指 1995—2009 年出生的人,这些颇具人口规模与消费潜力的"95 后",又被称为网络世代、"二次元世代"和"数媒土著"等。中国大约有 2.6 亿"Z 世代",他们的开支高达 4 万亿元人民币,开销约占全国家庭总开支的 13%。泡泡玛特用户年龄分布如图 17-5 所示。

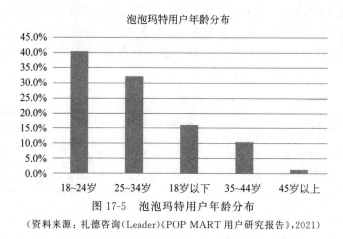

图 17-5 泡泡玛特用户年龄分布

(资料来源:礼德咨询(Leader)《POP MART 用户研究报告》,2021)

此外,泡泡玛特的用户中,月入八千元人民币以上的达到 9 成,女性用户的占比超过 7 成,出于陪伴、审美和社交等需求,这些用户也表现出更强的忠诚度,复购率超 5 成,如图 17-6 所示。

17.2.1 "Z 世代"的消费特点

"Z 世代"群体喜欢追逐潮流、创造潮流;同时,他们是"颜控",主张"颜值即正义";他们是种草一代,追求个性化,但又独而不孤。如图 17-7 所示,他们成为时尚消费的主力军,也是潮流带货的首选人,他们与"千禧一代""X 世代""婴儿潮世代"相比,有着不一样

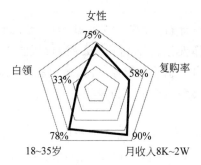

图 17-6 泡泡玛特的用户画像

（资料来源：礼德咨询《POP MART 用户研究报告》、国金证券研究所）

的消费态度。

图 17-7 "Z 世代"的消费态度

从小沉浸在互联网中的"Z 世代"的需求可以总结为"虚拟陪伴"和"潮流美感"。在现今物质生活富足的年代，家庭可支配收入增长，国内家庭对"Z 世代"培养资金投入增加，使得"Z 世代"颇具消费潜力。与此同时，他们享受着移动互联网带来的线上消费便利性，他们已经习惯对美食、游戏、玩具等新鲜潮流的交流和追赶。"Z 世代"的消费个性如图 17-8 所示。

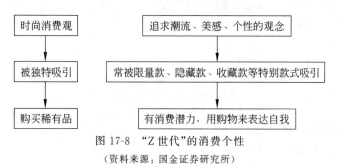

图 17-8 "Z 世代"的消费个性

（资料来源：国金证券研究所）

17.2.2 泡泡玛特满足"Z 世代"的需求

泡泡玛特作为潮玩玩具，主要在以下 3 方面满足了"Z 世代"的需求。

1. 陪伴需求

潮玩玩具被摆放、收藏于家中，是"Z 世代"的情感寄托与精神陪伴，不少消费者将欣赏潮玩玩具作为他们疏解烦闷、寂寞等负面情绪的方式。潮玩玩具通常是以虚拟形象为原型而生产，这些玩具从虚拟中走出来，成为了"Z 世代"的朋友和出游"同伴"。

2. 审美需求

潮玩玩具的造型美观,设计新潮,符合"Z世代"对于颜值的追求。消费者还可以对潮玩玩具进行二次创作,可操作性强。"Z世代"或对潮玩玩偶进行换装,或直接在玩具上涂鸦,按照自己的想法去设计自己想要的形象,在这个过程中他们获得了美感,满足感。"Z世代"愿意为"极度喜爱"的高颜值产品支付高溢价。

3. 社交需求

"Z世代"往往会因产品的社交属性而成为新用户。他们热爱潮流文化,具有跟风行为。网络红人或亲朋好友在社交媒体平台发布潮玩的相关信息,会激发"Z世代"对潮玩的兴趣,进而形成购买行为,并分享于社交媒体,通过他人评价实现自我认同。而以潮玩的兴趣爱好为纽带,在虚拟空间上的对话也会延伸到线下的交往中,使得"玩友"成为现实生活中的朋友。

17.3 竞争壁垒:IP价值最大化

优质的IP资源是泡泡玛特的核心竞争力。IP是潮玩市场商业化发展的起点,孵化打造一批优质的IP是商业变现的根本保障。泡泡玛特希望通过丰富IP形态不断拓展消费人群,但为了集中资源,泡泡玛特每年会主推一个IP。基于IP,泡泡玛特形成了利用IP变现的产业链,如图17-9所示。

图17-9 泡泡玛特IP变现的产业链是IP价值最大化的保障
(资料来源:公司公告,招商证券)

17.3.1 IP资源积累

泡泡玛特已经积累了较多的IP资源,并拥有打造爆款IP的能力。截至2020年6月30日,泡泡玛特共运营93个IP,包括12个自有IP、25个独家授权IP及56个非独家授权IP。

1. 自有IP

自有IP指泡泡玛特享有完全知识产权,包括开发、销售潮流玩具及授权以获得额外变现机会的权利。自有IP由泡泡玛特的内部团队设计、生产完成。泡泡玛特主要的自有IP包括MOLLY、DIMOO、BOBO&COCO、YUKI等。设计师Kenny创作的MOLLY系列,又可以细分为星座系列、结合传统文化的瑞兽系列、蒸汽朋克系列等30个不同的子系列;设计师Ayan推出的DIMOO系列想表达传递"共生"的理念;BOBO&COCO系列属于温暖治愈系,让消费者感受到深深的爱与能量;艺术家Lang创作的YUKI是一个披着浑身是刺的外衣,内心却善良天真的小女孩。MOLLY和DIMOO系列产品深受消费者喜爱,成为爆款。2021年,MOLLY系列的产品营收超7亿元,DIMOO系列产品营收超5亿元。泡泡玛特自有IP产品生产流程如图17-10所示。

1.二维草图	2.三维设计	3.颜色包装	4.模具产品	5.营销推广
1个月:二维图由艺术家提供,团队完善	3个月:开发团队完成三维设计	1个月:完成上色并落实最终产品包装	2个月:模具制作及批量生产	1个月:制定产品推广方案

图17-10 泡泡玛特自有IP产品生产流程图(约8个月)

2. 独家授权IP

泡泡玛特通过获取IP授权的方式生产多样化的产品,达到多维度吸引粉丝的目的。公司会与选定的艺术家签订授权协议,后者向公司提供在中国或者其他指定地区开发及销售基于签约IP的潮流玩具的独家权利。独家授权协议初始期限为4年,到期可延长到6年以上。泡泡玛特独家IP产品的生产流程与自有IP类似,也需要8个月左右。泡泡玛特代表性的独家授权IP包括PUCKY、The Monsters以及SATYR RORY。PUCKY(见图17-11)来自莎士比亚笔下的精灵角色,代表着真实与虚幻世界的结合,作品呈现可爱与暗黑结合的一面,展现了无穷魅力;The Monsters系列则把现实的动物与虚拟IP形象巧妙结合,搭配不同的动作场景,萌趣的形象招人喜爱。2020年和2021年,PUCKY及The Monsters系列产品的营收占据了独家IP产品营收的60%以上。

图17-11 独家IP的PUCKY系列产品

3. 非独家授权IP

泡泡玛特的非独家授权IP主要是与成熟的IP提供商合作,通过签订非独家授权协议,获得在中国或者其他指定地区开发及销售基于签约IP的潮流玩具的非独家权利。通常情况下,这类合作中作为被授权方的泡泡玛特不享有IP再授权权利。泡泡玛特的非独家授权IP包含与第三方合作的卡通人物,如米老鼠、Hello Kitty和小黄人等。2020年,泡泡玛特非独家授权IP系列产品的营收为4.4亿元,占公司IP开发总收益的17.7%。2021年,其营收虽然上升到6亿元,但占比下降。泡泡玛特非独家授权IP产品生产流程图如图17-12所示。

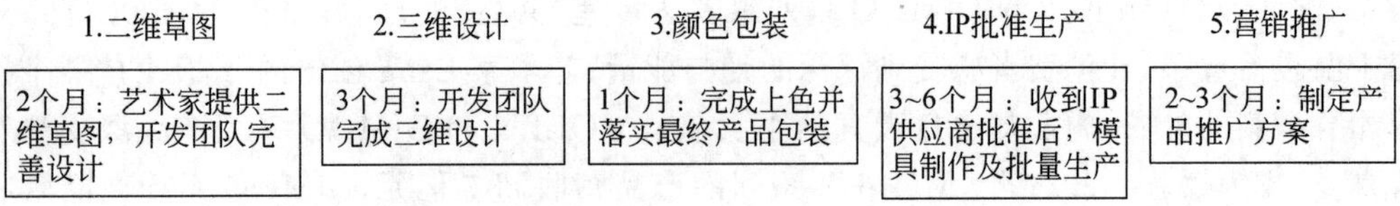

1.二维草图	2.三维设计	3.颜色包装	4.IP批准生产	5.营销推广
2个月：艺术家提供二维草图，开发团队完善设计	3个月：开发团队完成三维设计	1个月：完成上色并落实最终产品包装	3~6个月：收到IP供应商批准后，模具制作及批量生产	2~3个月：制定产品推广方案

图 17-12　泡泡玛特非独家授权 IP 产品生产流程图（约 11~15 个月）

泡泡玛特自 2016 年推出首个 Molly Zodiac 盲盒后，至今每年都能推出非常成功的 IP。泡泡玛特公司的收入主要来源于 IP 相关产业收入，2021 年，泡泡玛特营收达 44.91 亿元人民币，其中 IP 相关的营收占比 88.6%。作为潮玩行业头部公司，泡泡玛特的 IP 表现强劲，2021 年有七大 IP 收入过亿元人民币，其中有 5 个自有授权 IP 和 2 个独家授权 IP。

除了泡泡玛特，目前 IP Station、52 TOYS 和 TOP TOY 等都在争夺潮玩 IP 变现的市场。要想保持竞争优势，泡泡玛特就要不断地输出有价值、有内容的 IP，在未来继续保持打造爆款 IP 的能力。虽然泡泡玛特一直在不断打造新 IP，但是其火爆程度都不及已经"高龄"的 MOLLY。如何实现老 IP 和新 IP 的价值最大化，成为摆在泡泡玛特面前的思考题。2021 年泡泡玛特的营收如表 17-2 所示。

表 17-2　2021 年泡泡玛特的营收

产品类型	2021 年营收（千元）	收入占比（%）
自有 IP	2586827	57.6%
MOLLY	705098	15.7%
SKULLPANDA	595256	13.3%
DIMOO	566735	12.6%
Bunny	167883	3.7%
小甜豆	161526	3.6%
其他自有 IP	390329	8.7%
独家授权 IP	770507	17.2%
the Monsters	304431	6.8%
PUCKY	182245	4.1%
其他独家授权 IP	283831	6.3%
非独家授权 IP	620463	13.8%
外采及代销	442886	9.9%
其他	69968	1.5%
合计	4490651	100%

（数据来源：泡泡玛特公司财报）

17.3.2　IP 价值最大化

1. 品牌 IP 建设

品牌 IP 通常具有高辨识度、强变现能力、长变现周期和自带流量的特征，还可以不断衍生出新的相关产品。泡泡玛特的产品大多只有形象没有故事,要逐步借助消费者对IP产品的追捧,完成IP品牌化。同时不断丰富IP矩阵,实现IP生态化,进一步提升品牌知名度,强化消费者对泡泡玛特"创造潮流,传递美好"的品牌理念的认知,深化品牌形象。

2. 销售模式创新

"盲盒"玩法缺乏门槛,泡泡玛特在潮玩盲盒赛道上获得的红利被诸多的潮玩品牌和盲盒玩家看在眼里,接着跟风效仿,似乎万物皆可"盲盒",一众品牌与IP都想方设法在盲盒热潮中分一杯羹。市场上现有的盲盒形象,同质化程度高,几乎就是原IP的立体化,缺少更多、更丰富的个性化营销,行业泡沫在一定程度上消磨了受众对盲盒的期待与新鲜感。同时,盲盒高未知性的特征使得部分顾客的选择困难症增加。抽盲盒带有一定的赌博性质,为了所谓隐藏款而大批量购入盲盒的行为也并不能算是理性消费。对价格越高的产品,人们在消费时就会越趋于理性,这也造成了大众不愿在高价产品中消费盲盒,当抽到自己不喜欢的产品时,损失比起低价值产品更大,厌恶风险的特征使人们对盲盒模式抱谨慎态度。有人认为泡泡玛特的盲盒存在"泡沫",泡泡玛特变"泡沫玛特"。所以对于盲盒的营销模式需要创新,当把高价产品融入盲盒时,可以考虑对产品进行分类,适当提升每类产品的性价比,降低顾客需要承担的风险,提高客户满意度。

3. 提升全产业链闭环优势

泡泡玛特能够引领行业发展的原因除了其优质IP资源,还在于其较完善的线上线下零售终端、社群互动一体化平台、多元化产品的快速迭代以及日趋成熟的供应链。泡泡玛特将全产业链分为上游IP资源、中游制造商、下游零售终端3部分,形成完整一体化流程。泡泡玛特基于丰富的IP资源库,要不断丰富IP及产品组合,与产业链上的公司探索多样化合作创新,形成更好的闭环优势,延长企业IP产品的生命周期并维持竞争优势。

17.4 尾声

泡泡玛特的发展历史毕竟不长,要在这个领域不断深耕,形成更大的品牌知名度、更久的运营历史和更广泛的行业关系。此外,IP受欢迎的程度会显著影响公司产品的销量和盈利能力,要保持竞争优势,就要充分利用已经获得市场认可的IP优势并不断推出符合消费者口味的新IP,不断实现新、老IP价值的最大化,否则公司经营业绩将会受到影响。最后,公司可以适当扩大海外销售的业务,迎接更广阔的市场。

案例思考题:

1. 创业初期泡泡玛特面临的经营困难有哪些,是如何解决的?
2. 请描述泡泡玛特的商业模式。
3. 泡泡玛特的价值主张有什么新颖之处?
4. 泡泡玛特用户画像体现了潮玩消费者的哪些心理?
5. 泡泡玛特有哪些IP资源?你认为哪种IP资源最重要,为什么?

6. 泡泡玛特作为潮玩领域的龙头,如何保持其旗下 IP 的强势领跑?

7. 泡泡玛特该如何利用及完善现有资源,以实现 IP 价值的最大化?

参考文献

案例 18　观网易考拉生命周期，跨境电商的下一个突破关口在哪儿①

摘要：在贸易全球化的趋势下，跨境电商的发展势头迅速，海淘、海外代购等购物形式盛行。网易海购以其自营供应链采购方式为核心竞争力，在极短的时间内，成长为行业最大的跨境电商平台，其发展历程对跨境电商分析具有很强的代表性。本案例先分析了网易考拉的成立背景和运营模式，将其成长期分为稳定地位和全面扩张两个阶段，然后从"陷入僵局"和"生死攸关"两个层次来探析考拉的衰退期，最后总结网易集团变卖网易考拉的原因。适用于"电子商务"课程相关章节，用实际案例让学生对电商企业的发展现状有清楚的认识，思考如何从供应链源头守住进口商品的质量底线？各电商企业在背靠雄厚资本的烧钱大战中如何能赢得未来持续发展的生存空间？

关键词：网易考拉，跨境电商，全球工厂，平台自营。

Looking at the Life Cycle of Koala, Where is the next Breakthrough for Cross-border E-commerce?

Abstract：Under the trend of trade globalization, cross-border e-commerce has developed rapidly, and shopping forms such as overseas shopping and overseas purchasing are popular. NetEase Haigou takes its self-operated supply chain procurement method as its core competitiveness. In a very short period of time, it has grown into the largest cross-border e-commerce platform in the industry, and its development history is highly representative of cross-border e-commerce analysis. This case first analyzes the establishment background and operating mode of NetEase Koala, and divides its growth period into two stages: stable status and comprehensive expansion, and then analyzes the decline period of NeEase Koala from the two levels of "stalemate" and "life and death", And finally summarize the reasons why NetEase Group sold NeEase Koalas.

Keywords：NeEase Koala, cross-border e-commerce, global factory, self-operated platform.

---

① 本案例由西南科技大学经济管理学院的闫英、尚晓凤、冯云霞、张莉撰写。

引言

近年来,我国出台了多部有关电商法和跨境电商的新政,进一步规范了中国跨境电商市场,同时,全球化趋势、消费升级也推动着中国跨境电商交易规模持续增长。网易考拉开售用时 229 秒即破亿;78 分钟就突破了 2017 年"双十一"全天销售额;24 小时达到去年同期销售额的 4 倍。2019 年上半年,网易考拉以 27.7% 的市场份额位居首位,第七次蝉联跨境电商市场份额第一。2019 年 9 月 6 日,阿里确认以 20 亿美元收购网易考拉。尽管跨境电商仍处于红利期,但商品质量溯源、跨境支付等难题依旧是该行业亟待攻克的难关,而网易考拉作为跨境电商企业曾经的领头羊,从高起点的出身到站上行业顶峰再到最终被收购的结局,在短时期内以"过山车式"速度经历了一个企业从发展、壮大、没落的生命周期。曾经的跨境电商行业巨头网易考拉给我们呈现了高贵出身到惨淡隐身的行业变身记历程,网易考拉的自营模式没能带领跨境电商走出假货萦绕的困境,那电商企业的下一个突破点在哪? 是我们有待探寻的问题。

18.1 行业背景

我国跨境电商源于 2005 年的个人代购;2007 年淘宝网创立淘宝全球购,许多销售海外商品的卖家聚集在一起,满足了消费者"足不出户淘遍全球"的心愿,这种 C2C 的模式让海外购物变得更方便。2015 年 3 月 7 日,国务院正式批复设立中国(杭州)跨境电子商务综合试验区,逐步形成一套促进全球跨境电子商务发展的管理制度和规则。随着相关部门陆续出台的实质性利好政策,跨境电商将迎来更多机遇,中国跨境电商市场发展前景广阔。

2015 年,网易无尾熊(杭州)科技有限公司在浙江省杭州市成立,主要经营范围为技术开发、技术咨询、技术服务、电子商务平台技术等,旗下运营的网易考拉海购平台是以跨境电商业务为主的综合型电商平台。该平台通过产地批量直采和海外直邮两种方式为用户提供海外商品,销售产品类别包含母婴、美容彩妆、家居生活、保健、美食、数码家电、服饰箱包等。2019 年,网易考拉第七次蝉联跨境电商市场份额第一,被行业公认为电商行业最大的"黑马"。

网易从成立之初至居于行业领先地位,耗时极短,主要得力于背后有网易公司的大笔资金投入。网易创始人丁磊曾经的目标是在 3～5 年,通过网易严选和网易考拉在电商领域再造一个网易。为确保电商交易货源的可靠性,丁磊自建采购团队,网易考拉 CEO 带领团队前往东亚、欧美、澳洲等全球尖货原产地,搭建自营直采渠道,通过长期稳定的大资金量采购,获得"海外批发价"。

18.2 公司初成

18.2.1 选择自营模式:顺应政策红利,踏入跨境电商红海

2015 年初,网易考拉开始上线公测。2014 年 8 月,跨境电商行业公布新的政策,跨境电商势头突飞猛进,海淘市场鱼龙混杂,几乎每个跨境电商都面临着"假货"这一头号难题。之前,陈欧的聚美优品就因假货层出不穷而中途退赛,有了聚美优品的前车之鉴,网

易 CEO 在筹备网易考拉项目时就明确了网易走自营模式的方向,他说道:"我不排斥做平台,但当平台上的东西全都杂乱无章,品质不能得到控制的时候,只有自己做。"于是,丁磊自建采购团队,任命虚拟电商出身的网易老员工张蕾为网易考拉 CEO 并亲自带队前往东亚、欧美、澳洲等全球顶尖货物原产地,搭建自营直采渠道,在最大程度上保证供应链的有效可控。2015 年 3 月,国内成立了首个跨境试验区——杭州综试区,张蕾认为:"如果想要打赢跨境电商这场仗,重要的不是抢货而是抢仓"。考拉借机以迅猛的速度建设了大量保税仓,拥有全国数量领先的自营保税仓、自营海外仓。

18.2.2 弯道超车:提供一站式保姆服务

在打响 B2C 跨境电商海淘大战第一枪时,火力主要集中在国内消费者中知名度较高的海外品牌,但该品类利润空间狭窄,网易考拉显然熟知这一点,2015 年张蕾提出了"一站式保姆服务",网易考拉将包揽物流、仓储、通关、运营、推广等一系列活动,而其合作伙伴只须负责其擅长的产品生产部分,为合作方减负的"保姆式"模式更易取得海外品牌的合作信赖,向全球市场扩张。但网易考拉在进行全球扩张的时候,也存在一个问题,如何与"百年老店"建立信任,获得支持。为了及时解决这个问题,"收割"海外优秀品牌,考拉在当地国民品牌及百年老店商品中先后投资了 30 亿欧元、5000 亿日元、30 亿美元,目标是做成跨境电商领域的独角兽。

18.3 乘势崛起

2016 年 4 月 8 日,《2016 年跨境税改新政》开始实施。税改新政对海淘领域的影响很大,部分根基不稳的创业团队直接宣布倒闭,资本的收紧与政策的不确定性让不少中小企业认为"大事不妙",为了减少亏损,他们纷纷撤单,将运输途中的货物退掉。而此时的张蕾也陷入了进退两难的境地,背负网易战略投入的期望,若退缩,过去一年建立起的供应链基础将遭受信誉风波影响,面临着政策的打压,若直线前进,会承担巨大的风险。经过深思熟虑,网易考拉选择了坚持,只要顾客不撤回已预定的订单,商品在港口的滞纳和转运费用全部由考拉承担。这正是张蕾所追崇的合作精神:"与合作伙伴互相成就。"因为网易考拉的自营模式,公司通过大批量采购、优化物流效率、掌握自主定价权等方式降低成本,大大减少了新政税法对商品价格方面的影响。凭借精准的决策和前期积累的供应链及仓储物流优势,网易考拉逆流而上,成功突围。

18.3.1 稳定地位

每年的第四季度是大促的集中期,更是检验平台综合实力,实现销量和品牌双赢的重要时刻。从双 11 的"超级洋货节"到双 12 的"品质洋货节",网易考拉在一个月的时间里,接连主导或参与了三场重要大促,而每场大促都有差异化的竞争策略和营销方式,实力之雄厚堪称之最,兼得业绩口碑第一。

从网易公司公布的 2016 年第四季度财报数据可以看出,网易考拉电商及相关业务收入呈现逐步向好的趋势,电商及相关业务的整体净收入占比同比大幅上升至 38.2%,网易考拉成为网易业务营收增长的新引擎。网易 2016 年电商业务净收入及毛利率如图 18-1 所示。

图 18-1　网易 2016 年电商业务净收入及毛利率①

18.3.2　全面扩张

1. 平台用户增长迅猛

网易考拉通过拉新、促活、留存、转化 4 个层次来提升平台的 GMV 和用户数量。在拉新方面,丁磊直播采茶活动,开启电商直播;在促活方面,网易考拉发起优惠券、一元拼团等活动;在留存方面,通过上线新社区,来增强用户间的交流互动,调动用户的积极性;在转化方面,网易考拉参加 618、双 11 等节日活动,激发用户购物欲望。网易考拉还通过持续投放地铁广告、综艺广告,来积累用户口碑和建立大众对品牌的认知,从获取流量到把流量固定下来,实现流量思维向流量池思维的转变。

2. 海外品牌合作规模扩大

截至 2017 年 4 月,与网易考拉海购合作的欧洲品牌有 1000 多个,包括 OTTO、P+M、Rossmann 等在内的欧洲连锁供应商、本土商超。2017 年 9 月 6 日,网易考拉全球工厂店如雨后春笋般出现,采用 F2C 模式,产品由制造商直供,强调低调有品质。2018 年初,考拉又与韩国 LG 集团、JAYJUN、爱茉莉集团、SNP 等十大美妆、个护、保健类品牌进一步合作升级,旨在精准打造符合中国用户的高品质商品。

3. 跨境物流协同

2016 年 5 月,网易考拉率先试点跨境进口商品"次日达"。考拉与业内知名的国际物流公司达成战略合作,凭借其强大的配送能力和覆盖全境的配送网络,保证网易考拉海购将商品在下单后的 1~3 日内送达用户手中。

除此之外,网易考拉在国内外都拥有强大的运力整合能力。在国内,网易考拉已与国内优质物流配送企业达成合作;在海外,网易考拉在欧美、日韩等地建立了十余个海外仓,并利用航运物流巨头马士基在全球范围内的多式联运网络,确保跨境物流的充沛运力。

18.4　陷入僵局

2017 年,网易考拉上线全球工厂店,引入 F2C 的第三方卖家,是从自营向"自营+平台"转变的第一步,而网易的年度财报中网易考拉却拉低了总营收增长速度,使其跌

---

① 数据来源:2016 年第一～第四季度网易财报。

至 2014 年来的最低水平。2018 年,网易考拉频发假货纠纷事件,先是被中消协指出考拉所售雅诗兰黛产品为假冒伪劣品,随后考拉发文否认,强调其所售商品为正品,而出具假货鉴定结果的商家,正是雅诗兰黛中国公司,最终该事件不了了之;后又发生加拿大鹅牌羽绒服假货事件。经过两起假货纠纷,消费者开始质疑考拉货源的可靠性,口碑下跌。

为了建立起在海外购方面的供应链优势,从源头解决假货问题,2019 年 2 月,网易考拉与亚马逊公司就收购亚马逊中国区业务进行谈判。如若合作能顺利成功,考拉可能与亚马逊中国海外购业务共享供应链,但因亚马逊要价太高而合作失败。2018 年第四季度,网易电商业务单季增速骤降至 5%,全年电商业务增速为 65%,仅为去年 116.7% 的一半。

18.5 生死攸关

在网易考拉与亚马逊合作谈判失败后就不断传出网易与阿里巴巴、拼多多公司接触并被收购的新闻。跨境电商业务一直以来都是阿里巴巴重点布局的业务线,但天猫国际在跨境电商业务上的优势核心品类是美妆,而以母婴产品为核心竞争力的网易考拉的成功收购将会丰富阿里跨境电商业务的布局。

2019 年 9 月,丁磊突然对外宣布网易考拉加入阿里系阵营。最终阿里巴巴集团以 20 亿美元全资收购网易旗下跨境电商平台考拉,考拉品牌将在天猫进出口事业群总经理刘鹏的带领下继续保持独立运营,而网易考拉原 CEO 张蕾将担任天猫进出口业务顾问。含着"金钥匙"出生的网易考拉最终还是没能托付起丁磊"再造一个网易"的愿景。

18.6 总结

2015 年 1 月 9 日,网易考拉海购上线公测;2016 年 3 月 29 日,宣布正式上线;2017 年 11 月 11 日,其销售额是 2016 年的 4 倍;2018 年 6 月,宣布进军综合电商市场;2019 年 9 月 6 日,阿里巴巴宣布与网易达成战略合作,以 20 亿美元全资收购网易旗下跨境电商平台考拉。网易放弃考拉并不是因为跨境电商业务没有好的发展前景,而是持续的"烧钱之战"使网易难以应对业务扩张所带来的资金压力,正如网易 CFO 杨昭煊所说:"电商业务方面,平衡增长速度和电商盈利模式是关键之举,我们的经营理念并不支持用不惜亏损来换取快速增长的模式。"持续烧钱、增速放缓是网易剥离电商业务最直接的原因,但跨境商品真假检验难是网易考拉一直未攻克的难点,同时也是整个跨境电商行业的痛点所在。网易考拉以重资产的自营模式为主,配套保税仓模式,这就对物流和仓储能力提出了极高的要求,从而增加了供应链成本压力。自营仓储一度被认为是网易考拉的核心优势,能最大程度上保证供应链的可控性,从而降低假货出现的概率,并提升采购配送效率。但接连发生的引发消费者关注的假货事件,透露出网易考拉对供应链掌控能力依旧很弱,它只解决了仓库问题,货源供应依旧是痛点。

案例思考题:

1. 网易考拉发展之初采用了何种商业模式,该商业模式的优势和不足体现在哪些方面？

  2. 网易考拉采用了哪些方式使其用户数快速增加？

  3. 结合案例内容，请谈谈导致网易考拉被出售的原因有哪些？

  4. 网易考拉一直对供应链的掌控能力较弱，对于跨境电商企业而言，如何平衡供应链管理成本和效率？

案例 19 温州电商园区创新发展之路：兴道电商直播产业园的实践①

摘要：在"互联网＋"大浪潮的背景下，电商产业园已经成为电子商务发展的重要载体，大力发展电子商务，建设一流电商产业园，对城市经济发展具有十分重要的意义。本案例描述了兴道电商直播产业园发展背景、现状及历程，向读者展示了兴道电商直播产业园的运营方案。通过对兴道电商直播产业园发展过程中运营模式、功能定位、服务范围、帮扶政策以及盈利模式等方面创新的描写，引发读者思考"互联网＋"新环境下产业园如何顺应时代潮流，创新发展，进而探究其他城市如何借鉴兴道电商直播产业园突破瓶颈走出自己的电商创新之路。兴道电商直播产业园的案例对其他电商产业园发展具有重要的参考价值。

关键词：产业园，电商企业，创新发展。

The road of Innovative Development of Wenzhou city's E-commerce park——the Practice of Xingdao E-commerce Living Industrial Park

Abstract: In the background of Internet＋ wave, e-commerce industrial park has become an important carrier of e-commerce development, vigorously developing e-commerce and building first-class e-commerce industrial park is of great significance to urban economic development. This case describes the background, current situation and history of Xingdao E-commerce Industrial Park, and shows the operation plan of Xingdao E-commerce Industrial Park to the readers. Through the description of the operation mode, function positioning, service scope, support policy and profit model in the development process of Xingdao Industry Park, it provokes readers to think about how to follow the trend of the times and develop innovatively in the new environment of Internet＋, and then explore how other cities can learn from Xingdao Industry Park. The case also explores how other cities can learn from Xingdao Industry Park to break through the bottleneck and get out of their own innovative path of e-commerce. The case of Xingdao Live Industry Park has an important reference value for the development of other e-commerce industrial parks.

Keywords: Industrial park, e-commerce enterprises, innovation development.

---

① 本案例由温州商学院金融贸易学院的苏晨青撰写。

引言

2013年,为进一步集聚和培育电子商务企业,优化电子商务发展环境,推进电子商务发展及应用,大力发展电子商务产业,促进温州传统产业转型升级,根据国务院和省政府关于加快电子商务发展的精神,温州市人民政府办公室制定并出台了《关于加快电子商务发展的实施意见(试行)》,该政策中明确指出大力发展电子商务公共服务平台并支持创建电商产业园。此外,温州市政府为贯彻落实《关于加快电子商务发展的实施意见》,发挥财政资金的导向作用,进一步优化电子商务发展环境,加快推进温州市电子商务发展,制定了《温州市促进电子商务发展扶持办法》,该办法中提到温州市政府鼓励和支持创建电子商务产业园区(基地、楼宇),为发展电子商务提供公共配套服务。

2020年3月,为加快推进商贸业高质量发展,温州出台《关于建设东南沿海区域商贸中心城市的实施意见》(以下简称为《意见》),计划到2022年,将温州打造成区域性消费目的地、时尚消费引领地、内外贸融合示范地,为"十四五"商贸业发展奠定坚实基础,推动温州向"国际时尚之都、温馨消费之城"迈进。该《意见》中指出温州市要加快电子商务集聚区打造,积极培育电子商务产业生态圈,引进行业内知名电商企业建设区域总部;围绕龙头企业强链补链,推动新经济和复合型业态聚集发展;深化"政府主导、企业运作、合作共赢"模式,完善配套设施,推动与各大科研院校合作,强化人才培训,加快形成产业发展共同体。

因此,温州市政府在不断加快电子商务集聚区的打造,积极优化电商企业的生存和发展环境,扶持电子商务产业园等集聚区的创建,在这样的背景之下,兴道电子商务产业园应运而生。

19.1 产业园基本情况介绍

19.1.1 产业园简介

兴道电商直播产业园位于温州市瓯海区娄桥中汇路59号,是一个集电商供应链、运营、美工、摄影、培训、物流、直播等服务为一体的综合性电商产业园,园区内配套设施齐全,地理位置优越,占地面积为120亩,建筑面积为18.8万 m^2,建有铺位2070个,公寓230个,配置中央空调,配备自动扶梯、观光电梯、货梯共85台,附设大型停车场、商务办公、仓储等配套设施达4.1万 m^2,另有周边配套充足的仓储中心,产业园拥有完善的硬件条件,能够为电商卖家提供完善的基础硬件设施。园区不仅包括办公区、洽谈区、会议室、展厅等场所,还包含专业的直播间、摄影基地、培训基地等众多功能性区域,二期将打造共享直播间、众创空间、选品中心等,为大学生和电商新手提供创业场景。园区目前主推童鞋,"以直播+短视频带货"为主导,引进淘宝直播、抖音、快手、拼多多等直播平台以及顶尖MCN机构共同入驻,以专业的运营团队及技术团队为直播电商提供一站式的解决方案,为温州的童鞋童装、眼镜等产销赋能,助力温州数字经济发展。

19.1.2 产业园发展历程

兴道电商直播产业园是信泰集团十年重整、百经周折、纾困解难、转型升级、创新发展数字经济的新生代产物。在市、区两级政府的纾困惠企优惠政策帮扶下,信泰集团重组的方向愈加明确。从2017年起,逐步踏上了做鞋类产业的道路,从最初的鞋汇城到如今的电商直播产业园,每一步都与鞋类产品相关,具体的发展历程如下。

2017年成立鞋汇城,引进过百家鞋类产品的批发零售商,其中有小部分商家在做电商,为日后发展电商直播奠定了基础。

2018年6月18日,随着童鞋电商商户数量逐步增加,确定了电商的发展方向,成立信泰童鞋电商城(现更名为"兴道童鞋电商城"),拟培育一批优质的童鞋电商卖家,以销促产,试图带动周边童鞋厂家的发展。

2019年,园区内先后涌现出一些规模较大的直播商家,初步形成了以鞋类直播为主的电商格局。此外,园区逐步优化电商配套服务,开始为电商商家提供快递、物流、摄影、美工等服务。

2020年,兴道电商直播产业园成立,明确了以童鞋为主、男女鞋为辅、各品类商品综合发展的电商直播方向,并确立了产业园五大发展重点,即兴道童鞋电商城(重在招商)、电商选品中心(重在供应链)、电商培训中心(重在主播培养)、电商直播中心(重在直播带货)、电商服务中心(重在提供便利)。

2021年,兴道电商直播产业园内电商商户已超过300家,取得了一定的工作成效,对瓯海区乃至温州市数字经济的发展起到了一定的作用,得到了市区两级政府更多的关注。

19.1.3　产业园发展背景

随着世界制造业重心从欧美、韩国等地区向中国大陆地区的转移,制鞋业随之成为了中国制造业的重要组成部分。广州、福建(晋江)、温州经过二十余载的鞋业产业集群发展,成为中国童鞋业生产的三大"鞋都",形成三足鼎立之势。泉州地区鞋类品牌档次高,拥有像安踏、特步、361°等全国知名品牌,在延续成人品牌的发展后,童鞋品牌在泉州再度掀起热潮;广东童鞋性价比高,这个区域的童鞋品牌档次适中,但价位相对较低,米菲、孩而适、Baby-Q、江博士、早晨等童鞋品牌都出自广东。与广东、福建区域相比,温州童鞋以低价、走量争夺市场,对于品牌的建设不如福建、广东等地,造成了福建童鞋企业诸强崛起,而温州童鞋品牌处于落后位置的状态。

现如今,电子商务发展迅猛,广东、福建的童鞋电商已逐步形成集聚区,资源汇集促进童鞋电商的发展,而作为中国童鞋业生产三大"鞋都"之一的温州尚未形成童鞋电商集聚之势。瓯海娄桥拥有历史悠久的童鞋生产史,其童鞋电商近年来发展迅速,但大多是各自为战,并且有众多童鞋厂家、商家在童鞋电商领域踌躇不前,究其原因则是瓯海区尚未形成功能完善的童鞋电商集聚区,无法有效地帮助童鞋厂家和商家发展童鞋电商,因此,兴道电商直播产业园不仅有利于发展传统童鞋制造业,更可加快童鞋电商的发展,打造温州的童鞋知名品牌。

19.1.4　产业园发展意义

兴道电商直播产业园的创建能够为园区内的电商企业提供全方位的电商服务和相应的扶持补贴,不仅可以帮助现已入驻电商企业继续在信泰集团安心发展,而且可以吸引更多的电商企业入驻信泰集团,使信泰集团重铸发展生机。兴道电子商务产业园创建的意义具体可以体现在以下3个方面。

(1) 于政府而言,兴道电商直播产业园的创建不仅可以拉动童鞋的需求,从而促进瓯海区童鞋的生产,形成全国知名的童鞋品牌;而且有助于发挥瓯海区童鞋生产的优势,打造瓯海区乃至温州市"童鞋电商"的品牌,同时也可以为政府带来更多的税收。

(2)于信泰集团而言,兴道电商直播产业园的创建不仅可以缓解信泰集团商铺出租的问题,而且有机会彻底解决信泰集团的债权重组问题,甚至可以把兴道电子商务产业园打造成为全国知名的电商产业园。

(3)于童鞋电商企业而言,兴道电商直播产业园的创建不仅可以降低童鞋电商企业的经营成本,扶持童鞋电商企业向好发展,而且可以吸引众多计划向童鞋电商行业发展的企业入驻产业园,享受产业园提供的扶持和补贴政策。

19.2 产业园运营方案

19.2.1 产业园运营模式

兴道电商直播产业园的运营需要专业的团队,但目前信泰集团原有的管理班底对于产业园的运营尚不专业,自建运营团队虽然可以解决专业问题,但是较大的资金投入难以负担,因此,信泰集团按照《关于建设东南沿海区域商贸中心城市的实施意见》文件中指出的"政府主导、企业运作、合作共赢"模式,采用"政府主导—园区监管—企业实施"的模式开展产业园的运营活动。

其具体运营模式为:兴道电商直播产业园在瓯海区政府区法院的领导下,信泰集团管理人及临时管理小组监管第三方电商服务企业开展产业园的日常运营事务,负责把控产业园的发展方向,兴道电商直播产业园负责监管第三方电商服务企业所有相关经营活动,第三方电商服务企业负责产业园招商入驻、帮扶措施、补贴细则、创业服务、日常运营等内容的制定和实施。

兴道电商直播产业园的运营模式符合当前信泰集团的实际情况,这种模式不仅使兴道电商直播产业园的运营模式符合当前信泰集团的实际情况,还可以缓解政府的财政压力,而且可以帮助信泰集团获得更多的租金及人气,甚至可以培育出颇具规模的温州本土电商服务企业。

19.2.2 产业园功能定位

兴道电商直播产业园结合当前瓯海区童鞋行业的发展现状和信泰集团的发展背景,将自身功能定位如下。

(1)电商企业集聚功能。通过提供理想的商务办公场所、优质仓储快递等一系列专业化配套服务,引进和扶持有品牌、初具规模的电商企业,将网店卖家和网货供应商逐步集聚到创业中心。

(2)电商企业创业功能。共享园区创业服务体系,降低电商企业创业的门槛,实现电商企业数量的快速增长,成为品牌电商企业的孵化器。

(3)童鞋产业提升功能。优化完善童鞋电商产业链配套服务,增强电商企业在全国甚至全球网络市场的综合竞争力,促进电商企业向打造自有品牌和规模化经营的方向发展。

(4)电商示范带动功能。展示网络零售模式和提供电子商务经营人才培训,为传统企业进军电子商务提供示范和支持。

19.2.3　产业园服务范围

电商企业在创业初期与创业过程中普遍面临融资、仓储、货源、人力资源、管理理念、营销手段、物流成本、技术瓶颈等障碍。针对这些阻碍电商企业成长与发展的问题,兴道电商直播产业园将为入驻的电商企业提供一站式解决方案。

(1) 基础设施。园区可提供完善的办公设施和实用仓库,符合条件的可以享受房租减免等优惠政策。

(2) 金融服务。园区鼓励银行与企业合作,提供专业金融服务;搭建民间资本与企业的对接平台,引导风投资金进入企业、项目;积极协助企业争取国家省、市各项扶持资金。

(3) 运营服务。整合入园企业需求,实现优质资源抱团共享,将在网店运营、物流、计算机维护、摄影美工、直播、供应链领域为电商企业提供快捷、优惠、全面的专业服务。

(4) 人力资源。将与多所高校建立大学生就业实习基地;与各大人才招聘网站合作,统一招聘,满足各种人才需求。

(5) 电商培训。园区将开辟公共培训教室,定期邀请电商专家、运营达人、网销精英现场授课,提供电商基础知识的免费培训,包括创业人员电商店铺开设、运营、维护,销售产品的开发、包装、营销,产品物流等基本知识的培训。

(6) 管理咨询。园区将高校企业管理研究团队为企业提供战略管理咨询、公司治理指导、财务管理指导、人力资源建设指导、法律事务咨询、企业上市咨询等专业的咨询服务。

(7) 生活配套。园区内已有成熟便捷的生活服务社区,房源充足,租金低廉,治安环境良好,交通方便,适合年轻人生活创业。

(8) 扶持政策。园区由政府主导,由电商服务企业运营,园区成立后将出台落实多项优惠政策,并承诺根据园区的电商企业发展需求不断更新扶持政策。此外,在大学生创业方面,将给予更多的扶持和补贴,如免租、提供免费货源等来帮助大学生创业。

(9) 其他服务。为入园企业提供企业注册、知识产权办理、法律、财务等各种服务。

19.2.4　产业园帮扶政策概述

兴道电商直播产业园成立后,将制定并落实全方位的帮扶政策,由于政策涉及领域较广,现仅就重要政策进行概述。

1. 免费培训

现如今,电商平台发展迅猛,平台规则变化较快,电商运营的重点在不断迁移,使得众多已经从事童鞋电商的企业和有计划从事童鞋电商的企业均面临运营方面的困难,因此,园区创建后将定期免费开展电商运营基础课程和电商运营实战课程,帮助电商企业稳步发展。同时,园区会专门为刚入驻的电商创业企业及人员提供电商店铺开设、运营、维护、供应链、包装、营销、物流等基本知识的免费培训。

2. 零库存供应链

限制童鞋电商企业盈利的重要原因之一便是库存积压,因此,为了避免更多童鞋电商企业受此影响,园区将整合现已入驻的各电商企业库存及渠道,为园区内企业提供优质的供应链,为将来新入园的电商企业提供零库存运营的基础,免除库存压力。

3. 大学生创业

为响应市政府对大学生创业的扶持导向,园区成立并再建大学生电商创业孵化基地,将为入园创业的在校大学生提供免费办公场所、办公设备、培训课程、计算机维护等,扶持大学生度过最艰难的创业初期,对于创业成绩优秀的大学生还可实施现金补贴政策。

19.2.5 产业园盈利模式

产业园盈利模式如下。

(1) 园区的盈利来源是办公室、仓库、住房等租金收入。

(2) 合作企业的盈利来源是为园区内电商企业提供运营、物流、摄影、美工、直播、培训等服务获得收益。

此外,合作企业用电商服务盈利所得来为园区内电商企业提供帮扶和补贴,若合作企业盈利所得不足以支撑帮扶补贴所需资金,则合作企业负责填补不足资金数额;若合作企业盈利所得超过帮扶补贴所需资金,则超过部分均为合作企业盈利所得。

19.3 产业园发展面临的困境及解决方案

19.3.1 帮扶补贴资金来源

发展困境:园区能否顺利招商入驻取决于帮扶补贴政策的实施情况,因此,帮扶补贴资金来源是否稳定已成为园区发展的重要基础。

解决方案:园区内电商企业的帮扶补贴所需资金是由合作企业提供,而且合作企业自负盈亏,因此,合作企业的盈利所得是帮扶补贴所需资金的重要来源点。同时,又要避免合作企业在未盈利情况下所衍生的资金不足问题,故针对该问题有两项解决措施:第一,确保合作企业为园区内唯一一家电商服务企业,从而保证合作企业有相对稳定的电商服务收入;第二,合作企业提前准备"帮扶补贴专项金",该项资金由合作企业出资,不挪为他用,仅用于合作企业未能盈利情况下帮扶补贴政策的实施。

19.3.2 招商入驻宣传效果

发展困境:园区开园后,招商宣传的效果直接影响到园区是否能够吸引童鞋电商企业入驻,因此,如何保障招商入驻的宣传效果已成为合作企业亟待解决的第一个园区运营难题。

解决方案:为了提高招商入驻的宣传效果,可从以下几个方面入手:第一,提高园区帮扶电商创业的扶持补贴力度;第二,宣传重点落在园区独有的现金补贴政策;第三,动员园区内所有电商企业及工作人员利用个人自媒体资源进行全员招商宣传,降低宣传成本,提升宣传效果;第四,合作企业出资、园区出资源,尽可能拓宽宣传渠道及范围;第五,建立招商宣传部门,聘用专业人员同时开展线上、线下双向宣传。

19.3.3 园区长久稳定发展

发展困境:园区是否能够实现持久发展、达到预定目标取决于合作企业能否顺利开展电商服务,实现稳定盈利。只有合作企业实现稳定盈利,才能够提供稳定的帮扶补贴所需资金;只有稳定的帮扶补贴资金,才能够吸引并留住电商企业;只有吸引并留住电商企业,园区才能够长久稳定发展。所以,如何能够提高合作企业电商服务盈利能力是合作企业亟待解决的重要问题之一。

解决方案：合作企业提高电商服务能力可以从以下几个方面入手：第一，招聘高水平从业人员提高电商服务的质量；第二，紧跟电商发展的趋势，按需拓宽电商服务的范围；第三，园区参与并帮助合作企业获得电商服务客户；第四，保证各项电商服务费用均低于市场平均水平。

19.4　总结

兴道电商直播产业园不仅在童鞋行业、信泰集团重组等方面体现出必要性，而且可以给政府带来税收、给童鞋行业带来机遇、给信泰集团重组带来解决契机、给中小电商企业发展带来助力。虽然兴道电商直播产业园在"互联网＋"时代背景下应运而生，各级政府给予了诸多帮扶，但其创新发展之路仍在摸索之中，任重道远。

案例思考题：

1. 你认为兴道电商直播产业园的商业模式是什么？盈利模式该如何优化？
2. 从市场营销管理的角度如何制定产业园招商的方案？
3. 在兴道电商直播产业园发展的基础上，如果你是园区负责人，你将如何制定产业园发展规划？

案例 20　跨知通，以知识产权服务赋能跨境电商出口

摘要：知识产权对激励创新、打造品牌、规范市场秩序、扩大对外开放正发挥越来越重要的作用。直面跨境出口企业在业务开展过程中面临的产品附加值过低、知识产权纠纷、自主品牌少等痛点问题，国内首家跨境知识产权服务平台——跨知通于2016年应运而生。跨知通立足市场需求，构建了商标服务、专利服务、版权服务、品牌设计服务、涉外法律服务、科技咨询服务等多门类知识服务体系，打造"互联网＋知识产权"的电子商务系统开展业务，并通过整合各类专业化的服务主体、实施涉外在线商务法律服务模式等手段推动了跨境电商出口企业成长。

关键词：跨知通，跨境电商，跨境知识产权服务，国际品牌。

Exhibition Enables Cross-border E-commerce Export with Intellectual Property Services

Abstract: Intellectual property rights are playing a more and more important role in encouraging innovation, building brands, standardizing market order and expanding opening to the outside world. Facing the pain points of cross-border export enterprises in the process of business development, such as low product added value, intellectual property disputes and few independent brands, the first cross-border intellectual property service platform in China, KZTON came into being in 2016. Based on the market demand, KZTON has built a multi-disciplinary knowledge service system such as trademark service, patent service, copyright service, brand design service, foreign-related legal service and scientific and technological consulting service, build internet plus intellectual property e-commerce system to develop business, and effectively promote the growth of cross-border e-commerce export enterprises by integrating various professional service subjects and implementing foreign-related online business legal service mode.

Key words: KZTON, cross-border e-commerce, cross border intellectual property services, International brand.

---

① 本案例由杭州师范大学钱江学院的郑秀田撰写。

引言

跨知通作为国内首家跨境知识产权服务平台于2016年在中国(杭州)跨境电子商务综合试验区成立,致力于为中国制造及企业的国际化、全球化提供国际商标注册、专利运营保护、全球版权登记、海外公司注册、品牌包装设计、财务税务筹划、法律终端诉讼和新媒体资讯聚合等一站式跨境商务法律服务。跨知通知识产权平台在2017年获得中国(杭州)跨境电子商务综合试验区"E揽全球"创新项目中获得唯一的"法律服务创新奖",同时成为国务院2017年全国"大众创业、万众创新"活动周唯一推荐涉外知识产权服务平台。

20.1 应运而生,直面跨境企业出口的痛点

在世界经济开放发展的大时代,利用国内和国际两种资源,拓展国内和国际两大市场,实施国际化和全球化经营是很多制造企业追求成长和发展的不二选择。在国际化分工格局下,位于全球价值低端位置的我国众多制造企业面临着产品的附加值低、利润微薄、缺少国际品牌等痛点问题,无法很好地实现做大、做强、做优。随着传统外贸和互联网的相互融合,跨境电商模式快速兴起,为制造企业拓展全球市场,并向全球价值链两端攀升提供了难得有利的条件。然而,在这种数字化和国际化为特征的线上交易模式下,产品附加值过低,特别是知识产权侵权等问题是跨境企业面临的痛点。如2015年年初,由于涉嫌销售仿冒产品,中国5000余名商户使用的PayPal账户被美国法院的临时限制令冻结,涉及金额高达5000万美元,最终因应诉维权成本高、法律意识淡薄等原因,不少商户的PayPal账户被清零。跨境电商知识产权问题引致的海外法律诉讼成本及赔偿的金额都较高,对企业发展可能造成重大伤害。海关总署公布的2021年侵犯知识产权典型案例就涉及对国内外权利人商标专用权、奥林匹克标志专有权等知识产权的平等保护,涵盖食品、化妆品、服装、香烟、玻璃杯等消费品领域以及货运、跨境电商、邮递等重点渠道。全国海关加大知识产权保护执法力度,2021年全年共查扣进出口侵权嫌疑货物7.9万批次、7180万件。在我国企业纷纷跨境出海的背景下,品牌塑造和知识产权管理等服务的重要性无疑就凸显出来,2016年8月,跨境知识产权服务平台跨知通在杭州跨境电商综合试验区应运而生。

20.2 系统布局,构建多门类知识服务体系

为了有效应对市场竞争、满足跨境电商平台对产品品质等方面的要求,越来越多的跨境电商企业等市场主体需要多品类和高质量的知识产权综合服务。跨知通立足市场需求,构建了商标服务、专利服务、版权服务、品牌设计服务、涉外法律服务、科技咨询服务等多门类知识服务体系,可为外贸企业和跨境卖家提供品牌维权、商标申请、全球专利等知识产权领域的商务服务共计500余项。

(1) 商标服务。商标既是企业品牌文化的精髓,也是企业的一种无形资产,能增加企业的总资产额,是品牌价值最直接的体现,在开展跨境电商业务中,注册商标是防止"跟卖"最有效的手段之一。跨知通整合了商标申请经验的资深专家团队,为企业提供免费的专业分析服务、及时的申报服务,能够快速查询近似商标,严格把关、检索商标状态,制定

优质、高效的商标注册解决方案,并实时通报、申请办理状态,提供正规的发票和跟踪咨询服务。跨知通提供的国内外商标服务类别如图20-1所示。

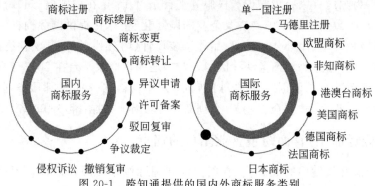

图 20-1 跨知通提供的国内外商标服务类别

(2) 专利服务。专利作为一种无形资产,具有巨大的商业价值,是提升企业竞争力的重要手段。专利的质量与数量是企业申报高新技术企业、创新基金等各类科技计划、项目的必要前提条件。在跨境电商领域,专利已经成为一种强大的商业工具。跨知通以"保密、专业、快速、正规"为核心优势,为企业提供产品查新、专利注册、专利驳回复审、专利维权、专利无效宣告、专利无效答辩、专利著录项目变更、专利异议等专利服务,如图 20-2 所示。

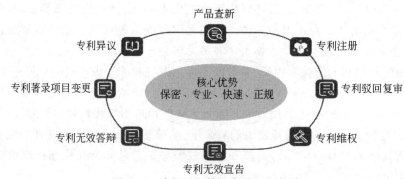

图 20-2 跨知通提供的专利服务类别

(3) 版权服务。登记版权对版权所有者具有三大益处:一是通过登记机构的定期公告,可以向社会宣传自己的产品;二是发生著作权争议时,"作品登记证书"是维护权利的有力武器;三是企业申请双软认定、高新技术企业认定的前提,可以享受国家税收优惠、补贴等政策。跨知通通过提供版权登记、版权评估、软件著作登记等版权服务,守护企业的原创归属和权益,解决因著作权归属造成的著作权纠纷。

(4) 品牌设计服务。品牌设计就是对一个企业或产品进行命名、标志设计、平面设计、包装设计、展示设计、广告设计及推广、文化理念的提炼等,而使其区别于其他企业或产品的个性塑造过程。跨知通可以帮助企业建立完整的品牌战略,并建立视觉化工具,进而创建品牌核心理念和文化,同时提供从品牌官网到电商品牌形象设计的服务。

(5) 涉外法律服务。法律服务就像其他有型的商品一样,可以被信息技术准确、有效地刻画和记录,法律服务的生产、提供和交易可以和其他商品一样实现标准化、有形化和数字化。跨知通整合多家海外本土律师事务所、会计师事务所,为优秀的中国企业提供优质的涉外经济贸易跨境法律服务,参与自贸区经济建设和国际法律服务市场竞争,为中国企业的国际化保驾护航。

(6)科技咨询服务。跨知通整合技术资源,赋能企业创新升级。跨知通依托专业的知识产权专业技能,整合政府、相关行业、专家资源,面向科技企业提供管家式托管服务,建立科学、严谨、规范的咨询服务流程和整套科技企业评估体系,促进科技成果向企业和社会转移、转化,让技术发挥最大价值。

跨知通成立以来,不断优化和完善跨境电商知识服务体系,并遵循"服务标准化""模块电商化""业务数字化"思路进行运营,通过打造"互联网+知识产权"的电子商务系统,推进线上业务,依靠数据积累、利用、分析和迭代,使得服务展示、订单获取、业务处理、信息反馈、档案管理等均可在线上完成,从而提高服务效率、降低企业的交易成本,提升用户体验。跨知通每年为中国企业在海外提供知识产权服务 2000 多项,持续服务 10 000 余家中小企业在海外完成了品牌的创建或提供相关的服务。截至目前,公司已经帮助中国跨境电商品牌在亚马逊等电商平台发起 80 余次维权行动,打击海外 120 多个品牌的不正当竞争,帮助 200 余家企业在海外挽回损失共计 600 多万美元。

20.3 多维赋能,护航中国制造的品牌出海

用知识产权赋能中国制造的品牌出海,跨知通通过整合各类专业化的服务主体、实行涉外在线商务法律服务模式、打造跨知通出海品牌研究院等手段,不断提升赋能跨境出口企业的能力。

(1)多方联动,整合各类专业化的服务主体。中国制造品牌出海,涉及提供海外公司注册、品牌标志设计、国际商标注册、专利运营保护、税务代理记账、股权合伙协议、法律终端诉讼等各类服务和环节,因此,需要专业化服务人才和机构参与其中。为此,跨知通基于开放、合作的理念,整合了全球律师、会计师、设计师、摄影师、知识产权代理人等服务商,形成了各类知识产权创造、保护、利用方面的服务合力。公司已经和全球 100 多个国家的 300 多家律师事务所、知识产权代理结构建立了合作关系。

(2)模式创新,提供涉外在线商务法律服务。在数字经济先行城市杭州,数字化技术在各领域的应用走在全国前列。跨知通利用互联网技术开创全新涉外在线商务法律服务模式,整合全球各类专业化的服务主体,用信息化对接企业需求,构建智能化跨境商务法律服务系统,实现跨时空跨地域的服务供给,让广大的中小企业享受成本更低、效率更高、专业更强的商务法律服务,助力中国企业在全球完成品牌的创建和保护,同时促进跨境电商行业的有序、规范、高质量发展。2022 年 1 月,由杭州跨知通知识产权服务有限公司、浙江国贸数字科技有限公司、杭州综合保税区管理办公室、浙江省电子商务促进会等共同推出的《跨境电子商务　术语》在全国团体标准信息平台发布。

(3)品牌研究,营造出海品牌,创造管理氛围。跨知通联合知名智库、高等院校、咨询机构、品牌专家等于 2018 年 3 月成立跨知通出海品牌研究院(KZTON Outrun Brand Institute)(以下简称为研究院),主要从事中国企业的品牌国际化理论研究、品牌价值评

估、品牌战略管理、品牌传播和品牌保护等市场应用,通过发布"中国出海品牌价值榜单""电商出海品牌50强"等系列研究报告,关注中国互联网出海品牌在海外国家的发展情况,分享品牌建设的主要趋势,提升中国品牌的国际影响力。2018年5月10日,在由跨知通主办的"中国跨境电商出海品牌价值论坛——大变化孕育世界品牌"上发布了首份《2018中国跨境电商出海品牌发展报告》,推出了"中国跨境电商出海品牌30强推荐榜"。跨知通出海品牌研究院为营造中国制造出海品牌的创造与管理起到了积极的推动作用。

20.4 尾声

创新是引领发展的第一动力。知识产权对激励创新、打造品牌、规范市场秩序、扩大对外开放正发挥越来越重要的作用。国务院2021年10月印发了《"十四五"国家知识产权保护和运用规划》,对全面加强知识产权保护,高效促进知识产权运用进行了规划和工作部署。跨知通创始人高进军认为,知识产权会成为中国企业"走出去"的最核心资产之一,中国企业的国际化和全球化必然是要走国际品牌的发展之道,因此,未来必将是中国企业海外品牌快速发展的时期。以跨知通为代表的跨境知识产权服务机构在促进中国制造全球竞争力提升和跨境电商产业高质量发展方面应该继续扮演关键角色。

案例思考题:

1. 企业在从事跨境电商出口业务时为什么要重视知识产权?
2. 跨境电商企业发生了知识产权侵权问题可能会产生什么后果?
3. 跨境电商领域知识产权纠纷事件的成因主要包括哪些方面?
4. 跨境电商企业选择专业的知识产权服务机构为什么是必要的?
5. 跨境电商企业可能需要哪些类别的知识产权服务?
6. 跨境知识产权服务机构如何提供更优质的服务?

参考文献

案例 21　基于数据驱动的 Stitch Fix DTC 商业模式创新路径[①]

摘要：本案例运用解释性案例分析方法，通过对二手数据的收集和分析，基于以技术创新为核心的商业模式四大要素理论模型，描述了服装类垂直电商 Stitch Fix 借助数据科学进行 DTC 模式创新过程。案例主要从客户价值主张、关键流程、关键资源、盈利模式 4 个方面详细介绍和展现了 Stitch Fix 近 10 年发展历程及成功的关键因素，即数据模型算法贯穿在公司业务的各个流程中，提高了个性化推荐系统准确性、订阅制服务的可持续性以及物流优化效率等，对中国服装类企业借助电商平台进行数字化转型具有一定的借鉴意义。

关键词：DTC 商业模式，模式创新，数据科学，个性化推荐，订阅制服务。

Stitch Fix DTC Business Model Innovation Path based on Data Driven

Abstract: Using the interpretative case analysis method, through the collection and analysis of second-hand data, and based on the four element theoretical model of business model with technological innovation as the core, this paper describes the DTC model innovation process of clothing vertical e-commerce Stitch Fix with the help of data science. The case mainly introduces and shows the development process and key success factors of Stitch Fix in recent 10 years from four aspects: customer value proposition, key processes, key resources and profit model, that is, the data model algorithm runs through all processes of the company's business, and improves the accuracy of personalized recommendation system, the sustainability of subscription service and the efficiency of logistics optimization, It has certain reference significance for Chinese garment enterprises to carry out digital transformation with the help of e-commerce platform.

Keywords: DTC business model, model innovation, data science, personalized recommendation, subscription service.

[①] 本案例由台州学院商学院的李文华、杭州师范大学阿里巴巴商学院的孙璐撰写。
本案例得到以下项目资助：国家自然科学基金地区项目(71962013)、教育部人文社会科学研究青年基金项目(19YJC630146)、台州市哲学社会科学规划重点课题(22GHZ02)、杭州市哲学社会科学规划课题(Z21JC100)、浙江省基础公益研究计划项目(LY22G020005)。

引言

新需求的世界浪潮，对品牌商提出了新要求，Z世代（1995—2010年出生）群体已形成规模消费力，他们追求个性化而非大众化的消费，追求人性化的购物体验。电子商务领域中大数据技术促进消费新模式的发展，使得商家拥有更多可选择的渠道，创新经销模式，通过多元渠道与消费者建立紧密联系，出现了直达消费者的商务模式（DTC）。数据化、"新消费"、"个性及定制"等是DTC模式创新的推动力，大数据技术、数字场景化、精准的通路，实现了商品直达消费端的便捷性。电子商务、社交网络的飞速发展，使得时尚数据的数量达到了前所未有的高度，服装工业的决策开始走向数据驱动的模式。网络平台记录了用户的购买喜好、购买类型和购买尺寸等数据信息，互联网企业在日常运营过程中积累了大量用户的网络行为数据。企业借助平台上的数据算法可以实现对用户行为的分析，从而挖掘每个用户的需求和偏好信息。数据科学渗透在时尚服装产品开发、运营管理、营销管理等过程中，可以为企业提供业务决策方向，紧跟市场需求，把握流行趋势，创新商业模式，促进服装企业实施差异化战略，开创新市场，走向"蓝海战略"。

案例对Stitch Fix商业模式的研究资料主要通过相关研究报告、学术论文、互联网文献、公司网站以及公司领导的发言新闻等渠道获取二手数据为主，运用相关理论模型对大量数据厘清逻辑结构，进行整理、论述、分析。

21.1 DTC模式概述

DTC（Direct-To-Consumer）起源于美国，指品牌不经过经销商或中间平台，直接通过自己的官方渠道和消费者互动，促进购买的完成，DTC品牌通常只在线上销售，并专注于某个垂直品类（维基百科），DTC品牌初代鼻祖是斯坦福大学商学院的两位研究生，其在2007年创办了时尚男装品牌BONOBOS。2010年是DTC品牌发展的分水岭，时尚服饰品牌Everlane、Stitch Fix等公司相继开张。2007—2017年这10年是美国DTC品牌的快速发展期，目前是平稳发展期。

在电子商务渠道的选择上，国内外DTC品牌产生了明显的分化，国外DTC品牌多以独立站形式经营，而国内则仍以第三方综合电商（阿里、京东等）作为在线销售的重点阵地，且日益重视社交媒体的私域流量进行用户运营和布局，独立品牌类电商不是很多。中国DTC品牌是近几年来随着社交媒体的发展才起来的，真正成规模出现DTC品牌是在2014年之后，如HFP、植观、以及2020年11月上市的完美日记，某种程度上，小米也是同时期诞生的DTC品牌，其通过直营平台销售手机这一举措与美国DTC同行完全一致。我国的电商平台话语权比较大，直到2016年左右，抖音等社交电商平台的出现，中国的DTC品牌趋势得以显露，但是独立站的模式一直没有很好地发展起来。能够在天猫、抖音、B站、小红书上全渠道地跟用户建立直接联系、直接卖货的，就算是中国的DTC品牌，做得比较好的有美妆类的花西子、完美日记等品牌。整体上看，DTC模式目前还不够成熟，中国的DTC是一种私域运营的营销方式。中国DTC品牌的核心能力是营销，数据洞察能力还比较欠缺。

21.1.1 DTC模式及其特点

1. DTC模式的本质

DTC模式的本质在于品牌商品直接销售给消费者,消费者需求也可以直接传递给某品牌方的全新商业模式。DTC的成功路径和关键要素在于消费需求和体验的回馈与再设计上。DTC品牌核心是运营客群的,不是以流量和销货为主的运营方式,那些靠运营客户成长起来的品牌,就是比较纯正的DTC。利用意见领袖(KOL)收集需求和建议,再完成产品升级迭代或创新研发,始终和消费者保持近距离,建立数据引入渠道或数据平台,从而利用数据完成品牌产品的创造,继而完成消费体验与周期管理,在私域里深度互动才是DTC的目的。

2. DTC模式类型和特点

目前DTC有3种模式。第一种是全渠道的直营零售模式,如优衣库,通过线上、线下多渠道触达目标顾客,自建移动商城、微信小程序、天猫旗舰店等,将全域营销渠道引流到品牌私域进行用户激活。第二种是直销模式,如安利的销售模式,其核心是让分销员与用户建立直接联系。第三种是会员制模式,如 Stitch Fix,通过产品机制、玩法机制等,让用户与品牌建立强链接。前两种模式的本质是把品牌"推"到用户面前,不算纯正的DTC模式,会员制是把消费者"拉"到品牌面前,品牌要成为跟客户产生信任,为客户创造独特价值的制造商、商品运营商及客户代言人,按客户需求进行个性化定制。

是否纯正的DTC模式主要看有没有在用户完整的体验链路上设置各种跟客户接触和交互的数据触点,有没有用这些触点上得到的回馈洞察用户需求,跟客户进行价值和情感的互动。品牌一定要跟着用户走,为他们创造价值,建立用户对品牌的信任。DTC的核心在于消费者需求和品牌—消费者关系,数字化是其手段,去除中间商只是其表象。许多DTC品牌都精于数字化营销之道,通过社交媒体、短视频、KOL/KOC等渠道传递品牌信息,快速打响品牌/新品知名度。

21.1.2 DTC模式的数据推动力及运营流程

DTC模式的优势在于其强调以消费者为中心的互动关系,关注消费行为,重视消费者生活形态和消费者体验,其背后需要一系列数据驱动能力的建立。品牌商只有掌握更精准的数据、及时洞察消费者购物动机和行为,并及时应对变化、调整业务,才能保持竞争力。DTC品牌的成功,离不开既懂业务,又具备极强数据技术能力的服务商。数据是做好DTC的核心要素,数据技术是DTC模式发展的原动力,贯穿整个商业模式始终。品牌商需借助大数据和人工智能技术,完成数据采集、数据搭建、数据应用、服务建模能力,实现DTC业务。DTC优势在于通过拉动终端客户需求,反向推动渠道需求,避免被渠道商压价,提高品牌方对产品流向的可控性,掌握终端客户数据资产,建立数据科学体系,提升产品开发和营销的准确性和效率,提升客户服务效率,进而提升利润空间。

DTC模式要求品牌商围绕研发制造端(数据端)、生产供应端、市场营销端及服务体验端(交付端)这4个价值链路的环节,创新机会。第一是让用户深度参与开发,增加品牌的忠诚度和口碑传播;第二是通过细分策略,将用户需求和产品属性相结合,找到最佳的契合点,进行精准的开发,触达用户所及;第三是把品牌嫁接在消费者本身就喜欢的事物上,做精准关联,不能生搬硬套,巧妙地将品牌植入消费者内心;第四是生产供应端的频率切换,转为个性化生产,高频量少;第五是从渠道和用户角度考虑,系统地设计营销场景,激发消费者的购买兴趣。以数据为中心直面消费者的DTC模式运作流程如图21-1所示。

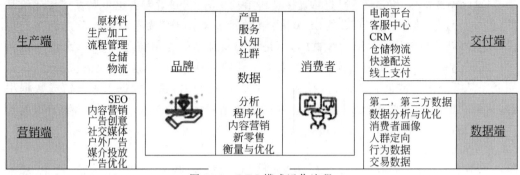

图 21-1 DTC 模式运作流程

21.2 Stitch Fix 公司简介

1. 基本情况

Stitch Fix 是一家在美国旧金山硅谷成立的 DTC 服装零售品牌,是以数据驱动、机器学习算法、设计造型师人工辅助判断相结合,提供服装推荐服务和个性化造型定制的电商平台,其模式充分展现了以数据为驱动力的特征。在 10 年多的发展中,保持着订阅电商头部企业的地位,只用了 2 年时间就实现正现金流。和大多数电商不同的是,Stitch Fix 出售的不仅是商品,更是其借助算法的力量完成个人造型服务,并通过数据技术帮顾客寻找自己喜欢的服饰。Stitch Fix 提供的服饰品牌,包括两种类型,一种是自主设计的品牌,另一种是合作品牌,其在美国有 1000 多个合作品牌。

2. 发展历程

创始人 Katrina Lake 2011 年从哈佛大学毕业后,源于用科技改善时尚零售业,致力于通过算法,将各品牌衣物搭配好提供给女性的初心,创立了 Stitch Fix,并首轮获取了 Steve Anderson 75 万美元的天使投资。Katrina Lake 的创业之路绝非一帆风顺,寻找 B 轮融资时,遭到 20 多家风投公司的拒绝,2012 年一度发不出工资,后获得 Stere Anderson 200 万美元资金。2013 年初,Stitch Fix 凭借 10 万份的销售量获得《纽约时报》风投榜排名第一的 Benchmark 基金 1200 万美元的 B 轮投资,2014 年顺利获得 Benchmark 的 C 轮跟进投资 2500 万美元。Stitch Fix 在 2014 年底开始盈利,2015 年实现全年盈利,2016 年营收 7.9 亿美元,到 2017 年 11 月拥有 200 万活跃用户,Stitch Fix 正式登录纳斯达克上市融资,融资规模达 1.2 亿美元。自上市以来,该公司连续 7 个季度实现收入增长超过 20%,2018 年创造了 12 亿美元的销售额,并以极具开创性的销售方式重塑 3340 亿美元规模的美国服装业,2019 年的收入已经达到了 15.8 亿美元,平台活跃客户数量增长到 320 万。2019 年第三季度的销售额增长 4.089 亿美元,增长率为 29%。2020 年营业收入为 17.12 亿美元,同比上涨 8.51%。在 2021 财年第三季度财报中,Stitch Fix 的净销售额达到 5.36 亿美元,同比增长 44%;每活跃用户带来的净收入为 481 美元,相比前一季度增长 3%。Stitch fix 在 2021 年 12 月 7 日公布财季报告,公司营收增至 5.81 亿美元(预期为

5.71亿美元），较去年增长19%，超过华尔街预期的5.71亿美元，活跃用户同比增长11%，达到418万，发展历程如图21-2。

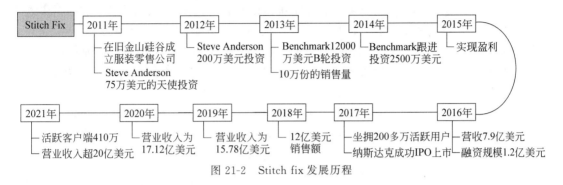

图21-2 Stitch fix发展历程

21.3 Stitch Fix的DTC模式及构成

21.3.1 商业模式的构成要素

哈佛大学教授Johnson和Christensen以技术创新为核心，构建了商业模式四要素模型，即价值主张、盈利模式、关键资源、关键流程。4个要素是相互联系，协同作用的，任何一个发生重大变化，都会对整体和其他要素产生影响。本案例采用四要素模型对Stitch Fix商业模式进行分析，框架图如图21-3所示。

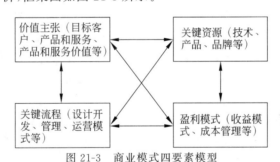

图21-3 商业模式四要素模型

21.3.2 客户价值主张

Stitch Fix的客户价值主张组成要素包括目标客户、产品和服务、产品和服务价值。

1. 目标客户

Stitch Fix成立初期，市场定位是为忙碌的职业女性提供推荐服务。没时间网购、网购效果不理想、网购服装不合身的消费者是Stitch Fix主要的目标客户之一，也是刚需客户。喜欢个性化独特服装的私人定制用户是其主要目标客户之二。随着平台不断发展，Stitch Fix业务范畴不断扩大，从起初只为职场女性提供服装产品与服务，到现在覆盖职场女性、男性以及儿童多个消费群体，并提供大码、孕妇装等特殊服务。在开拓国际市场方面，Stitch Fix在2019年首次在英国推出服装推荐服务，并在亚特兰大开设了仓库，成功开拓了第一个国际市场。

2. 产品和服务

Stitch Fix除了推荐个性化的服装产品，还提供服装"订阅制"服务，满足忙碌的上班族对服装的个性化需求。消费者订阅电商"盒子"的开箱体验与盲盒的开箱体验类似,通过顾客对订阅"盒子"的期待,提供一种情绪价值。在这样的服务模式下,消费者让渡对商品的部分自主选择权,交由算法和平台造型师帮助其做购物决策,为消费者节省购买决策的心智成本、时间成本,为顾客提供了便利性价值。Stitch Fix 推出付费订阅制,每年收取年费 49 美元,用户可以随时获得搭配好的 5 件产品,这不但提高了用户黏性而且提高了用户平均消费价值。2020 年和 2021 年,Stitch Fix 每个活跃用户产生的净收入都在 500 美元左右。

用户只需要在平台注册账户,根据问卷提示,提交尺寸和风格等相关数据,Stitch Fix 的 AI 算法根据数据进行学习,并结合专业造型设计师的搭配建议,从偏好和专业搭配角度,为用户挑选 5 个服饰盒子,顾客可从中挑选中意的服饰,为其付费,并免费退换货。AI 算法会根据用户的挑选结果再进行学习,不断迭代优化算法模型,提升推荐准确性。Stitch Fix 算法模型知道顾客偏好,根据顾客的口味、合身度和价格范围定制款式,邮寄适合他们的个性化商品,并附送顾客礼品卡或礼物。另外,Stitch Fix 为购买会员提供直接购买服务 Shop Your Look,会员可以通过官方平台为其搭配的服饰直接下单,实现立即购物。

3. 产品和服务价值

Stitch Fix 通过更深入地了解用户,在特定商品范围和用户群体内深耕,将技术与经验丰富的时尚专家风格相结合,设计师通过 Elevate 能够访问 Stitch Fix 资源,学习数据洞察以及艺术和科学方法,通过资源、影响力和创新,在整个行业激励和推动服装零售变革。Stitch Fix 不仅提供精心策划的方案,帮助顾客节省时间,并持续不断地发展客户个人风格,为每个人提供适合他们的尺寸、类型、款式。Stitch Fix 拥有 100 个品牌的 Plus 款,帮助 30 多个品牌合作伙伴扩大其尺码产品,并提供所有自有品牌的尺寸及包容性款式,尺码包括小码到加大码。Stitch Fix 所提供的服装产品价格从二十多美元到几百美元都有,服装推荐服务价格为 20 美元,消费者能以较低的价格享受到个性化推荐服务。Stitch Fix 创始理念之一就是让多数普通消费者也能享受到一对一的个性化服装推荐服务。Stitch Fix 支持社会正义,从 2020 年开始,在 5 年内捐赠 50 万美元以促进社会正义,其中 10 万美元将用于支持黑人生活组织,支持消除系统性种族主义和其他不公正现象,向部分黑人设计师提供财政补助和指导。2020 年,Stitch Fix 启动了"提升"(Elevate)赠款、助学金及导师计划,旨在支持下一波有色人种企业家。

21.3.3 关键资源

Stitch Fix 关键资源的组成要素包括技术资源、团队资源和品牌资源。

1. 技术资源

Stitch Fix 不仅是服装类电商平台,更是一家数据科技公司,技术资源是其商业模式中的最关键资源,贯穿了模式组成要素的各部分。Stitch Fix 旨在通过使用数据和机器学习大规模地将个性化设计带给大众,平台上的 Style Shuffle 功能实现大量数据的采集,用户在平台上选购行为的各项数据将输入 Stitch Fix 的算法中,帮助它根据年龄或位置等不同因素更好地了解客户偏好。Stitch Fix 采集的数据分三大块:第一是用户信息数据,包括用户所在地、体型、年龄、社交网站信息、消费行为以及价格承受力;第二是产品信息数据,包括品牌、定价、颜色、款型、尺寸、图案以及一些设计细节;第三是产品反馈数据,包括用户对产品的直接评价,退换产品的记录。随着与用户互动的增加,网站不断扩大数据库,提高机器模拟能力。Stitch Fix 很好地展示了在线品牌商怎样充分利用数据,并利用其不断改善在线客户体验。为了获得独有的个性化体验和礼物,客户愿意提供个人信息以及对产品的反馈和评论。由于 Stitch Fix 对服务的较高投入程度,80%的客户对退回的产品留下了反馈,Stitch Fix 通过数据分析和对消费者的理解,在满足用户个性化需求同时,实现了更高的存货周转率、投资回报率和更低的退货率。虽然 Stitch Fix 的核心是数据,但其成功是与公司上千位数据师密不可分的,在数据模型提供初始的产品搭配建议后,建模师会针对用户资料,进行调优。

2. 团队资源

Stitch Fix 的整个业务流程是通过算法团队、工程师团队和搭配师三个团队一起配合完成的。Stitch Fix 有专门的算法团队,为自有服装品牌提供设计依据,并聘请了首席算法官来监督算法团队。算法和工程师团队处理庞大的消费者数据和产品数据,通过一系列算法从库存中筛选出最合适的服装,搭配师团队再根据这两个团队所挑选出的产品做进一步的筛选。在合作伙伴方面,除了与斯坦福大学和斯坦福工业联盟进行技术合作外,Stitch Fix 还与数百个服装品牌方都进行合作,提供充足的货源。与来自美国各地数千名造型师合作,他们是潮流引领者和时尚专家,了解客户的风格和不断变化的需求。总之,Stitch Fix 的成功=用户提交的反馈数据+商品数据+不断改进的推荐算法+造型师的个性化调优=更满意的用户体验+更高的复购率+更高的推荐成功率。

3. 品牌资源

Stitch Fix 有自主设计生产的品牌,其 DTC 平台通过数据分析,发现许多用户的一些需求是被合作品牌忽视的,针对一些市场产品空缺,打造自己的独创品牌,并为特定的顾客群定制一些新样式。目前,平台有 20%的产品是由 Stitch Fix 自己设计生产的,这是 Stitch Fix 相较于其他服装类电商平台特有的服务。Stitch Fix 通过数据库挖掘用户的潜在信息,在细节上迎合了用户的喜好,提高了销量。Stitch Fix 通过资源和影响力,选择不同的合作伙伴关系,保证可持续的多样性品牌。Stitch Fix 与 1000+品牌合作,从这些品牌商低价预订产品。网站不断向合作品牌提供用户的产品反馈建议,为合作品牌带来准确的设计反馈,充分了解不断变化的消费者喜好。与 Stitch Fix 合作的品牌,可获得其收集的数据,Stitch Fix 为每个合作品牌提供给自己的 vendor portal(供应商门户),使他们获取销售反馈,借助 Stitch Fix 数据,合作品牌商根据有关合身程度、尺寸、设计反馈来改进和开发其产品,通过 Stitch Fix 和其他渠道增加销售额。

21.3.4 Stitch Fix 关键业务流程及模式

Stitch Fix 关键业务模式的要素由客户数据管理模式、数字化营销管理模式、数据科学渗透的开发与运营模式、数据化的物流管理模式等组成。Stitch Fix 数据科学(DS)渗透到业务流程的各个模块中。Stitch Fix 在开发、选品、销售、库存优化方面都是以数据为基础驱动力,数据科学与造型师结合,始终运用数据技术为消费者打造专属个人独特体验的造型服务和产品推荐服务。

1. 客户数据管理模式

(1) 售前客户数据管理模式。客户在要成为 Stitch Fix 用户的时候,会被要求填写一个具体到服装尺码、风格偏好、服装需求和价格接受度的表格,客户需要提供包括体重、内衣尺码、社交网站主页链接等一共50条相关信息,填写完毕后会为每个客户创建个人数据档案,沉淀基础数据,用来记录该用户所有数据更新、变动。Stitch Fix 会根据这些信息,产出一系列潜在的搭配模式,随后,公司的造型师(大部分是兼职)会为客户设计他们的"私人穿搭",从与 Stitch Fix 进行合作的200多个服饰品牌中进行挑选和匹配。

(2)售中客户数据管理模式。Stitch Fix 产品除了个性化元素外,其吸引力还在于便捷性。Stitch Fix 去除了客户的决策过程,但仍为他们提供了客户自己本会选择的服装和配件。Stitch Fix 采取订阅制方式定期向用户邮寄服装,顾客也可以自己指定邮寄的周期和具体时间。注册完成后,顾客会定期收到一个包裹,这是由推荐算法和真人造型师共同搭配的5套服装并配有一张顾客穿搭意见说明书。这项服务是免费的。

(3)售后客户数据管理模式。Stitch Fix 会征求客户反馈意见并精确衡量服装的各个维度,通过不断收集、积累用户反馈数据,持续优化算法模型,让它更符合用户兴趣和偏好,顾客在收到产品盒子后,会得到搭配师精心为个人制作的具体服装搭配方式和理由,顾客也会针对服饰盒子的价格、风格、上身效果等指标填写反馈。Stitch Fix 平台及时采集反馈信息,建立专属个人用户喜恶的数据库,预测顾客关注和喜好的类型特征,做到推荐的产品越来越精准,提高复购率,减少用户流失率,为后续生产更多样式的服装打下基础,扩大品牌类型,实现其大规模提供个性化样式的能力,减低个性化服务成本。

2. 数字化营销管理模式

(1)会员营销,培养忠诚度。Stitch Fix 更加注重客户留存。它发布了两个新功能帮助培养回头客和长期客户,其一是推出了 Shop Your Look 项目,该功能针对现有客户,可以找到与以前购买的产品搭配的产品。同样地,Shop New Colours 使客户能够购买以前购买过的,但颜色、印花或图案不同的商品。其二是 Stitch Fix 通过"发现元素",重塑在线购物体验,培养忠诚度。客户的意识会转化为直接购买动力或对单个品牌的忠诚度。Stitch Fix 采用惊喜盒子带来的惊喜元素,吸引客户进行重复购买,增加用户黏性。

(2)重口碑营销,发挥 KOC/KOL 价值。KOC(Key Opinion Consumer,关键意见消费者)一般指能影响自己产生消费行为的朋友、粉丝。相比于 KOL(Key Opinion Leader,关键意见领袖),KOC 的优势是更垂直化、更便宜。相对于在数据算法方面的大量资金投入,Stitch Fix 在营销的投入上重视低成本、准确和有效性,倾向于 KOC 口碑营销,通过客户口碑效应,借助朋友之间或者粉丝之间的相互推荐,尽量避免大规模的平台或者线下宣传。Stitch Fix 在 YouTube 上向用户分享"开箱体验",获得网友的点击量和互动,通过这种高级盲盒的玩法,提升围观消费者的好奇指数,提升订购量。Stitch Fix 通过 Facebook、Insgram、YouTube 等社交媒体多渠道直接链接消费者,其创始人 Lake 在 Facebook 上非常活跃地和客户互动,积极开展社交营销。Yotpo 的调查研究显示,约98%的受访者表示,社交平台客户口碑和评论是其他消费者购买 DTC 品牌行为的重要影响因素。

(3)借助算法开展个性化营销。Stitch Fix 的成功在很大程度上取决于其数据优势和机器学习算法。借助算法,DTC 模式充分发挥精准交互的个性化营销,算法会帮助平台了解顾客的生活状态是忙碌还是空闲、顾客期待现状,在与顾客沟通过程中给顾客带来超预期的服装搭配推荐和个性化营销体验。由于受到线上、线下服装业的打折促销、疯狂的广告宣传和多平台服装推荐的影响，Stitch Fix 需要解决三大问题：如何拓展客户群体、维持用户黏性以及提升数据推荐准确性，Stitch Fix 下一步将利用 AI 数据算法指导商业竞争决策，加快数字化决策进程。

3. 数据科学渗透的开发与运营模式

（1）个性化推荐系统开发和运营。Stitch Fix 的个性化推荐系统在用户初始注册提交个人基本身高、体重及个人喜好信息时，开始分析、推理并主动为顾客推荐服饰，经过不断积累和推理学习，Stitch Fix 存储了很多顾客不同种类的基本信息、风格偏好信息和习惯购买的穿戴属性数据，使得决策结果更准确。实际运行时，系统会根据数据运行不同的匹配算法，产生针对特定顾客的库存排序。通过过滤步骤移除之前向顾客推荐过、但是不具有吸引力的服饰；对于被顾客接受的服饰，算法会计算它被喜欢的程度。系统还会根据不同类型顾客对已购服饰的反馈或评价，预测把类似服饰推荐给新顾客引起购买的可能性。同时，系统会计算那些与该顾客有共同喜好的人对这个商品的喜欢程度。Stitch Fix 的推荐系统除了使用经典的协调过滤算法外，还针对其商业模式进行了个性化创新，推荐系统会根据用户之前的退货产品类型，判断相似产品，进行同时删除，然后再执行各种算法。人工造型设计师在机器算法推荐的产品基础上，再进行新一轮产品筛选，因此，Stitch Fix 推荐系统的准确性和新颖性相对较高。

（2）通过用户数据反馈，迭代个性化服务。为了积累更多用户风格偏好的数据，Stitch Fix 开发了一款基于 iOS 的 App——Style Shuffle，用户打开 App 后会收到服饰搭配评分邀请，每天可以为一套服装搭配图片进行评分，这款程序可以训练模型算法，提高推荐准确性，同时还能吸引用户回到 Stitch Fix 平台，提高用户打开率和回购率。Stitch Fix 后台算法根据多源信息，如季节、客户个人情况、衣服等信息作演算，进行初步推荐，再由造型师根据自己的经验审核，经过积累，Stitch Fix 拥有 50 多项用户个人信息，如体重、内衣尺码等。同时，平台将合作品牌的信息进行存储，包括衣物的 100～150 个信息点，细分为颜色、袖长、衣长等各类信息。Stitch Fix 平台拥有"混合效应模型"机器算法，它会根据受欢迎的服饰图片，再根据顾客反馈和购买记录，用经过训练的神经网络算法生成矢量图，计算矢量与库存产品矢量之间的余弦相似度，再根据各种算法打分得出一个综合得分排序，将排序靠前的服饰推荐给造型师进行再设计和优化。

（3）新产品开发与服务推荐。在新产品开发方面，Stitch Fix 开发了服装属性喜欢程度计算模型，此模型可以判断出属性集被喜欢程度，系统把属性集信息推送给设计师，他们会根据自己的经验进行审查并完善、优化属性集，设计新一代服饰风格，然后进行生产，最后推荐给顾客，并不断地循环改善，推陈出新。Stitch Fix 的算法可以依据顾客与造型师的历史沟通记录、顾客描述和潜在风格偏好等，把不同类型风格的造型师匹配给具有相似风格的顾客，算法会给不同的造型师和顾客计算匹配分，为顾客匹配最佳的造型师。一个造型师可能服务很多类似顾客，形成自己的顾客群，为特定顾客群设计服装，为 Stitch Fix 打造自有品牌。

（4）需求预测与匹配。Stitch Fix 的机器人跟踪所有顾客接触点——每一件送出的快递、每一条反馈信息、每一封来往的邮件等。这些数据给 Stitch Fix 机器人提供了推理的基础,机器人根据顾客不同状态,判断不同的需求,建立状态转化矩阵和马尔可夫模型,提前预测顾客以后可能的服装需求。

4. 数据化的物流管理模式

Stitch Fix 算法模型不仅运用在推荐系统中,也运用在库存和配送管理中。

1) 库存管理优化

在库存管理方面,Stitch Fix 依靠数据分析,灵活管理库存,避免库存积压,解决零售商的烦恼——库存问题。Stitch Fix 数据库记录了每个用户精细的行为数据,系统可以推算用户不同时期的不同状态,及时预测用户需求,更新库存。从产品物流、产品库存到分配造型师,平台都拥有一套完善的数据模型来模拟场景,作合理的选择。Stitch Fix 须在进货前维持库存量,确保在顾客需要时推荐系统和造型师团队拥有足够的货源,为顾客挑选服装。Stitch Fix 构建了马尔可夫模型,算法可以根据顾客以前的行为数据,提前预测顾客购买需求,及时补充库存,合理调配服装,避免积压。Stitch Fix 利用系统动力学模型确定进货时机,预测订购量和订购的衣服调配到哪些仓库,判断哪些积压的服装在什么时候处理掉不影响库存水平,不造成成本上升。

2) 仓储配送优化

在仓储配送方面,Stitch Fix 拥有"配送仓库选择模型"。顾客下单后,算法团队会根据收货地址以及库存情况,匹配出最优送货仓库,系统会对每个顾客都计算一遍并产生相应的成本矩阵,计算每个仓库发货给顾客的成本,保证每次配送的成本都是最低的。在配送方面,与 FedEx、UPS 等快递公司达成了长期合作。

21.3.5 Stitch Fix 的关键业务流程总结图

根据前述四大模块总结出的 Stitch Fix 关键业务流程图如图 21-4 所示。从图中可以看出,数据管理与算法模型处于业务流程的中心位置,从用户注册成为会员开始,数据模型开始发挥作用,为顾客推荐满足需求和偏好的商品;数据算法模型还作用于库存及配送流程;外部的营销管理和新产品研发既为中心环节输入数据信息,作用于模型数据优化,又借助模型算法作用于产品开发创新和营销创新。

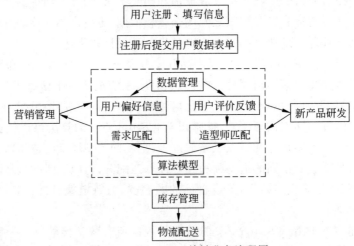

图 21-4 Stitch Fix 关键业务流程图

21.3.6 营利模式

Stitch Fix 盈利模式的组成要素,主要由收益模式和成本管理组成。

1. 收益模式

从收益模式来看,Stitch Fix 的主营业务收入来源于两个方面。一方面是服装销售业务,平台所销售的一半以上商品来源于其他品牌供应商,通过从品牌供应商处采购服装、鞋帽等商品,再经过 DTC 平台模式运营推荐给顾客,赚取购销差价,还有 20% 左右的商品是 Stitch Fix 自产自销的服装品牌;另一方面,Stitch Fix 的收入来源于服装推荐服务费,平台为每一位有服装搭配需求的顾客提供私人搭配服务,并收取 20 美元的推荐服务费。通过 DTC 营销模式引流,平台点击率、关注率、用户量不断增加,顾客需求越来越多,服装销售和服装推荐服务收入也在不断增加。

2. 成本管理

成本管理方面,Stitch Fix 成本费用主要来源于其算法团队的费用,算法团队同时也是其业务流程的核心部分,前期的建设成本很高,但随着平台知名度的提高,合作品牌不断增多,平台商品和会员数量大大提升,平台建设成本占比越来越小。另外,为了控制人力成本,Stitch Fix 大部分聘请的是费用相对较低的兼职造型师。在供货商方面,Stitch Fix 能够利用自身的数据为服装设计师和批发零售商提供价值。传统上,设计师和批发零售商很难获知某个商品销量惨淡的原因,但是 Stitch Fix 却可以提供这个信息,并且利用这些信息谋取更低的进货价格。

21.4 Stitch Fix 优劣势分析

21.4.1 优势

创新商业模式是企业持续竞争优势之源,也是企业采取差异化战略避免同质化竞争的有效途径。Stitch Fix 是利用数据给客户带来独特体验和创新产品服务最成功的服装类独立平台之一,是服装行业数字化和模式创新的成功代表。其商业模式的优势主要体现在如下两方面。

(1)虽然 Stitch Fix 提供的衣服不是独家发售,也不是最便宜和物流最快的,但面对来自快时尚、普通零售百货的竞争,其推荐系统预测准确性较高,个性化和新颖性程度较高。Stitch Fix 优势在于更了解消费者,知道什么才是最适合他们的,提供的价值和解决的问题是怎么找到那些最适合客户的东西。

(2)Stitch Fix 机器算法和数据团队强大的数据收集和分析能力,通过不断的积累用户需求数据,使其拥有比竞争对手更丰富的用户数据,通过将众多的数据转换成不同款式和类型的衣服,保证了产品的多样性,可以快速满足顾客需求,为多元化销售模式提供保障。

Stitch Fix 是一个不断学习的品牌典范,能了解并预测客户的需求以及更好地传递价值。由于 Stitch Fix 掌握核心数据技术,比传统的零售电商更能适应消费升级,适应消费者定制化的新需求,能够更好地动态优化重构商业模式。

21.4.2 Stitch Fix 的问题

基于数据科学技术的 Stitch Fix DTC 模式运营给消费者提供了私人独享性、定制性、新奇性的购物体验,但其运作模式也面临一些挑战。一方面,其模式在吸引新客户注册并完成个人服装喜好问卷填写程序比传统电商直接下单模式更复杂,使消费者更不愿意花时间注册成为会员,可能会使平台对新用户的使用率下降,失去大量可能的潜在用户,要改变这种现状,可能需要花更多的成本进行线上、线下广告宣传。其次,由于 Stitch Fix 模式的核心资源是数据,数据算法和数据技术团队对消费者需求的判断和预测决定了其开发或者推荐的产品的准确程度,如果数据获得不够丰富、准确,算法优化不够完美,就会导致数据团队的预算和顾客需求匹配得不够精确,会影响顾客的信任,影响复购率,会造成老顾客流失,影响平台的销售量和未来的发展。

21.4.3 问题解决策略

为了应对增长困境,Stitch Fix 采取了多项措施,重点放在了拉新和提升老用户价值上。

(1) Stitch Fix 主要通过加大广告投放力度进行拉新。为了更好地保障上市成功,并在上市后有更多的资金保障,Stitch Fix 2017 年广告支出比 2016 年增长了将近 3 倍。2017 年,公司首次尝试了电视广告的投放,但是 Stitch Fix 并没有采取广撒网的方式投放广告,而是依靠产品做自然转化的方式,利用数据分析技术,精准聚焦准客户进行了投放,优先看重用户质量。在 Facebook 广告投放上,公司对其他国家也进行了投放,通过广告投放来测试在其他国家扩展业务的可能性,做前期的测试和用户反馈,为下一步拓展这些市场做准备。

(2) 提升老用户价值主要通过以下方式实现。第一,推出直购(direct buy)方式。用户可以在个性化推荐模式之外,享受直接购买模式,看到自己喜欢的衣服可以直接加购,这也是公司尝试以直购打破"推荐+订阅"模式的规模瓶颈。直购模式可以更好地提升首次下单率,对于新用户而言,在没有使用产品之前,49 美元的包年费或者 20 美元的造型费用,造成了转化障碍,而一旦突破了用户首次下单,往往会带来更多的购买。第二,公司和更多品牌合作,增加 SKU。目前公司与 1000+ 的品牌方取得了合作,也增加了更多的 SKU 来丰富用户的可选择项,这些对提升用户价值有一定的效果。第三,不断优化推荐算法,增加造型师人数。Stitch Fix 是垂直领域的订阅/会员模式,总会有一定的增长天花板,很大可能性需要进一步扩充品类和拓展新区域。

21.5 案例启示

Stitch Fix 证明了数据科学技术改造和升级传统行业的巨大能量,Stitch Fix 运用数据科学技术改造甚至颠覆了传统的服装经营模式,其数据驱动的 DTC 模式,对我国数字场景下服装业模式创新具有借鉴意义。Stitch Fix 平台注重业务模式创新,开创了行业内极具特色的数字化商业模式,对我国服装电商模式创新具有参考价值。国内很多服装类企业对 DTC 商业模式运作尚处在摸索期,服装平台可以借鉴 Stitch Fix 的数据化 DTC 运作模式。大数据背景下中国服装类电商平台商业模式的创新路径可以通过数据和算法创新改进开发运营过程,创新产品和服务,提高定制化服务质量,充分满足不同类型的个性需求。虽然国内各大巨头电商第三方平台,如"天猫"入驻的品牌商报喜鸟等推出了线上定制服务,京东陆续上线了"京·制"个性化定制,自有品牌"京造"服装定制服务。但总体上,目前我国服装类电商平台定制业务存在一些问题。第一,线上定制成本较高,一般通过线上下单，线下实体店完成实际定制。第二，电商平台上发布的可供选择的定制品类型不够多样，跟不上个性化需求变化的速度。第三，大多数消费者线上服装定制习惯还没成型，主要原因在于平台商家和顾客互动沟通方式不够便捷，很多服装图片展示和实物有出入，服装详情数据不够精确，个性化导购有待提高。我国服装电商平台可借鉴 Stitch Fix 订阅制，通过 DTC 模式直接和消费者沟通，获取消费者需求偏好信息，不断积累各种数据，设计更多不同的服装样式，建立服装个性化特色款式库，以及时推出新产品，并通过数据算法快速给顾客精准推荐服装，为消费者创造多样化的、新的产品与服务。尽可能砍掉服装定制过程中的加价环节，使消费者能够以相对低的价格体验到服装定制化服务。通过大数据优化物流环节，应用数据算法合理布局和管理优化仓库、降低成本，提高配送效率。

案例思考题：

1. 你认为在分析和描述企业商业模式时，需要用哪些系统的方法或工具？
2. 商业模式的构成要素是什么，构成要素之间是什么关系？
3. 根据案例，思考和分析数据科学技术是怎么有机链接 Stitch Fix DTC 商业模式组成要素并进行协同运作的？
4. 通过 Stitch Fix 案例，怎么具体描述以数据技术为核心的 DTC 模式特征？
5. 阐述 Stitch Fix 给中国服装类电商采用 DTC 模式进行创新带来的启示？
6. 我国 DTC 模式的典型企业有哪些？其模式运作和 Stitch Fix 的差异在哪里？
7. 请查找资料，试用本案例的分析框架分析其他不同行业企业案例。

参考文献

案例 22　链上公益：全网第一公益数字平台如何践行公益信任①

摘要：以"全民参与""共同创造"为新特征的"互联网＋公益3.0时代"已到来，然而公益信任问题日益突出，如何构建完善的信任机制已成为紧迫且重要的议题，借此激发互联网＋公益善能量，推动公益模式迭代升级。2019年9月5日，阿里巴巴公益联合蚂蚁金服区块链团队首次发起"链上公益计划"（以下简称为链上公益）。其宗旨是为公益组织和公益项目提供公开透明的系统化解决方案，是目前国内首个全链路、可追溯善款去向的创新技术平台。"链上公益"以提升公益透明度、公众信任感为己任，目前已成为全网第一的公益数字平台。那么，"链上公益"究竟是如何从当代中国和谐社会发展的现实诉求出发，以区块链技术和平台为依托，建立完善、科学的公益流程与标准方案，践行公益初心、担当信任己任、打造完善公益体系的呢？

关键词：互联网＋公益，区块链，商业模式。

Charity Blockchain: The Practice of the Public Trust by China's No.1 Public Welfare Digital Platform

Abstract：The "Internet plus public welfare 3.0 era" featuring "universal participation" and "joint creation" has arrived. However, the issue of trust in public welfare has become increasingly prominent. How to build a trust mechanism has become an urgent and important issue, so as to stimulate the good energy of the Internet plus public welfare and promote the iteration and upgrading of the public welfare model. On September 5，2019，Alibaba Public Welfare and Ant Financial blockchain team launched the "Charity blockchain" (CBC) for the first time.Its purpose is to provide public welfare organizations and public welfare projects with open and transparent systematic solutions. It is currently the first domestic full link that can trace the whereabouts of donations to innovative technology platforms. CBC is committed to promoting

---

① 本案例由中国计量大学经济与管理学院的严骏欣、滕敏君、林诗婷撰写。

public transparency and public trust, and has become the number one public welfare digital platform on the Internet. So, how does CBC proceed from the realistic demands of the development of a harmonious society in contemporary China, build a sound and scientific public welfare process and standard scheme based on blockchain technology and platform, practice the original aspiration of public welfare, take responsibility for trust, and build a sound public welfare system?

Keywords: Internet plus Public Welfare, blockchain, business model.

引言

近年来,随着互联网技术日益成熟、互联网理念日益普及,中国的公益事业正在从传统公益模式向新型公益模式转变。互联网公益逐步取代传统的公益慈善模式,成为社会公益的主要形式之一。正如北京师范大学中国公益研究院王振耀院长所说"互联网＋公益是公益事业的一场革命",这样的模式毋庸置疑会成为未来一大趋势。资料显示,过去的10年时间,中国互联网用户已从5亿增长到10亿,互联网的普及率超过70%,依托超10亿的互联网用户,中国已成为"全球最大的数字社会"。在这样的科技背景下,互联网与公益,两个原本看似不相干的领域擦出了不一样的火花。然而,这种激烈的碰撞带来的不仅是历史性的机遇,也让公益事业面临着前所未有的严峻考验。由于互联网具有门槛低、信息传播效率高等特点,无疑增加了负面信息被快速传播和放大的可能性。先是2011年"郭美美事件"在网络上引起了轩然大波,引发了公众对中国公益事业的质疑和不安。2020年初,"韩红慈善基金会事件"更是让公益信任危机到达顶峰。那么,在经济高速发展的当下,互联网公益应该如何渡过难关?中国特色"互联网＋公益"的模式又该何去何从?

22.1 膏车秣马:公益信任陷困境

22.1.1 身陷囹圄,步履维艰

过去10年间,中国公益行业发展迅猛,行业总体保持良好发展势头。但纵观我国公益事业发展进程,并非呈现平稳上升的趋势,而是历经波折。其中我国公益最为严重的两次信任危机,分别发生在2011年和2020年。

2011年6月20日,微博一个名为"郭美美baby",认证身份为"红十字会商业总经理"的女孩引起了众人瞩目。她在微博上展示她的"奢侈生活":开着玛莎拉蒂跑车,在别墅举办生日派对,穿戴着昂贵的奢侈品。这样的微博内容引发了公众的强烈质疑:这个年仅二十岁、拥有名包豪车的总经理,财产来源是否与"红十字会"有关?一时之间,各种与郭美美、红十字会有关的说法在网络上迅速发酵。有人说:"郭美美的高调让我们得以思考中国公益资本的流动方向"。尽管郭美美接受调查后连发三条微博致歉,并解释称"中国红十字会商业总经理"的称谓是自己杜撰出来的。面对公众舆论的质疑,红十字会也没有缄默,接连三次发声回应,但效果并不理想,原因就在于红十字会只是简单"说明",却没有实质性地公布证据予以佐证。

一波未平一波又起,继"郭美美事件"不了了之后,在2020年疫情形势最为严峻之时,公益事业又一次成为了众矢之的。知名歌手韩红在疫情期间为慈善事业四处奔波,却受到一位百万大V在社交平台上连续发文公开质疑,其提出质疑的核心是韩红两年前的公益支出低于国家要求。在这个时刻搬出两年前所谓的"黑料",对韩红以及其他爱心人士的行为进行点评和批判,有声音在说:"去做自己最擅长的吧,唱歌也可以帮忙,别添乱了!"即便最终韩红得到了社会各界的认可和广大网民的支持,但却给我国公益事业的社会公信力带来了沉重的打击。

在经历了两次信任危机之后,一个名为水滴筹的平台走进了社会大众的视野,成为了

互联网大病筹款平台中最为成功的案例之一。水滴筹可谓是一场"及时雨",其借助于微信好友间的熟人关系网,依托人与人之间的信任,一定程度上为公益信任提供了新的思路和借鉴模式。但是水滴筹在实际运作过程中也存在诸多漏洞,如德云社演员"百万众筹"事件、地推扫楼事件等,使得社会舆论在网络上持续发酵,水滴筹同样陷入了质疑。"项目本身很好。水滴筹提供了一个很好的公募的平台,同时也一分不差地转交善款,给大病家庭切实解决了燃眉之急。但不得不承认,网上到处都是各种诈捐新闻,主要问题在无耻的诈骗人身上,这需要平台更有效地去监管,以减少过错。"

由此可见,传统公益模式的信任体系并不完善,引发社会公众的普遍关注和担忧,这一切都指向一个共同点,就是需要深入了解社会大众的诉求和担忧,构建新型公益模式以解决现存信任危机。

22.1.2 抽丝剥茧,溯本求源

解构传统公益模式,其是否真正满足了用户的诉求?在互联网公益出现之前,传统公益模式一直是最为主要的运作模式之一。但在这种模式下,我国公益慈善组织却面临公信力危机,对公益机构乃至整个行业的信誉度,都带来了巨大的社会压力。究其原因,是因为公益慈善的公益性,决定了公众有权获知各种公益慈善信息。但现实中,其安全性、公开性、客观性等却无法得到保证,主要体现在:传统公益的危机管理能力不足,捐赠款项具体流向不明,使用情况等细节信息不全,未提供受捐赠者的评价与反馈等问题,多年来一直为公益圈内外所诟病。

在这样的背景之下,公益事业要解决的首要问题便是修复社会声誉,重获公众的信任与支持。一方面,站在公众的角度来说,人们需要一个社会信任度较高的公益数字平台,拥有存储大量信息的数据库,拥有真实公开、全程溯源等特点,保证公益信息的对称性,协调互不信任的各方节点,从而解决彼此信任的共识问题。这样的数字平台应该如何构建呢?

另一方面,这样的平台需要为大众提供人人参与、共同监督的途径,能够快速针对社会痛点调整业务方向,为公益组织和公益项目提供公开的系统化解决方案,实现善款全公开、过程可存证、信息可追溯、反馈可触达、多端可参与等目标。只有提供上述价值,这样的平台才能依托于"大众信任的引擎发动机",持久运营下去。

"链上公益"就是在这样的需求声中应运而生的。2019年9月5日,"链上公益"由阿里巴巴在95公益周论坛上正式发布,计划打造未来透明公益基础设施,并对平台上的公益机构免费开放。发布当天,"链上公益"计划第一个落地项目——新未来高中生正式发布。同年12月17日,链上公益计划的第一笔自动拨付获得成功。"链上公益"深入公益慈善领域,切实护航善款去向,让该被帮助的人得到应有的帮助,为我国传统公益事业注入了新鲜血液。那么它究竟是如何实现捐赠款项全程溯源,践行公益信任的呢?

22.2 拭花试水:模式创新绘前景

"第一笔自动拨付,成功了!!!"一条只有10个字的信息外加一张系统打款成功截图被发到了阿里巴巴链上公益项目群里。当日,"链上公益计划"上线的首个项目——新未来高中生,完成了第一笔自动拨付,实现了区块链技术与公益事业结合的创举,迈出了公

益透明化的第一步,为打造完善的公益信任体系奠定了坚实的基础。基于蚂蚁区块链的"链上公益计划",已经逐步实现善款的全程溯源追踪。此后,"链上公益"更是致力于全链路信息的有效存证与展示,做到公益项目执行过程中资金效能的最大化,进一步提升公益透明度,增强公众参与公益的信心。对此,蚂蚁集团前 CEO 胡晓明曾表示:"每一笔捐赠背后,都是参与者对平台的信任,确保公开透明,不辜负每一份信任,是我们的责任和使命。"

22.2.1 推陈出新,另辟蹊径

区块链,从本质上讲就是"去中心化"的共享数据库,存储于其中的数据或信息,具有"不可篡改""公开透明""全程留痕"等重要技术特征。区块链能够让人们无地域限制、去信任化地合作,让人与人之间的信任,人与机器之间的信任变成机器与机器之间的信任。因此,具备上述特征的区块链技术与存在信任危机的互联网+公益模式,天然有着极高的契合度,适用于互联网+公益中的诸多现实场景。二者的结合是未来中国公益事业可持续健康发展的必由之路。放眼当今互联网事业的发展现状,区块链的四大技术功能,即"去中心化""不可篡改""公开透明"和"全程留痕",对应解决了互联网+公益项目实施流程烦琐、信息真假难辨、资金流向难以追溯、流程监管实施困难等常见痛点问题。

1. 去中心化

公益数字平台的去中心化是指在捐赠过程中去掉第三方机构,让系统中参与主体平等,从而将公益数字平台的职能实现从中介机构升级至信息平台,捐赠者和受赠者可直接借助平台实现数字化"精准对接"。通过精简善款流经环节、优化捐款资助流程,大幅降低过程损耗与成本,在很大程度上打消了公众对于善款金额与去向的疑虑。

2. 不可篡改

即便没有第三方机构的参与,公众依然无法做到对公益信息百分之百的信任。区块链信息不可篡改的特点,就针对性地解决了人们的担忧。其独有的链式结构结合科学的密码学算法,能够保证信息的真实性。一旦数据信息被篡改,整个系统将会产生一连串的连锁反应,导致无法进入下一环节。因此,融入区块链技术后,平台上的捐赠信息都是真实可靠的,无法被人随意更改,为公益事业的监管工作提供了极大的便利。

3. 公开透明

既然信息的真实性得到了保证,那公众到底能查询到哪些信息呢?基于区块链的去中心化,其信息数据库是由每个参与者共同维护和构建的,每个参与者都是这个系统的节点,而每个节点都可以查看完整的信息数据库。区块链技术的应用成功打破了传统公益模式参与者与中介机构的信息壁垒,将信息透明做到了极致,在信息对称化、透明化上完成了重大突破。

4. 全程留痕

区块链溯源将区块链技术与溯源系统相结合,对公益款项进行全程跟踪,实时同步捐款信息,完整呈现了资金的流向,便于项目参与各方随时查询项目进度,如图 22-1 所示。捐赠者可以看到善款流向和受赠人,而受赠者知晓资金的来源以及捐赠者,"链上公益"为素未谋面的双方搭建了一座"心灵桥梁",连接了"此岸"与"彼岸",让感动得以诞生和延

续，也让人们更加愿意投身于公益事业。因此，区块链技术的可追溯性无论是对于控制公益项目的风险，还是对于获取公众的支持和信任都具有重大意义。

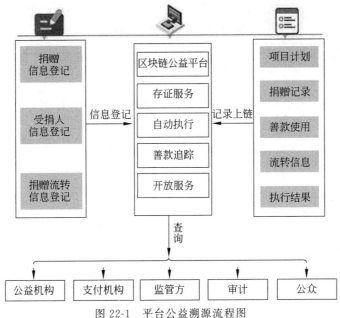

图 22-1 平台公益溯源流程图

资料来源：作者根据平台溯源流程绘制而成

在"链上公益"平台运营中，公益流程中的相关信息，如项目计划、捐赠记录、善款使用等以及捐赠相关登记信息均同步记录上链。由于区块链公益平台自身具有的执行、服务、信息追溯功能，以及各个节点数据一致的共识机制和开放的特性，使得信息能够有条件地向公众进行公开、公示，方便社会随时查询监督。

22.2.2 罗缕纪存，按部就班

近年来，区块链技术对公益事业的巨大价值有所体现，公益领域内越来越多的人开始尝试将二者融合。随着我国公益慈善事业的蓬勃发展，区块链技术的新兴互联网公益模式日渐丰富，但因为缺乏严格的监管机制和完备的审核流程，总有人想借机牟利，从而导致骗捐、诈捐等乱象频繁发生，严重打击了社会公众的热情与信心。为了保证公益链的可持续发展，更好地践行公益信任，设计一套科学规范的项目实施流程显得尤为重要。既然如此，一次合格的善款捐赠到底要经过多少道关卡的层层筛选，才能最终到达受益人的账户呢？

首先，公益项目的参与主体共有五大类：捐赠方、募捐平台、公益机构、服务提供方、受益方，其中服务提供方可细分为专业服务提供方、物资或设备提供方以及人力服务提供方。而任何一方在正式参与到项目中前，都要通过严苛的审核：捐赠方注册成为平台用户时，需严格按照平台的规定填写个人信息；募捐平台应具备开展募捐活动的资质和能力，拥有相关主管部门的许可，并及时提交捐赠记录；公益机构应依法取得相应资格证明，提供完整、全面的机构注册信息并上传存证，在项目执行过程中审查合作方的资质信息；服务提供方需接受公益机构的身份核验，将身份信息和资质证明提交至公益链存证并及时更新变动,接受其他各方委托提供相应服务时应对服务记录进行存证;受益方应向公益机构提供真实有效的身份信息,在接受资助前应完成身份核验。公益链的存证信息如表 22-1 所示。

表 22-1 公益链的存证信息

信息类型	信息项
捐赠信息	募捐平台
	捐赠方在募捐平台的注册账号
	公益机构名称
	公益项目标识①
	捐赠时间
	捐赠内容
	数量和单位
	捐赠凭据
执行信息	公益机构名称
	公益项目标识
	执行时间
	执行活动内容
	数量和单位
	执行凭据
受益信息	公益机构名称
	公益项目标识
	受益方身份标识
	受益方身份核验方式
	受益时间
	受益内容
	单位和数量
	受益凭证
实施效果信息	公益机构名称
	公益项目标识
	反馈时间
	反馈内容

① 捐赠项目的名称、ID 等唯一标识。

资料来源:作者根据《公益链技术与应用规范》团体标准整理制成

在"链上公益"项目实施流程中,每个参与主体都有应尽的职责和义务,流经的每一环都应将真实、完整的执行记录上传至公益链存证。从项目入驻到流程结束,中间要经过信息确认、执行发放、服务反馈3个环节,其中执行发放环节还根据资金类、物资类和专业服务类3种项目类别分别做了细致的调整。物资类项目实施流程如图22-2所示。值得一提的是,无论什么项目,流程的最后都有一道名为"受益方反馈心声"的关卡。在落实公益项目资金流向的同时,传递了爱与希望。

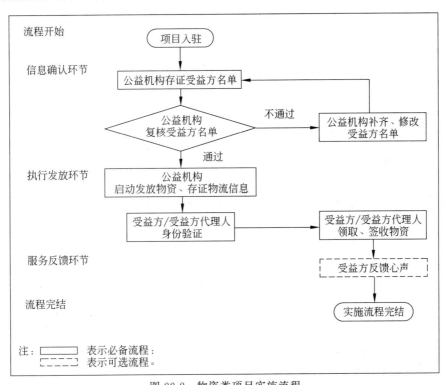

图 22-2 物资类项目实施流程

资料来源:作者根据《公益链技术与应用规范》团体标准整理制成

2020年4月,一笔善款通过公益宝贝捐往"新未来高中生助学金-2020年春季助学金"项目;一个月后,安徽一名中学生成功领取到了助学金,平台随即向捐赠的用户发送反馈,并附上了孩子的一段话:"您的爱心捐赠我已如数收到,由衷地感谢您的帮助,慷慨无私,我会一直加油的,谢谢您,祝您一生平安",孩子真挚淳朴的感谢深深地触动了捐赠者的心。同年5月27日,一位来自南京儿童养护中心的孩子通过"链上公益"平台获得了"爱佑新生"项目的资助,他在平台上感谢了捐赠人并分享了自己目前的康复状态:"我们在上康教结合课呢!在游戏里进行康复训练和语言认知,她们说我进步可大了,也希望你们能为我加油呀!"网友纷纷晒出收到的感谢信,并表示这是她们收到过最美好的反馈。"让每一分善款都被看见,让每一份真情都有回应",这既是对中国公益事业的殷切期望,也是"链上公益"助推公益透明化、践行公益信任的重要一步。

22.2.3 蚍蜉成林,涓滴成海

公益面前没有竞争,"我们要联合做公益"。在"链上公益"发布当日,阿里巴巴、新浪

微博、腾讯、字节跳动、小米、轻松筹六大互联网公司,同台探讨如何打破公益疆界,推进互联网＋公益融合。壹基金秘书长李弘作为嘉宾参与了阿里巴巴95公益周论坛的"链上公益计划"启动仪式。2020年3月,产品进入公益宝贝买家参与阶段,让淘宝用户在"剁手"的同时,也能参与到公益事业中,为边远地区孩子献上一份自己的爱心。同年4月,壹基金的壹乐园公益计划、净水计划完成链上公益的入驻。此外,其与中国扶贫基金会、思源·新浪扬帆公益基金、中华少年儿童慈善救助基金会等多个慈善基金会组织达成合作伙伴关系。截至目前,多达84个公益项目已上链,链上累计募捐金额超过8亿元人民币,其中,很多捐赠单笔只有两分钱(淘宝"公益宝贝"项目:商家每笔销售捐赠)。公益组织的"链上公益"合作,真正做到了将公益捐赠可持续化,形成了有效的公益激励机制,也造就了独特的公益涓滴效应,将公益融入每一笔交易之中。最大限度地调动消费者参与公益事业的热情。每一单的捐赠虽小,但持续下来,会迸发出强大的力量。

22.3 踽踽前行：价值脉络历可见

22.3.1 行棋观势,破局而立

如果说互联网公益是一个棋局,那么信任机制就像是棋子,信任机制走的每一步都决定着互联网公益平台的未来发展。"链上公益"作为全网第一的公益数字平台,每一步"棋子"无疑都经过深思熟虑,起到了不可替代的作用。那么,"链上公益"究竟是怎么下好"棋子"的呢？

1. 透明、公开、可追溯的系统

轻松筹首席执行官杨胤曾经有过这样的苦恼:"我们说我们的账目是清晰的,每一笔账都可查,但是查账是审计部门的事,键盘侠在网络的另一端说我看不见,如何证明你的账目是清晰的？"是的,传统的互联网公益平台,根本难以完全自证。但"链上公益"以区块链这一个"黑科技"作为加持,弥补了传统互联网公益平台难以自证清白的缺陷。科技发展得多"黑",它所展现的信息就有多"白"。"链上公益"将入驻公益机构信息、人员管理信息、捐赠数据、详细金额、项目信息等尽数展现,以便公众实时查询、监督。同时,公益项目的善款会一笔笔上链、过程也会一步步存证,让信息可追溯、反馈可触达。慈善机构和捐赠人、受益人之间的信息不对称将被消除,从而减少纠纷,改善信任问题。

2. 可信的参与者

互联网公益平台捐助过程中,身份认证与审核是关键的一步。如何避免传统公益平台部分用户伪造个人信息来骗取捐助的情况,使得真正有需要的人得到帮助,是互联网公益平台需要聚焦的关键问题。以往平台里的造假者如果被发现了,很有可能换个平台故技重施。但基于区块链技术的"链上公益"平台,若发现有造假情况,信息将同步进入全网黑名单,此人将不能再申请援助。这使得造假者面临巨大的造假成本,打击了弄虚作假的行为,从根本上减少了造假的可能。

3. 高效的互联网公益事业

传统的互联网公益流程烦琐,包括确定名单、审核校验、拨款等步骤,效率较低。而如果使用"链上公益"平台,在进行了必要的人工调研和审查后,剩下的都可以交给智能合约。只需要把相关的条件和要求设定好,智能合约就可以自动执行。整个合约从收款到

执行都可以自动操作,不需要人工干预。并且,执行情况将自动给出反馈,受所有参与者的监督,确保了各环节的高效、高可信度。

22.3.2 躬先表率,与时偕行

随着互联网技术的快速发展,世界早已呈现出交互式的社会结构,互联网公益平台到底应该如何承担社会责任?"链上公益"已经交上了现阶段比较完美的答卷。但实际上,互联网公益平台建设一直都在路上,"链上公益"合伙人孙利军坦言,"公益项目中的很多问题,在发展过程中不断暴露出来,很多人并不是用公益的心在做公益,这对公众的信任造成了极大的伤害。信任一再被辜负的时候,公众还有多少信心继续坚持做公益?让信任有依托、让信仰有力量,是今天我们做公益必须要解决的问题"。他正是深知阿里的最大优势在于技术与平台,一直想要用互联网力量带动公益事业的发展。"链上公益"将区块链继续深入公益慈善领域,切实护航善款去向,通过透明的运作建立信任关系,吸引了更多用户投身到公益慈善中来,使得社会公益事业不断发展。

阿里公益基金会秘书长王瑞合认为"信任是公益的生命,技术首先要服务于这一点,我们希望所有的公益组织都有这样的魄力。"阿里的公益慈善之路一直在路上。从绿动计划、蚂蚁森林到码上公益、链上公益,阿里巴巴致力于培育出植根于商业模式的公益样本,并依托互联网协同效应,持续扩大公益项目的社会影响力。2020年9月5日,阿里巴巴公益基金会在95公益周线下论坛上发布了公益链团体标准,成为行业内的表率。"链上公益"为互联网公益项目公开透明化所做出的努力,像是一场公益革命。其利用区块链技术优势创新互联网公益模式,着眼于公益平台职能的转变,以增进社会信任资本为导向,设计规则与激励机制,描绘了一幅全社会开放、透明、共享、联合做公益的蓝图,追求更具价值的目标:借助互联网的技术与能量推动社会公益信任体系建设。

22.4 尾声

"链上公益计划"自2019年正式启动至2020年6月底,累计产生公益捐赠超过35亿笔,超过10万人次从中受益,如图22-3所示。直至2022年4月10日,该项目累计公益捐赠笔数已经超过170亿笔,累计受益人数近700万人,如图22-4所示。期间更是获得了2020年度中国慈善项目大赛金奖,可谓是交出了一份令人满意的成绩单。链上公益希望做到"回应每一份爱心,存证每一个心愿",他们始终坚信只有极致的透明才能带来极致的信任。

然而,我们只看到了链上公益的其中一面,看似天然契合的区块链+公益,仍然面临着很多现实难题。度小满金融区块链负责人李丰曾经提出:"区块链技术应用门槛高,对公益机构规范程度要求严,公众存在认知偏差等因素,是区块链在公益场景中大规模应用的障碍。"所谓认知偏差,指公众常常不支持公益机构收取"管理费",希望把每一分捐款完完整整交给受赠人,但维持机构的运行不可避免需要一定的开支,公益其实是有成本的。公众的不理解也导致很多公益机构不愿意应用区块链。阿里巴巴的曾鸣先生曾质疑:"因为区块链是一种技术创新,信任问题是人性问题,技术创新是没办法解决人性问题的。"因此,链上公益的创新模式要想大规模落地,还有一段很长的路要走。而现阶段我们要做的就是理性认识这项技术,对区块链+公益的新模式积极探索,唯有打开心接纳它、

了解它、应用它,才能给公益事业的未来带来更多可能性。

图22-3 2020年的链上公益简报

图22-4 链上公益实时捐赠数据
资料来源:官方网站发布数据

案例思考题:

1. "链上公益"与其他传统非数字化公益机构或平台(如壹基金、红十字会等)相比,有何异同?

2. "链上公益"与目前数字化公益机构或平台(如轻松筹、水滴筹等)相比,有何异同?

3. "链上公益"出现的初衷,面临的挑战是什么?为什么会出现这些挑战?这些挑战对我国未来的公益事业的可持续、健康发展有何影响?

4. "链上公益"是如何解决这些挑战的,其商业模式是什么?具体在顾客价值主张、关键资源、关键流程等方面涉及哪些内容?这些方面是如何构建及协同完成"链上公益"的高效运作的?

5. 总结"链上公益"的社会贡献,您觉得未来"链上公益"有何改进之处?对于构建和谐社会,实现共同富裕的伟大目标,有何应用场景?

案例 23　卓尔智联：智联生态引领产业互联网转型①

摘要：秉承着"智联天下生意,服务创造价值"的商业理念,卓尔智联于2015年开始产业互联网转型。短短六年间,卓尔智联构建综合交易服务平台,打通信息流、物流和资金流,运用数字技术赋能产业链,助力业务迭代与创新;进而通过产业融合推动价值共创,逐步拓展自身的核心竞争力,实现智联生态1.0到3.0的演化,现已成为产业互联网领域的领军者与开拓者。

关键词：产业互联网,B2B,智联生态。

Zall Smart Commerce: Intelligent Link Ecology Leads the Transformation towards Industrial Internet

Abstract: Adhering to the business philosophy of "Intelligence links world business, service creates value", Zall began the transformation of industrial Internet in 2015. In a short span of six years, Zall has built a comprehensive trading service platform, opened up the flow of information, logistics and capital, empowered the industry chain with digital technology, helped business iteration and innovation, promoted value co-creation through industrial integration, gradually cultivated and expanded its core competitiveness, realized the evolution of Intelligent link ecology from 1.0 to 3.0, and has become a leader and pioneer in the field of industrial Internet.

Keywords: industrial Internet, B2B, intelligent link ecology.

---

① 本案例由武汉理工大学经济学院的刘平峰、高翰、黄佳贤、于鸿福撰写。

引言

B2B 是指企业与企业之间通过互联网进行数据信息的传递和交换、开展商品交易和服务活动的商业模式。B2B 行业从诞生至今,经历了由 1.0 到 3.0 的时代。根据交易的内容和服务水平,其发展进程可分为信息服务、撮合交易、融合生态 3 个阶段。在 B2B 1.0 时代,互联网技术的应用才刚刚萌芽,为中小企业提供供求信息是这一阶段的主要特征,B2B 平台解决了传统贸易中信息不对称和交易双方匹配难的问题,但未能真正涉及交易过程,大部分交易活动还是以线下为主。2.0 时代的 B2B 平台开始逐渐介入交易过程,平台结合交易双方的需求,利用线上低成本的撮合方式来充当交易中介,为交易提供了更加优质的服务。但是,B2B 平台只提供营销类的服务,商品交易没有形成闭环,金融、仓储、物流等业务依旧与线上平台相分离。随着国内 B2B 平台服务逐渐走向综合性和多样性,B2B 步入 3.0 时代,逐步实现了信息流、资金流、物流的融合,B2B 平台不仅为买家提供融资服务,也为卖家提供仓储和物流服务,充分实现了降本增效。此外,得益于云计算和大数据技术的应用,B2B 平台利用积累的大量数据挖掘客户偏好,更精准高效地为交易双方提供服务。

在 B2B 演进的历史过程中,有一家企业的发展可以说是中国 B2B 领域演变的缩影,从最初的传统线下批发,发展到线上交易,最终形成了集金融、仓储、物流等服务板块为一体的智能交易生态。卓尔智联是 B2B 3.0 时代领先的实践者,在仅介入交易环节而未打通完整供应链渠道的 B2B 背景下,卓尔智联陆续推出了"卓尔购""卓集送"和"卓尔金服"等平台提供产业链的全流程服务,布局农产品、钢铁和化塑三大主营产业,实现平台赋能;将数字技术与产业链相结合,并运用于多品类平台来创新服务,实现数据赋能;共享和利用各平台资源,以开放生态来创新商业模式,实现产业融合赋能。卓尔智联以"让交易平滑至简,让要素无界流动"为使命,向构建更开放和更完善的智联生态体系迈进。

23.1 企业背景

23.1.1 企业简介

卓尔智联是专注于 B2B 智能交易和服务的企业,构建了农产品、化工、塑料、有色金属等多个领域的 B2B 交易平台,并基于这些平台的交易场景和交易数据,提供金融、物流、跨境贸易、供应链管理等服务。2021 年,卓尔智联以 2020 年近 728 亿元的总营收位列财富中国 500 强第 155 位,入选"年度成长力上市公司 TOP100""年度中国产业互联网上市公司 TOP10"和"年度中国产业互联网(产业数字化)TOP100"。

23.1.2 发展历程

卓尔智联起步于产业地产,于 2007 年转向发展商贸产业批发并建立了汉口北国际商品交易中心,得益于汉口的地理优势,汉口北国际商品交易中心逐渐成为"国内批发第一城"。2011 年,卓尔在香港联交所成功挂牌交易,成为香港主板市场第一只武汉概念股和第一只批发市场概念股,同年,创始人阎志以 76 亿元的身价成为湖北首富。2014 年,卓尔受互联网浪潮冲击,传统线下大批发业务举步维艰,卓尔开始认识到产业互联网转型的必要性,明确提出"要以决绝心态推动产业发展与互联网融合",并以此决策为引导,走上由传统的线下批发到线上线下相结合的B2B转型道路。2015年起,卓尔开始全面拥抱产业互联网,分别收购了中农网和化塑汇,并入股兰亭集势和海上鲜等交易平台,不仅与西本股份共同组建了"卓钢链",还携手新加坡交易所等机构成立了全球商品智能交易平台(CIC),确立了卓尔"智联天下生意,服务创造价值"的理念。2021年,卓尔智联开始组建国贸集团,布局进出口贸易及服务,旗下涵盖新加坡国贸、卓嘉通、卓贸通等专业服务品牌,为进出口企业提供一站式综合外贸及增值服务。卓尔智联的转型成功,源于智联生态的搭建,源于对产业互联网的不断探索。那么卓尔智联是如何利用智联生态的演化逐步转型产业互联网的?让我们走进卓尔,深入探究卓尔的智联之道。

23.2 智联生态1.0(平台赋能阶段)

卓尔智联在成立之初,主要在线下建设、运营汉口北国际商品交易中心,经过多年的经营,汉口北已然成为华中地区最具影响力的商品批发市场之一。但在互联网时代,随着线上市场的出现和发展,线下批发商面临着严重的危机:第一,批发商数量不断减少,用户留存率大大降低,销售额和利润受到线上平台大幅挤压;第二,线下批发市场的信息功能被严重削弱,完全无法与线上平台强大的信息汇聚和共享功能相提并论;第三,线下批发市场物流劣势被放大,与线上平台一站式物流服务相比,线下批发市场经常出现重复运输、迂回运输等状况,导致物流费用高、响应时间长。

在此背景下,卓尔智联2015年开始拥抱互联网,向线上转型,推出卓尔购、卓集送、卓尔金服三大平台,借助公司在线下批发市场的多年经营经验,与汉口北协同,将交易信息、物流信息、金融服务信息在线上平台进行整合,将批发市场搬上"云",提升供求双方的交易满意度,打破线上交易和线下供应链壁垒,并以金融服务作为支撑,助力全供应链降本增效。卓尔智联平台赋能阶段的过程如图23-1所示。

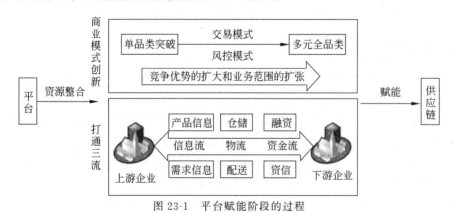

图23-1 平台赋能阶段的过程

23.2.1 平台赋能——整合资源,打通"三流"

1. 卓尔购:让信息更透明

传统线下交易市场信息不透明的问题严重影响了上下游企业的盈利能力和资金周转效率。由于产业互联网的起步晚于消费互联网,商户并不能像B2C网上购物一样对自己想要的原材料或产品随意进行挑选和采购,线下市场信息的不透明会同时给买卖双方带来损失。

为此,卓尔智联搭建了综合交易服务平台"卓尔购",以打通供应链信息流,解决信息不透明带来的负面问题。上游供应商将产品的存量、价格、存放地点、产品规格等信息通过"卓尔购"进行展示,下游采购商依据平台上的产品信息按需采购,并且可以货比三家,即使不亲身实地进行考察也能找到跟自身需求高度适配的产品。"卓尔购"的建立,使得采购商在节省采购成本的同时,能更快、更方便地买到满意的产品,极大地提升了采购体验。此外,供应商还可以通过平台上整合的产品交易信息来发掘采购方产品需求的变化,据此调节生产。

可是平台刚刚建立,如何大量汇集上下游客户资源和产品信息呢?经过多年的经营,汉口北已然成为华中地区最具影响力的商品批发市场之一,把汉口北已有的商户搬上电商平台,即可带动一大批与之互相关联的上下游企业加入,为平台带来大量的产品供求信息。同时,为了帮助大批商户在"卓尔购"平台上顺利注册和发布商品信息,卓尔智联还招聘了一批有丰富互联网使用经验的大学生指导商户使用"卓尔购",入驻商家数量因此飞速增长。"卓尔购"上线短短 8 个月就扎根武汉、广州、深圳、昆明、长沙、郑州、义乌等城市,吸引全国近 4 万家商户入驻。

2. 卓集送:让物流更高效

针对 toB 产业对物流的特殊需求,卓尔智联搭建了独立的物流服务平台和完整的物流体系,以打通供应链物流。产业互联网的交易主要面向 B 端商户,交易产品大多为能源、基础原材料和农副产品等大宗货物,有供需量大、重量沉等特点,同时,这些货物在地域上分布不均,造成物流运输距离长、周期长、成本高等问题。"卓集送"针对传统交易方式中物流信息难以实时获取、物流成本高等问题,将已有物流体系进行整合,商户只需要在卓尔购提交交易信息,随后卓集送会为其提供物流仓储一站式服务,利用自身完善的物流体系和管理经验,极大地降低了物流成本,提高了物流效率。

3. 卓尔金服:让资金更稳定

资金链的稳定是保证企业正常运转、激发市场活力的关键所在。产业互联网交易链上的资金流量普遍高于消费互联网,这意味着需要大量的融资才能使交易链平稳运转。处于产业互联网上下游的企业,特别是中小企业,大部分都会存在资金流问题,这也是 B2B 交易受限的关键。B2B 交易下游的客户需要先向上游供应商打款进货,待将货物卖出时才能回款,而回款不及时就会影响下一批货物的采购;B2B 交易上游的供应商也常常面临由于启动资金不足而导致的原材料、生产设备不能及时供应等问题。此时,产业互联网需要一个媒介为上下游用户提供融资服务,以维护资金流稳定。

针对企业融资难、资金周转难的问题,"卓尔金服"应运而生,以打通供应链资金流。"卓尔金服"与银行、保险等金融机构合作推出了一系列金融产品,为广大中小企业提供一站式金融服务:针对上下游企业生产、采购融资难,资金周转难的问题,为它们提供金融租赁、生产、采购融资等服务;针对物流企业对于运输中途货物损毁的担心,为它们提供物流保险服务。"卓尔金服"降低了企业的资金链运转压力,促进了生产效率和交易效率的提升。

平台赋能阶段的特点主要表现在平台对信息资源的整合以及"三流"的打通。卓尔智联认为,实现"打通三流"这一过程的重点是构建连接供应链各个环节的闭环,借助互联网信息传播的即时性、广泛性等优势,使产品信息、需求信息、交易信息、物流信息、金融服务信息在闭环内实现充分、快速的流动。"卓尔购"改变了汉口北商户常年"坐店等商"的习惯,解决了交易过程中供需、价格、产品信息不对称的难题;"卓集送"则实现了价格规范、收发准时、可靠性高的互联网货运,被誉为货运版的"滴滴打车";"卓尔云仓"等平台通过信息化手段组建物联网标准化货仓,解决广大商户仓储成本过高、货物周转负担过重的问题,"卓尔金服"积极拓展与国有大行以及当地银行的合作资源,为处于供应链不同环节和不同规模的企业解决融资难、融资贵的难题。线上平台能够赋能供应链的每个环节,打通信息流、物流、资金流,从而实现供应链的降本增效。

23.2.2 商业模式创新——单品类突破到多元全品类优势

从单品类出发探索市场突破口。伴随基础互联网生态体系的建立,卓尔智联面临的挑战逐渐明晰:彼时已经存在的产业互联网平台有很多,有像阿里巴巴这样大而全的B2B平台,也有像上海钢联这样长期扎根于某个行业且已经占据较大市场份额的平台。在这种情况下,卓尔智联应该怎样在激烈的市场竞争中活下去并不断发展壮大呢?卓尔智联采用了单品类突破的差异化策略。卓尔智联的差异化竞争优势主要体现在以下两个层次。一是产品应用领域差异化垂直深耕,获得细分市场巨大竞争优势。将相同产品应用于不同行业领域,就会产生不同的市场,选定某一个细分的行业领域潜心经营,可以创造出产品细分市场的领先优势。卓尔智联旗下的卓钢链深挖下游基建行业用户市场,成立不到四年的时间成交额已经突破千亿大关。二是聚焦细分品类,获得单品类市场的头部效应。卓尔智联避开其他成熟产业互联网企业的锋芒,聚焦细分品类,并努力在该品类市场上获得较大的竞争优势和市场主导权,利用"高市场份额→高注意→高投资→高收益→高增长"的头部效应闭环,不断提高自身在行业内的影响力和竞争力。例如,卓尔智联旗下的中农网聚焦白糖、蚕丝等大宗农产品的 B2B 交易,目前已成为白糖、蚕丝领域的头部企业,中农网平台上的白糖现货流转量占全国总量的 30%,全国 90% 以上的白糖行业用户与 30% 以上的蚕丝行业用户成为中农网平台的生意会员。

单品类突破的商业模式和成功经验在智联生态内推广和衍生,可以实现竞争优势的扩大和业务范围的扩张。卓尔智联利用在单个品类构建出的完整交易模式和风控模式,进一步把优势品类扩展至其他 B2B 业务板块,以达到中央化控制,从而加快经营经验在企业内部的扩散,并产生行业间的溢出效应。

23.3 智联生态 2.0(数据赋能阶段)

大数据时代背景下,数据已经成为继土地、劳动力、资本、技术之后的第五大生产要素,数据要素和数字技术的双重赋能作用是企业取得持续竞争优势的关键。互联网信息低成本、高效率的传播能够显著改善原有市场的信息不对称,使得客户的转移成本大大降低,行业内的竞争愈加激烈。企业要想赢得客户青睐就必须重塑客户战略,为用户提供个性化、精准服务,从而成为企业竞争的利器。

此时的卓尔智联经过第一阶段的数据沉淀,拥有了将平台用户数据转化为用户资源的基础。同时,数字技术成为有效利用用户数据资源、提升供应链服务水平的关键驱动力。因此,利用数据要素和数字技术赋能企业业务创新势在必行。经过前一阶段的探索尝试,做综合品类的B2B交易服务所能建立的竞争优势并不明显,于是卓尔智联决定向B2B垂直领域深耕。自2015年起,卓尔智联收购中农网、化塑汇,组建卓钢链,入股海上鲜,在农业、钢铁、化塑、渔业等大宗商品领域均搭建了具有重大影响力的B2B平台,从单一批发拓展到覆盖多个行业领域。随着数字经济的发展,产业数字化和数字产业化进程加快,卓尔智联进行品牌升级,以大数据、人工智能、区块链等数字化技术为应用,构建"B2B交易服务+供应链服务+数字技术云服务"的服务架构体系,帮助企业降本增效,进一步提升交易效率、仓储物流效率、资金效率等协同能力,致力于打造全球领先的数字贸易平台。卓尔智联数据赋能阶段的过程如图23-2所示。

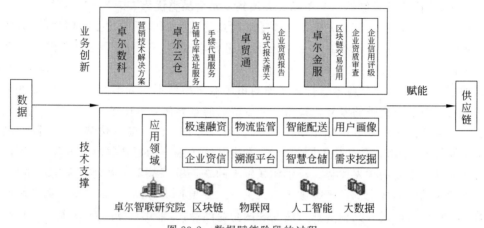

图23-2 数据赋能阶段的过程

23.3.1 数据赋能——数字技术驱动价值创造向产业链上下游延伸

数字技术与智联生态结合所能激发的价值创造潜力是极大的。为了进一步提升自身的竞争力、适应市场需求、打破经营范围的局限,卓尔智联成立卓尔智联研究院,重点加强区块链、人工智能、物联网、大数据在提高供应链服务水平方面的应用与创新能力,通过对生态内企业和平台数据的深度挖掘,发现用户的潜在需求,进一步基于用户潜在需求进行业务创新,增强用户黏性。

数字技术的驱动力在卓尔智联的各垂直电商平台得到了充分体现。基于在产业互联网领域的专业化经营经验,以数字技术的应用与创新为驱动力,卓尔智联的经营范围开始向产业链上下游进行延伸。向上游延伸嵌入上游企业的生产组织结构内部,帮助企业按需调整生产策略,提高产品与需求的适配度,减小库存压力。同时,利用物联网和区块链技术将生产、物流、仓储信息与产品进行绑定,通过线上平台将此类数据携带到下游供应链的各个环节,以加强上下游联系,降低产品溯源和质量监督的成本。中农网在食糖板块的战略定位在结合数字技术后做出了重大调整,由"食糖B2B电子商务"升级为"食糖产业链垂直电商",对上中下游的关系进行了重构,并开始向产业的两端延伸。中农网向上游建立涉农平台、溯源平台,帮助生产、加工企业构建连接农户、合作社的供应链体系,以相关的金融工具帮助农户、合作社与加工企业构建稳定的交易关系;向下游建立分销平台,投资"好伙计"项目,针对大型食品厂、专业连锁门店、高端餐饮等高净值客户,打造辐射多城市的智能采配平台。

数据赋能阶段,数据要素和数字技术对智联生态的赋能主要体现在如下几方面。首先,数字技术改善了企业内部的生产组织方式,使上游企业的产品生产无论是在数量上还是在质量上都与下游需求端进行精准匹配,以降低成本、减小库存、更好地满足用户需求。其次,数字技术强化了产业链各个环节之间的联系,并能对变化做出及时调整,降低了产业链联通成本,提升了产业链各环节的衔接效率。最后,区块链等数字技术在供应链金融领域的应用,让商业信用由企业信用转变为交易信用,解决了中小企业融资难的困境。数字技术结合数据要素针对不同现实问题创新出专属的解决方案,使企业供应链服务水平得到了巨大提升,服务范围不断扩大。

23.3.2 商业模式创新——数字技术驱动业务创新

数字技术深入每个价值创造活动的神经末梢,让智联生态内的业务创新遍地开花。哪里有业务,哪里就有数据,有数据的地方就可以利用数字技术挖掘需求,对业务创新赋能。"卓尔云仓"利用长期经营积累下来的数据管理经验,结合大数据技术对商铺门店、物流仓库进行画像,基于特定地区的市场特征为商户提供店铺、仓库的选址决策。"卓贸通"利用平台业务优势和大量的企业数据资源为客户提供企业资质报告,大幅降低了客户获取目标企业经营资质的成本,同时也降低了个人或企业被不良企业欺诈的概率。"卓尔金服"联合"众邦银行"等金融机构利用卓尔智联自有的风控系统和信用审查评级系统,提供买卖双方的资质审查、信用评级等高附加值服务。可见,数据的获取和利用将成为带动卓尔智联获得持续竞争力的重要驱动引擎之一。

23.4 智联生态 3.0(产业融合赋能阶段)

经过前两个阶段的发展,卓尔智联以综合交易平台和供应链服务为核心的产业矩阵逐步成型。但随着产业和业务的扩张,卓尔智联逐渐无法满足平台内企业日益增强的对于平台网络性、互动性、交互性的需求,因此,卓尔智联急需构建开放生态系统,通过推动平台内各主体跨边界合作,促进资源在主体间的流动、聚集和整合,创造共享价值。为进一步满足企业发展需要,扩大自身行业竞争优势,卓尔智联逐步打通各垂直产业领域的隔阂,通过并购、企业间协作等多种模式互动耦合形成价值共创途径。构建互补性重组的资源池,为知识创新和协同增值提供要素基础,形成开放生态系统,并最终实现价值共创。卓尔智联产业融合赋能阶段的过程如图 23-3 所示。

23.4.1 产业融合赋能——打通产业隔阂,促进各产业协同发展

产业融合赋能,让整个智联生态内的商业资源得以一网融合,一键触达。以众邦银行为代表的供应链金融服务在智能生态圈中与各个产业电商平台的协同效用十分显著。为了更好地服务生态圈,众邦银行根据交易主体、交易品种、交易模式、产业链环节等,运用互联网技术有针对性地设计特色融资产品。以华棉所为例,其交易客户大多在外地,传统贷款模式效率不高,众邦银行专门为其开发了纯线上运行的棉购 E 贷专属产品,通过系统对接和数据交换,从开户、授信到放款、还款等各环节均实现了全流程线上操作。众邦银行致力于将跨地域、跨行业、全天候的互联网金融优势和经验扩展到整个智联生态圈的发展,现已实现与化塑汇、卓钢链、中农网等平台的对接,大大提升了各平台的交易聚合

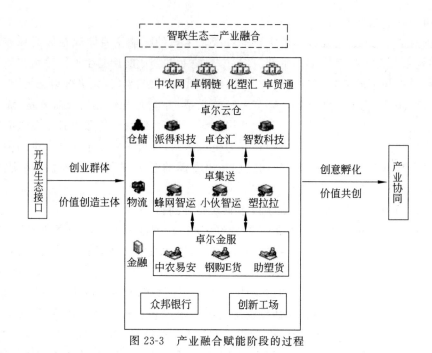

图 23-3 产业融合赋能阶段的过程

力。卓尔系内的智能物流、云仓储、供应链管理等服务业务也发挥出显著的协同效应。此前,大宗商品完成交易后,商家得自己分头寻找物流运输商、找仓库储存、找银行贷款。而在智联生态圈下,买方卖方都能线上解决需求,运输可找卓集送,仓储可找卓尔云仓,融资找卓尔金服、众邦银行,从而使商品流通速度更快、成本更低。

产业融合赋能阶段的重点在于将各个垂直电商平台的资源进行共享和充分利用,产业矩阵内的各个主体间优势互补,不同产业板块内的服务模式相互借鉴,可以加快服务模式的创新和迭代。主体间的相互赋能可以让智联生态内部的价值创造效率呈指数级增长,进而提升智联生态圈及其关联企业的核心竞争力。

23.4.2 商业模式创新——以开放生态引导产业价值共创

打造开放赋能网络,聚合产业协同势能。智联生态3.0不再仅仅是汇聚内部数据,打通内部各垂直产业,更重要的是作为一个开放的赋能网络,面向所有B2B产业赋能,任何价值创造主体在智联生态内都可以实现创意从0到1的孵化,可以获得从厂房、门店选取到生产营销策略定制的一站式服务,可以实现从产品质量监管到产品物流仓储再到售后反馈的物流闭环,可以实现完全线上融资、极速资质审查和贷款。智联生态3.0利用自身的赋能网络,为所有B2B电商业务提供所需要的服务和基础设施。智联生态3.0以提升系统核心竞争力为重点,持续吸纳各个产业领域的价值创造主体,从而进一步做大规模,做深行业,呈现出一种共生、共赢、共享的新态势。

构建全国领先的智能交易生态,以创意孵化和服务创新驱动产业价值共创。卓尔集团旗下的卓尔创投与创新工场共同运营的武汉孵化器——"Z时空·创新工场",致力于帮助商业智能交易相关领域的创业者获得初创期资金支持,整合智联生态内部资源,对创业者提供产品设计、研发指导、战略制定、运营辅导、技术平台及其他创业后援服务。卓尔智联旗下卓尔互联科技、卓嘉资产管理公司与创新工场共同发起设立卓尔创新智能交易产业基金,该基金围绕"构建智能化商业交易生态圈"开展业务,重点布局物流及供应链升级、智能交易、物联网等相关行业的创业投资和股权投资,助力卓尔智联构建国内技术领先、商业应用先进的智能交易生态圈。

23.5 展望

从2015年启动转型至今,卓尔智联始终以推动武汉乃至湖北经济发展为己任。2021年卓尔智联营收达1045亿元,位列湖北省民营企业营收第二名,卓尔智联以智联生态带动相关企业发展,成为推动湖北省经济创新发展的重要力量。卓尔智联作为国内领先的数字贸易平台,其研究院至今已申请专利达213项,授权专利42项,位列"2020年全球企业区块链发明专利排行榜"第58位,成为湖北省唯一进入该专利百强榜的企业。卓尔智联通过对农业、钢铁、化塑等行业交易场景和物流、仓储、金融等供应链服务领域不断赋能,推动湖北省数字贸易和数字经济蓬勃发展。此外,卓尔智联在疫情期间积极履行社会责任,依托旗下各平台的产业和供应链服务优势,主动为医疗物资入汉提供免费的货物运输、报关、通关等咨询和支持服务,第一时间将医疗物资送到防疫第一线,为湖北战疫的胜利提供了巨大帮助。

以智能互信为核心,实现产业互联网价值进一步释放是未来所趋。尽管在B2B 3.0时代,卓尔智联已经构建起了涵盖B2B交易全过程的智联生态体系,但目前依然存在交易双方信任成本不够低、协作效率不够高、企业生产智能化与溯源程度不足等问题。为了解决这些问题,卓尔智联将把握新一轮技术浪潮的契机,利用新型贸易平台开拓以智能互信为核心的B2B 4.0新时代。这会是怎样的一个产业互联网时代呢?卓尔智联创始人阎志在其著作《B2B 4.0:新技术应用引爆产业互联网》中介绍到:"在全新的B2B 4.0时代,商流、资金流、信息流将实现完全融合;交易在区块链等底层技术的支撑下也将更真实和安全,新的信用体系将被重新定义;人工智能将代替人工并在各个环节辅助交易决策;在万物互联及大数据技术成熟的背景下,更多清晰和有效的数据会支撑起工业体系"。面对现有挑战,卓尔智联仍需要降低信任成本,提升交易效率,让资源和数据更安全、更充分地实现互通。未来,卓尔智联是否能解决现有挑战,成为B2B 4.0时代的开拓者,真正实现智能互信呢?让我们共同期待。

案例思考题:

1. 卓尔智联是如何实现从传统线下批发业务向线上数字贸易成功转型的?
2. 如何理解数据要素和数字技术在卓尔智联产业互联网创新发展中的重要作用?
3. 采用商业模式画布,解构卓尔智联1.0到3.0各个阶段的商业模式,并分析每个阶段商业模式的核心竞争优势。
4. 从卓尔智联1.0到3.0业态演化的视角,理解产业互联网开放生态建设的重要性。

案例 24 丰岛食品——数字化营销的先行者[①]

摘要：浙江丰岛食品有限公司现为全球最大的橘子罐头生产出口企业，占全国出口总额13%；公司的主要服务对象为国内外客户（每年出口规模约5000万美元）和在供应链上游的原料供应商（公司每年收购农产品原料近1亿元）。公司在日常运营中，使用云、大数据等数字技术提升对内办公能力，提高工作效率，利用数字化为营销服务，同时利用数字技术实现节能绿色环保。那么，这样一个以罐头生产为主的企业在疫情的冲击下，是如何通过创新和数字化营销服务走出企业困境，提高企业竞争力的呢？

关键词：数字化营销，丰岛食品，云服务。

Fomdas Foods——Digital Marketing Pioneer

Abstract: Zhejiang Fengdao Food Co., Ltd. is now the world's largest canned orange production and export enterprises, accounting for 13% of total exports. The company's main customers are domestic and foreign customers (annual exports of about 50 million US dollars) and suppliers of raw materials in the upper reaches of the supply chain (the company buys agricultural raw materials nearly 100 million yuan per year). In daily operation, the company uses cloud, big data and other digital technology to improve the internal office capacity, improve work efficiency, use digital marketing services, and use digital technology to achieve energy-saving green environmental protection. So how does such a can production-based enterprise, under the impact of the epidemic, through innovation and digital marketing services to get out of the enterprise's predicament, improve the competitiveness of the enterprise?

Keywords: Digital Marketing, Fomdas Food, cloud service.

[①] 本案例由绍兴职业技术学院的沈烂撰写。

24.1 公司发展及现状

24.1.1 公司概况

浙江丰岛食品股份有限公司(以下简称为丰岛食品)成立于1999年8月,注册资本6585万元,专注农产品深加工供应链建设二十多年。公司隶属于丰岛控股集团,公司秉承"做有社会责任、有品质的企业、人和产品"的价值观,连接带动了10万农户近30万农民共同致富,公司主营罐头及橘子副产物产品加工生产销售及相关数字服务,形成了农产品种植、收购、加工、销售于一体的全产业链、供应链数字链。

24.1.2 服务对象

一是国内外客户,产品主要销售到美国、日本等二十多个国家和地区以及国内主要大中城市,每年出口规模约5000万美元。二是在供应链上游的原料供应商,公司每年收购农产品原料近1亿元。

24.1.3 数字商务相关主营业务

丰岛食品主营橘子罐头、黄桃罐头、洋梨罐头及橘子副产物产品加工生产销售及相关数字服务,形成了农产品种植、收购、加工、销售于一体的全产业链、供应链数字链。

企业规模、行业地位、员工数量:公司现有员工200多人,产品通过了BRC、ISO9001、ISO14000及HACCP等质量体系认证。据海关统计,丰岛食品现为全球最大的橘子罐头生产出口企业,占全国出口总额的13%;全国首个采用罐头软包装的企业;全国首个主导研发橘子自动剥皮;全国首个主导研发橘子自动分瓣的企业;参与了《橘子罐头》《桃罐头》《梨罐头》等国家标准起草。

丰岛食品为首批农业产业化国家重点龙头企业、国家柑橘加工技术研发专业中心、中国罐头十强企业、浙江省科技型中小企业、浙江省第二批省级供应链应用与示范企业、绍兴市供应链创新与应用重点企业、新昌县十大电商企业。

丰岛食品是促进橘子等水果产业发展、产业供应链稳定、带动农民增收、推进水果罐头行业发展、脱贫攻坚、乡村振兴、共同富裕的重要改革者、参与者、实践者。

24.1.4 股权结构及与子(母)公司业务联系

丰岛食品为股份制企业,由丰岛控股集团有限公司控股,全资子公司为湖北丰岛食品有限公司、浙江昊旺食品有限公司。

24.1.5 产品分类

1. 内贸食品

丰岛食品的内贸食品如图24-1所示。

2. 外贸食品

丰岛食品的外贸食品系列如图24-2所示。

24.2 数字化现状

丰岛食品在日常运营中,使用云、大数据等数字技术提升对内办公能力,增强部门间沟通共享,提高工作效率,同时利用数字技术实现节能绿色环保。

首先,丰岛食品积极使用云服务技术,现共拥有2PB云空间供企业使用,为新昌县上

图 24-1 丰岛食品的内贸食品

图 24-2 外贸食品系列

云企业;其次,应用了多种信息化数字化管理系统,分别为 OA、HR、NC、ERP、汽车衡智能称重系统、视频会议系统、数据存储备份等系统。

24.2.1 主要系统介绍

(1) OA 协同办公系统:办公自动化(OA)是基于工作流的概念,采用现代化的信息技术,广泛、全面、迅速地收集、整理、加工、存储和使用信息,使企业内部人员便捷地共享信息,高效地协同办公。

(2) ERP:主要作用是提高管理效率,增强精细化管理能力,提高工作效率,解决企业经营过程中的信息流问题,通过对接上下游系统实时掌握库存信息、生产状态、销售情况等。

(3) 汽车衡智能称重系统:解决传统称重方式效率低、易出错、易作弊、耗人力的缺点,凸显衡智能称重安全、可靠、标准的优势。

(4) 视频会议系统:为企业内多方会议提供高清流畅、安全的会议体验,提升会议体验,降低沟通成本。

(5) 数据存储备份系统：保障数据增量及信息安全。

(6) E-HR(人力资源管理系统)：从企业长远和全局的角度，制定有效的人才战略、掌握员工的最新动态、提高绩效管理、提高团队执行力。

公司在日常经营中，一是充分采用了OA、ERP等系统实现了网上审批，无纸化办公，二是通过系统充分集成，减少了人员工时的浪费。公司充分采用云、大数据等数字技术方式以节约能源，主要是采用能源物联，对水、电、气进行监控，数据采集，为生产所需资料进行有效分析；大数据共享、监控平台等形式，共实现办公场所能耗变化15%，其他场所能耗变化10%。公司通过公司所属销售子公司在各超市系统均开设实体店面、专柜等销售场景，2021年销售同比增长53%。

24.2.2 自主运营建设数字化供应链

丰岛食品通过NC系统，实现基础货物数量查询，自动记账等功能，公司触碰过通过数字化供应链连接上游企业65家，主要包括原料供应商、原料基地供应商及包装等辅料供应商，下游企业有2000家，主要包括下游客户。

24.2.3 利用大数据技术或与平台合作

对产品和包装进行绿色环保设计。线上销售商品均采用智能打包系统，加强快递包裹与包装箱科学匹配，目前采用直发包装的商品品类有水果罐头产品。

24.3 面临的问题

24.3.1 疫情影响带来内外销结构占比调整

2020年1月由于疫情的突发，农产品销售面临着新一轮的"大考"。据有关数据统计，疫情导致我国第一季度出口数量下降15%，重要农产品的出口冲击尤为明显。而疫情恰好处在公司农产品的春节销售旺季，出现了消费不振、物流流通受阻等情况，从总体上看，公司内销与外销比例发生了结构性变化，内销占比提升了10%，内销从原来的占比30%提升到了40%。在此情况下，公司的外销需要通过跨境电商平台等渠道进行拓展。

24.3.2 数字化营销渠道有待拓展

虽然丰岛食品已经开始涉足数字化营销领域，但是目前涉及的渠道主要是国内直播平台——抖音和阿里巴巴，其他平台涉及较少，而疫情冲击下跨境出口平台的拓展还处于刚刚起步的探索阶段，虽也有涉足亚马逊，但是由于产品的储藏、运输特殊性，在拓展市场方面存在较大困难。

24.3.3 缺乏专业数字化营销人才

丰岛食品目前主要通过内部员工转型或兼职等形式开展数字化营销，缺乏系统的数字化营销理念，在统筹规划布局数字化营销产品、营销渠道和服务等方面缺乏专业的人才，导致了工作中花费了高成本但是未必有高收益，因此需要内培外引，急需引进专业的数字化营销人才。

24.4 数字化营销助力企业走出困境应对措施

为积极应对疫情带来的影响，公司自主运营、建设数字化供应链，利用大数据技术或与平台合作,对产品和包装进行绿色环保设计。线上销售商品均应用智能打包系统,加强快递包裹与包装箱科学匹配,目前采用直发包装的商品品类有水果罐头产品,具体还可以表现为以下几点。

24.4.1 利用新媒体营销拓展销路

丰岛食品团队运用社交媒体、小程序等工具,以覆盖全国各地的经销商为主要力量,以城市经销商商圈为送货距离,以线上订货、线下送货、线下配送为主要形式,破解因疫情期间物流不畅的难题。据统计,一季度共约300多万因疫情而"居家"消费者顺利购买到产品,享受到了充满VC的鲜果捞产品,确保产品持续活跃市场。丰岛食品董事长上直播频道,化身主播,亲自直播带货,尽所能所知,多维度、多角度向粉丝解答困惑并派发福利,提升黏度、提升直播效果。同时,培训公司自有主播,一季度共招聘3名主播。据统计,疫情以来,直播给公司贡献了近20%的销量(疫情以来,每天进行3场次直播,场均粉丝2万人左右)。

2020年,通过各类电商、社交平台,共引流0.95亿人次,变现0.25亿人次,包括农产品、食品;带动贫困地区农村产品销量近3000万元,体现了公司服务社会,奉献社会,扎根农业,做有品质的企业的价值观;2021年共发布带货文案、短视频等500个,点击率达0.35亿次;通过阿里巴巴、亚马逊等跨境电商平台,实现其他业务收入为5000多万元。通过数字营销模式,助力20多家企业实现销售业绩增长,提升品牌价值。

24.4.2 以"云"为媒拓市场

受疫情影响,各类产品推介会、展销会无限期暂停导致一些消费终端无法拿到新产品、新爆款、新网红产品。公司把握机会,以经销商推荐经销商,以圈子介绍圈子,同时在公司自有平台、第三方平台等多种云媒介发布产品信息、招商信息,开展"云推介",推进"云服务",向新终端市场铺货公司新产品、网红产品,获得更高的产品铺市率和销量的提升,让产品做到虽"居家"但依然活跃于市场。据统计,一季度,公司新开发了大润发华南市场、重庆永辉、贵州合力、中百仓储、福隆泰、麦德隆等超市系统近100家新终端市场。积极与"美菜网"等第三方平台合作,用前卫的理念专注为全国近千万家餐厅打造全品类、全程无忧的餐饮食材采购服务,让公司品牌以全新形象亮相市场,提升新渠道。

24.4.3 积极引进数字化营销运营人才

企业通过各类招聘网站、猎头公司、合作高校等多渠道引进数字化营销人才,为企业开展系统的数字化营销服务,提供技术支持和保障服务。一是逐步配套建设客户关系管理(CRM)、仓储管理系统(WMS)、初步建成农业管理智慧大脑(ET),能进行智能农事分析、智能生产管理、产量和质量预测的体系;二是透明供应链建设;三是推进库存物流系统建设;四是质量追溯化,推进农产品可溯化,通过二维码标签等追踪识别技术,建设"一品一码",基于大数据的产品全生命周期质量监控追溯技术等建设农产品质量安全追溯管理信息平台,实现链路管理;五是推广运用物联网和ERP、SCM、PLM生产管理系统集成互联网技术对生产车间现有生产设备进行数字化改造、联网化管理,建设数字化协同制造平台,建立由"订单开始—订单统筹—订单执行—订单交付"完整的数字化制造管理协同平台,综合计划管理、品质管理、工艺管理、物料管理、人员管理、效率管理等多个模块及功能应用。

案例思考题:

1. 你如何看待疫情给浙江丰岛食品公司带来的农产品出口受阻问题?
2. 从数字化营销角度,你觉得还能够从哪些方面助力企业提质升级?

案例 25　小米：全球顶尖生态链企业如何布局物联网①

摘要：成立于 2010 年的小米从做手机发家，发展至今已成为手机销量全球第一的品牌。2013 年以来，小米依托物联网和种类繁多的硬件产品，顺应着平台型企业向生态型企业过渡的趋势，打造出了出众的小米生态链。小米的生态链发展主要经过了连接和智能化两个阶段，通过与生态链企业的合作以及 AIoT 的战略，其物联网布局渐趋完善，成为了全球顶尖的生态链企业。那么，小米是如何提前预测到了"物联网"这场新风暴并成为风暴眼，在激烈的市场竞争中依靠物联网布局脱颖而出的呢？

关键词：小米，生态链，物联网，AIoT。

Xiaomi: How does the World's Top Company in the Product Ecosystem Lay Out the Internet of Things

Abstract: Founded in 2010, Xiaomi started its business as a cell phone company and has become the best cell phone brand globally in terms of sales. Since 2013, by relying on the Internet of Things (IoT) and various hardware products, Xiaomi followed the trend and transformed from a platform enterprise to an ecosystem enterprise. It has created an outstanding Xiaomi product ecosystem called the Mi Ecosystem. The development of the Mi Ecosystem has mainly gone through two stages: interconnection and intelligence. Through cooperation with other companies of the Mi Ecosystem and concentration on AIoT strategy, its IoT layout has been gradually perfected. It has also become the world's top company in the product ecosystem. How did Xiaomi predict the new storm of IoT in advance and become the center of the storm? How did it stand out in the fierce market competition by its perspicacious layout on IoT?

Keywords: Xiaomi, Product Ecosystem, Internet of Things, AIoT.

---

① 本案例由中央财经大学信息学院的涂艳、郑子伊、李楚嫣撰写。

引言

物联网(IoT)是 1999 年由 Ashton 教授提出的概念，又被称为"信息科学技术产业的第三次革命"。物联网通过利用信息传感器与装置，并按规定的协商，把一个物品和互联网相连接，从而使物品之间能够透过网络信息传递媒介实现讯息交流与通信，进而实现智能辨识、定位、追溯、监督等功能。其发展至今，在工业上已有了大规模的应用，然而在生活上，似乎仅是技术爱好者热衷于讨论的话题。

而谈起小米，"低价高配"和"饥饿营销"便是它的代名词。作为一家生态链企业的领头雁，小米凭借其顽强的生命力在波云诡谲的商业圈中迅猛高飞。购买小米手机的消费者早已习惯了一声"小爱同学"所带来的便利，却回想不起究竟是哪天，小米集团的其他设备开始逐渐渗透进生活的方方面面，织成一张万物互联的大网。

人们或许对物联网这样的技术概念感到陌生，但对那位雄心勃勃的创始人雷军多少都有所耳闻。从创立公司的那天起，雷军便提出了"用小米改变中国制造业"的设想，发现了平台型企业向生态型企业发展的必然趋势，这是小米集团发展的最终目标，也是小米生态链不断扩张，激活一个又一个产业的出发点。而小米这家全球顶尖的生态链企业，是如何包装一个遥远而模糊的概念，把货架上的商品一步一步地织成网的呢？

25.1 从"为发烧而生"出发

小米集团成立于 2010 年 4 月，在那个中国制造还被某些人认为是"廉价山寨"的各大品牌复制品的时代，雷军带着他的"铁人三项"——"互联网＋硬件＋软件"，悄无声息地创建了一个名为 MIUI 的社区。2011 年，小米第一代手机 M1 凭借着一众"发烧友"一炮而红，顶级的配置佐以低廉的售价，加之预热已久的饥饿营销策略，点燃了消费者的抢购热情，一颗未来享誉世界的中国品牌之星正在冉冉升起。

初创企业的担忧很快也在雷军身上显露，这样一家一切才刚刚起步的小公司，能否撑得起他想要将中国制造改天换地的野心，又能否顶得住带动产业发展的压力呢？雷军不知道，但他依然坚信自己的眼光，认为未来发展的机遇应当深埋在当时初露头角的生态链这一概念上。于是，2013 年，小米启动生态链连通计划，开始布局智能家居；2017 年，小米所布局的物联网平台发展成为全球最大规模的物联网平台；2019 年，小米上榜世界 500 强，一跃成为史上最年轻的上榜公司，其发展历程如图 25-1 所示。至今，一段互联网公司的传奇仍在延续……

故事该从哪里说起呢？就从这群 MIUI 社区里"为发烧而生"的"小米发烧友"说起吧。

25.2 势如破竹：小米帝国的诞生

25.2.1 米粉社群：粉丝经济的源泉

在那个随处都是消费替代品的年代，谁会为了生态链这样一个陌生的概念买单呢？幸运的是，先前 MIUI 社区的创立，使得小米拥有一群温暖的支持者作为它坚实的后盾。这群"米粉"愿意去研究小米的新技术，关注小米的创始人，购买小米的周边产品，感受小

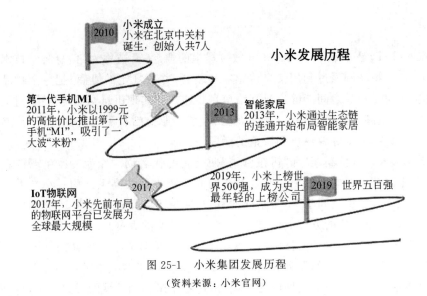

图 25-1　小米集团发展历程

（资料来源：小米官网）

米的初心与情怀。也正因为如此，他们选择了相信小米的选择，愿意用自己的力量去撬动小米的声量。

这个最初只有 100 人规模的小社区，凭借着效率与口碑，以几乎每周 100％的人数增长率不断裂变与传播，发展成为拥有千万量级黏性用户的粉丝社群平台。在生态链计划启动后，截至 2018 年，用户平均每天使用小米智能手机 4.5 小时，拥有 5 个以上小米非智能手机和笔记本电脑的互联产品的用户超过 140 万。从图 25-2 所示数据可以看到，截至 2021 年，小米 MIUI 的月活跃用户仍然拥有着强大的发展后劲，保持着稳定的高速增长态势。

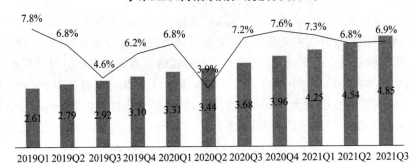

图 25-2　小米 MIUI 月活跃用户规模及增长率

（数据来源：小米集团官网财报）

通过 MIUI 社区，米粉可以直接向小米的工程师及研发人员提供建议，工程师亦会定期参与在线讨论，了解用户的具体需求，形成双向互动。这种亦商亦友的关系在线下有了进一步的发展，"爆米花"官方线下活动的推出更加激发了米粉的热情。在现场，不仅有见面会、运动会等活动，米粉更是可以与管理团队共进晚餐，甚至是参与活动的组织与策划。

庞大的粉丝基础不仅是小米生态链产品销量的保证,决定了这张生态网的广度注定不会止于一隅之地,更是小米产品力的源泉,向产品设计源源不断地注入用户活力。同时,粉丝互动带来的黏性大大降低了小米的获客成本,进一步提升了产品的性价比。通过倾听用户的声音,小米不断打磨与迭代自己的产品,将简约感与性能做到极致,形成了产品的独特风格。

至此,小米布局物联网的基石筑成。

25.2.2 从连接到智能化

回溯2013年底,生态链概念的雏形初显,小米的生态链计划随之正式开启,集团开始逐步布局IoT硬件生态模式。

为了迈出进军物联网的第一步,小米选择将目光投向手机周边产品。2013年12月3日,小米移动电源以69元的极低价格在官网发售,简约的外观搭配先进的工艺,霎时掀起移动电源市场的惊涛骇浪。移动电源的成功让小米攻下一城,同时期发布的小米路由器也成为了小米今后布局物联网的一大利器,而后,越来越多的智能硬件产品与周边产品被研发上市,通过小米智能家居App这一中枢,如蜘蛛吐丝般造出了网络的雏形,人们称这一阶段为连接。在此阶段,小米实现了通过手机弹窗简单方便地控制、使用其蓝牙耳机、蓝牙音响、智能手环、机顶盒、扫地机器人和加湿器等设备,这些设备在连接到手机后,用户仅须在手机上选择功能即可达到控制设备的目的。

随着这张大网的脉络逐渐清晰,小米慢慢开始意识到,移动端操控设备仅仅是便利了人们对于产品的控制行为,而开关的操控借助其他工具也能得以实现,"玩家"一旦过了终端操控的新鲜劲,所费心打造的生态网络也就丧失了它的吸引力。于是,小米推开了智能化的大门,希望通过大数据的预测达到精准响应用户指令的新目标,从而进入一个新的阶段——智能化阶段。小米物联网两阶段概览如图25-3所示。

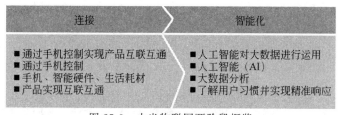

图25-3 小米物联网两阶段概览

2017年,新一代人工智能语音交互引擎小爱同学发布,被搭载于小米手机、小米音箱、小米电视等诸多小米生态链设备中。首次出场至今,小爱同学月活跃用户已经突破1亿(见图25-4),能够控制超过100个型号的智能硬件,覆盖如生活服务、智慧出行、智能穿戴等八大类场景的应用,还可以搜集用户数据并通过大数据分析用户的使用习惯,实现指令的精准响应,大大提高了用户使用小米产品的效率和体验。

从连接到智能化,即从IoT到AIoT、从GUI向VUI、从个体向整体、从互联互通向以人为中心的智能服务的质变,是小米发展生态链的必然趋势,也是小米布局物联网的两阶段路径框架,如图25-5所示。

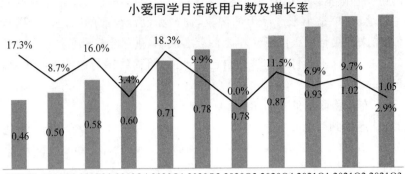

图 25-4 小爱同学月活跃用户规模及增长率

（数据来源：小米集团官网财报）

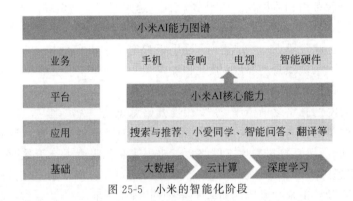

图 25-5 小米的智能化阶段

25.2.3 "点石成金"

明晰了发展路径后，又该由谁来承担起产品生产的责任呢？与其他 IoT 企业不同的是，小米希望生态链上的产品种类繁多且价格亲民，并要求产品能在米家 App 上进行统一控制与无缝转换。小米深刻地意识到，想要将产品做精做细，依靠自己的生产线是远远不够的，更需要一个军团来替它开疆拓土。通过"投资＋孵化"的模式，小米找到了数百家生态链企业，将自己的基因注入它们的产品，培育出一整个总产值达上百亿元的小米生态链圈层。

从图 25-6 可以看到，生态链圈层的第一层是小米手机及周边产品，如充电宝（紫米）、数据线（硕米）、耳机（蓝米）等，在小米手机稳定的高市场占有率下，这些周边产品的销售具有得天独厚的优势。第二层则是智能硬件类产品，如智能摄像机（云蚁）、智能门锁（云柚）等，响应着硬件智能化发展的浪潮。最后一层便是生活方式类产品，如平衡车（纳恩博）、行李箱（润米）、牙刷（青禾）等，辅助小米更加精准地定位用户的生活耗材偏好。

通过建立圈层，小米能够不断扩张它的商业版图，从而吸引更多的米家用户，形成"产品吸引用户→用户购买产品→相关产品吸引用户"的良性循环，实现"强者更强"的网络外部性效应；而生态链企业则能够专注于产品研发，无须顾虑其他创业团队所面临的各种难题，实现心无旁骛地快速成长。

小米生态链圈层中的生态链企业并不像大众所理解的那样是小米的子公司，而是小

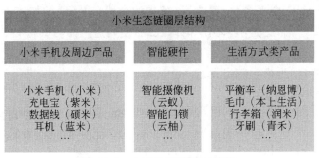

图 25-6　小米生态链圈层结构

（资料来源：小米官网）

米的合作伙伴。在合作过程中,小米将给生态链公司带来品牌、应用、渠道以及融资等方面的帮助,并支持生态链公司孵化产品。对此,小米提出了"投资而不控股"策略,而这项方针也吸引了新一批公司进入小米生态链。

于是,"投资＋孵化"的模式成为了小米布局物联网的主要工具。在供应链的赋能下,平平无奇的制造企业摇身一变,成为附着在小米身上的一颗颗璀璨夺目的珍珠,帮助小米生态链激发出更大的商业价值。

25.2.4　新起点：5G＋AIoT

强大的粉丝经济筑成了小米布局物联网的基石,循序渐进地演化勾勒出小米布局物联网的框架,策略性地招贤纳士成为小米布局物联网的有力工具。三者的相辅相成使得小米生态链的萌芽顺势破土而出,迅速抽枝长叶,迸发出蓬勃的生机,实现了物联网的基础布局。但在新的风口,小米能否持续深化物联网架构,"春风得意马蹄疾,一日看尽长安花"呢?

移动通信已历经 1G、2G、3G、4G 的发展,目前已步入 5G 发展阶段。移动通信的每一次代际跃迁都极大地促进了产业升级和经济社会发展。4G 网络使互联网经济进一步繁荣,但在现下却难以满足对移动数据流量暴涨的需求。在互联网快速发展的今天,新服务、新业务不断涌现,5G 作为新型移动通信网络能够很好地满足服务与业务的新需求,因而得以越来越广泛的应用。具体而言,5G 作为新一代移动通信网络,能够解决的问题种类繁多,应用的场景分布广泛,如它能够在通信中为用户提供增强现实、虚拟现实和超高清视频等极致体验,还能够解决人与物、物与物的通信问题,满足移动医疗、车联网、智能家居、工业控制、环境监测等物联网应用需求。纵观全局,5G 作为支撑经济社会数字化、网络化、智能化转型的关键新型基础设施,其渗透到经济社会的各行各领域已是大势所趋。

再将着眼点放在智能产品特别是智能手机行业。在智能手机总销量下滑的背景下,5G 手机的出货量却不断增长。2021 年全年国内市场 5G 手机出货量为 2.66 亿部,占整体出货量的 75.9%。

除此之外,依托于政策利好以及 5G 基站建设数量的增长,5G 产业的发展势不可挡,在智能产品上应用 5G 已经成为智能产品发展的必然趋势。

为了适应时代发展的需要,2020 年,小米改进了"手机＋AIoT"的双引擎战略,将"5G＋AIoT"作为新的战略起点,计划未来 5 年内至少投入 500 亿元人民币来建立下一代超级互联网,实现全产品、全平台、全智能、全场景的全覆盖。5G 的加入不仅是小米智慧生态链交互行为的助燃剂,更是小米圈层向内收缩,使周边产品与其核心产品小米手机黏合得更加紧密的催化剂。"为发烧而生"的口号逐渐发展成为"让每个人都能享受科技的乐趣"的愿景,新的路口,小米重新出发。

25.2.5 再谈小米生态帝国

回顾小米物联网布局的过程,可以发现米粉社群的建立、从连接到智能化、生态圈层的具体构建、5G+AIoT 战略的实施都对小米的生态帝国落地起到了举足轻重的作用。讲完了小米的物联网布局过程,我们再来聊聊小米的生态链。

从生态中产品构成来看,其中不乏充电宝、智能手环、扫地机器人等不太起眼的消费电子品类,但正是立足于这些不起眼的产品,小米逐渐形成了如今的生态帝国。有一种赛道叫作"蚂蚁赛道",正是指没有寡头、巨大的需求被蚂蚁一样的小玩家啃食的情形。回顾小米生态链的产品组成及其生态环境构造历程,我们不难发现进入"蚂蚁赛道"正是小米迈出的第一步,也是较为成功的一步。

别看现在的小米生态布局宏大,在其生态链构造伊始,小米的想法却并不复杂。雷军早期定义的生态链对于小米有着如下意义。其一是流量价值最大化。小米手机的发布为品牌本身带来了流量,而生态链的延伸能够实现流量价值的变现与最大化。其二是提升品牌形象。生态链基于产品的丰富性为不同群体提供合适的产品,增进了品牌与用户的深度交流,提升品牌在用户心中的好感度。其三是通过生态链"复制"出更多的小米。集团依托原有的"小米模式"进一步提高收益。因此也有人认为,小米生态链的出现是一场"小米模式"的社会化实验。

那么,在这场社会化实验中,小米又是如何处理自身与合作生态链企业之间关系的呢?小米生态链中很多产品并不直接由小米负责制造,而是由与小米合作的企业生产。这些生态链企业本身是独立于小米的,因此小米在生态链构造过程中也会面临产品品控风险等问题。此外,在生态链构造的过程中,小米不免要与生态链企业进行利益分享,而按小米的"性价比"战略,最后生态链企业分得的利润并不多。对于这些生态链企业而言,与小米合作更多获得的是小米带来的流量与品牌效应,而非利润。这种合作模式使得小米对生态链企业的掌控力较弱,因而也埋下了生态链企业在实力增强后脱离小米、自谋出路的种子。

那么小米的生态帝国到底成功了吗?选择"蚂蚁赛道"、带动生态企业、产品"小米模式"化……在这些战略的支撑下,小米的产品悄然出现在消费者家里的各个角落,小米的生态链模式成为了行业经典。在 5G+AIoT 成为小米的新战略后,小米的 IoT 收入进一步上升。据未来智库报告,小米 IoT 收入从 2015 年的 86.9 亿人民币增至 2021 年前三季度的 559.1 亿人民币,收入占比也从 2015 年的 13% 提升至 2021 年前三季度的 25%。随着小米生态链的不断延伸,预计 IoT 对收入的贡献占比将会进一步提高。另外,小米生态链也反向带动了作为生态链起点与基石——小米手机的销售。根据调研机构 Canalys 于 2022 年 1 月 28 日公布的智能手机市场最新报告,2021 年小米手机在中国的市场占有率排名第三,出货量达到了 5050 万部,同比增长 27%。因此,我们可以较为乐观地说,从这些数据来看,小米生态确实成功了。

25.3 万物互联：如何通过技术实现

物联网领域的成功开拓造就了小米发展的第二春，"米家"成了越来越多消费者挂在嘴上的品牌，性价比高、风格简约的小米商城产品持续吸纳着全球各地为其着迷的"米粉"，从此，人们家中的一切似乎都覆上了"智能化"色彩……通过小米生态链，用户可以实现语音控制灯光、远程控制全屋、人走灯灭、下雨关窗、定时自动开关电器等。然而这样一种万物互联需要依靠什么样的技术来实现呢？小米的技术研发人员各显神通，迎着AI与5G的潮头而上，乘风破浪。

25.3.1 智能家居的连接技术

小米生态链产品的智能化运作，离不开生态链，更离不开智能网关这一控制中心。对于部分不支持Wi-Fi直接联网的设备而言，网关起着至关重要的作用，主要分为蓝牙网关和ZigBee网关。小米智能家居间的通信协议不但有Wi-Fi协议，还对两种网关均有涉及，甚至搭配Wi-Fi协议制造出了基于多协议的设备，以下对不同通信协议的小米智能家居进行分类说明。

（1）基于ZigBee网关的设备。小米在一般传感器设备上使用的是ZigBee协议，如门窗传感器、人体传感器、温湿度传感器等。此类设备在运作时通过结合小米的ZigBee网关，连接无线路由器，实现手机对设备的访问。

（2）基于蓝牙网关的设备。对于一些仅需采集数据进行单向传导的设备而言，蓝牙协议的使用则更为广泛。小米家居将这种网关主要运用在小米摄像机、小米体重秤、蓝牙温度计等数据采集与传输的设备上。

（3）基于Wi-Fi协议的设备。基于Wi-Fi协议的设备连接方式，以家中的小家电为主，如空气净化器、扫地机器人，通过设备与手机终端接入同一个Wi-Fi，用户可直接在手机App上远程调控设备。小米智能家居的连接技术如图25-7所示，不同通信协议技术的对比如表25-1所示。

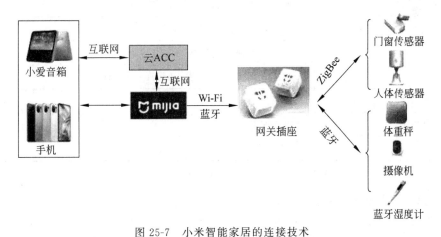

图25-7 小米智能家居的连接技术

（资料来源：天鉴科技）

表 25-1　不同通信协议技术的对比

	Wi-Fi	蓝牙	ZigBee
传输速度	11～52Mbps	1～3Mbps	10～250Kbps
通信距离	20～200m	20～200m	2～20m（室内）
频段		2.4GHz	
安全性	低	高	中等
功耗	10-50mA	20mA	5mA
成本	高	低	低

(资料来源：DIGITIMES)

25.3.2　小爱同学的语音识别与自然语言处理技术

截至 2018 年 3 月，小米的小爱同学可控制平台中 118 个型号的智能硬件，并支持数百万智能设备在场景中的交互使用。通过搜集用户的数据与偏好，小爱同学能够与用户进行智能对话，完成用户交代的日常事项。

小爱同学是小米根据专门的测试标准与认证系统，将开源软件与技术结合，运用全球领先的语音识别技术及自然语言处理技术，所研发形成的一体化的机器学习及分析平台。在语音识别上，唤醒、回声消除、声源定位、噪声环境下识别、不同人声、中英文混杂等都是技术攻克的难点，而在自然语言理解上，知识库、问答对、文法、词表、设备定制、AI 训练等则是技术突破的关注点，如表 25-2 所示。

表 25-2　小爱同学语音交互解析

	语音技术的难点
前端	唤醒；回声消除；声源定位
识别	噪音环境下识别；中英文混杂；不同人声；方言
合成	实体词；中英文混杂
	自然语言理解
内部	内置垂域；文法；词表；知识库；问答对
设备开发者	设备定制
技能开发者	开放平台
用户	AI 训练计划

(资料来源：小米集团小爱团队总监王刚，中国国际人工智能大会)

25.3.3　生态链运营的云计算技术

小米云生态逻辑如图 25-8 所示。

小米通过其强大的云计算功能为用户提供差异化服务，同时，在其生态链的业务安全运营中，与小米签约的合作伙伴通过连接小米的企业云来实现数据的实时存储与数据备份。在云计算技术的帮助下，小米的 IoT 硬件能够进行本地的边缘 AI 计算，以高效、灵

图 25-8　小米云生态逻辑

（资料来源：小米官网，西南证券）

活的方式完成安全性高、扩展性好、储存容量大的数据处理行为,达到开放控制产品的目的。此外,IoT硬件还可以借助云端来进行大规模的机器学习以及全球协同合作,从而完成产品的优化配置。

25.3.4　数据计算的5G 通信技术

5G通信技术具有低时延、高密度的特点,未来小米将通过5G＋AIoT的方式实现CPU/GPU/AI的实时云化,使下沉到各个终端的数据得到快速的边缘计算,达到终端轻量化、低功耗、高响应的效果。

在5G的物联网应用上,主要采用的是5G的mMTC应用场景。由于5G的峰值速率可以达到20Gbps,且支持大规模的机器类低延迟传输功能,当应用于如监控摄像机等依赖5G低延时能力的家居设备时,5G就可以支持传输超高精细率的实时视频流,极大便利了小米生态链的实时性。在将来,通过与更低功耗、更低成本的NB-IoT（窄带物联网）的互补使用,5G将在小米物联网的发展上发挥出更大的价值。NB-IoT与5G的对比如表25-3所示。

表 25-3　NB-IoT 与 5G 的对比

	NB-IoT	5G
建网成本	建网成本低	建网成本高
终端成本	终端成本低	终端成本高
覆盖距离	覆盖距离远	覆盖距离近
传播速率	极低速率	极高速率
延时情况	高延时	极低延时
连接数量	连接数少	连接数多

（资料来源：方正证券研究所）

25.4　尾声

近年来小米依托物联网,以其生态构造脱颖而出,为消费者带来了极大的便利,也使小米的产品拥有了更多的附加价值。小米的 2021 年 Q3 财报显示,目前小米 AIoT 平台的设备连接数超 2 亿,非小米手机用户占比达一半以上,小米 IoT 与生产消费产品业务收入则达到了 209.3 亿元,成为了小米第二大收入来源。

无论是打造粉丝经济形成口碑营销,还是打造生态链产品形成生态圈层,小米无疑都获得了商业上的巨大成功以及行业中的领先地位。从制定生态链发展计划到成为全球最大的消费级 IoT 平台,再到提出"5G+AIoT"的新战略起点,作为一个 IoT 行业的领跑者,小米肩上所担负着的不仅有企业自身发展的责任,还有众人对其带动中国乃至全球产业完成转型的期许。然而以上所述并非小米打造"万物互联"生态环境的终点,雷军在小米十周年公开演讲中正式提出了"小米妙想"的概念,即实现多设备的协同互动。而在 2021 年 12 月 28 日小米的新品发布会中,小米进一步改进了 MIUI 系统,使之不再单纯是一个面向手机的操作系统,而是一个跨多设备并连接多个智能设备的操作系统。通过 MIUI 系统,小米生态链中的产品不仅能够实现互联互通,更能实现协同互动,这大大提高了用户的效率。此外,小米汽车有限公司于 2021 年 9 月 1 日正式成立,并由雷军担任法定代表人,这意味着小米将从轻资产互联网模式跨入重资产汽车行业。如果未来小米汽车问世,小米极有可能将新能源车纳入已搭建起来的物联网系统,由此通过移动出行场景的进一步覆盖,实现小米生态链的持续扩充与迭代。

回顾小米的发展之路,不得不承认小米从做手机发家到建立包罗万象、互联万物的生态链的策略是富有前瞻性的。小米曾经的经典标签是"性价比",而在小米手机冲击高端市场的今天和未来,这个标签可能不复存在。但同时我们也发现,得益于小米多年来的生态扩张,"生态链"已悄然成为小米全新的、有竞争力和辨识度的标签。

当然,小米的发展之路并不是一帆风顺的,在其生态链布局过程中小米遇到了各种质疑与挑战。

(1) 小米的生态链布局可能存在着过度扩张、盲目扩张的嫌疑,并且这种盲目扩张的策略可能导致小米不能做到极致专注。众所周知,尽管小米品牌下产品种类丰富,但小米的核心卖点还是手机。2021 年 12 月,雷军退出小米科技(武汉)有限公司法人,并表示将专心造车,这一举动在业界和消费圈中引起了不小的争议,许多人担忧小米可能会因为把重心放在新产业上而忽略手机等产品的研发,这将会对小米的发展造成不小的冲击。

(2) 小米对生态链企业的掌控力可能偏弱。小米对生态链企业的掌控力主要表现在两个方面:对生态链企业生产的产品品质的掌控和对生态链企业本身的掌控。小米与生态链企业的合作模式决定了小米不可能以强有力的方式掌控生态链企业。而从生态链企业角度出发,他们在快速成长的同时也面临着许多其他未来发展困境,如小米通过供应链碾压其他相关企业的策略弱持续性、小米性价比模式对生态链企业成本与利润的束缚、合作带来生态链企业自身品牌的弱化等。为推动自身的长期发展,部分生态链企业(如石头科技)甚至开展了"去小米化"运动,跳出小米的生态圈层,站在了小米生态产品的对立方。

(3) 尽管小米建成了较为完善和强大的生态链,为经济发展注入新动能,增加了消费者福利,但在实际运营过程中,也存在潜藏的社会问题。例如,用户信息安全问题、环境问题、市场竞争失序问题等,导致用户仍然可以轻易地转移到其他品牌的生态系统中,无法形成稳定有效的客户沉淀机制。

通过以上分析不难发现,小米的生态链布局之路机遇与挑战并存,但是我们相信,依托于强大的粉丝实力,凭借信念的坚持以及自身的科技创新与突破,小米必将继续乘风破浪,砥砺前行。

案例思考题:

1. 小米实现物联网布局的过程主要分为哪些阶段?
2. 各项技术是如何在小米物联网布局中发挥作用的?
3. 针对尾声提到小米面临的潜在问题,你认为小米应该采取怎样的策略?

参考文献

案例 26 小派科技：如何颠覆 VR 产业，突破 Kickstarter 众筹纪录

摘要：众筹为许多公司特别是创业公司开发新产品提供了不错的资金筹措渠道，同时也使企业获得了一些早期的忠实用户支持，因此成为不少创业公司的首选。小派科技（上海）有限责任公司（Pimax，以下简称为小派科技）专注技术性能突破，抓住 8K 头戴式显示设备（以下简称为头显）的技术领先的竞争优势，通过线上线下两个渠道及多种方式精心运营 Kickstarter 众筹的前中后期，2017年底最终获得来自近 6000 名全球用户超过 423 万美元的众筹资金，打破了 Oculus 稳居 5 年之久的众筹纪录，荣获"2019 年吉尼斯世界纪录"，成为全球 VR 众筹额度最高的项目。

关键词：小派科技，众筹，Kickstarter，VR。

Pimax: How to Disrupt the VR Industry and Break Kickstarter Crowdfunding Records

Abstract：Crowdfunding provides a good financing channel for many companies, especially startups, to develop new products, and also enables companies to gain some early loyal user support, so it has become the first choice for many startups. Xiaopai Technology (Pimax) focuses on breakthroughs in technical performance, seizes the competitive advantage of 8K head display technology, and carefully operates the Kickstarter crowdfunding through online and offline channels. The crowdfunding of more than 4.23 million US dollars from users broke the 5-year-old crowdfunding record of Oculus, and was listed in the 2019 World Guinness Records, becoming the project with the highest amount of VR crowdfunding in the world.

Keywords：Pimax, Kickstarter, Crowdfunding, VR.

---

① 本案例由杭州师范大学钱江学院的林茵密、金贵朝撰写。

引言

2017年底,小派科技在Kickstarter上推出一款8K头显,这款拥有双目8K分辨率、200°视场角的小派科技头显众筹过程历时45天,最终获得来自近6000名全球用户超过423万美元的众筹资金,打破了Oculus稳居5年之久的众筹纪录,荣获"2019年吉尼斯世界纪录",成为全球VR众筹额度最高的项目。同时也是Kickstarter上所有硬件类目排名第四,全部类目排名第二十四的众筹项目。

众筹为许多企业特别是创业公司开发新产品提供了不错的资金筹措渠道,同时也使企业获得了一些早期的忠实用户支持,因此它成为不少创业公司的首选。那么小派科技又是如何在Kickstarter平台上大展拳脚,获得超出其预期众筹目标20倍的巨大成功的呢?

26.1 专注技术性能突破,抓住差异化国际竞争优势

26.1.1 终结扑朔迷离的VR发展史

元宇宙(metaverse)似乎已成为近几年的风尚概念,前有Roblox融资上市,后有脸书更名allin。伴随相关概念股票的疯涨,元宇宙被定义为"下一代互联网",通常可以描述为一个平行于现实世界,又独立于现实世界的虚拟空间。能带来沉浸式3D体验的VR头戴眼镜,作为元宇宙的入口,将迎来新一轮的发展。VR(Virtual Reality)即虚拟现实,早在20世纪30年代,作家Stanley G.Weinbaum在其小说《皮格马利翁的眼镜》中第一次提到这样一种虚拟现实的眼镜。至今,VR行业已经经历了3段跌宕起伏、扑朔迷离的发展。第一阶段是20世纪30年代至50年代,这一阶段VR从概念走向现实。20世纪50年代中期,爱折腾的美国摄影师Morton Heilig发明了第一台VR设备:Sensorama(1962年提交专利)。这台设备被一些人认为是VR设备的鼻祖。第二阶段是20世纪90年代至2012年,VR产业迎来第一次热潮,虽然外观跟我们今天看到的VR并没有什么区别,但是显示器技术、3D渲染技术和动作检测技术并不成熟,观看体验远远达不到"可用"的标准。第三阶段是2012年至今,VR产业迎来技术持续突破的阶段。2012年,Oculus Rift问世,这是一款在Kickstarter上众筹250万美元的VR眼镜设备,它将人们的视野重新拉回到了VR领域。2015年,HTC vive在MWC2015上正式发布;2016年,索尼公布PSVR,随后大量的厂家开始研发自己的VR设备,VR新元年正式开始。此后不到两年的时间内,VR产业似乎并没有朝着更加清晰的方向发展,反而变得有点"扑朔迷离"。然而,2017年底由小派科技在Kickstarter上推出的一款8K头显让许多对VR感到失望的用户瞬间激情复燃。

26.1.2 打造专注技术性能突破的小派科技

小派科技的创始人翁志彬先后在德信、比亚迪等公司经历了手机发明到盛行,从砖头机到触控屏的全过程,也就是我们讲的第二代计算机系统(第一代是PC的计算机系统),后来在歌尔声学(一个为Oculus和PSVR的第一代VR产品进行代工的公司)接触到了Oculus的代工项目,该项目带给他非常大的震撼,他觉得VR就是第三代计算机系统的萌芽,在未来某一天很可能会取代手机。硬件水平扎实且一直都想自主创业的翁志彬认

为这是一个非常好的契机,因此,他当机立断于 2014 年组建了一支由国内第一批对虚拟现实技术有狂热爱好的技术工程师组成的研发团队,团队成员大多来自虚拟现实、智能手机、可穿戴设备、互联网、游戏、医疗等专业领域,其中包括长江学者、谷歌 AR/VR 学院研究奖得主等,这为 2015 年在上海成立小派科技有限公司专注于 VR 技术性能突破奠定了坚实的基础。

同期,大概有 200～300 家做硬件的公司进入 VR 市场,但这时候大部分的 VR 产品性能依然不够成熟,用户的体验感非常不好。这让正处于研发阶段的小派科技更加聚焦于现有 VR 产品的两个痛点——分辨率和广角。经过研发团队长达两年时间的攻坚克难,小派科技于 2016 年 4 月成功发布全球第一款 4K VR 头显,两个月后开始量产发货。

26.1.3 以差异化竞争优势奠定行业地位

Oculus 的首席科学家 Michael Abrash 在 2016 年 10 月初的大会上预测 5 年内将出现 8K、新交互和 AVR。然而,2017 年 1 月小派科技就已经完成了 8K 的 demo,至少领先行业水平 2 年。"差异化竞争优势更加坚定了我们小派科技技术导向的发展思路",小派科技的创始人翁志彬说。小派科技在 2018 年 10 月开始量产发货 8K 头显。8K 成为全球 VR 发烧友最受欢迎的VR产品,用户称赞这是目前世界上唯一一款能看清楚飞机仪表盘的 VR 设备。当时全球的 VR 产品分辨率普遍是 4K,小派科技却做到了 8K,全球的 VR 头显视场角普遍为 120°,小派科技将其延伸到了 200°,拥有多项全球 PCT 发明专利,小派科技的 8K 技术完全兼容主流内容平台,如 Steam、OculusHome。小派科技现拥有了 8K、5K、Artisan 等系列的高性能 PCVR 头显主打产品,还研发了手势识别、眼球追踪、气味模组、嗅觉模组等黑科技模组。小派科技在几大关键参数上的单点突破,为其在全球赢得了一大批稳定忠实的极客用户,从而实现小派科技在 VR 领域弯道超车 Facebook、HTC 之类的大厂。

26.2 京东众筹积累经验,多渠道培育国外种子客户

26.2.1 京东众筹积累经验

京东众筹的第一批数千台设备订单是小派科技打开市场的第一步,不仅为小派科技赚下了第一桶金,同时也为小派科技展开海外众筹积累了一定的经验。小派科技发布全球首款分辨率达到 4K 的 VR 设备——小派 4K,2016 年 4 月 14 日登陆京东众筹,售价 1699 元。这次众筹总共筹得总金额 300 多万元,远远超出 50 万元的预期目标,取得了不错的成绩。之后 6 月 25 日开始发货,7 月 1 日发货结束,但七八月份"遇到了来自巨头的意外",因为"没有对可预见的行业变化提前做足准备,全公司做客服做了一个多月"。"意外"的主要原因在于产品的适配:一方面是英伟达推出的 GTX 1080 更新了驱动,当时 4K 头显的驱动设计没有考虑这点;另一方面,微软 Windows 10 开启更新,从而导致使用 GTX 1080 显卡的用户无法运行头显,同时,计算机操作软件也无法正常支持。不过,多数用户没有立即要求退货,反而是逼着小派科技不断修改 Bug,一个半月时间,将驱动从刚开始的三十多兆改成了三百多兆,才重新兼容了英伟达的新驱动和 Windows 10 的更新。京东众筹 4K 产品的经历,让小派吸取了不少经验来安排 8K 产品的众筹发布。

26.2.2 多渠道培育国外种子客户

2017年初,小派科技将8K产品亮相美国,但是直到9月14日才真正开始众筹,这段时间内,小派科技在吸取京东众筹经验的基础上,为海外众筹做了许多准备,主要包括众筹平台选择和多渠道培育国外的种子客户。平台的选择,小派科技主要是权衡Kickstarter和Indiegogo两大众筹平台。"相比之下,前者规模更大,但是门槛也比较高,第一个平台要求注册境外公司,第二个平台收款这方面是需要Visa,因此我们就制定了先出海再转内销的战略,先将美国、欧洲、日本、韩国这些国家和地区作为目标群体",小派科技副总裁翁建波说。选择平台后,小派科技就开始通过海外论坛、第三方电商平台和社媒、CES、独立站和专业广告代理公司等线上、线下多渠道布局培育国外目标市场的种子客户。

1. 注册与运营海外论坛

2016年9月,小派科技使用Discourse技术,依托云服务器,搭建名为OpenMR的海外论坛。对于小派科技来说,忠实用户不仅是销量的保证,也会是提供反馈、精进技术的前进伙伴。搭建海外论坛的主要目的是沉淀各渠道积累的客户,建立小派科技自己的私域流量,加强与客户的沟通,增强客户的黏性。OpenMR主要有公告、指南储存库、小派硬件、小派软件、其他的头显、游戏和软件、配件、反馈、VR内容等版块组成,每个版块由不同的版主进行管理,这些版主志愿为论坛服务,他们组成版主委员会,定期与小派科技沟通一些问题和近期的新闻。小派科技对论坛有监督和规范的权利和义务,同时也会为版主委员会提供资金、产品、赠品等支持。如果有论坛无法解决的问题,则可将问题提交至小派科技支持论坛(Pimax Support Rorum)。除了日常沟通,OpenMR在小派科技处理公关危机中发挥了极大的作用。

2. 依托第三方电商平台与社媒

在国内销售的同期,即2016年9月,小派科技进行了产品出海的布局,在亚马逊(开设了美国站和欧洲站)和新蛋两个第三方电商平台开启4K全球首次销售。同时联系了YouTube上VR相关意见领袖,将产品寄给他们,请他们拍摄产品测试的真实视频并发布在自己的频道上,随后,Twitter、Instagram上越来越多的网红对小派的产品进行宣传,从而在粉丝中产生了很大的影响。

3. 依托Shopify构建独立站

与论坛一样,构建独立站也是小派科技打造私域流量池的一种方式。当然,针对众筹而言,在对产品开始众筹以前,设定明确的众筹目标、打造一个完整的产品介绍与直观的品牌电商网站显得尤为重要,因为只有这样才能使产品更具吸引力和说服力。独立站不仅有助于产品展示,还能够推动EDM邮件营销。对于Shopify的体验,公司副总裁翁建波认为它不仅具有建立电商网站效率高的特点,而且还具备用户体验好、操作便捷和数据直观等明显优势,"从2018年底,我们开始使用Shopify品牌电商网站,以最快、最友好的方式帮助我们开始了2C销售,至2020年第一季度,我们已有数万用户的产品需要交付。"公司副总裁翁建波还说到。小派科技的独立站分为产品、政策、探索、支持和跟随5个模块,每个模块下又有一系列的子功能模块,图26-1所示为小派科技独立站的功能架构示意图。

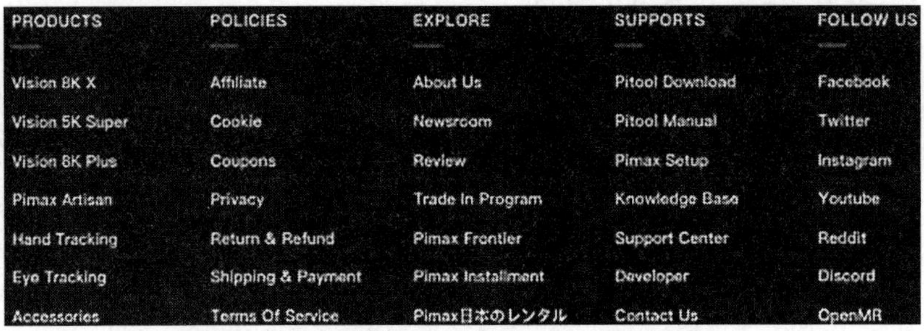

图 26-1　小派科技独立站的功能架构示意图

4. 参加拉斯维加斯全球电子消费展

2017年1月,小派科技带着4K头显的成品和8K头显的demo参加了拉斯维加斯全球电子消费展(CES)。"虽然小派科技的站台非常小,但凭借技术的优势还是成功引起了海外媒体的广泛关注,许多知名媒体在当天就对小派科技的产品进行了相关的报道。第二天,Facebook、高通还有谷歌等一些大厂的高层前来展台参观,现场的氛围让小派科技的小伙伴信心大增。"公司副总裁翁建波兴奋地说,当时的场景仿佛历历在目。

5. 与专业广告投放代理合作

为了更精准和广泛地触达用户,小派科技与专业广告投放代理进行合作。广告代理商主要通过一些专业的线上、线下媒体向潜在客户精准投放广告,这类广告投放的弊端在于小派科技无法及时收到消费者的反馈。但事实证明,找对专业广告投放代理,能为企业带来意想不到的效果。翁总说"众筹正式开始前,小派科技只收到了一万封客户的邮件,但是在众筹开始的时候,媒体消息一发,在一分钟内众筹金额就达到了50万美元,当时就感受到我们低估了媒体的力量"。

26.3　众筹打破吉尼斯世界纪录,稳步推进交付工作

26.3.1　线上、线下助力众筹

2017年9月14日是小派众筹上线的第一天,一分钟之内众筹金额就达到了50万美元,一小时就达到了100万美元,基本一小时就完成了既定目标。一小时之后增速逐渐放缓,小派科技从线上、线下两种渠道采取数字营销和病毒性营销方式助推众筹总额的提升。

1. 线下全球路演

基于2017年初参加CES的良好效果,在众筹开启前,小派科技已经排出了8月份到11月份的所有展会。当众筹速度放缓的时候,立马启动了全球包括日本、韩国、中国、荷兰、美国等12个国家和地区的路演。每到一个城市小派科技都会参加当地正在举办的展会并组织用户体验活动,全球约有30000多玩家参与小派科技8K产品测试。在用户体验过程中,小派科技借机开展数字营销,翁总介绍说:"当时库存只有7000块屏幕,这只能支持3500套设备的交付,当时我们团队限定了产品预订数量,也将此信息对外同步。"事实证明,路演+数字营销的方式取得了很好的效果,几乎每个城市的路演都为众筹带来近50万美元的预定量。同时,参加展会还会吸纳一大波小派科技的

粉丝，其中一名叫 Martin Lammi 的网红粉丝后来变成小派科技欧洲片区的营销负责人。

2. 持续推进线上营销

线上营销一方面是通过延展目标的方式（即病毒性营销）进行，主要是通过既有客户发动身边的亲戚朋友，如果预定金额达到一定额度，小派科技就承诺赠送一定价值的礼品。手持识别和眼球追踪等 VR 领域的最前沿科技，对用户产生了极大的吸引力。"当我们告诉用户产品有数量限制时，所有产品型号当天售罄。之后在 10 月 25 日—11 月 1 日，用户要求我们想办法再增加一些预定名额，当时我们就向合作伙伴又挪借了一部分屏幕"，公司副总裁翁建波笑着说，然后小派科技又追加了一部分数量，立马就在 10 月 31 日和 11 月 1 日两天内全部抢空。为了保证保质保量的交付，没有进行再一次扩容，因此，众筹最终的金额停留在 11 月 1 日。

线上营销的另一方面是 7×24 小时不间断在众筹页面上保持与用户的互动。现在回想起来，公司副总裁翁建波还有些激动，"其实我们那个时候很疯狂的，我们基本上连续 45 天都是两班倒，7×24 小时保持一小时内必须完成对用户疑问的回答。互联网上很容易碰到一些突发情况，如遇到一个煽动性很强的用户，我们必须用诚恳的态度把事情解释清楚，才能把控住舆论的导向。"小派科技通过文字、画图、拍视频等各种方式解答问题，45 天内回答了 7000 个问题，专业与诚恳多次化解了一些可能导致危机的问题，这为众筹数突破吉尼斯世界纪录打下了牢固的基础。

26.3.2 稳步推进交付工作

1. 保质保量完成产品研发和生产

众筹时，小派科技与客户约定 2018 年 3 月完成交付，但实际的交付时间却一直拖延到了 2019 年 6 月。主要是因为非常多没有预见到的技术难点，如缺乏内容生态的支撑，8K 头显就显得没有意义，另外还有诸如原材料质量的问题、包装有异味等诸多干扰因素对产品交付产生了一定的影响。吸取京东众筹后期返修的经验教训，小派科技选择宁可延期交付，也要保质保量完成产品的研发和生产。

2. 保持交付过程的信息透明化

延期交付不仅直接影响用户的满意度，也一定程度上引起了媒体的关注，国外的媒体进行了相关报道。产品交付时间从 2018 年 3 月延期到 5 月，又延期到 10 月，最终到 2019 年 6 月，图 26-2 为新闻媒体对小派科技延期交付问题的报道截图。面对这样的危机事件，小派科技一如既往地采用实事求是的态度，对媒体的质疑进行逐条回复，将每个时间点遇到的技术问题、生产问题、产品一致性问题如实表述，并附上了详细的解决过程和相应花费的时间。每一次的延期，小派科技都全程征求了用户的建议。正是这一次次与用户的碰撞、交流，使小派科技获得了第一批忠实的用户，最终也取得了媒体与大众的谅解。图 26-3 所示为小派科技对新闻媒体质疑的回复的截图。

同时，小派科技通过海外论坛 OpenMR 与预定客户保持时时沟通，全程展示小派科技产品研发、生产、包装、发货以及物流路径等所有信息，用户在了解到相关信息后，减少了对延迟发货的不安，在与小派科技进行互动的过程中增进了对小派科技的信任，危机就这样在有效互动中化解了。

图 26-2　新闻媒体对小派科技延期交付问题的报道截图

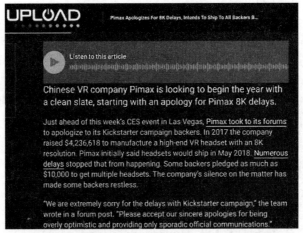

图 26-3　小派科技对新闻媒体质疑的回复的截图

3. 通过海外仓提升交付质量

海外仓是跨境电商提升交付质量的重要手段，小派科技于 2018 年开始陆续设立美国、英国、德国、加拿大、日本、韩国、澳大利亚海外仓，为提升产品交付质量奠定了坚实的基础，同时海外仓还承担了退换货和维修等功能。

26.4　尾声

通过众筹前后的精心运营，小派科技已经在海外树立了高端品牌的形象，每年媒体曝光量有上亿条，仅 YouTube 评测视频就大概有 5000 多条。图 26-4 所示为对小派科技进行过宣传报道的知名媒体。

2019 年后的一段时间，小派科技持续深耕产品研发，接连推出了 Pimax Vision 8K 的升级产品 Pimax Vision 8K Plus，以及定位平价的 Pimax Vision 5K Super、Pimax Artisan 系列产品。2020 年，小派科技当今旗舰产品 Pimax Vision 8K X 问世。2021 年 10 月，小派科技在美国发布了 Pimax 12K Reality QLED 新品，在维持高分辨率、刷新率的前提下，将视场角提升至水平 220°，屏幕分辨率实现 12K。12K 头显的实现使小派科技的技术水平领先行业五年。

图 26-4 报道小派科技的知名媒体

未来小派科技将向强内容生态发展,结合小派科技领先硬件产品,自上而下打通市场,逐级覆盖主流用户,为中国和海外用户带来最极致的 VR 体验。

案例思考题:

1. 小派科技为什么要采取互联网众筹融资模式?
2. 你认为促成小派科技众筹成功的因素有哪些?
3. 小派科技在众筹过程中如何应对舆情危机?
4. 整合营销传播如何提升小派科技的众筹效果?
5. 国内外知名的众筹平台有哪些,请对 Kickstarter 和 Indiegogo 进行对比。

案例  谷小酒酒业：好风凭借力，送我上青云①

摘要：本案例描述了谷小酒酒业的发展历程，探索了一条适合白酒行业的数字化转型之路。在新型冠状病毒感染背景下，白酒行业也开始积极探索数字化转型和商业模式创新。谷小酒选择数字化运营，明确获取用户需求，成为白酒行业中更了解用户的公司。在教学过程中，通过运用商业模式九要素的适当研究方法，引导学生从价值主张、重点活动、分销渠道3方面分析白酒行业的商业模式创新，引导学生分析企业模式的优缺点，希望为学生的学习提供帮助。同时对其他同类电商企业提供有益的建议和启示，对白酒同行或其他企业在企业数字化过程中有所启发。

关键词：谷小酒，商业模式创新，数字化企业。

GuXiaoJiu Wine Industry: "In Virtue of the Opportunity, I will go up in the World"

Abstract：This case describes the development process of GuXiaoJiu and explores a suitable digital transformation road. In the context of the COVID-19, the liquor industry has also begun to actively explore digital transformation and business model innovation. The liquor industry relies on e-commerce as its main sales channel. GuXiaoJiu chooses digital operation to define their user needs, becomes a company that knows more about users. During the teaching process of this case, the students will be guided to analyze Guxiaojiu's business model innovation in the aspects of value proposition, key activities and distribution channels. By analyzing the nine elements in Guxiaojiu's business model, students would be capable of grasping the advantages and disadvantages of business model innovation. At the same time, it will provide useful suggestions to e-commerce companies with similar business model, as well as enlightening other companies in the liquor industry to embark on the path of digitalization.

Keywords：Guxiaojiu, business model innovation, digitalized enterprise.

---

① 本案例由西南科技大学的张莉、熊婧雯撰写。

引言

2018年3月的第一天,由一位高级公关总监带领的来自各个互联网组成的创始团队宣布谷小酒酒业这一品牌正式成立,核心团队计划将数字化这一新鲜血液注入悠久绵长的白酒行业,通过"三新业务"为消费者带来"三声尖叫"原则。

"三新业务"即新产品,新社交,新零售;"三声尖叫"是谷小酒酒业基于用户需求和体验提出的产品研发理念,也是指导谷小酒酒业研发的总纲领,本质是要在各个环节让消费者感受到超出预期的体验。第一声是让用户第一次了解产品时,超出他对白酒产品的固有认知;第二声是让用户接收实物时,觉得实物要比宣传中看到的更好;第三声是让用户喝了谷小酒后,有物超所值的感受。

2020年4月10日,谷小酒酒业在罗永浩的直播间上架,这是该直播间首次尝试卖酒,直面业界的各种声音,谷小酒酒业给出了一个完美答复——销售额在90分钟突破千万,超出业内人士的预期。疫情以来,传统的家宴聚会等各类酒水消费场景迎来了行业的冰封时代,酒水滞销、市场淡季,在这种背景之下,白酒行业也开始积极探寻数字化转型和渠道创新,谷小酒酒业就是依靠电商为主要销售渠道的品牌,即使在疫情期间也依旧保持着上升的势头,坚持健康快乐的产品服务与使命……

27.1 寻找酒香之源

对于品牌的本身——产品,谷小酒酒业的初衷即真正会酿造的,从来都是大自然,借用大自然的生态之美,酿酒从粮食、水、酒曲全部取自天然原料,不添加任何一项人工添加剂,发酵过程中也是通过酒曲捕获环境中的微生物,将粮食自然发酵。

产品产地在拥有"中国白酒金三角"之称的核心价值区域四川宜宾,谷小酒酒业选择直接在当地寻找拥有酿造能力的酒厂进行生产,该区域有得天独厚的酿酒生态环境,诞生出了中国久负盛名的高端白酒,也让谷小酒酒业生而不凡!谷小酒酒业深入合作控股了两个酒厂,就像小米手机是由富士康生产的一样,借鉴了互联网生产的模式,把擅长的事情交给最擅长的人来做。谷小酒酒业只是从资本、产业链去整合,从渠道、品牌来进行统一整合。现在控股两家酒厂,从供应链源头就坚持中国传统白酒的酿造方法,即用纯粮食酿造的方法来做酒体。谷小酒酒业所有的酒除了国检之外,还拿到全球排名第一的检测机构去检测后才上市。

在2019年,谷小酒酒业更是与宜宾市江安县政府联合,投资3亿元人民币在宜宾建造酒厂,精选一批优质酒窖,通过整体搬迁进入新的醅池,形成谷小酒酒业自身的本地产能。在宜宾建造的这个酒厂是全数字化示范酒厂,主要体现在流水线的设计以及产品的跟踪。如此大兴土木的原因还是因为谷小酒酒业清楚,当销售额达到一定的金额,就会依靠酒企自身供应链的能力,布局全产业链是不二选择。

酿造选用优质粮食,不仅如此,所有的粮食均产自中国三大名酒粮食基地,经过上千年历史和工匠的精心筛选,让这些粮食的营养成分更适合酿酒,酒香突出、更加迷人。谷小酒酒业的酿酒之水分别取自长江入口处、赤水河河水以及西山岭雪山脚下,这些天然优质活水酿酒,能让酒体口感绵润、细腻优雅。谷小酒酒业选用从未间断酿造的老酒曲,投入大量的人力与精力,在保持安全卫生的前提下,提升窖池环境聚集的有益酿酒微生物种类及数量,让酒醅发酵时能生产主体香味突出且富含特殊芳香物质的优质原酒。12987坤沙工艺、双轮底发酵、母糟润粮、低温入窖、缓火流酒、掐头去尾、量质摘酒、按质并坛、陶坛贮存,每一瓶谷小酒酒业的酒,都按照上述不同香型的巅峰酿酒工艺酿造,让中国优秀的传统白酒文化,在新时代得以传承和发扬。

27.2 书写酒香之方

"年轻人不喝白酒,不是因为不爱喝,而是因为没有他们更喜欢的白酒。"谷小酒创始人解释,中国人有喝白酒的习惯,在中国市场,其他酒水无法和白酒相提并论。创始人坦言他相信如果让年轻人做选择他们会选择中国的酒,当然前提是这酒不能老套,品质要好,要有新意。"不能因为年轻人不喜欢喝现在的白酒就下年轻人不爱喝白酒的结论,这是本末倒置,根源在于需要有人为吸引年轻人重新爱上白酒文化而做出努力。"

随着居民收入增加,高端白酒的消费群体开始转向中产阶层,白酒行业于近两年迎来复苏,目前,白酒市场存在向头部企业聚集的趋势,这也为白酒行业集体非理性涨价、放量销售等隐患埋下了伏笔。"整个白酒行业目前的增长,大品牌利润率的提高来源于高端产品的提价,对于老百姓家庭来说,茅台、五粮液等高端酒往往被摆在酒柜里看着,老百姓需要的是喝得起的白酒。"创始人认为这正证明了在性价比好的酒领域存在着一片海量市场。

目前,白酒行业马太效应凸显。高端酒市场,各区域中小酒企面临着来自头部酒企的挤压,低端酒市场被各类酒企瓜分。早先以年轻玩家为代表的小酒市场,也出现了火爆,有来自一线酒企的插足,激烈的竞争环境使得一些企业开始在现有价格定位外寻求新的产品赛道。

"互联网数字基因"是谷小酒酒业突围的法宝。据了解,谷小酒酒业致力于用新产品、新社交和新零售重新定义酒水行业。成立第一年便成为小米有品销量、销售额双第一的白酒品牌,并取得电商全渠道超过 5000 万的销售额。只是 2018 年这一年内,谷小酒酒业已经完成两轮共计 9300 万元融资,其中天使轮 3000 万元、Pre-A 轮 6300 万元,如图 27-1 所示。投资者中包括真格基金、中金汇财、博将资本以及阿里合伙人王帅。作为数字化白酒品牌,谷小酒酒业一直以来以平价量小的小酒作为打入年轻人市场的主要产品,但近几个月,谷小酒酒业开始往千元高档酒领域涉足。以谷小酒酒业为代表的一干创新酒企正

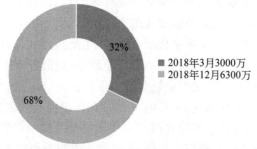

图 27-1 首年融资圆环占比图

在高端一线白酒品牌的降维打击下寻求新的竞争点。如果不能摆脱龙头公司的挤压，那些弱小的白酒品牌的日子将更加艰难。在竞争激烈的市场中，仍有一些新锐企业凸起，成为行业内的亮点被关注。

比较白酒行业传统的以产品为核心，谷小酒酒业更在意的是用户和用户消费行为，获得用户和用户实实在在的消费反馈，更能帮助到企业发展。同样，在互联网上，电商用户效率更高，长远的发展必定是线上渠道和线下渠道同时打通。对于模式的创新，谷小酒酒业就是使用技术手段投射到每一份产品，可以清晰地知道市场的各种状况，如通过技术在合法途径得到的数据显示，在广东地区会更加偏好于酱香型白酒，不同地区的消费习惯不同，方便企业细分，从而提供不同的服务方案。

许多人将谷小酒酒业现在的成绩归功于高颜值、高性价比，但这显然不是全部原因。事实上，谷小酒酒业利用"互联网思维"搭建的商业模型，对白酒行业的启示或许更大。创始人表示，"我们的产品线是随着用户需求不断补充的，只要市场有痛点，我们都会考虑去做。"实际上，这就是典型的互联网经营模式。

通常来讲，互联网公司运营一个 App，为了提升用户规模、保持用户活跃度，会不断根据用户行为习惯、偏好调整产品的交互细节，或者围绕 App 的功能定位，结合市场热点开展运营活动。在谷小酒酒业这里，同样如此。只不过，互联网产品提供的是服务，谷小酒酒业提供的是白酒。

据了解，截至目前，谷小酒酒业产品线已经涵盖了浓香、酱香、清香 3 种香型，共计超过 20 款单品，更新、迭代的速度，远远超过以往的白酒公司。2018 年，谷小酒酒业创下民营白酒初创企业第一年的最佳业绩——线上全渠道销售额超过 5000 万元。

近几年，成都在打造新经济之城，吸引了一批创新企业在此筑巢，谷小酒酒业就是其中之一。在创始人眼里，谷小酒酒业是一个满足新经济标签的企业。"如何定义新经济企业，不是说创造了新的商业概念就能成为新经济企业，真的新经济指的是能为新的消费群体创造更高价值，这才是新经济。作为小米的前高管，创始人将创业基地选在了白酒文化浓厚的四川成都，创始人认为，成都作为新经济之城，营商环境十分浓厚，对创业者的扶持也更多，未来五年，起码在创业环境上，成都将超过北上广，成为创业者的首选，相信未来会出现更多头部新经济企业。

27.3 勾勒酒香之形

在业内人士看来，在当前白酒市场竞争加剧和行业龙头挤压的双重压力下，中小的白酒品牌要想实现突围，更多的应该是考虑如何"放空"，甚至"放弃"品牌，背水一战，从产品本身入手，在产品设计、酒体等各方面打磨好产品，提升消费者的用户体验，让他们享受到更多实际的附加值。谷小酒酒业团队理解一个酒的产品，除了好喝以外，还有价格一定要便宜，便宜不代表品质差。酒是一定需要有附加值，但是不能太离谱。选择附加值的品牌，就专注于附加值，像五粮液、茅台。谷小酒酒业选择性价比，当然，同样也有附加值，产品的设计、品质不比其他企业差，但是只卖一百多元一瓶。

酒是地道产区收的，茅台镇、宜宾，专挑老酒储量大、酿酒总工牛、上规模的酒厂，拉着一帮子老酒客去尝着买；价往实惠里做，渠道、广告费用一刀切，全投在产品上。同酒质的情况下,人家卖四五百元,谷小酒酒业卖一百来元;赠品,怎么大方怎么来:花三百多元买两瓶酒,送一套成本小一百,放在哪里也不丢份儿的高档陶瓷酒具;用户对快递不满意,不问对错,先赔一瓶再来说话。要是对产品有建言,合理的马上采纳,24 小时内协同供应链,说改就改。三年多的时间里,创始人自己都记不清谷小酒酒业到底改良迭代了多少次。但他明白,每一次的改良,都更好地满足了人们的愿望,都让他离极致更近了一步。打从一开始,爱喝酒的创始人就在用互联网的产品竞争法则来做谷小酒酒业:东西得好,用户拿到手里不仅得满意,还得一下子捅破他的期待天花板。

拿谷小酒酒业发布的高端线产品"万里宋境"系列来说,创始人提出要用数字打法给消费者提供一套性价比最高的产品。因为是众筹产品,销售压力没有传统销售那么大,另外还是采用互联网渠道销售,省去了大量的中间环节,可以把渠道的分成,直接全部返还给消费者,真正做到把价格压到最低,被行业戏称为"价格屠夫"。

据悉,"万里宋境"系列是致敬宋朝的一款白酒,整体设计采用了天青色作为基色,瓶身图案融合了宋徽宗的《瑞鹤图》元素,酒瓶造型则融合了王希孟的《千里江山图》元素,并用金属套件完成了古为今用的设计表达。此外,"万里宋境"工艺部分则是由施华洛世奇供应商美景实业制造完成,瓷器部分采用了传世天青色骨瓷,金属部分全部采用黄金色的合金套件。值得一提的是,"万里宋境"配套酒具的设计灵感源自宋盏。宋盏本是茶器,但此次装的是高度白酒,所以必须缩小容量。最终,设计师在宋盏的基础上做了30°的角度切割,最终呈现酒瓶、酒具等酒器,依次排开、各自呼应又浑然一体的艺术效果。酒体方面,浓香型白酒延续六百余年的五粮配方,酱香型则采用 10 年左右基酒,加上 30 年、15 年的老酒调味而成。出色的酒体让这款产品获得了国家白酒评委、原茅台科研所所长陈兴希等三位大师联名推荐。这是自 2018 年谷小酒酒业首次在小米有品上线首款酒水众筹项目"米粒概念系列"以来,谷小酒酒业第二次携手小米有品,宣布全面布局高端白酒行业。"我们就是要搅局整个高端白酒行业,打透整个价格体系,让消费者理性看待白酒消费,买得起、舍得喝。"创始人强调,"我们的产品在酒瓶的设计、用料以及酒体上,都代表行业的最高水平。"

2019 年 11 月 24 日,谷小酒酒业"米粒概念系列"荣获 2020 德国设计奖。谷小酒酒业"米粒概念系列"还荣获 2019 德国 iF 设计奖,这也是中国第一款真正在市场大规模销售的白酒产品获此殊荣。第三届中国 i 莓奖颁奖盛典暨品牌营销峰会,谷小酒酒业与 1919、拼多多等其他行业的开创性品牌并列,共同荣获"2018 年度最受消费者喜爱品牌——新锐品牌奖"。"2019 第四届中国酒业资本论坛暨中国酒业金樽奖颁奖盛典"在成都举行,谷小酒酒业"米粒系列"荣获"2019 中国酒业明星产品"。2020 年 5 月 11 日,谷小酒酒业在 2020 中国酒业金樽奖被评为中国酒业最具增长潜力品牌。2020 国际烈酒(中国)大奖赛暨国际葡萄酒(中国)大奖赛,谷小酒酒业选送的谷院烧酒 42 度获得了 ISGC 国际烈酒(中国)大奖赛银奖。

谷小酒酒业信奉的设计理念:以中国优秀传统文化为底蕴,融入与时俱进的时尚审美,让古老的白酒焕发出当下的时代魅力,不仅是白酒,也是优秀的工业艺术品。秉承这种设计理念,谷小酒酒业"米粒系列"一年内连夺"德国 iF 设计奖"和"德国设计奖"两座世界级工业设计大奖,在竞争激烈的工业设计 PK 台上,开辟先河,传播中国白酒文化,让世界为中国喝彩!

27.4 风吹酒香之味

2019年,谷小酒酒业"双十一"销量同比增长350%,突破十四万瓶,数字化白酒引爆全网。紧接着谷小酒酒业与苏宁宣布达成战略合作,苏宁将进一步向谷小酒酒业开放大数据资源、新零售渠道以及物流网络,帮助谷小酒酒业推出更多C2M定制化产品。谷小酒酒业与罗永浩在抖音平台拉开直播卖酒首秀,"米粒系列"销售额在90分钟超过1000万元。谷小酒酒业与宽窄巷子联名款白酒,亮相于成都宽窄巷子举行的四川非遗购物节。2020年,万里宋境·方寸在罗永浩"双十一"直播间首发,夺得全场酒类销量第一。

谷小酒酒业起步于老东家的小米有品,谷小酒酒业研发设计的首款白酒"微醺版"正式在小米有品开售,此后谷小酒酒业的每一步成长,小米有品可谓共同见证。不仅如此,既然谷小酒酒业走的就是互联网数据化之路,那么谷小酒酒业也慢慢在其他电商平台自营发展,天猫、京东、苏宁都有涉及。面对品牌用户大部分都为青年,谷小酒酒业更是针对性地将目光放在抖音这一流量极大的平台。

在前中期的发展中,谷小酒酒业与行业其他企业的主要差异在于渠道,首先以新零售为线路的电商渠道。以用户为核心,关注产品类是否被消费,有无使用的情况。通过基础手段能精确到产品消耗时的地点和时间。用户和实际消费行为,一切围绕这两个点向外推进。

企业选择数字化运营,能够清楚获取用户需求,属于酒行业之中更懂用户的一个公司。启用社会化营销,白酒行业属于典型的资金丰厚,但是营销手段效率却很低,投入与回报不成正比的行业。谷小酒酒业使用媒体资源、公关手段资源,如成为小米公司上市庆功酒这一合作,以此来首先得到大众认知和品牌认可度,动用少量资源去撬动一个大的项目。

新产品板块包括我们所见的各类酒品的不同版本,谷小酒酒业通过新设计和新酒体的配合,把它做到极致性价比,所有的产品打造要围绕着新型白酒的设计来展开。逻辑是用户,同样也是最终产品的落脚点。

新社交方面,谷小酒酒业现在有自己自营的商城,还有自己的新媒体、自己的社区。在新社交板块,通过自营跟用户之间的社区群体,除了做客服,还要给客户解答更多问题,就连创始人本人也每天都在这个群里面直面客户。谷小酒酒业在小米有品建店,就是把这些流量导到有品商城,其实是掌握了需要社交、需要白酒的这些互联网用户。

而新零售方面,谷小酒酒业计划布局线下餐饮和O2O。O2O就是全国各地一些小的代理商,相当于产品扁平化了,和小米的O2O小店是一样的模式。这一部分还有线下的代理,这是线下的新零售。自营方面包含小米、天猫、京东等平台。

因此,整个谷小酒酒业目前的三大业务板块是新产品、新社交、新零售,如表27-1所示。三大业务板块之间的流量和渠道可以互相交叉来支撑。至于现在为什么谷小酒酒业没有花太多的成本去获取流量,首先是因为他们要做好新产品,其次是要做好新社交,通过小米、天猫、京东的自营店及自己的渠道,还有社群运作,就可以把互联网这批流量接住。

表 27-1 "三新业务"概念表

新产品	紧紧围绕用户这一核心开展设计打造
新社交	基于对产品的认可,与用户交朋友
新零售	精品电商平台,主流电商通路,首批进入抖音

27.5 尾声

谷小酒酒业的愿景是做一家有情有义的好公司。2018年3月,谷小酒酒业正式成立,获3000万元人民币融资,4月首款产品上线小米有品,并作为小米集团上市庆功宴指定用酒,9月"米粒概念系列"众筹金额突破1000万元,12月谷小酒酒业完成6300万元Pre-A轮融资。2019年,谷小酒酒业创立一周年,电商全渠道销售额超过5000万元,售出成品酒300多吨,达规模企业标准,6月在"2019成都全球创新创业交易会"上签约战略框架协议,8月新品"万里宋境"系列众筹金额为1000多万元,2020年4月抖音买酒首秀90分钟超1000万元,6月谷小酒酒业销售额同比增长1400%,远超去年。成立至今,谷小酒酒业连续3年排名小米有品新锐白酒品牌销量、销售额TOP 1,还曾荣获小米年度优秀服务奖、天猫酒水年度新锐品牌、天猫酒水飞跃进步奖、中国酒业最具增长潜力品牌等荣誉。目前,谷小酒酒业在全网积累了超过200万付费用户,覆盖全国超过3万家销售终端户。

到2035年,谷小酒酒业希望能做到服务全球10亿用户、提供更加快乐和健康的产品和服务,创造全球酒类产业链100万人就业、建立1000万个终端场景,实现酒类人、货、场全面数据化。谷小酒酒业给自身定位的使命就是让天下没有难喝的酒。他们的价值观则是客户第一、员工第二、股东第三;有情有义地生活,快乐简单地工作;诚信、团队合作、拥抱变化、敬业,保持敬畏之心,第二天永远是新的开始。

或许有些理想主义,但能将健康与快乐贯穿于自己的职业中,即便稍有挫折,又何言失败苦涩?更何况谷小酒酒业的势头一路向上,是非成败,尚且不能轻易定话。

案例思考题:

1. 谷小酒酒业选择了怎样的商业模式,进行了何种创新?
2. 商业模式如何实现运转?谷小酒酒业如何布局产业链?
3. 谷小酒酒业在竞争中形成了什么优势,为企业的发展带来了哪些影响?
4. 谷小酒酒业的规划管理是什么方向?与其他企业相比有何不同?

案例 28 "猫来了"悄然走红——新媒体时代的内容营销

摘要：速途网络的高管从没想过，一个濒临死亡的微信公众号有一天会变成网红，成为速途网络转型的一大强有力支撑。"猫来了"对于陈垒而言，就像是自己的孩子一样。陈垒竭尽所能使其一步步健康成长到了今天的样子。其中辛酸，可能只有他自己知道。在"猫来了"发展过程中，陈垒团队通过定位建立了核心竞争力，通过独特内容生产俘获了广大猫奴，通过进军全平台把握住了时代潮流。目前，"猫来了"已成为速途三大 IP 之一。本案例对"猫来了"的发展现状、面临的问题和解决方法等进行了介绍。

关键词：猫来了，核心竞争力，企业变革。

MaoLaiLe Quietly became Popular—Content Marketing in the New Media Era

Abstract：The executives of the Sootoo Internet never thought that a dying WeChat official account would become a red net someday and become a powerful support for the rapid transformation. "Here comes the cat" is like his own child to Chen Lei. Chen Lei did his best to make it grow healthily step by step to what it is today. The bitterness may only be known by himself. In the development process of "Here comes the cat", Chen Lei's team established the core competitiveness through positioning, captured the majority of cat slaves through unique content production, and grasped the trend of the times by entering the whole platform. At present, "Here comes the cat" has become one of the three IP addresses of express. This case introduces the development, problems and solutions of "Here comes the cat".

Keywords：Here comes the cat, Core competitiveness, Enterprise reform.

---

① 本案例由中国人民大学信息学院的程絮森、杨波和商学院的王刊良撰写。

28.1 公司发展及现状

速途网络成立于2009年,专注于构建新媒体生态下的运营体系,被称为"中国领先的新媒体生态运营商"。2012年8月,速途网络抓住微信公众平台上线的机会率先注册了大量公众号,10月,实现了日访问量300万,位列当时中国互联网行业媒体首位。

28.2 面临的问题

虽然抢注行为让速途占据了先机,但在后期运营上,部分公众号效益很差。"萌工厂"是速途网络旗下众多公众号之一,早期定位是萌宠类,但其发布的内容十分零散,长期人气不佳。

陈垒,一个在速途网络工作,因公司战略调整而面临失业的90后,尝试接手"萌工厂",而陈垒也没有想到这将是他在京创业的开始,成为其未来生活改变的一大转折。

当时,速途网络拨给"萌工厂"的运营者除陈垒外,只有一个会画漫画的90后女孩田雪,年轻、缺乏经验、人少、资源有限是这个团队的显著特点。在对当时的萌宠市场进行"地毯式"调查后,发现以猫咪为主题的萌宠类公众号寥寥无几,因此陈垒将"萌工厂"更名为"猫来了"。

28.3 如何解决

陈垒认为,在信息爆炸的互联网时代,新媒体必须持续输出用户价值。因此,团队开始打造"猫来了"漫画形象:从表情包到四格漫画、从壁纸到长篇故事,涵盖多种内容。此外陈垒又采取了内容互动、社群互动等措施来提升用户留存率。

这些举措渐渐"复活"了公众号,但不久又面临新的问题。团队向公司申请启动资金来开发抱枕等漫画周边IP,并开通了微商城,但出售结果并不乐观。在团队整体执行提升不明显、粉丝数量也没有增长的情况下,组内招聘了一位销售经理来开拓市场,但经过一个月的考察,在商场投放打印机和娃娃机进行吸粉的想法没有落地。"这算是一次失败的尝试",陈垒说到。

披星戴月慢慢成为了陈垒的常态,凌晨三点仍在工作的他在收到粉丝与公司人员沟通得知地址后点的外卖后,更加坚定了对"猫来了"的热爱与信念。

后来,陈垒偶然接触到淘宝客这一块,并尝试将"猫来了"打造为淘宝客,既方便广大猫奴粉丝的购买,也能为公众号带来一定的收益。此外,游戏合作、商业广告投放等均成为流量变现的方式。为了避免其他平台兴起而造成的公众号掉粉情况,"猫来了"已积极入驻今日头条、抖音等平台,优质内容和高黏性粉丝也让相关账号飞速发展,但同时,竞争无处不在。

猫来了活跃粉丝数量超过50万,其在庞大的流量基础上探索流量变现的商业模式,基于电商平台、IP衍生业务,通过商城、游戏引流等形式获取收入,抢跑萌宠消费升级市场的头部IP。

未来的猫来了将会走向何方,让我们拭目以待……

案例思考题：

1. 你认为"猫来了"是如何找到自己的市场定位的，思路是什么？
2. 速途网络中的什么催生了"猫来了"？
3. 在取得一定成绩后，"猫来了"如何拓展业务范围或者开辟什么新方向？
4. 你认为应如何运营一个公众号，运营过程中哪些要素是重要的？

案例 29 SHEIN：中国最神秘的百亿美金公司如何实现海外增长①

摘要：公司成立于 2008 年，2014 年创立自有品牌 SHEIN，聚焦快时尚女装并逐步拓展品类。作为全球跨境电商隐形巨头，通过产品的极致性价比和实时柔性的供应链优势，精细化运营为消费者带来完美的购物体验。在疫情催化下实现高速增长，成为全国最大的独立站模式的快时尚 B2C 跨境电商企业，在全球购物中心应用下载榜单中仅次于 Amazon Shopping。从 2017 到 2020 年，商品交易总额（GMV）从 10 亿元增长至 650 亿元，2021 年已实现突破千亿元大关，那它是如何颠覆传统快时尚公司实现海外增长的呢？

关键词：SHEIN，性价比，供应链。

SHEIN: How China's Most Secretive $ 10 Billion Company Achieved Overseas Growth

Abstract：Founded in 2008, the company established its own brand SHEIN in 2014, focusing on fast fashion women's apparel and gradually expanding the category. As a global cross-border e-commerce stealth giant, it brings consumers a perfect shopping experience through the extreme cost performance of its products and real-time flexible supply chain advantages and refined operations. It has achieved high growth under the catalyst of the epidemic and become the largest independent station model fast fashion B2C cross-border e-commerce enterprise in the country, second only to Amazon Shopping in the global shopping center app download list. From 2017 to 2020, GMV grew from 1 billion to 65 billion, and exceeded 100 billion in 2021, and how did it subvert traditional fast fashion companies to achieve overseas growth?

Keywords：SHEIN, cost performance, supply chain.

---

① 本案例由温州商学院金融贸易学院的金余撰写。

29.1 乘风破浪实现高速发展

"SHEIN是什么?""不太了解"。当你和互联网人士谈论起这家公司时,他们大多会给出这样的回答。无论在中国还是海外,几乎很少看到关于SHEIN的动态报道,其受关注的程度和影响力远远低于其他大厂,大家对SHEIN最多的评价就是这是一家神秘的公司,如此低的知名度和这家公司庞大的体量似乎难以匹配。根据Similar Web数据显示,SHEIN在时尚和服装网站访问量目前排名世界第一,2020年实现收入100亿美元,体量已接近1/2个母公司(全球销售额第一的服装企业)。如此神秘的百亿美金公司究竟是一家什么样的公司呢?背后究竟掌握着怎样的财富密码?

2008年10月,做SEO搜索引擎优化起家的许仰天创立南京点唯信息技术有限公司,主营跨境婚纱业务。婚纱当时是毛利率仅次于数码产品的品类,一件200元的婚纱飞跃大洋彼岸可以完成200美元售价的蜕变。SHEIN作为中间的渠道商,把虎丘的成品婚纱运到美国去卖,并在Google和Facebook上大量投放广告。凭借这两个平台的流量红利,以及中美市场的价格差,公司很快完成原始资本积累。2010年,公司上线西班牙站点,2012年初上线法国站点,再次捕捉到好生意的许仰天放弃了婚纱业务,开始全力转做跨境电商女装并固定下域名SheInside.com,同时开始尝试利用海外网红流量在社交网站上进行推广。2013—2014年,公司陆续上线俄罗斯、德国等欧洲站点,并收购跨境女装品牌ROMWE,开始自主构建供应链体系。2015年,SheInside正式更名为SHEIN,产品聚焦快时尚女装,逐步扩展男性、童装、美妆、家居、宠物等全品类电商,并开始积极拓展澳大利亚、中东、印度和阿拉伯站点,通过自建独立站渠道,围绕品牌运营组建设计师团队,在全球范围内进行产品跨境销售,截至2017年,公司业务已覆盖224个国家和地区。2017—2020年,公司收入持续保持高速增长,2020年实现收入约100亿美元,营收增速连续八年超过100%,2020年,SHEIN已成为仅次于亚马逊的、最受青少年追捧的电商网站,高收入女性青年团队对SHEIN的喜爱甚至超过了亚马逊。SHEIN公司发展历程如图29-1所示。

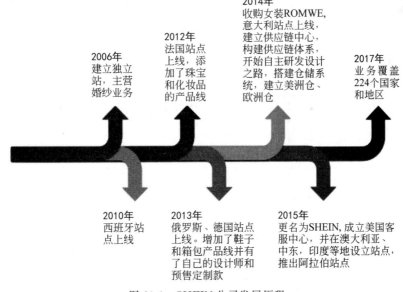

图29-1 SHEIN公司发展历程

根据Google和Kantar联合发布的2021年BrandZ中国全球化品50强榜单(见表29-1)中，SHEIN在中国全球品牌年度指数中排在第11位，较2020年排名再上升2位，赶超腾讯、Anker和Zaful等跨境电商头部卖家。2021年上半年，SHEIN App在iOS和Android平台下载量约7500万次，超越Shopee和Wish(WISH.US)跻身榜单第2名，成为全球移动端快时尚第一品牌，在全球购物中心应用下载榜单中仅次于Amazon Shopping(7880万次下载)，如表29-2所示。

表29-1 2021年BrandZ中国全球化品牌50强名单

排名	2020年排名	品牌	类别	品牌力得分
1	3	阿里巴巴	电子商务	2064
2	4	字节跳动	内容型APP	2049
3	1	华为	消费电子	1993
4	5	小米	消费电子	1831
5	2	联想	消费电子	1828
6	12	OPPO	消费电子	1299
7	7	海信	家电	1134
8	6	海尔	家电	1032
9	8	一加	消费电子	1017
10	20	VIVO	消费电子	965
11	13	SHEIN	线上快时尚	901
12	16	腾讯	移动游戏	804
13	11	ANKER	消费电子	793

(来源：《2021年BrandZ报告》凯度咨询)

表29-2 SHEIN App2019—2021年用户下载量

全热门购物应用下载量TOP10		
2019全年	2020全年	2021上半年
1. Wish	1. Amazon Shopping	1. Amazon Shopping
2019全年	2020全年	2021上半年
2. Amazon Shopping	2. Wish	2. SHEIN
3. AliExpress	3. Shopee	3. Shopee
4. Shopee	4. SHEIN	4. Wish
5. Club Factory	5. Flipkart	5. Flipkart
6. 拼多多	6. AliExpress	6. AliExpress
7. Flipkart	7. 淘宝	7. Alibaba.com

全热门购物应用下载量 TOP10		
8. OLX	8. OLX	8. 淘宝
9. SHEIN	9. 拼多多	9. Lazada
10. Lazada	10. Lazada	10. OLX

(资料来源:作者根据 Sensor Tower 整理所得)

公司经历不断调整和人员扩张,搭建起高效、扁平化的组织框架。七大中心(见表 29-3)支撑公司运营,全面覆盖公司运营、研发、供应链、选品、数字化等方面,其中核心部门为产品研发中心(系统维护)、供应链中心(生产制造)、商品中心(产品设计开发)和数字智能中心(海外 App 和 Web)。公司核心管理层从启动至今并无太多变动,自 2012 年以来一直共同运营公司。

表 29-3 SHEIN 公司组织架构

部门设置	主要职能
全球运营中心	制定并落实海外市场整体营销运营战略,整合全球时尚资源,与网红、客户沟通,挖掘需求,提升客户体验并制定优化方案
产品研发中心	线上移动商场的开发与维护,供应链系统及其他公司自建系统的维护,提升公司运营效率
供应链中心	负责面料管理、样衣开发、大货生产、质量控制、物流配送、仓储管理全产业链物流体系
商品中心	设计师、买手、招商、核价、质控、摄影团队
组织发展与赋能中心	公司文化建设、人员管理、组织效能提升
数字智能中心	研发 SHEIN 海外 App、Web 端等
财务中心	5 种国际支付方式、20 种外币换算业务

29.2 "多""快""好""省"铸造核心竞争力

SHEIN 是一家由互联网内核驱动发展的跨境快时尚公司,左手握有供应链系统,右手掌控营销流量,形成了完全利用大数据驱动的实时、柔性供应链,打造 Real-time Fashion 的生意秘诀。

29.2.1 极致时尚,大数据成就爆款产品

相较于其母公司根据线下发布会的反馈来设计产品的上新模式,SHEIN 将设计这一环节搬到了线上,搭载公司自建的实时跟踪全球时尚趋势的数据系统,利用 Google、Facebook、竞争对手等渠道抓取数据,将面料、颜色、图案、印花、绣花、版型等设计元素模块化,同时利用 B2B 原材料采购平台省去设计师选料时间,升级作坊分布式的作业方式为工业化流水线模式,大大提高了设计师的工作效率,也进一步降低了品牌对设计师的依赖性。同时,在产品展示上精心设计图片,通过专业摄影师团队拍摄产品展示图,最大程度地激发购买欲望。

凭借强大的设计、专业的买手与打版团队，SHEIN借助大数据分析对流行趋势的捕捉与设计元素的重新组合，官网实现每日上新款式约3000款，每周上新近2万款（约等于其母公司一年的上新量），且上新节奏还在持续提升中。在最小存货单位（SKU）上，SHEIN女装目前拥有17万SKU，遥遥领先于同行业水平；在上架周期上，一般纺织服装公司从产品的设计、打板、生产到上架的周期为6个月，主打快时尚的其母公司首单的准备期是2个月，当季追加订单的周期为3周，最快可以做到2周，而SHEIN将首单周期压缩到了3周，将当季追单周期压缩到了1周。

29.2.2 极致速度，柔性供应链激发购买欲望

1. "小单快返"的供应链能力

SHEIN为何能保持如此快的上新节奏？一切得益于公司不断打磨的供应链系统，形成了"小单快返"的生产模式，即每一款商品起始只生产约100件，随后投放到市场进行测试，若消费者反响良好、订单量增加，则开始大批量返单生产，通过后续加订单，单件成本就能大幅降低；若订单量较小，则返回设计环节修改版式，直到打磨为爆款。SHEIN通过顾客直连工厂的C2M模式，实现了每天上新新品、市场测试、试错、迭代的良性经营模式。

公司通过系统化、流程化的产品周期管理，做到不仅上新快，而且能在第一时间送达消费者手中。为了能更快速地响应市场需求，SHEIN将供应链安排在距广州车程2小时以内的周边地区，组织了周边400余家核心原始设备制造商（OEM）工厂，构筑了一个非常高效的供应链集群。大多数商品在广州番禺总部周边生产，行业上下游工厂毗邻，订单可以做到响应迅速及时。为了掌握供应链的主动权和话语权，SHEIN签约工厂时主要选择中小型工厂，因为提供给大工厂的订单需提前一季度到半年确定，灵活性低，而提供给中小工厂的订单可以相对灵活，更适应"小单快返"的生产模式。同时以中国较低的人力成本、原材料的成本优势和弹性产出优势，SHEIN实现了小批量快速追单并将周期压缩到1周内。相比于大单，小单打板的一次性成本高，且费时费力，中小型工厂为何愿意接单呢？原来最开始搭建供应链的SHEIN对打板的供应商进行额外补贴，确保工厂生产小订单也不亏损；SHEIN从不拖欠货款，甚至会提前给供应商结账，把账期做到业内最短；另外，SHEIN将库存压力留给自己，非质量问题0退货，以减轻供应商的压力，甚至出资辅助工厂扩充产能。回款快、无库存压力都是众多供应商愿意追随SHEIN的重要原因。通过7年时间的不断磨合，SHEIN和供应商之间形成了稳固的合作关系。2020年2月SHEIN激励政策如表29-4所示。

表29-4 2020年2月SHEIN激励政策

激励政策	具体政策内容
提供运费补贴	对于时效达标且在规定送货时间内完成入库的订单，按入库订单数量补贴0.1元/件。另外，2020年2月，对所有入库完成的订单都补贴运费，不设其他要求，只要交货就有运费补贴
供应商奖励制度	根据供应商的时效、品质、产能和配合度表现，生产部会对供应商进行月度、季度和年度考核评分，并对此进行奖励。单个供应商每年奖励金额最高可获32万元

续表

激励政策	具体政策内容
该月利润增加10%	2020年2月,入库完成的首单和紧急单,在原有利润的基础上,再额外增加10%的利润

(资料来源:SHEIN云工厂、开源证券)

随着对工厂话语权的增强,SHEIN对供应商提出了更高的要求,如引入日韩企业品控标准,对供应商制定KPI内容涉及急采发货及时率、备货发货及时率、次品率、上新成功率。同时,通过对供应链的数字化打分系统来对供应商进行分级,由高到低分为S、A、B、C、D五个级别,采购金额得分占60%,KPI得分占40%,排名D级(低于60分)末位30%的供应商将被淘汰,如图29-2所示。SHEIN通过这一系统培育出国内一批非常强的供应链工厂,如飞榴科技云工厂(荣获SHEIN 2021年度最佳供应商)是SHEIN最重要的生产供应商之一,受疫情影响仍完成了SHEIN 100~300件小订单在3~7天的准时、高品质交付,真正做到用科技赋能工厂。

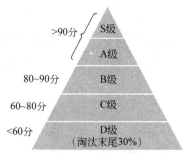

图 29-2 供应商分级淘汰制

(资料来源:根据SHEIN招商、开源证券研究所整理所得)

2. 数字化赋能供应链

统一的数字化IT系统,进一步提升生产效率。SHEIN将上游每一位供应商都进行数字化IT系统改造,在这套系统里,供应商可以清楚地看到每一笔订单的详细信息,包括SKU数、订单量、面料、尺寸比例等,SHEIN会安排专门的人员对生产流程进行数字化的信息收集与更新,包括每一个款式的生产环节、订单的完成比例、面料消耗情况、工厂产能饱和度等,SHEIN可以凭借这一套统一的管理系统对不同工厂的每个订单的每个生产环节进行实时、可视化的跟踪,从而控制并提升生产效率。其次,SHEIN的管理系统还可以连接到供应链前端获取测款情况,用户App浏览、点击、下单数据也将被转换为供应链管理系统的数据,并向后端供应商及时反馈并追加订单,将产能缺口与市场需求进行更加精准的匹配。

在库存管理方面,SHEIN把自身给货系统的库存结余模块引入库存条码、覆盖库存、库存状态、外部商品库存四大功能,以提升库存管理效率,实时掌握库存动态,使库存管理可视化、动态化。同时库存管理系统也能与后端生产系统互通,可通过判断库存压力来合理决定补货量,将库存清理压力降至最小。在物流配送方面,SHEIN利用数据分析优化物流路线,设计成本最优配送方案。SHEIN的客户遍布全球200多个国家及地区,每个订单与包裹都可能有不同的物流配送方案,SHEIN将物流信息在线上进行数据化,并利用大数据算法来决定每个订单的配送路线,以数据驱动物流配送效率的提升。

29.2.3 极致性价比,低价优势打造"成瘾性消费"

SHEIN在定价上相较同行具有绝对优势。随着海外中产阶级的消费降级,消费者对低价商品的偏好越来越强。凭借无与伦比的低价优势,2020年SHEIN网站和App移动端的访问量均处于行业领先地位,访问量增长率超过40%,吸引了众多消费者。在价格范围上,SHEIN各产品线最低售价均保持在2~3美元,处于同行业中最低价,最高售价受高端子品牌MOTF拉动,上探至100~200美元,处于行业中游。以一款女性上装为例,SHEIN在美国站点的售价约7美元,母公司折扣后价格仍为12.99美元,售价差距达70%。

29.3 因地制宜成就时尚王国

为了更灵活地满足当地市场需求,SHEIN推出设计师孵化——SHEIN X计划(见图29-3),为年轻设计师提供合作机会。采纳独立设计师的设计后,SHEIN负责所采用设计的成品制造、宣传、销售等活动,设计师将获得一定的利润分成,同时保留最终设计的所有权,不仅能在早期与新秀设计师建立良好的合作关系,为设计师提供更多的资源与展现机会,又能吸引更多消费者及业界关注,从而帮助公司进一步推广品牌,稳固快时尚服饰领域的领先地位。

图29-3 SHEIN X计划在首页的宣传

此外,针对来自不同地区的消费者,根据其消费特点提供风格契合的产品。SHEIN在全球230个国家和地区开展业务,为满足不同地区的消费者需求,在海量SKU的基础上,充分融入当地文化和消费者审美风格,如在美国商店提供的商品偏性感,沙特商店的商品以保守长裙为主,日本商店的商品倾向青春校园风,法国商店商品则具有更多的流行元素。在发展过程中,SHEIN逐步招聘当地人才和团队,以更好地适应不同市场文化和政策变化。

29.4 精准化营销,建立多渠道流量入口

公司顺应网络时代趋势,构建多元化的营销渠道。从传统的Facebook、Google等广

告投放作为基础,再向 Instagram、Twitter 等社交媒体流量传播迈进,并结合海外 KOL 与明星带货推广。

1. 社交媒体

SHEIN 在创立之初便在海外主流的社交媒体平台,如 Facebook、YouTube、Pinterest、Instagram 等进行了布局,其中在 Instagram 和 Facebook 这两个平台上,SHEIN 均采取了"矩阵化+本地化"的运营策略,即用一个主号导流至多地区的子账号,以老带新,加速流量沉淀。从粉丝数量来看,Instagram 和 Facebook 的主号粉丝数均超过了 2000 万,子账号粉丝数均在百万级别,导流效果明显。从展示内容来看,SHEIN 按照不同的国家和区域分别开设了不同语种的子账号,在风格、衣物面料、流行趋势等方面进行差异化的内容展示,满足不同消费者对产品多样化的需求。

2. 内容营销

善用 Hashtag 标签、UGC 和 PGC 进行内容营销,聚焦用户互动,传递品牌温度。在 Instagram 上,SHEIN 通过多种方式进行内容营销,据 Instagram 数据显示,截至 2021 年 6 月,#shein 标签下的帖子数已达到 305 万篇,其余相关标签如 #sheingals、#sheinofficial 下的帖子数达数十万篇,并且帖子的数量还在随着 SHEIN 频繁的内容营销迅速增长。由于 SHEIN 的用户多为年轻群体,他们更乐于通过社交媒体充分表达自己的意见、分享自己对服装的体验、传播自身的心情与感受。此外,SHEIN 十分重视与用户的互动,如 SHEIN 在 2021 年 6 月 13 日于 Instagram 发布的一篇关于新品抽奖的帖子中,邀请用户通过点赞、评论、分享参与抽奖,共计获得 3.8 万个点赞以及 3.2 万条评论。2019 年整年,SHEIN 在 Facebook 上发帖 2456 篇,获得帖文互动 245 万个,Instagram 发帖 3083 篇和视频 157 个,获得互动 6267 万个,巨量的发帖数与互动数能够拉近公司与客户的距离,倾听用户需求,向用户传递品牌温度。

为了促进用户的活跃度,SHEIN 利用积分抵扣现金的形式鼓励用户持续生产内容,包括每日登录、产品评价、用户晒图、搭配等,进一步增加用户黏性。

3. KOL 种草

2011 年网红长视频兴起,SHEIN 作为较早一批利用网红带货的跨境公司之一,通过网红带货营销,免费寄送样衣来邀请网红测评,并提供独家优惠券完成销售转化;还以付费形式与头部网红进行合作,以提升品牌知名度和形象。如 2018 年,SHEIN 为了打开印度市场,与当地大约 2000 位有影响力的人进行合作,几乎每天都在与潜在的合作伙伴联系。目前,SHEIN 增加了联盟营销模式(销售占比 10%~18%),即以佣金吸引用户自发购买、发布测评。

4. 广告投放

2012 年,SHEIN 开始大量投放低成本广告以流量驱动 GMV,目前主要在 Google 上投放测款广告,在 Facebook 的 Page Like 进行广告投放,并在其他社交媒体发布图文帖等效果类广告,为 SHEIN 的拉新提供动力源。2021 年 4 月 SHEIN 在 Facebook 上投放的宠物婚纱的视频广告,一个月内展现值达 29.4 万,效果可观。从流量来源方面看,直接流量占比 36.9%,主要是品牌本身知名度的积累使用户记住了站点和收藏;搜索流量占比 40.5%,包含自然搜索和付费搜索广告;直接流量与搜索流量合计占比 77.4%,是 SHEIN

主要流量来源方式。其他流量来源还有社交流量(占比10.9%,包括免费的社媒和付费社交广告,主要来自Facebook、Instagram),展示广告(占比6.3%,大部分来自Google的图片展示广告),引荐流量(占比3.3%)和邮件营销(占比2.2%)。

29.5 结语

依靠"小单快返"的生产模式、数字化运营和灵活的供应链,SHEIN实现了大数据预测时尚潮流、快速上新、高复购率的规模效应,同时通过布局多渠道流量入口、深耕私域流量等营销策略,让SHEIN迅速成长为快时尚品牌出海巨头,也为中国企业跨境电商出海提供了相当宝贵的战略经验。但未来SHEIN如何破圈实现高端化、拓展品类多元化布局、发展不同的商业领域等,仍需企业不断摸索。

案例思考题:

1. 什么是"小单快返"模式?SHEIN是如何实现这样的生产模式?
2. SHEIN的核心竞争力是什么?
3. SHEIN成功的因素有哪些?这样的商业模式是否可以被复制?
4. 借鉴SHEIN成功出海的案例,试分析如何提升出海企业品牌影响力。

案例 30 零担快运行业从"块"到"面"的商业模式升级之路——以壹米滴答为例[①]

摘要：零担快运行业中，几家区域性物流网络公司通过联盟、自建的方式快速搭建了一张全国性网络，并实现从"块"到"面"的商业模式升级。那么，壹米滴答供应链集团有限公司（以下简称为壹米滴答）如何通过顶层机制设计实现多方的利益协同来确保联盟运营的稳定性？又是如何通过数字化运营与管理的创新来支撑商业模式的升级？

关键词：壹米滴答，零担快运，商业模式升级，联盟，数字赋能。

The Road to Upgrade the Business Model of LTL Industry from "Block" to "Plane" ——Yimidida as an Example

Abstract: In the LTL industry, several regional logistics network companies quickly set up a national network through alliance or self-built way, and realize the business model upgrade from "block" to "plane". Then, how does Yimidida achieve multi-party benefit coordination through top-level mechanism design to ensure the stability of alliance operation? And how to support the upgrading of business model through digital operation and management innovation?

Keywords: Yimidida, less-than-truck-load (LTL), business model upgrade, alliance, digital empowerment.

---

① 本案例由杭州师范大学阿里巴巴商学院的朱传波撰写。

引言

随着国内电商消费渗透率稳步提升,消费者对大件物流需求不断升级,快运已成为继快递行业之后物流巨头布局的下一主战场。近年来,顺丰、京东物流、韵达、中通等电商物流与快递巨头纷纷涌入零担快运市场。公路零担快运行业集中度低,行业前十名占据不到2%的市场份额,市场整体呈现出"弱、散、小"的格局,参与主体以专线公司为主。随着国内快递巨头进军快运行业,以及零担快运行业内部被倒逼转型加速整合,市场整体集中度将会得到不断提升。

目前,零担快运行业除了像德邦通过自营、安能通过加盟组建全国性网络外,大都是区域性的网络和专线并存的格局。区域性网络和专线的机会在哪里?是否能够通过不同区域网之间的协作和资源整合形成产业联盟,通过对商业模式进行升级和创新运营模式的方式快速做大做强,参与新一轮的行业竞争?实际上,本案例企业——壹米滴答通过各个区域物流企业进行整合重组的方式参与市场竞争,对行业现有的企业和新进入者在构建网络的方式上提供了部分借鉴。与自营和加盟不同的是,壹米滴答的组网方式是区域联盟并结合自建,通过对不同的区域网络进行拼盘的方式来搭建全国性的网络,实现从"块"到"面"的商业模式升级。

那么,对于壹米滴答来说,通过产业联盟组网快速打造一张全国性网络,如何通过顶层机制设计进行利益协同,以确保新的组织稳定运营和网络升级?新的网络代表的是新价值主张,壹米滴答如何推动运营与管理的创新与升级,从而为客户和用户创造新价值?数字化在运营与管理创新扮演了什么样的角色?企业又该如何逐步推动数字化?壹米滴答CEO杨兴运和高管陷入了深深的思考之中……

30.1 壹米滴答通过"总部自建+区域联盟"打造三张网络

壹米滴答,成立于2015年6月9日,总部位于上海市青浦区,是一家立志于通过"总部自建+区域联盟"方式整合物流资源、搭建全国零担网络快运业务为主的综合型物流企业。运联智库2021零担货量TOP10排行榜显示:壹米滴答2021年全年的零担货量为950万吨,仅次于安能物流和顺丰快运,如表30-1所示。

表30-1 2021零担货运TOP10

排名	企业	零担货量(万吨)
1	安能物流	1025
2	顺丰快运	1015
3	壹米滴答	950
4	百世快运	840
5	三志物流	820
6	德坤物流	656
7	中通快运	652

续表

排名	企业	零担货量(万吨)
8	德邦快递	463
9	宇佳物流	455
10	长通物流	451

(来源：运联智库)

壹米滴答的前身是几家独立的区域性网络物流公司，例如，CEO 杨兴运所在的公司是陕西卓昊。2015 年 3 月 11 日，四川金桥、山东奔腾、湖北大道、东北金正、山西三毛、陕西卓昊 6 家区域物流公司(省内运营)，自带成熟的省内零担快运网络——B 网(指的是省内区域的网络)联盟成立壹米滴答。在对多个独立的 B 网物流资源进行整合的基础上，壹米滴答在华东、华南等省区通过自建 B 网，不同的 B 网经过连通和整合，进而形成了一张可覆盖全国范围的零担快运网络——A 网(指的是将多个 B 网进行连通组建成的网络)。后续，有 5 个不同省区的区域网络龙头企业相继加入，壹米滴答的联盟企业从 6 个增加到 11 个。2019 年，杨兴运主动拥抱变革，将大包裹快递领域优秀代表企业——优速快递(C 网，这里指的是大包裹全国快递网络)并入壹米滴答，开启"全国快运网＋全国快递网＋区域快运网"的 A、B、C 三网并举运营，实现物流产品多元化与全公斤段覆盖。总裁兼 CEO 杨兴运在内部公开信中表示："快递网络、快运网络、区域网络三网共存，这是壹米滴答集团独有的特色与优势。"

联盟成立 6 年来，壹米滴答先后获得亿欧 2017 中国物流产业十大创新力企业、创业黑马 2018 中国准独角兽 TOP50、2018 中国互联网逆生长准独角兽公司 TOP50 等荣誉，CEO 杨兴运被获得由上海物流与供应链企业家协会颁发的"2018—2019 年度供应链创新十大人物奖"。

30.2 零担快运行业背景、目标市场与定位

30.2.1 零担快运行业背景

总体上，国内货物主要通过公路进行运输，公路货运运输量占比总货运量的比例一直维持在 75%以上。公路货运是四大货运(公路货运、铁路货运、航空货运、水路货运)的一部分，其中公路货运的占比较高。需要指出的是，从事公路货运经营的物流企业不仅执行运输这一单一的职能，当货物的重量较轻时，物流企业需要通过集货、周转、运输、派送相结合的方式以达到规模经济。就像快递物流企业，需要分拨中心将包裹进行集中、分拣、干线运输、支线运输和最后一公里配送才能完成一件包裹的全旅程。据前瞻产业研究院的相关数据显示：2019 年前 11 月，公路货运在货运市场占比高达 77.81%。

按单票重量，可以将公路货运市场划分为 30kg、30kg～3t、大于或 3t 三个区间，对应的分别是快递、零担和整车 3 个市场，如图 30-1 所示。本案例企业所在的行业属于公路货运下的零担行业下的一个分支——零担快运行业。快递，一般针对的是企业客户的文件、电商包裹等小件物品。得益于电商的发展，快递市场涌现出了诸如顺丰、京东物流、通达系等第一梯队公司。零担，按照单票 30～500kg、500～3000kg 又分为零担快运(又称

为"小票零担")和大票零担两个细分市场,其中前者的标准化程度、时效要求相对大票更高,基本由网络型零担公司承担;后者,一般直接对口制造企业,由专线公司承担。整车,运输货物的重量大于3000kg。鲸略咨询发布的《中国零担运输研究报告》显示,2020年零担市场规模接近2万亿元,远超快递3000亿元的市场规模。零担快运,是本案例研究的物流行业范畴。

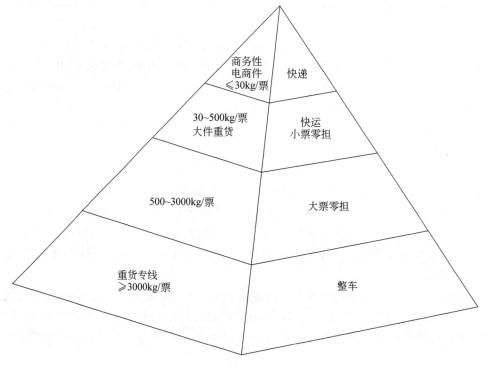

图 30-1 公路货运市场细分

按照运输路线布局,零担快运企业大致分为3种类型:全网型、区域型和专线型。全网型企业,其业务流程与快递相近,一般是通过全国范围内网点和分拨中心的布局为客户提供端到端的服务,代表企业有德邦、安能、天地华宇、顺丰快运、中通快运等。其流程大致为寄送地网点→省(市)内分拨中心→干线运输→省(市)外分拨中心→寄达地网点→客户。区域型企业,是在某区域内(一般是省内)布局网点和分拨中心,并且一般只提供该区域内的货运服务,代表企业有广东孟源物流、山东奔腾物流、东北金正物流(注:这三家区域物流已经全部加入壹米滴答总部)等。专线型企业,一般运营特定的几条线路或是几个城市间的大票零担货运。相关数据显示,专线型企业构成了零担行业最大的企业群体,比例在90%左右。

30.2.2 目标市场与定位

通过联盟、自建与并购,壹米滴答快速打造了A、B、C三张网络,分别对应的是全国性的零担件、省内区域性的零担件、全国性的大件包裹等不同公斤段的产品。A网,即全国型零担快运网络,客户群体是以企业级客户尤其是制造业为主,服务于省区间的快运业务。B网,即壹米滴答联盟伙伴区域内的局域网络,更多的是围绕专业市场、以渠道业客户为主,服务于省内快运业务。C网,即壹米滴答的全国性快递网络,其目标群体主要是有大件快递在全国进行分拨的电商类客户。

从区域型网络成长为全国型网络,壹米滴答并没有舍弃区域型网络(B网)的业务。在选择让B网独立运行的同时,依托B网的省内直达能力反哺A网。CEO杨兴运认为:"壹米滴答的B网是一个独特的存在,它是由区域小霸王深耕十余年所编织起来的网络,是当下三网运营的核心基础"。B网为A网、C网的运营优化起着重要作用。B网的联盟成员,在省内深耕多年,已经完成了在各自的省份、区县、乡镇覆盖,并在省内专业市场拥有较稳定的制造、批发、零售等大B客户。

根据三张网的特征,壹米滴答进行了产品细分。如B网因其时效性强,末端优势突出,故而重点打造省内"次日达"业务;C网是直接面向C端消费者的大件快递网络,其核心产品是"330限时达";A网是面向生产制造企业的需求,其核心产品是"壹米重货",进行全网覆盖。壹米滴答,在三张网的基础上,制定多品类、多样化的产品战略,为客户提供更多选择的可能;同时又明确了重点核心产品,做差异化服务。壹米滴答推出的细分产品如表30-2所示。

表30-2 壹米滴答推出的细分产品

产品	重量覆盖面	网络覆盖面	特色服务
壹诺达	70kg以上全覆盖	京津冀、江浙沪皖、闽粤三大经济圈100%覆盖	收、转、运、派,各环节均享受时效优先
壹米小件	5~70kg	全网覆盖,省市覆盖率100%	100%送货上门,40kg内免费,超出40kg收取小额上楼费;且优先中转、派送
滴答到门	70~150kg	偏远县镇覆盖	低至16元/票,专门为偏远地区的客户定制,并且提供送货上门服务
标准快运	150~500kg	偏远县镇覆盖	高性价比,对接优质区域龙头公司,低于行业价格
壹米重货	500kg以上	全网覆盖	价格约为同行同类产品5折;公斤段越高,折扣越低;足额保实惠,低保费
330限时达	3~30kg	完成99城市的上线(包括北上广深一线城市和杭州、成都、重庆、厦门等二线城市)	限时未达,运费最高全退还

30.3 壹米滴答的商业模式升级

短短的6年打造出零担快运的第一梯队,壹米滴答快速发展背后,究竟蕴含着什么样的逻辑?商业模式升级的本质是什么?背后需要什么样的顶层机制设计?

30.3.1 壹米滴答通过联盟实现从"块"到"面"的商业模式升级

商业模式的升级,本质是在行业中角色定位的升级。例如,通达系的加盟制商业模式的形成,经历了从单个网点(点)到形成物流线路(线)和物流网络(面)的角色定位提升。通达系的商业模式升级,背后是角色地位的提升,从传统的角色转向了平台方、主导方、赋能方,带领多个参与方协同共创。

按照阿里巴巴集团前参谋长曾鸣的"点线面体"理论,物流行业的组网模式大致分为"点→线→面""线→面"和"块→面"三大类型。通达系的组网模式是"点→线→面"。从一个个网点开始,到形成物流线路再到形成物流网络,组建网络的速度相对慢。例如,1993年起家的申通快递缘起于在杭州成立的一个网点。创始人聂腾飞,坐镇杭州取件并负责将货物送到上海(拿到业务时,当天坐绿皮火车从杭州赶到上海);妻子陈小英负责打电话和谈业务;联合创始人詹际盛守在上海火车站接件后送往市区各地。1997年,申通相继在南京、苏州、义乌、绍兴、北京等地通过自建或加盟的方式建立网点。2010年,申通在全国网络布局基本形成,网点覆盖全国各大省市县级区域。申通,从一个网点开始到基本辐射到全国网络用了7年时间。单个网点加盟与复制,组建网络的速度是较慢的。如果是几个成熟的区域网络,通过联盟,那么短时间内就可以形成一张辐射全国的网络。

如何快速打造一张全国性网络呢?在向"面"角色演化中,壹米滴答是"块→面"型的典型代表。CEO杨兴运在2015年起网时跟几个区域网络负责人谈到:"作为区域网络,虽然大家都是各省区域的'小霸王',但是要实现全国网络的拓展,产业联盟是一条路子,我们可以把各自的网络拿出来通过拼盘的方式构建一张全国网"。通过联盟,实现从"块"到"面"的商业升级从而拓展全国业务,这是壹米滴答的打法。其中,"块"指的是各地的区域网络,"面"指的是全国性网络。壹米滴答充当了"面"的构造者这一角色,以"联盟+自建"的方式将零散的区域"块"整合成全国的"面"。联盟前,各个区域"小霸王"早已经历了"点→线→面"的全过程,在自己的区域内,每个区域"小霸王"都是一个"面",但是相比全国性网络,它们又是"块"的角色。相比较于"点→线→面"和"线→面"型的组网模式,"块→面"型的优势是起网速度快,企业不再需要从"点"和"线"起步,而是直接依托区域网络,并通过各区域间直达的专线产品,连成一张全国网络。

德坤物流是"线→面"型的典型代表,最初由明亮物流等8家专线企业发起,组成松散的联盟共同抵御风险、实现资源共享。此后,随着越来越多地区专线公司带"点"入伙,德坤物流对最初松散的物流联盟进行股权整合,形成了目前以"线"组"面"、精准覆盖的运营模式。

在壹米滴答的商业模式升级之路中,升级主要体现为行业中的角色和地位上。

(1) 原来是区域网络,现在是全国网络,网络连通更加具有广度和深度;区域网络既独立运行、承担区域订单与业务,又能通过不同网络之间的互联互通形成一个共同体承接全国性订单与业务。

(2) 原来的网络是独立的区域平台,现在变成加盟方,是大平台共同体中的一部分。壹米滴答,可以将区域订单(省内订单)匹配给独立的B网完成;如果是全国订单,多个B网可以连通起来从而支撑全网型业务。如果B网是一个小平台,那么A网就是平台中的平台;A网既可以分发区域性订单给B网,同时针对全国性订单所有的B网又可以形成合力承接订单。

30.3.2 顶层机制设计是联盟运行的核心所在

要把独立的区域网络通过联盟共创形成产业共同体,平台的顶层机制设计是核心要务。壹米滴答CEO杨兴运在接受采访中说:"我们起网前,第一件事就是找律师和咨询机构起草合伙人协议，从顶层设计上厘清各成员企业（合伙人）之间关系，明晰权责，且可进可退。在规则和机制的保障与约束下，让各区域'小霸王'与壹米滴答在股权上发生强关联，利益始终保持一致"。具体做法是，通过一半换股加一半现金的方式，最终将区域小霸王全部纳入壹米滴答的自营体系。联盟中原来的负责人有的在公司任高管，有的不任具体岗位，专心当公司的股东。

也就是说，平台方和总部要最大化发挥参与方的能动性，处理好平台方与加盟方之间的利益关系是发展的重要前提。以中通快递为例，2015年，中通快递董事长赖梅松谈到了公司的商业模式探索大体经历了1.0、2.0、3.0三个阶段。1.0阶段，代表的是众创、众包、众筹、众扶的加盟模式。但是在费用结算、经营决策上，总部与网店间产生了很大的分歧。这一阶段，平台与网点之间的关系是对立的、竞争的，平台和网点的不同诉求必然会导致冲突。2.0阶段（2010—2015年），中通快递进行股份制改革，实现利益主体"从多到1"的转变。CEO赖海松让出部分股权，让加盟网做股东，省市加盟商在股权激励机制下，从老板变成了职业经理人。3.0阶段，利益共享普惠到全网员工，内部分层级红利共享，激发员工的积极性与创造性。如今的中通快递已经走到了引入外界各方资本，整合资源，实现内部分层级红利共享的阶段——即"双创3.0"阶段。

30.3.3 壹米滴答的联盟组网创新

1. 基于网络升级提出新价值主张

从独立的区域网络到统一的全国网络，壹米滴答提出新价值主张：以联盟共创为基础，充分发挥平台资源、数字化技术优势，实现对客户（渠道业客户、企业级客户等）和用户（网点负责人、末端收派员等）的赋能。

壹米滴答IT技术总监李总在访谈中提到："客户直接为产品买单，对企业利润有直接贡献；用户则依附于企业的资源获得满足和价值。作为联盟共创的物流服务平台，公司旨在为其客户和用户分别提供独特的价值。"联盟前，区域物流龙头在B网的核心客户是渠道业客户（如传统专业市场批发商、零售商等B端商户）。于渠道业客户而言，壹米滴答省内快运服务能够很好地解决下游分销的问题。例如，省会城市专业市场向二级市三级县的批发商、零售商发货。而涉及全国范围内的采买、供货时（如从A省上游供货工厂向B省专业市场发货），区域物流公司则显得无能为力。因此，上游供货链与下游分销链所涉及的物流环节始终不能形成一个闭环，需要分别由全国性物流公司和区域物流公司承运，这也增加了渠道业客户的沟通、物流成本。联盟后，壹米滴答没有放弃区域B网的渠道业客户，而是通过网络升级的方式解决了他们的痛点并提出了新的价值主张，即关注渠道业客户，助力其货品在新零售背景下实现全链路、全范围的流通。新的价值主张背后需要网络升级的支撑，为此，壹米滴答陆续搭建了全国干线A网和大件快递C网。A网帮助企业实现物料、货物全国范围内一站式流转，解决了"到不了"的痛点。大件快递C网主要提供对接企业端与终端消费者的大件电商快递业务，帮助企业搭建直达终端的销售物流，解决的是"不能实现全链路闭环"的痛点。

用户，依附于企业的资源获得满足和价值。联盟前，各区域物流公司的用户即网点开单员、司机等。虽然区域物流公司也有内部结算、订单管理等系统，但其车线路由、绩效考核等决策实施还是人为的，底层数据的价值也未得到真正发挥，故而在这一阶段，用户价值并未得到充分挖掘。而壹米滴答联盟后,用户群体由原来单一的区域B网用户扩充为A、B、C三网用户,具体包括三网的网点负责人、末端收派员、分拨中心操作人员、调度指挥中心人员等,为此壹米滴答提出了新的用户价值主张,即利用IT系统赋能作业人员,实现全业务场景的提质增效和科学的绩效考核。

2. 网络协同实现新的价值创造

联盟组网后,壹米滴答需要为客户、用户、行业创造新的价值。

壹米滴答为客户创造的新价值主要体现在服务的广度、服务的深度和成本层面。

(1) 广度层面。帮助实现全国范围内的零担货物流转。过去,区域物流公司只能为客户提供省内的专线物流服务。

(2) 深度层面。三网融合提供全链路、一站式物流服务,具体包括上游原料采买、货品跨省联运、省内货品分销以及针对消费者的门到门电商件服务。过去,区域物流公司只能承接专业市场客户下游分销链的物流业务,而上游供货链相关业务(原料采购、货品加工运输等),因其多存在跨区域性质,所以采用"网络快运＋专线"的形式分段进行。

(3) 成本层面。三网融合的规模化运营可以有效降低物流运输成本,壹米滴答给到客户的细分物流产品定价基本比同行低。

壹米滴答为区域物流公司创造的新价值主要体现在业务承接范围、规模经济降低成本和发展支持等层面。

(1) 业务范围拓宽。区域物流公司加盟平台后,从单一的省内业务转向多元的全国业务。

(2) 规模经济降低作业成本。区域"小霸王"接入全网业务后,货量规模增长带来场地、设备、人力资源的共用从而降低成本。

(3) 发展支持。平台为区域盟商提供统一品牌、统一系统及金融、行业资源等支持。就基层网点而言,相较于联盟前的发展方式,新价值主要体现在科技赋能,提升网点的作业效率。壹米滴答联盟组网后加快推进全网的信息化建设,通过银河系统赋能基层网点及其工作人员,改变粗放式的管理模式,提升网点运转效率。例如,通过壹网通App,基层网点揽派员能够实时查看工作进度和当月KPI指标;通过壹速宝App,网点负责人能够查看当月总揽、派件数量以及相关指标完成度。

壹米滴答为行业创造的新价值主要体现在网络协同效应。壹米滴答的网络扩张,使得原先区域内的"点""线"角色能在全国范围内被承载和使用,增加"节点"利用率。同时,可以吸引更多的"点""线"角色的加入。一张网络,能够连接的"点""线"的资源越多,激发的网络价值也就越大。

3. 利益协同各方传递和让渡价值

作为平台方,需要协同各方,包括总部、加盟的区域物流公司、网点做好顶层机制、运营机制、激励机制的设计,从而更好地传递和让渡价值。壹米滴答在成立之前,寻求外部机构进行顶层机制设计和运营统一。进入机制、退出机制、股权分配、投票表决等合伙人协议,将各个区域物流公司的利益牢牢捆绑在一起。落实到具体业务运营上,壹米滴答推动产品、品牌、信息系统、管理、结算5方面的统一,以整体形象对外。规范运营后,平台方/总部进一步对终端网点进行赋能和价值传递。过去,区域总部与网点之间采取分成制的利益分配机制,区域总部按网点所创收入的固定比例支付劳动报酬。这种模式在前期业务扩张时,网点还能够得到充分激励。而在后期业务饱和时,对网点的激励效果就不如从前。壹米滴答成立后,改分成制为底价制。另外,还为网点提供如中转费折扣、充值返现等优惠,给予网点更大自由度和利润空间,有效地实现网络下沉。现阶段,总部为帮助网点适应总部的 A、B、C 三网融合战略规划,给予网点在 A、B、C 三网选择加入的优先级,网点可以结合自身情况选择是否加入。

4. 做大蛋糕、利他思维获取价值

壹米滴答的价值获取逻辑,是通过联盟组网模式把市场蛋糕做大、以利他思维为赋能各方获取价值,同时做好蛋糕的分配与成本管控,与区域物流公司、网点相互成就。公司的收入来源包括客户端的订单业务收入和网点加盟费用。原来是订单来源于区域业务;现在增加了全国业务收入,把蛋糕做大。分蛋糕方面,总部与网点有一套新的切蛋糕机制。成本主要包括收、派网点的底价和场地(指的是分拨中心,类似快递),干线运输,人员等硬性成本。场地、干线、人力成本的管控,主要体现在总部三张网络协同后,通过合并线路提升了物流要素的运营效率,从而达到降低成本的目的。

30.4 数字化运营与管理创新

运营与管理创新是商业模式升级的保证。壹米滴答要实现从"块"到"面"的角色升级新定位,同时需要在运营与管理上进行升级。例如,通过数字化赋能可以帮助实现三网融合运营与管理的创新。

30.4.1 信息系统的统一实现全网运营的数字化

壹米滴答成立之初,就着手推进产品与服务、品牌、结算、管理、信息系统的五项统一。其中,信息系统的统一是核心,帮助全网业务实现数字化运营与管理。

银河系统是壹米滴答进行自主研发的底层业务平台,包括业务核心、智能移动、电子地图、订单管理、客户管理、车货匹配、车辆定位管理、商业智能管理、基础数据管理等子系统,如图 30-2 所示。银河系统让不同业务单位相连、各子系统业务互联、数据共享。在银河系统的推广方面,壹米滴答征求了股东的意见,采用折中方案。先用银河系统做全国 A 网增量业务,待业务发展步入正轨后,再循序渐进地引导盟商区域向 B 网业务转移,并于 2018 年 6 月实现全网范围内的信息系统替换。在银河系统的底层架构基础上,公司开发了移动端微服务板块,包括针对外部客户的小程序、公众号和针对内部用户的壹网通、优速宝、壹速宝 App,如图 30-3 所示。

图 30-2　壹米滴答的银河系统

公众号、小程序是壹米滴答与客户进行交互的工具,客户能够通过在线下单、一键跟单、时效查询等便捷功能实现效率提升。总部搭建起直触收寄件人的渠道,解决过去只有末端网点才能触达终端用户的问题。

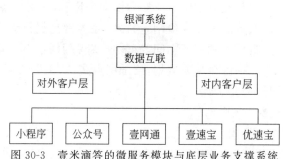

图 30-3　壹米滴答的微服务模块与底层业务支撑系统

壹网通是壹米滴答快运部专为内部业务流程对接打造的移动端 App,各部门的业务人员(如基层收派员、客服、司机、管理职能人员)只需选择所属地区及录入工号、密码即可登录壹网通 App 实现掌上办公,其主要功能包括可视化数据报表、待办任务、绩效考核等,针对网点负责人、司机、客服等不同身份的使用者,壹网通 App 的界面各不相同。优速宝是壹米滴答旗下优速快递部门自主研发的业务 App,其功能定位与壹网通类似。

不同作业场景的状况都可以在壹网通 App 中呈现,例如,针对分拨中心的操作人员,其主要业务场景为卸车拆包、系统分拣、集包装车等,壹网通 App 为其定制了自动分拣实时监控、爆仓预警等功能。针对基层收派员,其主要业务场景为揽派件、装车扫描等,壹网通 App 为其定制了集订单任务、开单打印等适应九大移动场景的功能。

壹速宝是为管理人员设计的 App。底层数据上,壹速宝与业务操作 App(壹网通、优速宝)实现互联,基层网点员工的每一项操作都会被 IT 系统记录。网点的负责人可以通过壹速宝 App 实时监测自己所管理的网点数据,如揽派件的数量、配送员的准点率或者网点流通的货物总量等多维的数据。中高层管理者可以看到自己所管辖区域的实时数据。若所管辖区域的分拨中心出现爆仓,系统便会向管理者发出预警。系统中设定 8 个相关指标,如车辆数目、货量等关键指标,其中若 3 个指标不达标便会发出预警,管理者可以根据预警的指标及时调派车辆和人员填补缺口。

30.4.2　数字化赋能三网共融

数字化目标,不仅是数字化带来的流程数字化,而是要带来运营效率的提升。某场会议上,CEO 杨总向 IT 部门负责人李总提出了要求:"数字化如何改变三网在运营上的各自为政的局面,实现三网在末端网点、分拨中心、装车派送等核心物流环节不同程度的资源整合以及精细化的成本管理和控制。"杨总继续说到,要实现三张网络的货物可以相互流转、相互搭载,本质上是要提升分拨中心、网点、车的利用效率。

李总站起来说,要实现三网融合,车线、网点、分拨中心等物流要素的利用效率的提升,背后是数字化和算法,需要考虑货量、距离、车型、时效等因素,做好业务的融与分的决策。

其他部门负责人,也同意李总的看法。负责 A 网运营的负责人王总认为:"三网统合不仅是技术问题,更是业务与管理问题"。如何做好数字化对精细化管理的赋能,首先需要有三网融合的框架思维,有 3 个 W 和 1H 需要回答,即 WHY、WHAT、WHERE 和 HOW。WHY 是回答为什么的问题,因为融合可实现单票成本的控制,产生规模经济效应。WHAT 是回答融什么分什么的问题。例如,是否可以在揽收业务上让不同类型的网点(如快运网点、快递网点)实现全公斤段揽收,然后在运营上再分类运作。WHERE 是回答哪儿融、哪儿分的问题。例如,经济落后的县区日均揽收和派件量都较少,应该做到三网的尽力融合。HOW 是回答如何融、如何分的问题,这主要是技术问题。关于3W,各运营主管需要考虑关于融合的框架、各业务线流程重构的方案;关于 1H,IT 部门应协同做好技术解决方案,做到在运营时系统自动作出融与分的决策。

接下来,李总继续发表看法。李总举了一个运营的例子。假定有上海发往甘肃快运(A 网)、快递(C 网)双网货物,订单管理子系统显示目前 A 网货物 14t,C 网货物 11t。车货匹配子系统根据实时货量与同比、环比货量测算进行方案预排,即分别发两辆 9.6m(净载约 20t)的货车,其中 A 网班车装载率约 70%,C 网班车装载率仅 55% 上下,装载率低于阈值,系统将会触发预警,并将当前货量、装载率、单票平均成本等数据发至总部调度中心,调度中心管理人员基于上述信息进行决策优化;即于上海分拨中心进行融合填仓整合 A、C 双网,发一辆 13m(净载约 30t)的货车,能够在不放价补仓的基础上提高装载率还能够减少一次油耗。

整个会议下来,杨总、李总、王总谈得最多,其他运营部门的主管赞成三位老总的观点。最终,会议达成一致意见,各业务管理部门需要在业务、运营、管理、技术上的协同,大家商量要找个牵头的部门负责人。

30.4.3 数字化促进管理与绩效考核创新

绩效考核的数字化,是人力资源管理领域的未来趋势。对于基层员工,送多少货、揽多少件代表着工作能力的强弱。对于中高层管理人员,所管辖片区业务的推进程度关系着其管理能力的强弱。目前,壹米滴答 IT 系统能够做到对基层业务员进行 KPI 指标与绩效考核,及对片区主管进行绩效考核,考核的依据是各个网点的数据(如营收状况、投诉率等)。主管一方面是被考核者,另一方面是基层网点的考核者,可以根据 App 上呈现的网点经营数据对网点进行考核。

30.5 尾声

随着快递巨头跨界进入零担快运领域,国内零担快运领域的竞争更加激烈。目前,安能、顺丰、德邦、中通等巨头都在快运市场发力。在竞争策略方面,价格战不可避免,但价格换取市场终究不是长久之计。如何通过运营升级,提升平台的综合运营效率,打造服务性价比的物流产品,这是管理者需要考虑的。目前,壹米滴答的平台是属于联盟+自建的封闭式的模式。目前,在物流行业,菜鸟网络是一家开放的数字物流平台。未来,壹米滴答会不会将自身在零担行业所积累的数字化能力开放出去,让更多的参与者,如庞大的专线经营者进来共创价值,打造开放、协同的零担物流数字产业平台?如果可能开放,应该选择什么样的节点?壹米滴答该如何布局呢?

案例思考题:

1. 商业模式创新的本质是什么?如何刻画壹米滴答从"块"到"面"商业模式的升级?
2. 一家平台型物流企业,如何做好顶层机制设计?顶层机制设计如何才能做到各方利益的权衡？

3. 数字化可以在哪些方面帮助到企业实现在运营、管理上的赋能？赋能的核心价值是什么？

4. 壹米滴答如果要打造开放型的数字物流产业平台，这对平台的能力提出了哪些要求？

参考文献

案例 31　绿沃川农场：传统农业如何实现全产业链数字化转型[①]

摘要：科技创新是农业高质量发展的重要引擎。以数字农业闻名的台州绿沃川农业有限公司（以下简称为"绿沃川农场"），在全行业普遍经营维艰的背景下，率先开展数字化转型，成为数字农业企业，实现了逆势增长，具有极强的典型性和代表性。那么，绿沃川农场是如何切实立足当下难点，抓住国家发展机遇，在问题频出的传统农业模式中改革升级；又是如何在大数据、物联网浪潮下完成数字化改革，探索出传统农业数字化转型模式的呢？

关键词：农业转型，数智化，全产业链数字化。

Lvwochuan Farm: How does Traditional Agriculture Realize the Digital Transformation of the Whole Industrial Chain

Abstract：Scientific and technological innovation is an important engine of high-quality agricultural development. Taizhou Lvwochuan Agricultural Co., Ltd. (hereinafter referred to as "Lvwochuan Farm"), which is famous for its digital agriculture, took the lead in carrying out digital transformation and became a digital agricultural enterprise, realizing the growth against the trend, with strong typicality and representativeness. Then, how does Lvwochuan Farm effectively base itself on the current difficulties, seize the opportunity of national development, and reform and upgrade in the traditional agricultural model with frequent problems. How to complete the digital reform under the wave of big data and Internet of Things and explore the digital transformation mode of traditional agriculture?

Keywords：agricultural transformation, intellectualization of numbers, digitalization of the whole industrial chain.

---

① 本案例由台州学院商学院的林智理、李欠强、郭佳蓉、章国豪、周勇撰写。

引言

农业既是国民经济的中流砥柱,也是满足人民对美好生活需要的中坚力量,但中国传统农业"大而不强""全而不优"的问题依然比较严重。从现实境况来看,我国农业、农村突出弱点是基础差、底子薄、发展滞后,经济社会发展最明显的短板和现代化建设中最薄弱的环节一直在"三农"。因此,推动农业走向高质量发展迫在眉睫。

习近平总书记曾指出,"新常态要有新动力,数字经济在这方面可以大有作为"。数字经济作为新经济的重要代表,对发展中国家的发展尤为重要,其具有"实、新、通"的特点,能够与国民经济进行深度融合,助力国民经济数字化发展,全面提升国民经济的发展水平。农业作为振兴国民经济的主战场,也是发展数字经济的主战场。在国务院印发的《促进大数据发展行动纲要》中,要求推进各地区、各行业、各领域涉农数据资源的共享开放,加快农业大数据关键技术研发,推动农业资源要素数据共享;商务部等三部委印发的《推进农业电子商务发展行动计划》则强调将移动互联网、云计算、大数据、物联网等新一代信息技术贯穿到农业电子商务的各领域、各环节,切实增强自主创新能力。

因此,本案例小组在这一背景下,以传统农业数字化转型为切入点,聚焦台州绿沃川农场,通过数字经济赋能农业高质量发展,围绕绿沃川数字农业产前、产中、产后的生产数字化与消费数字化的经济循环,构建了数字化的农业全产业链,探究绿沃川农场如何高质量发展的具体路径,以期对台州当地农业高质量发展,乃至中国农业高质量发展提供有益参考。

31.1 公司发展及现状

台州绿沃川农业有限公司始创于2013年10月,公司占地面积300多亩,坐落于台州市黄岩区北洋镇联宏村,毗邻当地颇有名气的长潭水库山麓,山清水秀、交通便捷,自然环境得天独厚,是一家集果蔬种植、良种培育、淡水养殖、农业观光、农技培训、农技推广、农旅结合等生产经营及多项服务于一体的现代化高科技农业企业。

绿沃川立足于高科技农业种植,引进荷兰水培蔬菜技术和空中草莓滴灌栽培技术,集合了自动化、智能化、工厂化、立体化和无土化栽培等技术,其中蔬菜和草莓的高科技农业栽培技术在国内遥遥领先。绿沃川以水培蔬菜和空中草莓栽培技术为依托,打造了农业高科技研发中心、种植基地推广中心和现代农业培训中心,并以台州绿沃川农业示范基地为中心,在全国各地开展项目和技术合作。

31.1.1 发展阶段1:企业成功转型升级

2013年,为积极响应改革的步伐,进一步实现由计划经济向市场经济的转变,原有的国有企业向股份制企业转化,作为台州市企业转型升级的典型之一,台州飞达吸塑厂成功实施塑料、模具等制造业向现代农业发展的转型,于2013年10月15日注册成立台州绿沃川农业有限公司(合伙企业)。

2014年6月,绿沃川农场与北洋镇联宏村就集体土地流转使用事项达成协议,正式开启了进军现代高科技种植业和农业观光业的发展序幕。同年10月,台州市绿沃川农场蔬菜水培基地智能化温室工程竣工投产并取得国家知识产权局"蔬菜规模种植用的育苗器具"及其他实用新型等专利共 4 项。

2015 年 8 月,台州市绿沃川农场网站正式开通并进入正常化运行。同年 11 月,绿沃川产品在台州各地开始试营业,绿沃川品牌的蔬菜产品参加了"2015 年浙江省食品安全展览会",取得国家知识产权局实用新型专利 1 项。

31.1.2 发展阶段 2:"三线一体"营销模式运营

2016 年 1 月 30 日,注册成立了台州绿沃川农业有限公司。同年 3 月,绿沃川绿色农产品"三线一体"营销模式正式运行,主要指:一线的生产基地直接定购配送,二线的代销店零售,三线的互联网及销售热线电话、订购配送等三种销售渠道。通过了世界上最高标准的食品安全认证——"犹太洁食认证",引进韩国 ENG 公司的空中草莓栽培技术,各项前期准备工作基本就绪,二期工程基础设施建设正式启动。

2017 年,台州绿沃川农业有限公司通过了良好农业规范化管理(GAP)认证。同年,台州市人民政府发文新命名一批市级农业龙头企业,绿沃川农场名列其中,绿沃川农场升格为市级农业龙头企业。

31.1.3 发展阶段 3:全产业链数字化转型升级

2018 年至今,绿沃川取得相关发明专利及实用新型专利 30 余项,包含"蔬菜培育种植方法""可上下升降的悬挂式培床系统"等发明专利,以及"一种可调节土壤温度的农作物栽培床""水培蔬菜放苗捞菜机"等实用新型专利。绿沃川农场秉承着"做绿色生态环保产业,做健康安全营养产品"的经营宗旨,遵循着"生态效益、社会效益、经济效益"的经营原则,以"立足本地、带动全省、辐射全国"为发展理念,极力打造绿色无公害农产品知名品牌。

31.2 数字化转型实践

31.2.1 物联网:技术叠加,物物相连

绿沃川蔬菜工厂及空中草莓园均为智能温室,采用智能数字化(物联网)气候控制系统,棚内空气温度、湿度、大气压力、光照强度、水位、风向、风力、二氧化碳浓度及虫情传感器、大棚外部风向风力传感器、雨量采集器、太阳能供电系统采集器和监控数据采集器等一起收集数据并传输至云端计算机进行数据分析。计算机会通过搜集到的数据自动对顶部天窗、遮阳网、水帘、循环风机及负压风机等作出相应调整,其中的所有环节都自动分步骤运行,打破了季节限制,为蔬果提供最适宜的生长环境。

绿沃川智能数字化营养液循环控制系统是由循环系统、控制系统及在线监测系统组成,通过栽培床、营养液池和供液的管道以及回流管道实现。在整个过程中,栽培床通过承载营养液供应一些必要的营养和水分,并使作物的生长得到比较好的根系环境。而营养液则为栽培床承载的营养液提供贮存及供应的功能,它通过母液罐、酸碱罐、清水罐几个部分将溶液透过电磁阀门控制而注入到营养液池中,这样整个营养液的循环系统就完成了一次循环。水肥检测传感器实时采集栽培元素数据,计算机系统精准施肥,赋予蔬菜生长所需的各种元素。

31.2.2 大数据:数据精控,助力决策

随着农村电商的发展,农业上下游的农资销售、农业生产、农产品流通数据以及与农

业关联的土地流转、气象、土壤、水文等数据,均获得大规模积累沉淀,这些大数据将成为农业决策的"大脑",如图31-1所示。

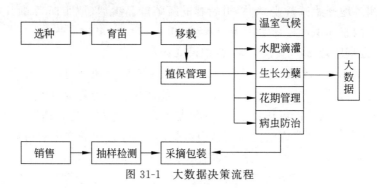

图 31-1　大数据决策流程

绿沃川农场从产品生产到销售环节,全部采用农业大数据进行农业决策,果蔬从播种到上市,只需40～45天的时间,富硒蔬菜从种植到包装,仅仅只需3～5个工人,大大节省了决策时间与劳动力。绿沃川农场颠覆了传统农业依赖季节、土地、气候等因素,实现了四季循环复种、"全天候"运行、工厂化规模化生产,自动化流水线作业新模式,引领现代农业走向高产量、高效益、高科技的发展目标。

31.2.3　数智化作业:因数而智,化智为能

在数字经济时代,最重要的两个关键元素是"数"和"智"。数智化,就是"数"和"智"的结合。"数"就是数字化,从消费端到供给端的全域、全场景、全链路的数字化。"智"就是智能化,是基于数字化的闭环来进行智能决策,实现对市场需求变化的精准响应、实时优化和智能决策。

在大田中,即使相隔两三米远的两块土地,土壤的水分含量、营养情况、农作物的生长情况都可能不相同。过去几千年中,农民并不区分这种差异,会把同样的品种以等间距播种下去。如今,绿沃川农场精准农业颠覆了这一传统,不论是山地还是高原,不论土壤是否贫瘠,通过云计算,都可以及时补给果蔬生长发育所需物质。从采芽到发芽,再到移苗,这些作业都是随着播种机的行进,自动完成的,播种速度可达10万粒/时,播种面积可达1.5万亩/时。

在幼苗培育阶段,绿沃川农场采用潮汐喷水、自动风机,保证一定湿度的同时还能将恒定温度控制在26℃以下。幼苗在温室培育10天后,通过温室上方管道自动送入清洗机清洗消毒,再由幼苗转移机将幼苗送入下苗区,完成自动下苗。待幼苗成熟,伞形齿轮状机器设备自动将蔬菜取出到生产线上,进行人工收割包装。整个过程除包装外全部采用自动化作业,只需3～5名工人即可。

绿沃川农场数字化操作可做到每天连续播种(最高10万粒/时)、移栽(最高1万株/时)、收割,实现工厂化生产,比传统方法提高了4倍复种率(传统3次/亩/年,本项目12次/亩/年),年亩产达25吨。同等条件下比传统方法节约土地40%和水资源50%,节省人力成本达90%。

31.2.4　追溯码:全程监管、产品可溯

在自主知识产权技术的支持下,每个加入体系的商品都会被赋予一个类似身份证的

特殊二维码——"真知码",并可多次写入数据。消费者只要通过相关手机应用进行扫码,就可以了解商品"从哪来、到哪去",企业也可以精准掌握货物去向,从而构成一套覆盖生产、物流、仓储、消费各环节的全链条监管体系。随着智能手机和平面终端的普及,将可以向农业耕作人员提供含有云系统分析的手机客户端服务,从而提高农场管理效率和农业耕作效果,而利用记录农产品生产过程的技术,可以实现食品可追溯。

绿沃川已运营项目均坚持执行食用农产品合格证制度。食用农产品合格证应至少包括产品名称和重量,食用农产品生产经营者信息(名称、地址、联系方式),确保合格的方式,食用农产品生产经营者盖章或签名和开具日期等内容,目的是实现主体责任追溯。合格证贴于农产品外包装,合格证上印有追溯二维码,扫码即可获得农产品生产、加工、物流、仓储、销售等全过程的追溯信息。

31.3 数字化转型如何实现

31.3.1 相关理论基础

1. 产业链理论

所谓产业链即通过存在着一定内在关联的产业所共同形成的产业整体,其通过以一定的服务作为核心,满足特殊的需求,抑或是开展一定的商品生产活动,并带来相应服务,从而实现迈入整体积极发展的产业结构。产业链利用诸多有关的产品或服务,从而探究对应产品的需要,由原料供应方面出发,直至市场的销售等一系列的内容,涵盖了前后顺序关系、横向延伸、有序经济行为等一系列的成分。其从实质上而言,即用来标记具有内在关联的企业群体构造,其事实上是一个较为宏观的理念,具有二维性的特征,也就是兼备结构和价值两方面的属性。产业链中还牵涉到大规模的上下游关系和价值交换活动,前者为后者输送产品和各种服务,而后者反过来为前者带来反馈信息。

农业全产业链(见图31-2)指的是"农业生产→加工物流→农产品销售管理"的整个过程,整个链条全部受核心经营主体的管理控制,并通过核心主体的价值需求可以辨析影响全产业链增值的关键因素,以促进解决产业链上衔接、销售渠道不够多样化等问题。全产业链与传统产业链相比,全产业链的环节衔接更流畅、环节内涵更完整,更注重管理与整体效益。

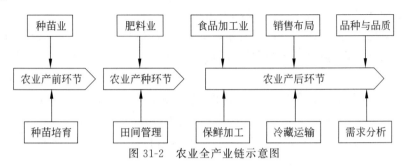

图31-2 农业全产业链示意图

2. 赋能理论

赋能理论(empowerment theory)也被称为赋权理论、激发权能理论,最早由美国学者Solomon在《黑人赋权:社会工作与被压迫的社区》中提出。目前赋能理论并没有完统一的定义,不同领域的研究者根据各自背景及差异的不同,提出了许多定义。例如,Malcolm认为赋能的目的在于帮助无权者获得对自己生活的决定权与行动权,从而提高无权者的生存质量;Swift和Levin认为赋能是一种精神状态,是对权力再分配的一个过程;Zimmerman则认为赋能涉及个人、组织和社群等多个层面,其目的在于提高被赋能对象的社会参与能力,提升自我效能感和控制感。

随着数字技术的发展,越来越多的学者开始关注数字赋能研究,由于研究的情境和侧重点不同,目前关于数字赋能的定义尚未达成共识。Hermansson强调数字赋能是通过大数据、移动互联等技术赋予人们应对或解决问题的能力,进而从"无能或弱能"变成"有能";Lenka指出,数字赋能中包含3种能力,即分析能力(通过分析大数据获得有价值信息能力)、智能能力(生产过程中自主解决问题能力)和连接能力(连接和控制企业组织的所有流程能力)。《2016年世界银行发展报告:数字红利》指出,数字技术在全球大部分地区迅速推广,应用这些技术所产生的广泛发展效益,即数字赋能;孙新波将数字赋能定义为通过数字技术的场景改造、技能提升等实现价值的过程。

31.3.2 产前数字化转型赋能

以信息化建设,实现供需有效对接。"赚一年,赔一年,不赚不赔又一年",如此的"种植周期"可谓是农户的心头伤。为了破解"种植周期"困局,绿沃川农场则从实现数字信息基础设施的自我升级开始。一是以高效生态种植模式的建立,解决了传统农业抗风险能力低下的问题。二是运用数字技术打造信息化平台覆盖供应链,解决了生产和经营环节信息不畅通的问题。

建立智能无人数字化工厂,建设农业农村数字资源体系。发展数字农业对基础设施提出更高的要求,这就需要进一步加强农村基础设施建设。在种植设施方面,绿沃川农场智能水培蔬菜园和智能空中草莓园全部采用数控化设备,从农产品播种到下苗到成熟再到包装,全部由智能机器人和智能机器设备自动配合完成,生产更高效,并且该种生产模式减轻了传统农业对劳动力的依赖程度。

31.3.3 产中数字化转型赋能

利用大数据进行综合分析,助力农业决策。绿沃川农场在大数据指引下的精准农业,颠覆了传统农业依赖季节、土地、气候等因素,实现了四季循环复种,"全天候"运行,引领现代农业走向高产量、高科技、高效益的发展目标。

生产经营决策"数字化",全面提升生产效率。绿沃川农场采用人工智能将数据进行数据归纳和数据分析,极大地挖掘出了大数据背后的潜在含义,进而可以更精准地了解作物的生长情况,还可以为农户提供种植指导。在种植方面,人工智能帮助绿沃川提高产量、根据土壤肥沃程度合理种植。绿沃川水肥监测传感器利用物联网采集到的大数据,为作物自动分析调配好生长阶段所需的不同营养元素,自动定点定量添加水和营养液,由此提高了种植过程的生产效率和生产附加值,从而极大程度地帮助绿沃川农场提高生产总量、降低生产成本、提高效益。

规模化生产,降低农业生产成本。绿沃川农场的数字化操作实现了工厂化生产,跟传统种植方法相比,极大地提高了复种率,省了大量的土地资源和水资源,节省了人力成本。此外,在草莓季节结束后,绿沃川农场会进行其他瓜果的二次轮种,如圣女果、黄瓜、甜瓜、西瓜等；从时间与空间上都能充分利用和节约大量的土地资源。

数智化运营，提高农业生产效率。绿沃川蔬菜工厂使用数字化的智能风淋净化系统、智能催芽系统、智能播种移栽育苗系统、智能营养液循环控制系统、智能收割系统。空中草莓园使用数控化可升降栽培床、数控化营养液循环系统、数控化精准施肥系统等。这些数智化系统的运营，在提高品质的同时，也极大地减轻了对劳动力的依赖程度。智能化的农业机械大大提高了作业质量，使得发芽率可以达到95%。绿沃川农场通过智能化设备，可以实时监控机器设备以及各个系统的准确率，从而提高了农业生产效率。

31.3.4 产后数字化转型赋能

产品可追溯，改善农产品安全溯源。绿沃川农产品拥有安全追溯系统，采用先进的农业物联网、防伪鉴真等技术，为农产品建立"身份证"制度，实现对产地环境、农业投入品、农事生产过程、质量检测、加工储运等质量安全关键环节全程可追溯。产品消费者只需扫描二维码即可获得农产品生产到销售等全过程的追溯信息。追溯码的使用不仅可以让消费者在心中将绿沃川农产品与绿色、安全、健康联系起来增加顾客黏性，从而帮助企业打造高端农产品品牌，还可以帮助政府实现全程安全监管。

多元化销售模式，缩短交易流程。绿沃川农场运用数字化思维来打造多元化销售模式，从而对销售端进行改变。从销售渠道上看，绿沃川农场致力于构建农村电子商务生态体系：以自主电子商务平台"你我村"（微信公众号及小程序）及其他第三方合作平台建立线上直销渠道，以绿沃川优鲜建立线下直销渠道，丰富销售终端渠道的同时，以直营的方式极大缩短了中间交易流程，降低了农业管理和农产品的流通成本。从销售模式来看，绿沃川农场一改传统种植业"先有产品再有客户"的模式，以定制化销售转变为"先有客户再有产品"的新模式，并建立了生产、包装、销售和物流一体化流程，满足消费者品质需求和个性化需求的同时，大大改善了流通效率，以流通拉近了生产端和销售端的距离，更便于生产端产品价值的传递。

智慧化物流，节约成本，优化体验。绿沃川农场将数字化赋能于物流。在配送前，运用大数据技术和人工智能技术，建立和完善农产品电商信息系统。系统通过对农产品、平台数据、消费者数据等信息进行整合，从而实现农产品信息数据化和平台网络化。运用大数据对消费者订单种类、成交量和浏览产品时间的信息进行整合，从而实现对各个区域、各个时间点消费者消费偏好行为的预测，进而精确预测消费市场的需求。根据这些信息可以预测产品的近期市场价格及其需求产品，从而更好地提前控制产品的货量，减少库存量，节约仓储成本。通过判断不同时节和不同地区之间的农产品需求差异，合理分配各地区不同种类农产品的仓储量，从而达到高效又节约的目的。

31.4 尾声

对于绿沃川农场而言，其作为一名发展中创新型企业，为了让老百姓吃的健康的同时保证自身在行业中的竞争优势，亟须寻求一条全产业链数字化的转型升级道路。传统农业的生产方式已不可取，绿沃川农场正在全产业链数字化转型升级的道路上苦苦探索，利用先进的技术支持，坚持以数智赋能为导向，智造未来农场，从而使得绿沃川农场在数字化农业建设的道路上发挥着标杆作用。

但另一方面,绿沃川农场在转型过程中也面临各种各样的挑战。首先,资金的匮乏会极大地制约农业企业生产技术的更新以及企业规模的扩大化,绿沃川农场也同样面临着广大农业企业面对的"融资难"问题;其次,土地短缺问题也是绿沃川农场面临的一大难题;最后,由于国家社会的发展需要在不同时期有不同的侧重点,因此,农业的相关政策会不断地发生变化,这些农业政策可能会加快促进农业行业的发展,也有可能会出于其他风险因素的考量而放缓农业发展的脚步。如此看来,在数智化的道路上,绿沃川农场还有很长的路要走。

案例思考题:

1. 什么是全产业链数字化转型,如何刻画绿沃川农场全产业链数字化转型?
2. 数字农业和传统农业相比,优势主要体现在哪些方面?
3. 绿沃川在数字化转型过程中面临许多阻力,你认为绿沃川未来如何实现进一步发展?

参考文献

案例  跨境电子商务平台"速卖通"的价值链构建①

摘要：互联网技术的更新迭代激发了新型商业活动的出现,其中面向全球消费者的跨境电商平台以其交易方便、跨越时空等特点取得了迅速发展,成为众多有意建立和拓展跨境业务的商家选择。本文以跨境电商平台"速卖通"为主要研究案例,针对速卖通伙伴关系、跨境物流、客户服务、市场营销、跨境支付等相关价值链环节进行阐述,具体分析速卖通的企业价值链构建。

关键词：跨境电商平台,价值链,速卖通。

The Value Chain Construction of Cross-border E-commerce Platform "AliExpress"

Abstract: The update and iteration of Internet technology has stimulated the emergence of new business activities. Among them, the cross-border e-commerce platform for global consumers has achieved rapid development due to its convenient transaction and transcending time and space constraints. It has also become the choice of many merchants who intend to establish and expand cross-border business. This article takes the cross-border e-commerce platform AliExpress as the main research case, and elaborates on the relevant value chain links of AliExpress's partnerships, cross-border logistics, customer service, marketing, cross-border payments and so on. Specific analysis of AliExpress's enterprise value chain construction.

Keywords: Cross-border e-commerce platform, Value Chain, AliExpress.

---

① 本案例由杭州师范大学大学阿里巴巴商学院的郦瞻、郑浩撰写。

32.1 跨境零售这一商业模式的兴起

自中国电子商务元年以来,互联网以其具备打破空间界限的特质激发了电子商务的诞生和延展。其中,跨境电子商务作为一种新型的贸易链路和商业形态,在互联网浪潮中发展迅速。根据网经社电子商务研究中心与网经社跨境电商台(CBEC.100EC.CN)共同发布的《2020年度中国跨境电商市场数据报告》显示,2020年中国跨境电商市场规模达12.5万亿元,同比增长19.04%;此外,2020年,中国跨境电商交易额占我国货物贸易进出口总值的38.86%,相较于2017—2019年的29%、29.5%和33.29%,呈现逐年上升的增长态势。其中,B2C跨境电子商务又称为狭义的跨境电子商务,其有别于B2B跨境电子商务,表现为出口企业与海外最终消费者之间通过跨境网络电商平台或企业官网进行的商品交易,因此又被称为跨境零售。根据上述报告的数据显示,2020年B2C跨境电子商务即跨境零售交易占比22.7%,相较于2017—2019年的14.8%、16.8%和19.5%,发展潜力巨大,如图32-1所示。此外,根据2020—2026年中国电子商务行业发展模式分析及投资风险研究报告显示,2010—2019年中国跨境电商B2C业务逐年递增,增势明显,如图32-2所示。伴随着跨境电商的发展和跨境消费的升级,面向国际市场的跨境零售已经成为我国对外贸易的重要组成部分。能够满足全球消费者更为丰富、碎片化、个性化商品需求的跨境零售已经成为我国传统产业参与国际市场分工,促进传统产业转型升级的战略模式;其有利于培育我国塑造开放型经济的创新优势,提升"中国制造"和"中国服务"的国际竞争力,对于我国传统产业开发国际市场具有举足轻重的战略意义。

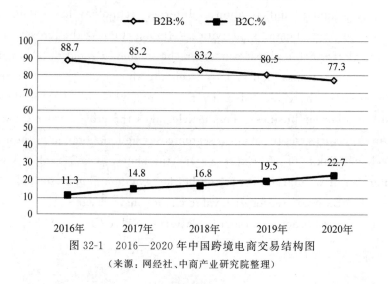

图 32-1 2016—2020 年中国跨境电商交易结构图

(来源:网经社、中商产业研究院整理)

32.2 跨境电商平台"速卖通"的发展

基于平台运营方式的不同,B2C跨境电子商务主要包括开放型平台和自营型平台两种模式。开放型平台为出口企业提供网络、支付、安全、管理等共享资源,帮助出口企业高效率、低成本地开展商业活动。开放型平台不仅开放买家和卖家数据,而且开放店铺、商品、交易、仓储、物流、评价、推广等业务。这种模式主要以速卖通、亚马逊、eBay、Wish等

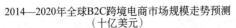

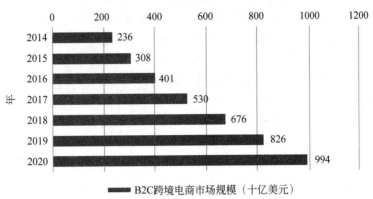

图 32-2 2014—2020 年全球 B2C 跨境电商市场规模

(来源：智研咨询)

B2C 跨境电商平台为代表。它们通常拥有规模的平台流量、完善的支付渠道和良好的信用体系。B2C 跨境电商平台整合碎片化的产业渠道，集成个性化的分众需求，成为有效打破传统产业状态的网络媒介。它通过为平台上的多个群体提供互动机制实现利润，同时满足相关群体的需求。相反，自营型平台则是企业拥有自己的跨境电商平台，平台对经营的产品进行统一生产、展示、推广与交易，并通过高效的物流将产品配送至消费者手中，这种模式主要代表有兰亭集势、环球易购、米兰网等。近年来，跨境电子商务领域表现出跨境电商经营主体持续增多、销售规模迅速扩大、产业链不断完善、多平台趋势明显、地区集聚日趋形成、各项试点顺利开展等积极特点。

概括而言，在跨境电子商务领域，以速卖通、eBay、亚马逊、Wish 和敦煌网为代表的第三方跨境电商平台格局已经初步形成。纷纷转型开展跨境业务的部分淘宝商家和传统外贸企业已经成为跨境电商平台的重要经营主体。其中，由阿里巴巴集团创办的 B2C 跨境电商平台"速卖通"凭借低门槛、宽覆盖的特点迅速壮大。通过向入驻商家提供自建物流、在线支付、客户服务、站内搜索、促销推广等功能，为商家提供企业、产品、服务等多方面的信息展示与交易服务。在这一过程中，跨境电商平台"速卖通"按照产品类目收取企业年费，按照竞价排名收取推广费用等；平台获得销售和服务收入，跨境消费者购得所需产品；最终，实现平台模式下的同边乃至多边网络效应。截至目前，速卖通发展日趋成熟，现已发展成为世界范围内的主流跨境电商平台；产品覆盖服装、家居、3C 等几十个类目，能够实现小批量、多批次的快速销售。此外，与跨境零售相匹配的跨境物流配送、国际在线支付等支撑与配套环节不断地升级与迭代，并日趋完善。

32.3 重视企业价值链构建，塑造跨境电商平台的国际竞争力

由美国哈佛商学院著名战略学家迈克尔·波特提出的"价值链分析法"，将企业的价值链界定为基本活动和辅助活动两种。其中，围绕价值创造的基本活动(内部后勤、生产运营、外部后勤、市场和销售、服务等)担任着价值链构建的核心功能，而辅助活动(基础设

施、人力资源管理、技术开发、采购)则承接价值链构建的主要手段。在跨境零售商业模式下,买卖双方的交易流程大幅减少,成本费用明显降低,企业利润稳步提高,前端的供应商和终端的消费者都得到了最大程度的价值增值。此外,宏碁集团创办人施振荣先生在1992年为了"再造宏碁"提出了有名的"微笑曲线"(Smiling Curve)理论以作为宏碁的策略方向。微笑嘴型的一条曲线,两端朝上,中间朝下。在产业链中,附加值更多地体现在曲线的两端,即产品开发和零售后服务环节;而处于曲线中间环节的生产制造环节,则附加值最低。跨境零售这一商业模式的兴起,为跨境电商平台"速卖通"创新经营方式和开辟新兴市场提供了难得的发展机遇,其通过将更多的资源投入具有高附加值的研发设计、服务和营销推广等业务环节,有效实现了在价值链的关键环节上的价值增值,提升了平台拓展国际市场的竞争力。本案例基于价值链视角,着重对跨境零售平台"速卖通"的生产运营、外部后勤、市场和销售、服务这4项基本活动和技术开发这项辅助活动进行探讨,对于跨境电商平台"速卖通"的价值链进行较为系统的界定与剖析,从伙伴关系、跨境物流、客户服务、市场营销、跨境支付角度分析速卖通的价值链构建,如图32-3所示。

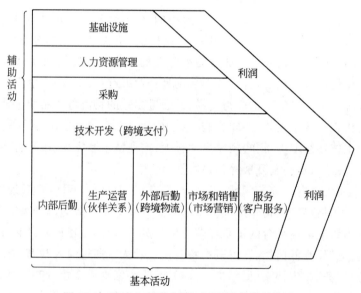

图32-3 跨境电商平台"速卖通"的价值链构建

32.3.1 伙伴关系

为了保证"生产运营"环节的顺利进行,速卖通与平台商家、供应商、服务商、战略合作伙伴均建立了较为紧密的伙伴关系(见图32-4),在商家成长、选品铺货和业务拓展方面助力平台生产运营的平稳推进。具体表现如下。第一,平台商家伙伴关系。对于平台商家而言,速卖通为了帮助商家解决在各个经营环节出现的问题和难点,自平台成立之初就建立了"速卖通大学"(目前已更名为"全球速卖通培训中心")。"全球速卖通培训中心"作为开展跨境电商规则培训和经验分享的学习社区,主要面向平台商家提供业务经营的知识分享,并在这一过程中通过积极互动,谋求与卖家建立长期而紧密的伙伴关系。除此之外,速卖通官网和商家后台推出的"新商家助力""超级私享课""神器阁-工具大全"等功能辅助国内卖家进一步了解跨境电商的具体玩法,帮助商家实现快速成长。第二,供应商伙伴关系。为了提升平台卖家同上游供应商沟通的效率和便利性,速卖通通过和1688平台合作,运用1688平台强大的供应商资源优势进行店铺选品的支持,在保障商品质量的同时确保供应环节的稳定。第三,服务商伙伴关系。速卖通通过和店小秘、超级店长、旺销王等众多第三方ERP跨境授权服务商建立合作伙伴关系(见图32-5),进一步帮助平台卖家打通在铺货和店铺管理上的服务对接,使得平台卖家能够更加高质高效地开展跨境业务。第四,战略合作伙伴关系。战略合作主要围绕跨境技术和用户落地在内的一些合作方案展开。例如,速卖通在2020年5月与海信集团签订战略合作协议,共同开拓海外线上零售市场,借力海信集团在全球拥有的14个工业园区、18个研发中心、覆盖160多个国家的业务优势,助力速卖通业务版图的进一步拓展,目前海信集团与速卖通的合作已在俄罗斯、法国和西班牙落地生根。

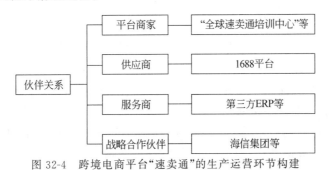

图 32-4　跨境电商平台"速卖通"的生产运营环节构建

图 32-5　跨境电商平台"速卖通"建立合作的 ERP 服务商

(来源:速卖通平台)

32.3.2　跨境物流

在跨境零售模式背景下,把握跨境物流的运输时效及安全性、控制跨境物流的成本是平台必须面临的问题。合理地根据用户需求和产品特性提供合适的物流线路方案至关重要。速卖通通过优化跨境物流中的多个重要环节,完善其"外部后勤"活动(见图32-6),以此保障产品的高效送达。目前,速卖通已与全球基本所有主流物流服务商建立合作关系,包括国际 EMS、FedEx、TNT、DHL、UPS 等,还针对不同国家和地区支持专线物流,如燕文专线等。2015 年 2 月,速卖通平台正式推出海外仓功能,目前平台上可设置 22 个国家海外仓服务的发货权限。海外仓的投入显著提高了跨境物流运输的效率,使得物流的时效性更有保障。除此之外,速卖通创造性地联合菜鸟网络推出"AliExpress无忧物流"官方物流体系,为卖家提供包括揽收、配送、物流追踪、售后赔付在内的一站式物流解决方案,针对不同地域的情况、时效要求和产品属性为卖家提供多种选择。速卖通通过上述全链路的物流服务系统以及不断推出的诸如"十日达"和"千万补贴计划"等新的业务板块,在实现为商品选取更高效更有保障的物流线路的同时大大提升物流的整体质量和服务水平,加速了速卖通海外物流网络的布局进度。

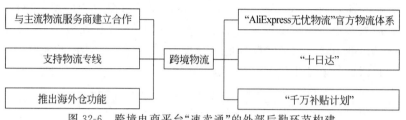

图 32-6 跨境电商平台"速卖通"的外部后勤环节构建

32.3.3 客户服务

客户服务作为跨境电商平台建立良好的客户关系、提升客户满意度、塑造良好的平台形象和优化经营成效的关键要素,是吸引用户留存和复购的重要环节。为了提升"服务"质量,速卖通以消费者为核心,从平台、商家和消费者3个层面出发,保证平台交易链路的畅通,方便消费者的商品购买;激励商家提升店铺整体质量,优化消费者的购物体验;推出卖家评价关键指标,增强与消费者的沟通,构建了多方位的消费者服务体系,如图32-7所示。具体表现如下。第一,在平台层面,速卖通通过国际版支付宝等支付工具保证资金的安全流动,加上"AliExpress无忧物流"的支持,为中小型交易提供了便捷、可靠的全套服务,满足了广大消费者在跨境交易中的各种需求。第二,在商家层面,速卖通通过从"描述相符、服务态度、物流服务"3个维度的店铺星级打分机制,实时监控消费者对平台商家的服务体验,这反过来激励平台商家通过提供图文相符的产品、及时回应的客服服务以及快速、高效的物流服务提升店铺评级,构建了良好的服务质量提升路径。第三,在消费者层面,为了拉近与消费者的距离,速卖通平台加强同消费者的双向沟通,推出好评率、纠纷率、成交不卖率、裁决提起率、卖家责任裁决率等多个卖家评价关键指标,这些指标均从消费者的角度出发,听取消费者最真实的消费反馈并传达给平台商家。速卖通还建立在线

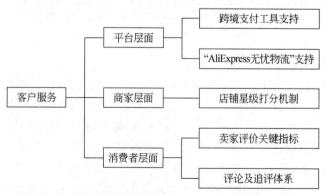

图 32-7 跨境电商平台"速卖通"的服务环节构建

评论及消费者追评体系,消费者通过打分评级和追评相互交流,为存在相似需求的潜在消费者群体购买商品提供参考。速卖通通过上述各个环节优质的客户服务赢得了良好的用户口碑。

32.3.4 市场营销

在经济全球化背景下,跨境电商作为电子商务的延伸,与传统的在线消费市场不同,其"目标市场"具有自己的独特性。速卖通的主要目标市场为俄罗斯,平台的营收占比俄罗斯也常年占据第一位,另外,根据中华人民共和国国家邮政局2022年公开数据显示,俄罗斯速卖通2021年总营业额达3060亿卢布,同比增长46%,仍处在快速增长期。营收占比其次为美国、西班牙、法国和巴西等为代表的成熟市场与新兴市场,这些国家由于网络购物观念与习惯较普及且人均购买力较强,跨境零售市场的销售规模与利润空间较可观。为了巩固和提升重要目标市场的销售成效,速卖通通过技术支持和改善基础设施建设等一系列策略辅助目标市场跨境业务的开展。以俄罗斯市场为例,在与该国合作建立大量海外仓和专线物流之外,还通过开展新项目 AE PLUS 来进一步实现俄罗斯买家对更快物流和简单退货的两大诉求。此外,速卖通还与俄罗斯邮政合作新增上万个快递柜和提货点来进一步提升物流时效,扩大其在俄罗斯的市场覆盖率和影响力。速卖通于2019年首次允许俄罗斯、土耳其、意大利和西班牙4个国家的卖家入驻,逐步开启海外招商的步伐。

围绕跨境电商平台营销,主要涵盖平台内部营销和外部营销。为优化平台的"销售"环节,速卖通分别从平台内部和外部两个维度发力,通过内部营销工具辅助平台商家提升产品转化,并借助外部社交平台和搜索引擎工具提升平台外部流量和拓展销售渠道,如图32-8所示。第一,对于平台内部营销,速卖通为商家后台设立了专门的客户营销界面。商家可以通过该界面从店铺加购人群、收藏人群、店铺粉丝等多个维度进行人群圈选,为特定人群采取买家会话、邮件营销、定向发放优惠券等多种营销触达方式,引导海外消费者浏览和进一步购买商品,为提升店铺曝光量和销量提供支持。此外,速卖通还通过为商家提供按点击收费的直通车营销工具,提升直通车投放产品的搜索排序和曝光,辅助商家更好地推广产品。第二,对于平台外部营销,主要体现为社交平台营销和搜索引擎营销。社交平台营销最具代表性的为与俄罗斯最大的社交平台 VKontakte(简称 VK)的营销合作。VK 平台截止2019年共有超过2.5亿用户,基本覆盖整个东欧地区的互联网用户,是跨境电商入俄的主要流量入口。VK 平台通过在应用中为"速卖通"创建单独的小程序使用户可以直接在小程序内浏览、下单商品。此外,双方还通过共建购物分享栏目来引导 VK 平台的用户将自己在速卖通上购买的订单或者发现的好货在栏目中进行分享。这一系列社交平台营销举措为速卖通带来大量新增用户,也促进了速卖通同俄罗斯年轻用户群体的互动,推进了速卖通发展社交电商合作的步伐。又如速卖通在美国"网购星期一"(Cyber Monday)当天,通过在 Facebook 等众多国际化的社交平台和论坛烘托气氛,特别是引流至站内启动的"阳光沙滩抢红包"等活动,吸引众多新用户进入平台,为平台注入了大量流量,营销宣传效果明显,大大提高了商品销售额。搜索引擎营销主要体现在同 Google、Yahoo 和 Yandex 的合作上,这些公司在海外具有极大的用户数量。其中,Yandex 是俄罗斯市场份额最大的搜索引擎公司。速卖通通过与这些公司合作,在用户使用搜索引擎的各个环节中通过投放平台广告来吸引海外消费者的点击和购买。

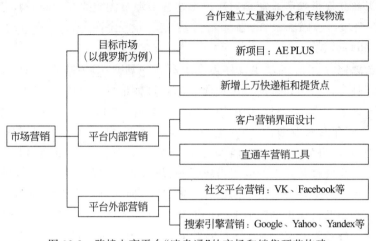

图 32-8　跨境电商平台"速卖通"的市场和销售环节构建

32.3.5　跨境支付

交易支付是跨境零售的必备环节。为了保证基本的跨境支付需求,速卖通采取多种支付方式并存的业务战略,先后接入了 Bank Transfer、西联汇款以及国外常用的本地支付,如 Qiwi、WebMoney、DOKU、MercadoPago、Sofort 等,从而充分保障了交易支付的畅通无阻。但是,相较其他跨境电商平台而言,多元化的支付方式并不是其价值链上富有竞争力的一环。为了进一步提升在交易支付技术层面的竞争性和差异性,速卖通将成熟的支付宝系统开发并应用至跨境交易支付中,并将其命名为 Escrow。作为速卖通独立的国际化支付系统,Escrow 是完成在线交易不可或缺的支付工具,其通过在具备大量客户基础的支付宝系统上完成支付,在保障了买卖双方相互的信任的同时,还减少了国际小额贸易的纠纷发生率和撤单率。与国内外众多跨境电商平台普遍使用 PayPal 不同,Escrow 是速卖通在支付业务上的首创,也是其为了统一收款方式和整合支付渠道的重要举措。同时,为鼓励消费者基于平台以国际版支付宝 Escrow 完成交易支付,速卖通对卖家仅收取较低的手续费来激励其倡导消费者使用。此外,为进一步完善跨境电商平台的支付环节,蚂蚁金服于 2019 年 2 月 14 日完成了对英国跨境支付公司万里汇(WorldFirst)的并购。万里汇的主营业务包括国际汇款、外汇期权交易、国际电商平台收款及结汇等,其支付业务涵盖全球 71 个网上销售平台,年交易量超过 100 亿英镑。通过这一收购,将为速卖通的支付全球化计划进一步铺平道路。

综上所述,跨境电商平台"速卖通"基于跨境零售这一商业模式,着重关注价值链的基础活动构建,并辅以辅助活动层面的技术优化。通过塑造多元化的伙伴关系来帮助平台"生产运营"环节的平稳推进;跨境物流多线路的解决方案实现"外部后勤"的效率和安全保障;借助全渠道市场营销工具打通"市场和销售"环节;基于多维度的客户服务建设巩固"服务"成效;并通过跨境支付技术的开发和引入强化"技术开发"环节。最终,从战略层面系统化和持续性地构建企业价值链,从而有效塑造和提升企业的核心竞争力。

案例思考题：

1. 什么是跨境电子商务平台？你对目前跨境电子商务平台发展的现状有什么理解？
2. 如何描述速卖通的价值链构成？
3. 你对构建跨境电商平台的价值链有什么看法和建议？

参考文献

案例 33　品质为本，电商赋能：王鲜记大闸蟹的创新实践①

摘要：大闸蟹作为中国由来已久的美食，是金秋时节很多家庭必不可少的一道美食。王鲜记高邮湖生态农场坐落在高邮湖畔，其产出的大闸蟹因"蟹大，蟹鲜"被业内熟知。本案例在展现王鲜记大闸蟹绿色生态养殖过程的基础上，叙述其严格的质量管控与品牌管理，及如何通过打造网红经济，实现大闸蟹的电商赋能。本案例引发读者思考互联网+新环境下特色农产品的产销融合、电商赋能路径。

关键词：王鲜记，大闸蟹，高邮湖，电子商务，网络营销。

Quality-oriented and E-commerce-empowered: Entrepreneurial Practice of Wangxianji Hairy Crab

Abstract: Hairy crabs, a long-standing delicacy in China, are an indispensable dish for every family in autumn. Wangxianji Ecological Farm is located near Gaoyou Lake, and the hairy crabs here are well-known in the industry for their "big and fresh" features. This case describes how to breed Wangxianji hairy crabs in ecological means, strict quality control and brand management in the breeding, and how to empower e-commerce of hairy crabs by building Internet celebrity economy. This case is expected to trigger a thought that how to realize the integration of production and marketing of characteristic produce and the e-commerce empowerment under the new conditions of Internet plus.

Keywords: Wangxianji, Hairy crabs, Gaoyou Lake, E-commerce, Network marketing.

---

① 本案例由扬州大学的焦春凤、李嘉玮撰写。

引言

秋风起,吃蟹时。金秋十分,位于扬州高邮市菱塘回族乡的王鲜记生态农场,随着一个个地笼从水下捞起,一只只吐着泡沫的螃蟹离开了水面。经过扎草、装盒、放入冰袋、打包等工序后,它们将被送上千家万户的餐桌。高邮湖作为全国第六大淡水湖,是我国南水北调水源地、一级水源保护区,水质达到二类地表水标准,环湖无污染工业,水资源丰富。距离高邮湖仅两千多米的王鲜记农场,是以中华绒螯蟹的繁育养殖、初级产品的深加工销售、技术的推广应用为主营的现代农业发展企业,是目前高邮市境内最大的水产养殖基地,由53家养殖户共同成立。江苏王鲜记现代农业发展有限公司(以下简称为王鲜记)目前规划面积是5000亩,生产端现有养殖面积3000亩,其中农场现有成蟹养殖面积2000亩,扣蟹养殖面积500亩,是高邮湖地区规模最大的大闸蟹养殖、繁育基地,还有2000亩淡水养殖和粮食种植区域,包括稻鱼、稻鸭共生区,蔬菜种植区等。公司拥有从蟹苗繁育、成蟹养殖到成蟹深加工、产品服务、技术支持等完整的产业链条。通过专业化养殖、品牌化销售,王鲜记在螃蟹养殖、销售市场打开了一片天地。与此同时,王鲜记聘用上岸渔民和周边劳动力,并将养殖经验传授给周边居民,带动更多人就业、致富。

王俊和他的王鲜记无疑是成功的,同时也给我们带来思考,在互联网+背景下如何将传统与现代元素融合玩出新吃法,如何将线上与线下更合理地融合,这都是值得深思的问题。

33.1 美丽高邮湖,诞生王鲜记

33.1.1 美食界的"速度与激情"

坐落在高邮湖边的王鲜记就是当初的王记鱼行,如今取旧"王记"字号,中设"鲜"字,以示遵循"鲜道"祖训,以真、诚、信、实为立业之本,传承百年老店文化精髓,将之发扬光大。

在王俊家里珍藏着一幅书法作品,没有装裱,纸张颜色发暗,带了些许岁月的痕迹。在过去的七八年间,王俊说他时常会拿出这幅书法作品反复琢磨,用上面的话来勉励自己。这幅书法作品是有"扬州新八怪之称"的国内书画艺术家李秋水先生在耄耋之年,特意送给晚辈王俊的六个字"生意就是手艺",意指王俊做的是跑鲜生意,也是一门手艺,勉励他要认真做人、踏实做事,而把生意当做手艺,更需要一颗可以静下来的心。

生意就是手艺?似乎有悖于传统意义上人们对传统手艺的印象。在常人看来,手艺人就是靠双手谋生的人,意味着缓慢、少量、劳作,而王俊自比是一个手艺人,说起来也有几分道理。他说:"王鲜记先祖王氏早在清末民初,就靠'跑鲜'起家,至今为止传到我手上已是第四代了,'跑鲜'早就成了我安身立命的一门手艺。"所谓"跑鲜"就是旧时渔人拉网捕鱼,渔人多将渔船停靠码头后上岸交易,市井贩卖鱼鲜的人,都挑着扁担到码头收购。为保证货品新鲜,商贩需健步如飞,急奔于市井兜售,故称"跑鲜"。无论是刮风下雨、还是艳阳高照,跑鲜人都得披星戴月、不避寒暑、风雨无阻地去收鱼,挣回微薄利润养家糊口。这行当十分辛苦。深受祖辈追求新鲜食材的影响,王鲜记的服务链自始至终都将客户的口感放在极其重要的地位,如今更是利用现代科学手段实现客户在家坐享"起水鲜"。

33.1.2 开业即受挫,艰难创业路

从 2010 年开始养蟹,到如今已经过去十多年。现在的王鲜记门庭若市,谁能想象这就是当年那个年年亏损将近一千万元的养殖户。十年前,王俊夫妻俩开始决定养螃蟹,他们选择了菱塘回族乡的一片三千亩的低洼地,并投资一千万元。但是二人刚刚从"卖"螃蟹转变为"养"螃蟹,对于怎么挑选蟹苗,怎么喂螃蟹,螃蟹生了病怎么办等问题缺乏前期准备,并且刚开始的时候二人并不经常亲自到养殖场,经验的匮乏再加上缺乏控制的管理使得二人的养殖场很快就暴露出了问题。第一年别人养的螃蟹一只三到四两,王俊家的螃蟹只有二两,结果亏损六百万元;第二年螃蟹长到中途发病又亏损了将近三百万元。连续两年的亏损,二人深刻意识到要想养好蟹,必须从基本功抓起。

33.1.3 痛定思痛,重整旗鼓

带着切肤之痛,王俊干脆把家搬到湖滩上,搭了个小棚子,既是宿舍也是办公室。从此,他和妻子张玉鸾一年中的绝大部分时间都待在菱塘水产农庄里,只有在销售季,张玉鸾才回扬州,而王俊每次回扬州,也都是匆匆忙忙,办完事之后,又迅速赶回农庄。王俊下定决心刻苦钻研,养出自己的名堂。好苗出好蟹,别人的蟹苗品质退化,养不出好螃蟹,于是二人决定自己培育蟹苗。王俊专门在启东建立了螃蟹育苗场,利用含盐量千分之一点五的淡水模拟自然环境,同时向专家求教了提纯复壮技术,首批就繁育出一千万尾优质蟹苗,解决了自身需求。

螃蟹要想长得肥长得快必须吃活食,王俊专门雇人每天捕捉螺蛳,碾碎后投进蟹糖。王俊认为,螃蟹鲜美的秘密在于饵料。大闸蟹是杂食生物,它们的食物是鱼虾、玉米、南瓜、螺蛳和各种水草。为了养殖出精品大闸蟹,王俊在饵料上很舍得下本儿,坚持从山东中海渔业买来大批的海鱼当饲料,这样一来,一年四季吃海鱼的大闸蟹不仅个头大、体态健美、肉质密实,味道还很鲜美。张玉鸾说,这样养殖成本虽然增加了,但好品质的大闸蟹,一定会有识货的人去品尝。下乡第四年,二人得偿所愿,当年秋冬出塘的螃蟹平均体重四两以上,最大的达到八两,客户纷至沓来。虽然二人的不懈努力最终获得了成功,但是王俊并没有松懈,自此,从选种蟹运到自家海边蟹苗育种中心、再到扣蟹苗送进千亩蟹塘,一直到长成大闸蟹进入冷藏保鲜库,这一系列的流程,王俊都亲自监督。

33.2 坚守高品质,铸造好口碑

33.2.1 好水养育好蟹,好苗产出高品

王鲜记的蟹种是中华绒螯蟹,俗称大闸蟹。这种蟹类形态独特、肉味鲜美、营养丰富,是水产珍品,历来受中国民众喜爱。几千年来,赞美中华绒螯蟹的美食之篇不绝于世,古人有"不到庐山辜负目,不食螃蟹辜负腹"之说,每当重阳节之时,中华绒螯蟹黄满膏腻,赏菊食蟹成为时尚。中华绒螯蟹不仅是美味佳肴还是滋补良品。据分析测定,100 克蟹肉中含维生素 A 高达 5900 国际单位,热量高达 582kJ,为水产之冠,脂肪、碳水化合物、核黄素的含量均远高于许多名特水产品。大闸蟹还有药用价值,《本草逢原》《本草拾遗》等历史药物专著详尽地记述了中华绒螯蟹的药理功能。传统中医认为,蟹肉可清热、散结、续伤、理脉、滋阴等;蟹壳还可清热解毒、破瘀消积。现代医学认为,中华绒螯蟹中丰富的维生素 A 是人体内不可缺少的营养成分,它能促进生长,延缓衰老,维持上皮组织健康,

增强人体对传染病的抵抗力,还可防止夜盲症的发生。

成蟹的好品相必须从蟹苗抓起。王鲜记的蟹苗是自产自养。创业初期,王俊费尽心血培育出优质蟹苗之后,为了保证血统纯正,繁育蟹苗的亲本都是自选自用。每年蟹苗下塘前,王鲜记的养殖场每亩会用150kg石灰来消毒。石灰价格高,人工成本也高,但不会造成污染,也避免了用药,这样养出来的螃蟹品质才会更好。在成蟹养殖中,王鲜记以安全绿色的生物技术手段为主,确保蟹的生长安全健康,全程可控。自2016年起,王鲜记大闸蟹历年均获得"绿色食品"认证。

蟹的生长环境是否优越直接关系到蟹的规格大小,生长空间是否足够、饵料是否充沛营养、躲避天敌的水草丛是否茂密、生活区域的水质是否优良,每一个外在因素在蟹的生长发育中都是不可或缺的条件。按照种群的平均水平衡量,中华绒螯蟹的标准体态,雄蟹需要达到200g以上,雌蟹需要达到150g以上。一亩塘放养800只蟹苗,这是王鲜记根据多年养殖经验得出的数据。王俊表示,养殖密度高,螃蟹的发病率也会相应提高;养殖密度低,经济效益会受影响,800只是一个比较理想的数据。

对虾蟹产品本身的高标准不是唯一追求,在养殖环境上,王鲜记也下了很大的功夫。到过农场的人都知道,这里不仅只有养蟹的池塘,还有绚丽花朵、科技长廊、休闲垂钓、小菜园、荷塘、别墅;这里没有丛生的杂草和污染的水源,而是竭力限制农药的使用,处理养殖的污水,让环保农场做到极致。

为了让产品更具社会信任度,王鲜记时刻高标准要求自己的养殖行为,不对环境造成污染,如设置循环水、处理水、水质监控的设备,牺牲一部分的养殖面积,专门种植水草和养螺丝,建造养殖水处理区域,要求经过处理的养殖水标准要高于外源水。王鲜记的养殖水一般不会排放出去,而是可以循环利用。以前塘边的杂草长势旺盛的时候,王俊都坚决让工人手工割草,不能使用杀草农药,虽然耗时耗力,但他依旧坚持环境友好的原则。现在的王鲜记早已经不再处于那个人工除草的年代,如今的王鲜记使用铺膜阻止杂草生长,这样既环保美观又省时省力,虽然前期铺设要投入很多成本,但是一套设备能用十年之久,也算上经济实惠。

王鲜记的大闸蟹要经过三重选拔:品质,品相,净重。每一只蟹都要经过自动化称重和人工复核分拣,确保以裸蟹净重(不含草绳)为准。每一份生鲜订单都是当天捕捞,当天发出,确保客户在家就能享受一份独一无二的"起水鲜"。

33.2.2 金秋贺礼名品,九雌十雄绝味

好蟹是基础,要想将王鲜记打造成伴手礼金选还需加之以合理的商品形式。为了适应现代社会快捷、便利的生活趋势,王鲜记蟹礼多采用蟹礼卡的形式送出。客户可在每年的蟹季期间,根据自身要求自由指定寄收时间、配送方式。蟹礼卡一旦激活,享有最优先发货权限,农场将根据客户的要求,以时效优先、服务优先为宗旨,先于其他供货需求发货。王鲜记发布的蟹礼卡永不过期,错过当年蟹季,可以顺延至下一个蟹季继续有效。蟹礼卡常规采用"对卡"方式,即一套卡包内含雌雄双卡,雌卡与雄卡的默认提货时间不同,而是按照"九雌十雄"的最佳赏味时间而定。这种排列法,既兼顾了蟹的最佳口感,也表达了"好事成双"的祝福。蟹礼卡可分开提货,也可合并提货。蟹礼卡雌卡称为"折桂卡",建议提货时间为九月,因为母蟹成熟多为金秋桂花盛开之时,其时母蟹黄满如金,最是诱人。

又因为九月多为秋季开学季,"折桂"也有祝福学子考取功名、夺冠登科之意。雄卡称为"如意卡",建议提货时间一般为十月。因为公蟹成熟赏味多为金菊盛开的重阳节前后,其时公蟹膏脂如玉白润,口感最佳。重阳佳节之际的蟹礼,取"如意"之名,表示对家庭的祝福,幸福如意,阖家安康。

除此以外,作为生鲜行业的一员,王鲜记必须解决"保鲜"这一难题。过去是"跑鲜",但随着王鲜记的服务范围越来越广,订单数量越来越大,单单依靠速度是保不了鲜的。三十余年的水产经验使王鲜记在水产的运输、保存领域越来越专业。王鲜记的每一只合格的蟹均以订制盒单独包装,避免了在运输中,因为碰撞、挤压、升温等原因造成对蟹的伤害。订制的专用冰袋能保持容器内长时间低温状态,使蟹在低温下进入休眠,等待开箱时被唤醒。加厚的泡沫内箱,既保证了冷气的密闭不外漏,也对蟹形成防碰、防压的双重保护。另外,外箱产品标签清楚注明箱内蟹的数量、重量、生产者、起水时间、保存方式及发货时间等重要溯源信息,不用开箱,就可一目了然,避免了因为开箱验看等原因打断蟹的休眠而造成不必要的损伤。王鲜记蟹礼产品采用订单制发货,根据订单及近期物流效率,以顾客最便利为原则安排配送方式。产品从湖区农场起水后,尽量以最短在途时间配送到客户手中。

33.2.3 坚守诚信质量,树立精品理念

随着社会经济的发展,生活习惯的改变,消费群体逐渐年轻化,消费者对产品的需求开始转移到产品的附加价值上,如外观、文化属性、便携性等。王俊当初是作为水产经纪人,帮客户挑选螃蟹。客户相信他选蟹的专业,认为他买的螃蟹个大肥美,质量好。最忙的时候王俊需要雇4个人专门为客户挑选螃蟹。后来王俊反思,现代的消费者对产品的优劣没有甄别能力,需要专业的人群帮忙挑选,并且他们更看重在产品身上的附加价值,而服务无疑是增加附加价值的良策。因此,王鲜记开了专卖店,销售精品螃蟹,并给予一定的专业服务,如介绍怎么吃、如何保存等,这样的产品更加有温度。事实证明,王俊当初的决策是正确的,目前专卖店产品的认可度和客户信任度都处在较高水平。

做精品螃蟹是王鲜记经营的基本,为了得到消费者的青睐,王鲜记积极寻求多方位提升品牌的价值。王俊夫妻二人一直努力让高邮湖大闸蟹更加贴近大众。2017年霜冻节气之后,张玉莺请人将农场里养殖的大肥猪杀了,专门用上好的板油熬制猪油,又将大闸蟹拆肉、拆蟹粉,按照《随园食单》上的古法菜谱熬制蟹黄酱,一经推出,立刻受到食客的欢迎。王俊夫妻二人在探索大闸蟹文化内涵的同时,也引导大闸蟹的时尚化,他们尝试引入成功的设计,借鉴其他时鲜食材朴素、淡雅的设计风格,将其融入大闸蟹的包装上,形成王鲜记的独特风格。

在王鲜记团队的努力下,每年螃蟹上市前,都有很多回头客会提前预订大闸蟹,并且每年都有老客户介绍新客户来买蟹。有的客户觉得蟹好,还会团购回单位做福利。互动式的经营总会换回消费者的回馈,而这种回馈也会成为王俊等人一直坚持下去的动力。王俊表示有一个客户,是一名画家,每年都会买王鲜记的螃蟹,吃完后还会给他们回赠他画的螃蟹,妙趣横生。

33.3 借力网红经济,电商为蟹赋能

如果说王俊专攻养蟹,那么张玉鸾则擅长卖蟹。王鲜记的销售团队由"扁担姐"张玉鸾管理。线下专卖店主战场在扬州,全国各地遍布销售合作点,让王鲜记的蟹美味辐射全国。二人每年都会到国外和港澳地区参加一些推介会,为的就是把高邮湖的河蟹品牌推向世界,让国外了解高邮河蟹产业的发展,了解王鲜记的产品。以往的出口螃蟹都是鲜活的,将来可以推进加工熟食产品以便出口贸易。河蟹一般在中秋节前后上市,在这个团圆的节日,如果在外华人能品尝到中国的河蟹,也是一种温暖。做市场,就是要不断改变思路,顺应消费者需求。2020 年,为了满足"吃货"的味蕾,王鲜记将螃蟹往前延长了一季,在大暑节气期间,推出了"六月黄"。虽然六月的螃蟹要再蜕一次壳才成熟,但由于王鲜记大闸蟹养殖的品质好,最大的"六月黄"能达到三点五两。近几年,王鲜记还推出了蟹黄捞饭,并做成线下餐饮店。一条路容易走死,多渠道发展,才能确保发展活力。

为了拓宽渠道,张玉鸾在高邮开辟了农产品电子商务先河,线上线下销售同时抓。她带领王鲜记进军天猫、京东商城、微店等实力电商平台,搭上电商"顺风车",建立起完善的生鲜电子商务运营体系。天猫王鲜记旗舰店中,王鲜记的每一款商品封面图左上角都写着"您的养蟹专家",意在传达专业、热心的服务承诺。靠口碑攒起来的社群营销是王鲜记销售团队的骄傲,秉持"诚信优质,感动客户"这一理念,张玉鸾积累的客户微信多达五万多个,产品销售在市场中供不应求。如今的"王鲜记"电子商务业务拥有专业的策划团队、营销团队和设计团队,在微博和微信等新媒体平台运营也很有影响力。"努力让自己值得被爱,其余的事情则靠缘分。我们努力养好螃蟹,养大螃蟹,你还不打算开启我们之间的缘分吗?"王鲜记官方微博曾这样写到。在如今直播带货形式流行的时代,王鲜记紧抓机遇,打造直播间,直面全国各地的消费者,把王鲜记的产品推广出去。2017 年 10 月,张玉鸾以"扁担姐"的形象登上了某热门综艺节目,走红之后,她便以新农人网红的身份活跃在网络平台。2020 年 7 月 15 日,"扁担姐"完成了主题为"好'鲜'的高邮"的直播首秀,并获得了累计超百万网友的观看和支持。虽然王鲜记在电商的助推下蒸蒸日上,但是王俊依然保持十足的冷静。电商可以拓宽渠道,增加需求,但是王鲜记的实际订单数依旧是跟着实际养殖量来的。如果因为需求增多而盲目增投蟹苗,螃蟹的品质就会下降,这样的后果将是灾难性的。

33.4 不忘初心坚守,带动共同富裕

谈到心中的梦想,王俊感慨万千:尽管年年投入成本几千万,可以说是倾尽所有投入养蟹中,但我们来到这个地方,往后可能还有几十年,总要留下点东西,财产是带不走的,但留下来的"财富"却可以造福更多的人!

在菱塘回族乡还有许多原住渔民和养殖户,经常遇到难以预测的各种风险,他们一整年辛辛苦苦却收入甚微。成功后的王俊夫妻二人为了帮助村民应对风险,在当地政府支持下,联合 52 户社员,组织了高邮市湖畔水产专业合作社,引入现代管理及品牌运营机制。王俊面向高邮湖地区所有养殖户定期开班培训,分享养殖经验技术,带动农户养殖致富。多年来,平均每户每年直接经济收入提高约 5 万元,解决本地用工一百多人,这些人

中年轻人参与到电商运营中,年长者从事养殖等劳动。通过农闲时的劳动,每人每年直接增收三万余元,很多养殖户通过技术改进平均每年收益提高近十万元。王俊给高邮构建了一种"繁育推一体化,产加销一条龙"的螃蟹绿色链条,非常符合高质量发展的要求。出人意料的是,当大闸蟹销售火热之时,王俊竟然把自己千辛万苦打造的高邮湖商标无偿转让给了政府。对高邮湖商标,王俊每年投入的广告费就有五十多万元,累计达三百多万元。在他眼里,高邮湖商标如果属于高邮湖人民会更有作为。实践证明,王俊高瞻远瞩,经过市场主体的不懈努力和政府的精心打造,2018年,高邮湖商标成为了中国驰名商标并获得了"国家地理标志产品"殊荣。高邮市是江苏省的水产强市,夫妻二人的辛勤耕耘使他们成为当地的风云人物。王俊担任高邮湖大闸蟹协会副会长,张玉鸾担任高邮市新社会阶层人士联谊会副会长。如今,他们俩时而活跃在技术培训场合,时而到敬老院播撒爱心,时而牵头回族乡的慈善行动,时而用抖音弘扬高邮的蟹文化……他们越来越忙,美丽富饶的高邮湖映衬出他们身后那一步步坚实的脚印,而二人十五年打造的高邮湖大闸蟹品牌,正在被越来越多的消费者所认可和信赖。

案例思考题:

1. 王鲜记一开始的失败是由哪些因素造成的?对其他新生企业或者准备创业的人有什么启示?
2. 分析王鲜记的战略特点并阐述王鲜记是如何实现战略目标的。
3. 王鲜记营销转战线上对于疫情期间水产业的发展有何启示?
4. 请从企业的社会责任出发阐述王鲜记的企业价值。

案例  麒麟计划：构建跨境电商服务生态，赋能中国制造转型出海

摘要：近年来，跨境电商作为国际贸易新业态，成为众多出口企业转型升级的重要路径。然而，2018年，跨境电商铺货模式遭遇波折，跨境电商从"流量为王"转向"供给为王"，为探索依托产业集群发展跨境电商的有效路径，赋能中国制造产业转型，麒麟计划应运而生。随后，首个麒麟阁——平阳麒麟阁落成，三年时间里，落地麒麟阁40+，麒麟阁版图从浙江走向了全国。麒麟计划最初通过构建基础服务生态，为传统制造企业插上运营与人才的翅膀。2021年，亚马逊"封店潮"开始席卷中国，为助力制造业品牌出海与合规发展，麒麟计划不断提升专业化服务能力，致力于合规体系建设，专注于出海品牌打造，并推出一亿美金加速器，赋能中国制造转型出海。

关键词：麒麟计划，跨境服务生态，中国制造，品牌出海。

Kylin Plan: Building a Cross-border E-commerce Service Ecology, Empowering the Transformation of Chinese Manufacturing to Go Abroad

Abstract: In recent years, cross-border e-commerce has become an essential path for many export enterprises to transform and upgrade. However, in 2018, cross-border e-commerce encountered the twists and turns, and it has shifted from "flow is king" to "supply is king". Therefore, Kylin Plan was born to explore the effective path of developing cross-border e-commerce by relying on industrial clusters and empowering the transformation of China's manufacturing industry. Then, the first Kylin Pavilion—Pingyang Kylin Pavilion was established, and in three years, 40＋Kylin pavilions were landed, and the Kylin Pavilion map went from Zhejiang to the whole country. Kylin plan initially built a basic service ecosystem to provide traditional manufacturing companies with wings of operations and talents. In 2021，Amazon's

---

① 本案例由杭州师范大学钱江学院的金贵朝、林菡密撰写。

"store closures" began to sweep across China, at the same time, to continuously improve its professional service capabilities, Kylin plan devotes itself to constructing a compliance system and focusing on building overseas brands. In addition, Kylin Plan has also launched "100 million US dollar accelerator", enabling Chinese manufacturing to transform overseas.

Keywords: Kylin Plan, cross-border service ecosystem, Chinese manufacturing, brand transform overseas.

引言

"麒麟计划发布 3 年来,落地麒麟阁 40+,实现了浙江省 11 个地级市的全覆盖,服务覆盖产业带 500+,孵化跨境企业 4000+,推出了一亿美金加速器……未来将实现京杭大运河、长江沿线以及往东南亚延伸的整个产业版图的扩张。"2021 年 12 月,在浙江国贸数字科技有限公司(以下简称为国贸数字)举办的分享会上,首席运营官韩杰发布了这些数据。

现场嘉宾纷纷投去难以置信的目光,也让大家对眼前这家公司的经历充满好奇。看着台下的嘉宾,韩总的思绪回到了 2018 年……

34.1 麒麟计划应运而生

34.1.1 跨境铺货模式发展遭遇波折

2018 年,增速迅猛的跨境电商遭遇了发展的波折,部分依靠粗暴铺货模式起家的跨境卖家陆续出现资金链断裂的问题。市场流量红利、中国供应链的优势,造就早期跨境电商铺货模式的繁荣景象,在走过增量时代的红利期后,没有及时跟上时代发展节奏的卖家,先后遇上各种问题。

作为行业骄傲的铺货代表之一的环球易购,更是从那时候起走向衰败。作为跨境通的主要企业,持续多年的库存积压和内外部管理问题导致持续亏损最终陷入财务泥沼。环球易购、价之链等早期跨境电商明星企业先后爆雷。

血淋淋的教训让一批只想捞快钱的新入行者意识到,跨境电商并没有看上去那么美好。韩总感叹道:"核心的问题是供给,铺货卖家是没有供给能力的。铺货模式终将走向没落,中国跨境电商已经从'流量为王'转向'供给为王'",韩杰此时从一个跨境电商行业观察者转变为行业参与者。

34.1.2 产业集群纷纷嫁接跨境电商

在铺货危机显露的 2018 年,浙江省提出数字经济"一号工程",加快构建以数字经济为核心、新经济为引领的现代化经济体系。

早在 2016 年 4 月,浙江省商务厅等七部门印发了《浙江省大力推进产业集群跨境电商发展工作指导意见》(以下简称为《指导意见》),首批设立了 25 个产业集群跨境电商发展试点地区,推动产业集群跨境电商快速发展。

浙江省历来民营经济发达,产业集群覆盖大部分传统行业,部分集群在区域经济发展中占据举足轻重的作用。浙江省大多数区县产业资源丰富,在供应链方面优势明显,如义乌是中国最大的小商品集散地,杭州是女装之都,海宁是皮革之都,浦江为水晶之都,湖州织里为童装之都,永康是五金之乡。

随着《指导意见》的出台,省内产业集群纷纷在外贸转型升级上嫁接跨境电商的形式。

34.1.3 麒麟计划发布,首个麒麟阁落成

2018 年,以卢成南、韩杰为核心成员的国贸数字在杭州成立,并发布麒麟计划,致力于更好更快地促进数字贸易发展和产业转型。

卢成南曾任浙江省商务厅电子商务处首任处长,如今是国贸数字的董事长,作为电商

老兵,他经历了电商行业的风雨,也见证了行业发展的彩虹,因此,他对电商行业具有强烈的使命感与责任感。如何通过跨境电商赋能浙江制造,帮助浙江制造品牌顺利出海,是新时代跨境人顺应经济全球化大势的新征程。

在那之后,类似国贸数字公司的众多服务公司相继成立,这是服务于浙江省数字经济"一号工程"战略布局,也是华东跨境卖家以制造业及数字化营销优势为抓手,在重产品、重研发的跨境电商发展趋势下的一种顺势而为。

在韩杰看来,有两股力量推动着麒麟计划的诞生。其一,在市场层面,跨境电商作为一种新型的商业形态,链条的各环节如何最优化还在摸索中,与传统国际贸易生态体系的成熟、健全相比,跨境电商目前还缺乏与之相适应的服务生态体系。其二,在政策层面,浙江省各级政府一直都在努力推动跨境电商行业发展,但总体来说,举措比较零散、不成体系,加上领导干部流动较频繁,在一定程度上影响到政策的延续性与连贯性,导致很难达到预期效果。

麒麟计划启动后,仅仅过了两周时间,首个麒麟阁——平阳麒麟阁落成,这意味着麒麟计划迈出了扎实的第一步。

温州平阳成为全国首个麒麟阁,与平阳县产业资源丰富、跨境电商活动较活跃有关。平阳县先后获得过"宠物小镇""中国皮都""中国塑编之都""中国商务礼品生产基地"等称号。近年来,平阳县的皮革制品、宠物用品、家具家居等产业快速发展,具备了发展跨境电商业务的丰厚条件。

34.2 构建基础服务生态,为制造企业插上运营与人才的翅膀

34.2.1 运营的翅膀:构建运营孵化体系

传统制造企业会经营,手中有好货,但不知道如何开辟跨境渠道、网上开店。针对这些问题,麒麟计划推出了全球开店服务,涵盖亚马逊、eBay、Wish、速卖通、Shopee、Lazada等全球40多个跨境电商全平台渠道开店绿码,为制造企业提供方便、快捷的全球一键开店服务。

制造企业大多经受OEM接单模式的历练,具备着非常强大的产品研发能力,但长期跟国外终端零售市场脱节,对于市场和一线消费者的体验感不强。针对这些问题,麒麟计划建立运营孵化体系。通过整合跨境电商经验丰富的一线项目操盘手、资深项目经理及专家导师团,开设亚马逊、eBay、Wish、速卖通、Shopee等第三方跨境电商平台课程,帮助企业玩转跨境电商。

罗洪波是"麒麟阁亚马逊跨境电商进阶班"的一名学员,在上虞麒麟阁团队的帮助下,开始转型经营跨境电商,每天都能收到美国、俄罗斯等国家几十到上百个订单,公司销售业绩实现爆发式增长。

据上虞麒麟阁负责人周泉介绍,上虞麒麟阁已先后对接、拜访1000余家上虞本土企业,举办各种线上、线下培训及沙龙活动200余场,参与人次超3000人,共开展了3期孵化班和3期进阶班,全程指导和帮助上虞企业开设跨境平台账户100多家,孵化企业近100家。孵化企业中有30余家企业实现跨境电商年销售额突破10万美元,其中有10家企业跨境电商销售额超过100万美元,1家企业销售额超过1000万美元。

34.2.2 人才的翅膀：建立人才支撑体系

随着麒麟计划的不断推进，2019年麒麟阁已从平阳扩展到了上虞、浦江、瑞安、镇海、钱塘、三门、永嘉、江山、南太湖、东阳等地，麒麟阁数量超过了10家。麒麟阁阁主纷纷反映当地企业转型跨境电商的意愿被激发出来，但很快就遇到一个棘手的问题，跨境电商运营人才极其缺乏。根据2021年阿里国际站预测，我国跨境电商专业人才的缺口超过600万。跨境电商人才需求多、缺口大，人才短缺问题已成为跨境电商行业快速发展的瓶颈。

然而，跨境电商对运营人员的综合能力要求很高，不仅需要熟练的外语能力，跨文化的沟通能力，对公司产品了如指掌的专业知识，还需要电商运营的技能和经验。

如何解决麒麟阁人才供给问题，则是麒麟计划面临的新挑战。为此，国贸数字专门成立杭州寅宇教育科技有限公司，专注于跨境电商全产业链人才培养。高校是人才培养的主阵地，因此，麒麟计划在发布之初，就积极与高校开展校企合作。例如，与杭州师范大学钱江学院联合开设"跨境电商品牌出海"实践周、"麟聚钱江、才出经管"实践周，开设"eBayE青春"跨境电商英才班，联合孵化跨境电商创新创业团队。与浙江经济职业技术学院联合开设"麒麟才子班"，积极探索一条校企联合培养跨境电商应用型人才之路。2020年，麒麟计划携手连连跨境支付，联合20余所高校、10多家跨境电商企业、3家省级培训机构、20多位培训资质导师，成立以培养跨境电子商务标准人才为目的的"麒麟计划连连跨境电商实训营"。通过与高校的合作，一定程度上缓解了麒麟阁人才供给问题。

34.3 提升专业化服务能力，助力制造企业品牌出海与合规发展

34.3.1 专注于出海品牌打造

从低端制造到高端制造，从中国产品到中国品牌，从OEM到原始设计制造商（ODM）再到代工厂经营自有品牌（OBM），一场新的转型正在中国制造业酝酿发生，跨境电商市场再次掀起了中国品牌出海浪潮。

如何利用好大数据，做好统计筛选、客户画像描绘、高价值客户深入分析等，最终实现跨境电商企业稳定健康发展，将是品牌出海的关键一步。

2020年，国贸数字战略性收购杭州峰澜信息科技有限公司，同年12月，成立全球数字营销创新中心，营销中心很好地将Google巨大的数字营销优势与"麒麟计划"优质服务相结合，配备一支运营经验丰富的数字营销队伍，团队成员80%以上留学海外。依托大数据和智能营销优势，为跨境电商企业提供定制化Google、Facebook、Bing等主流广告媒体投放，SEO优化，社媒营销运营，独立站建设，海外众筹，海外品牌塑造和传播等全链路的海外数字营销服务。

韩杰认为，搭建不同的营销渠道，方法论不复杂，执行的细节依然是决定成效的关键。例如，做内容营销时，在小红书上投放5000篇文章是大家熟知的策略。在大家都采用这个策略的情况下，差异点就在于对细节的把控及内容的打磨，把这个细节做好，能出5000篇不是陈词滥调的精品文章，这个品牌就做起来了。

34.3.2 致力于合规体系建设

2021年4月，全球最大的跨境电商平台亚马逊史无前例地持续重锤、整治违规行为，众多头部明星企业的大量违规店铺和账号被关闭，品牌直接被禁止销售。亚马逊头部大

卖帕拓逊旗下品牌 Mpow 被封号,封号大潮开始席卷中国跨境卖家,大批亚马逊卖家被关店封号。此次亚马逊史上最严的"封店潮"共波及超 5 万家中国卖家,行业损失预估超千亿元,众多中国卖家损兵折将,一夜回到解放前。

更要命的是,在这一波合规风潮中,不光跨境电商平台,全球不同国家或地区的政府纷纷加大对跨境电商的合规监管力度,"合规化经营"已成为 2021 年开始跨境电商无法绕开的关键词。

见证着跨境行业多次动荡的韩杰表示,这些年见证的波折其实是可预料的,合规基础下的产品与品牌出海成为必然。

从短期来看,合规必定会增加成本,但从长期来看,合规将带来议价。企业在合规经营的条件下可以长期稳定存续并且获得一定的收益;反之,一旦不合规,在越来越规范的跨境电商环境下,卖家可能会遭受无法挽回的后果。因此,合规化势在必行。

因此,麒麟计划开始将合规体系建设作为跨境生态体系构建的重要一环,包括 VAT 税务合规、产品合规、物流合规、数据合规等。

为适应跨境电商市场需求,解决亚马逊平台企业合规出口的难点和痛点,2021 年 5 月 14 日,国贸数字麒麟云成功跑通 9810 监管方式下针对主流跨境电商平台亚马逊 FBA 出口的流程申报出境。

亚马逊卖家王先生在与麒麟跨综服合作之前,一直以双清包税的方式出口,个人卡每月流水高达上百万元人民币。随着业务规模日益扩大,王先生欲将整套跨境电商出口流程进行合规升级。麒麟计划跨综服团队着手为他梳理了出口报关、收结汇、退税等全流程链路,并为其提供全方位的财税合规指导,困扰了王先生许久的合规难题终于得到了妥善解决。

34.4 麒麟计划持续深化,麒麟版图不断扩大

34.4.1 麒麟计划持续深化:推出一亿美金加速器

麒麟计划将跨境电商商家分为 3 个层次,分别是跨境电商初级商家、跨境电商成长商家与跨境电商头部商家,针对不同层次商家提供不同的服务生态。为初级商家提供一站式基础服务解决方案,包括全球开店、运营孵化、人才支撑等,为成长型商家提供专业化垂直领域解决方案,如合规服务、品牌打造、全渠道营销等,为跨境电商头部商家提供个性化定制方案,如为其推出一亿美金加速器等,如图 34-1 所示。

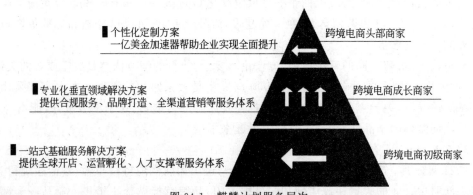

图 34-1 麒麟计划服务层次

2021年3月,麒麟计划"一亿美金加速器"项目重磅推出。"一亿美金加速器"处于麒麟计划的顶层,是针对中国制造品牌出海的全方位加速成长计划。项目结合当下制造业企业转型痛点,通过整合行业全链路中顶尖的服务资源,在品牌塑造、销售增长、团队培育、资金筹划、供应链整合等数字贸易业务核心发展要素上对企业进行全面赋能和优化,快速实现企业的销售发展和资本增值,助力中国制造加速成为全球品牌,让制造业企业走上价值链顶端。

对于中国品牌出海,韩杰一直怀着深深的情怀,他说,"为了让中国制造插上品牌的翅膀,给它更多的赋能,不再只是贴牌收个加工费,而是获得零售端、分销端、经销端的利润,最后反哺到国内经济的发展,包括整个中国在全球的影响力,这是我们的初衷。"

作为"一亿美金加速器"项目受益者,浙江风驰机械有限公司执行总裁潘凌杰表示,"依托跨境电商,打破传统渠道的依赖,打通中国制造与消费终端之间的链接,让中国的产品能够直接接触到境外消费者,而不用像以前一样需要通过与线下代理商沟通进行产品出售,这对像我们这样的制造业企业是有很大帮助的。"

"在'一亿美金加速器'团队的指导下,推出全新的品牌,以此进入跨境电商赛道,也尝到了传统制造业企业转型品牌出海的甜头。"潘凌杰笑着说道。

当然,中国品牌出海并非易事,路远且难,却是必须要走完的。

34.4.2 麒麟版图不断扩大:走向全国

随着平阳、镇海等首批麒麟阁的成功实施,麒麟计划不断破圈,麒麟阁版图不断扩大。2019年,上虞、浦江、瑞安、镇海、钱塘、三门、永嘉、江山、南太湖、东阳10个麒麟阁落地。2020年,北仑、天台、龙湾、婺城、濮院、瓯海、龙游、兰溪、南浔、临海、海曙、苍南、舟山、嘉善、乐清、衢州16个麒麟阁相继成立。截至2021年12月,浙江麒麟阁落地数量近40家,实现了省域全覆盖。仅仅在温州地区麒麟阁数量就达到了8家,包括瑞安、平阳、永嘉、瓯海、龙湾、鹿城、乐清、苍南。

2020年12月,河北省唐山麒麟阁开阁,标志着麒麟计划从省内拓展到省外。2021年3月,麒麟计划走进云南,联手共建"数字丽江"。接下来,麒麟计划将在长江、京杭大运河沿线省份及沿海省份逐步落地,包括四川、重庆、湖北、安徽、江苏、山东、福建等。

麒麟计划通过拓展麒麟阁项目,深入当地产业带,服务当地企业。全国范围计划建设100~150个麒麟阁,并辐射东南亚等海外市场,致力于"一带一路"数字新基建。

34.5 尾声

世上从来没有一帆风顺的事业,只有坚忍不拔的人。在麒麟计划不断推进的过程中,经历过团队通宵达旦完成的方案被拒的时刻,也面对过一些质疑的声音。但是团队没有放弃,据不完全统计,2021年1月至9月底,国贸数字各地麒麟阁成员累计走访11 825家企业,推动省内外服务企业在30余个跨境电商平台开展业务,先后帮助开设跨境电商店铺3100余家,帮助企业申请海外商标500余个。组织开展跨境电商培训孵化活动126期,手把手孵化企业1317家,累计可统计孵化销售额17.1亿元,组织各类活动600余场……

韩杰等人一直坚信中国品牌出海新纪元已经到来,中国出海企业走上国际贸易的价值链顶端不再只是梦想,中国品牌出海的精彩故事会在这里不断上演。

案例思考题:

1. 制造企业在转型跨境电商的过程中,面临哪些痛点?麒麟计划如何通过产品与服务,为制造企业创造价值?

2. 麒麟计划的跨境电商服务生态体系由哪些部分组成,分别是怎样构建的,构建的内在逻辑是什么?

3. 跨境电商合规化会给跨境电商出口企业带来哪些影响,应如何应对?

参考文献

案例 35　高梵电商：让羽绒更轻，让供应链更柔[①]

摘要：本案例主要描述了高梵电商在从传统服装品牌向知名电商品牌转型的路上，为了适应互联网环境的变化、消费者行为方式的转变，企业在运营模式和供应链管理上的不断探索。从开创电商渠道到收回所有线下店铺，布局轻资产，让羽绒更轻；从人才队伍搭建到柔性供应链体系建设；从供应商管理、物流配送体系完善到品牌升级，逐步建立了"多款式、小批量、多批次"的柔性供应链体系，让供应链更柔。

关键词：高梵电商，淘品牌，柔性供应链，轻资产。

GaoFan E-commerce: Make the Down Lighter, Make the Supply Chain Softer

Abstract: This case mainly describes the transformation of GaoFan e-commerce from a traditional clothing brand to a well-known e-commerce brand, to adapt to changes in the internet environment and changes in consumer behavior, the company's continuous exploration in the operation mode and supply chain management. From the creation of e-commerce channels to the recovery of all offline stores, the layout of "light" assets, making the down lighter; from the construction of talent teams to the construction of flexible supply chain systems; from supplier management, logistics and distribution system improvement to brand upgrading, and gradually established a flexible supply chain system of "multiple styles, small batches and multiple batches", making the supply chain more flexible.

Keywords: GaoFan e-commerce, Tao brand, flexible supply chain, light assets.

[①] 本案例由合肥工业大学管理学院的孙见山、刘业政、姜元春撰写。

引言

成立于 2004 年的"高梵羽绒服"品牌位于安徽省合肥市,致力于为都市时尚人群提供高品质的流行羽绒服饰。2010 年,在做强做大"高梵"的同时,将目光指向电子商务,赢在了拐点。高梵试探性地挪出一部分员工的精力去做电商渠道,结果 1 个月卖掉 100 万元货的收效完全颠覆了公司对电商的认识,经历一番拼杀,高梵在短短 3 年内迅速蹿到了天猫商城女装羽绒服类目前三位(天猫主页如图 35-1)。如今的高梵已经由传统服装企业,转型成以电子商务为核心渠道的互联网品牌,并树立了市场地位。一家安徽崛起的服装品牌如何快速晋升成为享誉全国的电商"淘品牌"?创办者吴昆明认为成功并没有所谓的捷径,专注是走向成功唯一的途径:从 1994 创业至今,我们基本没做其他的产品,只专业、专注做服装,并且只关注羽绒服版块。回顾创业历程,总结起来只有一句话:20 年专业、专注时尚服装产业。随着电子商务发展和消费需求升级,曾经只需通过几个爆款就有可能打造出一个淘品牌的时代已经不再,昔日辉煌的淘品牌生存空间受到挤压。新形势下,高梵面临着接踵而来的难题。如何保住自己的互联网品牌地位?如何在多重竞争环境下逆势前进?如何保持羽绒产品的管控能力?在新型冠状病毒感染的严峻形势下,如何保持内生动力的可持续发展体系和具有防御能力的核心竞争力体系?留给高梵更多的是新形势下的管理难题。

图 35-1 天猫商城高梵旗舰店

35.1 高梵电商发展历程

说起高梵,不得不提他的品牌创始人"老吴"——吴昆明。1974 年出生在福建南安的他,骨子里带着天生的经商基因,在时尚服装行业已经摸爬滚打了 20 多年。早在 1996 年,大多数同龄人还在为就业还是创业纠结时,22 岁的吴昆明已经是中国驰名商标——旗牌王牛仔的安徽省总代理。2004 年,经过许久的谋划,老吴决定创建自己的品牌。"高梵"品牌应运而生,高梵联合英国羽绒世家澳尔斯滨公司共同合作开发符合中国女性品味的羽绒服,专为中国优雅女性打造的时尚、奢华品牌。2005 年,公司进一步定位做高端女装品牌的ODM。2006年,高梵羽绒服首次亮相北京国际展览中心。2010年,经过几年的精心培育和脚踏实地的打拼,公司规模得到进一步扩大,线下实体店已发展到700多家,ODM达30多家。然而此时国内服装行业迎来寒冬时期,在产能过剩、消费升级、国外大品牌跑马圈地以及受制于互联网环境下的渠道变迁等大背景下,服装企业大肆扩张、净利润动辄翻倍的态势不再。在内、外双重压力下,转型成为各家服装企业必须走的路。

老吴也开始思考自己的转型之路。2010年,高梵试探性地抽出一部分员工去做电商渠道,结果1个月卖掉100万元货的收效完全颠覆了公司对电商的认识。尝到电子商务的甜头以后,高梵由此开始投入更多的精力转战电子商务市场。然而,此时的高梵进入电子商务领域销售羽绒服,只是把电子商务当成一个销售渠道,还是用传统的思路来生产、销售羽绒服,并未对市场需求做出很好的预估,每款羽绒服下单3000件,一次性生产订单5万件,结果只卖出1万件,导致亏损700多万元。这次重挫让老吴再次思考电子商务环境下的羽绒服生产管理方式:电子商务是一个全新的市场,出现了崭新的竞争环境,不能再用传统的服装经营思路来做电商销售,必须转变经营观念,重新审视新环境下的企业运营。

不破不立,高梵毅然地抛弃了传统的线下经营方式,全力转战线上市场,由传统的"以产促销"向"以销促产"过渡,在2012年迎来了一次华丽的转身。在双十一当天销售额近千万元,创下安徽省羽绒服销量第一的业绩。2013年,高梵开始创建安徽贵谷电子商务公司,组建高梵电商团队。公司另一位高管李伟的加入,提升了电商运营的信心和能力。李伟毕业于中国科学技术大学,曾在易观国际咨询集团先后担任咨询总监、电商运营中心总经理,擅长战略与营销规划、数据挖掘与数据分析、电商多平台运营与管理。自此,高梵开展了一系列电子商务创新实践,借助网络大数据分析,提升产品开发、网络营销和创新能力。2013年,6·26天猫年中大促,高梵旗舰店销售量超越波司登、艾莱依,位列羽绒品类全国第一名,被行内惊称为"黑马"。2014年11月、12月和2015年1月,天猫女装热销排行榜,高梵连续三个月位列女装类目TOP10;同期,高梵还取得京东平台女装羽绒服单店销量第一名的成绩。2014年全年线上销售达2亿元,位列全国羽绒服品牌第三名,仅次于波司登、艾莱依。2015年,高梵继续保持高速增长,不断创造突出的销售业绩。在双十一当天全天天猫销售额达4106万元,位居互联网女装羽绒服第一名,在全网羽绒服排名第二。高梵在业务上开始从女装向男装、童装拓展,力求成为互联网羽绒服品类销量第一品牌。

业务的快速增长和品类的拓展,促使高梵开始谋划更加弹性的供应链。公司又一高管赵传书的加入,提升了高梵柔性供应链的能力。2015年4月,供应链专家赵传书加入高梵团队,任高梵集团供应链总监,分管供应链管理中心。赵总曾任麦肯锡国际咨询公司中国供应链中心负责人,具有十多年世界500强企业工作经历,曾服务于马士基集团及德国大众、丹麦奥登塞船厂。在采购管理、生产管理、柔性供应链管理方面具有很强的运营能力。2016年,高梵全年销售额达4.2亿元,双十一当天全网销售突破8000万元。2017年,央视公布了首批"CCTV中国品牌榜"入围名单,高梵品牌脱颖而出,荣登"服装服饰鞋帽"类中国品牌榜,以实力创新和匠心品质缔造民族服装品牌传奇之路。与此同时,直播电商这种新型电商形式开始发展起来,高梵再次抓住了机会,持续创造着销售的新纪录，并同时不断更新和布局新型的柔性供应链，以适应快速发展的运营形式。

35.2 让羽绒更"轻"

35.2.1 内外部双重压力

在互联网大浪的推动下，许多新型的购物网站异军突起，这使得传统的服装行业受到了很大的打击，许多消费者在实体店中挑好了衣服，再去网上买——因为网上的价格要比实体店便宜许多，导致现在的实体店越来越难做。波司登作为中国本土最大的羽绒服生产商，从2014年3月31日至9月30日的6个月中，马不停蹄地关闭了3436家羽绒服零售网点，而在之前的2013年，其已经关闭1357家羽绒服销售网点。百丽国际最新公布2014财政年度第一季度零售营运数据显示，这家中国最大的鞋履生产和零售公司在内地零售网点数目净减少167家，而其鞋类业务销售同比下降7.8%。

近些年，我国服装行业受到高库存的困扰已久，再加上服装电子商务的不断发展，使得传统服装企业纷纷开辟电商渠道，电商对于服装品类而言是大势所趋。传统服装企业发展电商面临更多的问题，如去库存、O2O和独立品牌的模式之争、线上和线下加盟商的利益之争，以及自建平台和外包第三方的平台之争。现阶段我国许多传统服装实体品牌已经开展电商业务。自建官方商城需要专业的运营、维护团队，需要投入较高的人力成本，且初期效果不会立竿见影，需要一段时间的积累，要想打响知名度，需要投入大量广告宣传。因此，很多企业，特别是知名度不高的中小企业常常借助第三方开发平台发展电商渠道。第三方平台经过多年的发展，已经拥有完善的购物流程和良好的信用体系，标准化的商城模板可以帮助企业快速搭建网上门店，客户群集中且平台流量大，方便企业快速分销产品。

在服装零售行业整体低迷的情况下，性价比成为消费者选择服装产品的重要标准。不到十年时间，依托淘宝平台发展起来了许多大大小小的服装淘品牌。然而随着线上消费的普及，电商交易量一路走高并不断蚕食着实体渠道的销售份额。对此，越来越多的商家开始布局和拓展线上渠道，这进一步加剧了电商市场的竞争激烈度，线上流量的获取成本随之走高。实体零售行业持续低迷，让身处其中的传统服装零售企业倍感压力，而线下、线上的竞争日趋激烈，让根植于电商平台的服装淘品牌开始思考，接下来的路该如何走。

高梵既面临渠道业态转变、消费市场被线上渠道抢走、服装行业整体低迷、市场消费需求变化巨大及同质化品牌市场转变为精准碎片化市场的外部压力，又面临库存过剩、盈利能力下降、运营成本高昂的内部压力，这使得高梵迫切需要做出改变。

35.2.2 布局轻资产

在内、外部的双重压力下，转型成为高梵的必然选择。正所谓，不破不立，高梵毅然地抛弃了传统的线下经营方式，全力转战线上市场。高梵从2012年开始陆续收回线下实体店，到了2017年，彻底收回了所有线下店铺，全力做线上，布局轻资产。2018年底，高梵成立了品牌运营部。2019年全年投入了400多万元用于品牌建设，包括品牌运营团队的搭建以及产品设计的创新。在线上的销售体系中，高梵搭建了统一的价格体系，以高梵旗舰店作标杆，扩大品牌影响力。在高梵2019年全年的销售额中，分销商的比例占总销售额的60%左右,对高梵的业绩增长起到了举足轻重的作用。2020年的高梵继续扶持分销商,继续加强对品牌的运营和管理,布局轻资产。与过去的线下门面经营相比,轻资产模式使高梵获得了更强的赢利能力、更快的速度与更持续的增长力,通过产业供应链的有效整合,高梵得以变轻变快,敏锐地捕捉市场需求的变化并快速响应,获得市场宝贵的时间先机。

35.2.3　电商+直播模式

传统电商的流量红利期已经过去了,直播+电商作为直接勾连用户和商品销售的一种越来越重要的新模式,成为网络零售的下一个风口。直播业务成为高梵下一阶段发展的重点之一。在吴昆明看来,一代人做一代人的事,80后能做好传统电商,但直播电商一定要让90后来做。2016年,高梵初次尝试了淘宝直播,从2019年开始,高梵开始与合肥各大高校进行合作,选取学生进行培养,提供货源及直播间,让他们进行直播带货。而且和其中优秀的主播签约,有固定工资和提成。为了能在人才、信息、资源以及工作节奏、创业氛围上跟上节奏,高梵转战杭州。2020年,高梵正式在杭州成立直播分公司,招募以90后为主的团队,全面负责主播对接、直播选品、背后运营等直播业务。公司成立当月,通过联手快手主播超级丹举办品牌专场直播,支付金额就突破了1500万元。2020年,高梵直播在淘宝、快手、抖音、蘑菇街等平台GMV总额累计突破10亿元,其中快手平台超级丹品牌专场直播破亿元;抖音平台好物节羽绒服排名第一;淘宝店铺自播大促销售占比30%以上,双十一、双十二直播成交均排行业前列。

经过整体的实践,高梵在直播管理上摸索出了一套行之有效的方式方法。由CEO亲自带队选品,帮助主播更好地了解消费者的需求,并对每场直播的爆款和活动达成一致。当与直播达人合作时,还会组建专门的服务团队来配合,并暂缓其他平台的大型促销活动,在客服、仓储物流等方面全面配合。当部分商家还在纠结做淘宝、抖音还是快手时,高梵的选择是对"淘快抖"全面进军。在电商氛围浓厚的淘宝,高梵以商家自播为主,会适当进行优惠活动,促进引导转化;在社区氛围浓厚的快手,高梵选择合作达人进行品牌专场活动;而在媒体属性和内容属性较为突出的抖音,高梵则通过广告投放精准定位粉丝,以获得较好的投入产出比。

电商直播形式的快速发展,对高梵供应链的响应速度有了更高的需求,不同平台之间的订单管理和周转,不同供应商的管理和规范化成为高梵需要面临的新挑战。

35.2.4　品牌升级

高梵提出"穿高梵,好舒适"的品牌口号。高梵倡导舒适是生活的核心诉求,以服装产品为切入点,构建一种更为舒适、轻松的生活方式。高梵本着"机能主义"品牌理念,在服装界提出"1+1双重设计"(double design)模式,倡导"一件服装,两个设计师"的设计理念,服装设计师从物性出发,满足服装的时尚度需求,生活设计师从人性出发,满足服装的舒适度需求,让服装更懂人性,让时尚更懂生活。通过双重匠心打造,为用户提供舒适、时尚的高品质服装产品,满足消费者品质生活需求。

公司不再着重单一的爆款,而是提升科技元素,提高品牌溢价和附加值。同时高梵积极与高校和政府合作,制定服装产品全程可溯规范,提高质量。高梵运用"大数据、云计算、智能化"创新服装生产制造方式,通过全程数据驱动,传统生产线与信息化深度融合,实现多品种、小批量、个性化定制的大规模生产。

高梵在与知名品牌代工厂、材质商合作的同时,为了提升消费者对高梵的质量认可,在与知名个人、IP的合作上适时而上:高梵先后与多位明星大咖合作推出同款,也同时开展了与"哆啦A梦"的IP联名合作,这些合作不论是从提升高梵品牌认知度上还是销售上都获得了很好的效果。在IP合作提高知名度的同时,对产品质量的把控更加重要,在供应商的管理和供应标准化方面,高梵又做出了哪些相应的举措呢?

35.3 高梵电商的柔性供应链管理

为了实现轻资产战略,让羽绒更"轻",高梵必须建立与之匹配的供应链体系。因此,高梵为了从传统的"以产促销"过渡到"以销促产",开始谋划更加弹性的供应链,让供应链更柔,包括供应商管理、面辅料采购、质量管理、生产制造、销售物流及其信息化建设等方面。通过多年的耕耘和努力,高梵逐步建立了"多款式、小批量、多批次"的柔性供应链体系,以多款少量、快速返单、敏捷灵活为特点,不断提升品质、交期达成,订单数量和调整优化的供应链综合管控能力。

35.3.1 需求拉动的柔性订单机制

在传统的供应链管理中,因为订货信息不准确所带来的"牛鞭效应"经常使企业的产品库存积压过多,削弱了企业的资金流动性。在电子商务平台上,信息技术提供了高质量的信息快速传递和共享方式,随着全球技术环境的不断优化,供应链管理将可以真正实现以信息技术为载体,全面建立一个开放式、共享式、集成式的大数据平台。高梵以大数据采集、分析、应用为核心,以公司IT为依托,增强供应链管理的精准度和时效性。高梵利用前端销售的反馈数据,进行销量预测,动态调整下单量。通常每天进行五六次数据分析,根据用户需求实时加单,动态调整生产过程。第一批上线200种款式开始试销,通过看浏览量、收藏量、评价等进行数据收集,同时在各种社交媒体上推广测试。3—4月份进行进一步优化,选出30%作为生产计划。8—9月份针对主打款式采取每款200件下单,然后会根据爆款的销量情况,进行实时补单、追单,从而保障下单过程的敏捷性、实时性和动态性。高梵采取少量多批次下单,创造了羽绒服行业7天供货周期的神话。7天是国际快时尚品牌的交货水平,高梵能在保持品质相同的情况下,提速到7天时间,已经达到国际领先水平。在传统羽绒品牌以及新进淘品牌因库存而一蹶不振的情形下,高梵在销售业绩保持100%高增长的同时,库存率控制在5%以内。从产品的企划到产品运营销售,再到翻单、打造爆款尖货等环节,高梵全程数据化运营,并保持信息实时同步,快速反应的机制和柔性供应链的完美配合,最快7天出货的效率,使得高梵品牌长期保持95%以上的售罄率,公司始终保持健康良性的发展态势。

柔性供应产业链中,上下游企业协同采购、制造与物流,专业化的分工协作使新品上市的时间以及生产周期都得到一定程度的缩短。要解决库存难题,减少交易、生产经营的成本,按需生产和按需安排库存是最为有效的解决办法。

35.3.2 严格的供应商管理

供应链品质管理的源头是供应商管理。供应商方面会存在一定的不确定性,主要体现在供应商是否能按照生产商的要求准时供货,并确保物资的质量合格率和运输安全性;

是否能够配合生产商产品开发计划灵活调整零部件产能;是否能够在自身财务状况良好的情况下为生产商提供优质的售后服务;等等。这些方面出现的不确定性都会在一定程度上影响供应链下游生产商的整体运营,进而影响供应链企业之间的合作效率和效益,使整个供应链的性能和绩效下降。

高梵供应商管理经历了多个阶段。第一阶段,主要为满足基本销售需求而不停地开发供应商,逐步搭建供应商团队;第二阶段,诞生供应商团队,并帮助供应商转变思路,通过互联网品牌的优势,以需定产,拉动供应链快速返单;第三阶段,产品为王被摆上桌面,任何战术的确立都不能以牺牲品质作为代价,为此高梵建立了科学的供应商管理系统,主要包括如下3方面:严格的供应商准入流程、高效的供应商考核制度和共赢的供应商培养体系。从供应商的遴选、考核、合作模式等方面进行严格的动态管理。在供应商准入方面,通过评估厂家的信用等级、生产能力、运营状况来确立供应商名单,审查通过的供应商须保证提供给高梵50%的产能,并同时具有30%~40%的弹性空间。在供应商考核方面,高梵根据供应商的交货情况来决定付款和下一批的订单分配,如对于优秀的供应商会给予下批提高订单的奖励。在合作模式方面,高梵对整个供应流程进行管控,构建供应商培养体系,合理分配产线比例,达到共赢的局面。

35.3.3 供应链标准化

为了更好地管理供应商,加强跟供应商的协同与合作,提高库存管理水平及出货的反应速度,高梵开展了供应链标准化工作。通常羽绒服由面料、辅料和羽绒构成,它的生产需要多个工厂共同完成。面料和辅料上的差异比较大,一些配料的细节要求更细致。高梵通过切分供应链,将订单进一步微分,主做面料,精简辅料,实现标准化生产,在确保效率更高、速度更快、品质更好的基础上,获得更短的资金周转周期、更少的库存和更小的风险。同时,高梵做深基本款,推出全球首款可视轻芯羽绒服,注重产品迭代升级,保证产品质量,该羽绒经抽检是唯一一款达到日本羽绒标准的羽绒。

35.3.4 销售和供应协同

为了优化供应链体系,高梵采用"以销促产"策略来加强销售和供应的协同。传统供应链管理的生产计划缺乏对市场需求的准确预测,并不知道消费者需要什么,处于"先生产再销售"的模式,与市场脱节。在电子商务平台上,销售商、生产商等供应链核心企业可以及时、全面地收集市场需求信息,真正实现以需求拉动生产的目标,供应链企业也可以利用电子商务平台发布新品信息,挖掘和刺激潜在的消费者需求,并及时调整产品设计和生产计划。通过先小批量试水市场,然后根据销售情况组织生产,合理管控供应商,建立了高效的前后端沟通机制。同时,高梵会针对市场反映较好的热门款式,跟工厂确定生产能力,预售数量根据工厂报来的最大产能设置,建立了科学的产能预定体系。除此之外,高梵还通过大数据了解不同客户群体的年龄段、生活习惯、消费习惯及所在地区,从而开发不同类型的产品,为不同群体提供差异化产品。组织生产时,根据订货任务合理采购面辅料,从而保障订单的履行过程。这种全程数据化、精细化的运营管理模式可以最大限度地发挥互联网的优势,建立了"款式多,更新快,性价比高"的竞争优势,有效地解决了服装行业最为头痛的库存问题,可以保证以极高的性价比给顾客提供更多的商品选择。

35.3.5 物流配送体系

传统供应链管理下的交货管理往往成为影响供应链企业整体效益的最后一环,运输信息不确定、时效差、货损率高是导致顾客满意度下降的直接原因。在电商环境下,配送速度更是消费者十分关注的问题,为了支撑快速响应的配送效率,保证顾客快捷完好的收到货物,高梵通过培育产业带来建设仓储物流体系。高梵已经在安徽地区建立了产业带,可以有效保证合肥4小时送达,安徽其他地区一天内送达。高梵下一步将这种产业带模式复制到全国其他地区,如东北,西南地区。针对商品的实际配送,高梵还是采用与第三方物流企业(顺丰、申通、圆通、中通和韵达)合作来完成。通常高梵会在仓储中心将消费者订购的商品进行包装,然后交给相应的物流企业完成配送。单个商品的物流企业选择通常有两种形式,一种消费者指定物流企业,一种是依据菜鸟网络的大数据分析功能,针对不同地区选择更高效的物流企业。同时,供应链上游企业可以及时发布物流运输信息,提供给下游企业及消费者,以提供查询追踪物流动态的便利,并且可以在市场销售情况变化的情况下及时调整交货批量或者交货时间,增加企业交货数量和时间的弹性,降低企业物资储备的风险。

35.4 结尾

每一个成功企业的背后,除了创始人特有的经历和创业胸怀外,更离不开企业在孕育成长过程中继承和融合的各种内在基因。年轻的高梵没有停止自己的供应链升级改造之路,把提升整个供应链竞争力作为自己的核心战略,积极探索供应链创新模式。

在新型冠状病毒感染的大背景下,高梵进一步加大投入,搭建品牌运营团队、创新产品设计、扩大品牌影响力。同时,紧跟行业浪潮,开拓"电商+直播"模式,进一步布局轻资产,让羽绒更轻。

另外,高梵正积极在原料产地寻找供应商,将供应链向江浙沪地区转移,确保产品质量,瞄准高端市场。同时,将公司的重心转向品牌运营、设计,以高梵天猫旗舰店、高梵童装旗舰店作为品牌展示的窗口,树立品牌标杆,培养扶持分销商,进一步优化供应链,让供应链更柔。

案例思考题:

1. 高梵羽绒服转型的关键是什么?
2. 高梵电商在向品牌运营转型中,存在哪些困难?在消费需求升级的服装电商行业,高梵电商为何能在竞争红海和行业洗牌中脱颖而出。
3. 高梵在转型和不断更新营销策略的过程中,是如何约束供应商,提高供应链综合管控能力,建立柔性供应链的?

案例 36　杰克股份：制造企业如何数字化转型[①]

摘要：智能时代，数字化相当于企业的"新基建"。随着互联网、云计算、大数据等 IT 技术快速应用，数字经济已成为凸显制造企业核心竞争力的重要环节。2000 年，杰克科技股份有限公司（以下简称为杰克股份）开始了数字化转型之路，从仅应用于财务系统的简单数字化，再到如今数据共享平台的成功搭建。2015 年以来，杰克股份进一步深化数字化转型，荣获国家工业和信息化部、中国轻工业联合会和浙江省政府颁发的多项荣誉，稳立于全球缝制设备龙头企业之列。作为传统的制造企业，杰克股份的数字化案例具有可复制、可推广的价值。制造企业未来的数字化转型之路应着眼于如何解决企业数字化带来的信息孤岛问题；如何实现数据共享，增强数据协同能力；以及如何将客户需求与数字化相结合等问题，实现企业智能制造。

关键词：数据共享，数字协同，数字化转型。

Jack Shares: How do Manufacturing Enterprises Transform Digitally

Abstract: In the smart age, digitization is equivalent to the "new infrastructure" of enterprises. With the rapid application of Internet, cloud computing, big data and other IT technologies, digital economy has become an important link to highlight the core competitiveness of manufacturing enterprises. In 2000, Jack Shares started the road of digital transformation, from simple digitalization only applied to the financial system to the successful establishment of the data sharing platform. Since 2015, Jack Shares has further deepened its digital transformation and won a number of honors issued by the Ministry of Industry and Information Technology, China Light Industry Association and Zhejiang Provincial Government, standing firmly in the world's leading sewing equipment enterprise. As a traditional manufacturing

---

[①] 本案例由台州学院商学院的王呈斌、叶嘉慧、赵娇蓉、陈科成、王钧萍撰写。

enterprise, the digital case of Jack Shares has the value that can be copied and promoted. The future digital transformation of manufacturing enterprises should focus on how to solve the problem of information island caused by enterprise digitalization. How to realize data sharing and enhance data collaboration ability; And how to combine customer demand with digitalization to realize intelligent manufacturing.

Key words: data sharing, digital collaboration, digital transformation.

引言

国家"十四五"规划纲要明确指出了"加快数字化发展,打造数字经济新优势"的要求。随着人工智能、大数据、云计算和物联网等数字科技的蓬勃发展,研究探索制造企业数字化转型成为了国内外学术界的一大热点。

数字化创造价值。数字化以新的方式创造价值,实现组织的变革,可以帮助企业利用基于模块化和IT支持的、交互的数字技术的价值。作为新时代进一步扩大企业生产经营优势的最佳手段,数字化转型要求企业能够管理不断变化的合作伙伴网络,精准把握新的市场机会,物联网(IoT)技术使公司能够与客户建立长期关系。而且数字化转型需要对整个组织的常规能力进行重大转变,公司需要从赋能向使能演进,通过需求预测、产品设计、定价与库存管理、供应链管理等关键环节,探索数字化赋能提升企业运营效率的路径和方法,聚焦需求创造、业务设计、价值共创,重构供应链和生态圈,创造更高的商业价值。

数字化蕴含风险。即便如此,并不是所有探索数字化转型的企业都能把握住时代风口站上高地,数字化投入与绩效存在U形特征且存在一定风险,公司的认知意识可能会阻止数字化进程,不同背景下产生截然不同的结果,部分公司很难从数字化中获得价值。公司需要建立认知地图,通过建立"创新机制→创新产出→创新结果",找到数字化创新发展的路径。

国内缝纫机行业竞争非常残酷,全国有近500家同类企业,同质化竞争、价格战一直是企业发展的一大困扰。如何另辟蹊径,开拓创新,走出一条差异化道路,是杰克股份必须要面对的问题。杰克股份作为一家传统制造企业,近年来通过打造服装智造互联平台,为中下游服装企业提供智能生产管控、流程控制优化等云计算产品和服务,大幅度提升服装工厂的自动化程度,解决了服装企业在服装缝制过程中遇到的多项技术难题。杰克股份是如何杀出重围,在严峻的市场条件下仍然保持着良好的发展势头呢?

36.1 数字化的瓶颈

36.1.1 信息孤岛——有数据但不知如何用

由于制造企业内部各部门在数据定义和数据使用上存在较大差异,加上制造企业的业务环节多,且数据大多分布在不同的系统中,链口的不一致性导致各部门之间的数据不能协同互通,缺乏业务功能交互性导致企业物流、资金流和信息流的脱节。业务人员处理数据时需要花费大量时间、精力对来自不同系统的数据进行分类整合分析,致使数据处理无法满足日常业务需求,信息同步性极差。面对竞争越来越激烈的市场,企业对快速处理数据的需求越来越庞大,对精度的要求越来越高。信息部门建设相对滞后,而业务部门自主开发业务系统难度又太大,部门间因业务的急需性实现不了数据互通。长此以往,企业花大成本、长周期所投入的数据流、信息流在冗杂的系统中沉默,无法形成正面反馈。

在杰克股份数字化转型前期,同样存在着严重的"信息孤岛"问题,所有数据被封存在各系统中,杰克股份在数字化建设中投入大量资金上线ERP、HR、MES等诸多管理系统,但在平时的应用中,ERP只应用于财务和库存,且两个部门之间的数据互不相通。同时,MES系统未实现和ERP系统集成,而OA系统只被用来做日常行政管理。这导致了员工办理一类业务就需下载一个App,一项信息分散在不同部门,部门之间互相查询又需要权限,大大降低了工作效率。这些"信息孤岛"问题严重影响企业数字化转型进程,想要让数据成为真正有价值的存在,杰克股份必须要打通不同软件系统之间的隔膜,从而打破部门间的信息堵塞,使数据能够关联流转于整个企业。

36.1.2 产出局限——知道如何用但用不好

有了强大、方便的数字工具以后,如何投入使用才能让其价值最大化呢?实际上,制造企业内部普遍缺乏数字化能力强的人员,大部分企业期望能够通过内部培训提升组织人员的数字化能力,从而推动企业整体的数字化转型进程。但在实际中要做到这一点比较困难,数字化带来的便利仅仅流于表面,不能让企业数字化转型这一过程"良性循环"起来。想要通过短时间培训让员工给企业数字化赋能,不仅需要将企业员工的实际业务与数据开发结合起来,让员工切身感受到数字化带来的便利,还需要和员工的实际福利联系起来,给予团队更多的话语权,激发企业人员和团队的创新性。

36.2 数字化之路:从传统制造走向数字化智能制造

杰克科技股份有限公司始创于1995年,专注于智能吊挂、智能裁剪设备、智能缝纫机、电机及控制系统的制造研发。成立以来,杰克股份就将技术研发视为驱动企业发展的核心动力。近年来,杰克股份积极进行核心业务的数字化转型。2018年,杰克股份的销售额和销售量都超过了日本重机,一举成为全球最大的缝制设备企业。杰克股份自2018年开始布局的智能缝制产业工业互联网平台,在2021年入选了国家工业和信息化部《2021年工业互联网平台创新领航应用案例名单》,成功让杰克股份从传统制造企业走向数字化智能制造企业。

36.2.1 四大精准

在数字化技术的实际运用中,杰克股份经过研究总结出"四大精准"(见图36-1)的业务处理新模式。四大精准从研发到营销再到生产、服务,通过切合实际需求的数字化业务应用闭环,从客户层面把握住了业务过程中全要素、全环节的问题。

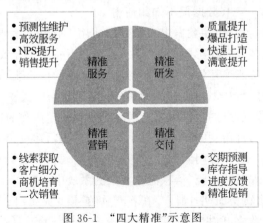

图36-1 "四大精准"示意图

（1）精准营销培育销售商机。杰克股份坚持以市场为导向，以客户为中心，通过杰克、布鲁斯、奔马、迈卡和威比玛等多品牌协同运营，向终端用户提供全方位的服装智能制造成套解决方案。

（2）精准交付实现精准预测。针对精准交付，杰克股份在中高端市场锁定头部企业，通过建立以大客户中心、智能成套解决方案和快速服务交付为三角的LTC体系优势，积极开拓大客户。

（3）精准服务提升顾客体验。为了进一步提高公司的服务质量，杰克股份开通了400服务热线及非工作时间技术咨询电话，并建立了端到端质量反馈系统，保障内外部问题得到快速解决。为了进一步提升客户体验，杰克股份推出了杰克快修平台"一键下单，轻松保修"服务软件，同时推出了服务管家相关的培训课件与视频，帮助客户线上学习与解决问题。在海外市场，公司设立了多家海外办事处，实现了人、零配件和备用机的"三个本地化"，从而可以更快速地响应及解决服务问题。

（4）精准研发打造爆款产品。杰克股份在坚持产品开发端到管理思想端的基础上，构建大研发管理平台，不断打造差异化技术，补齐智能成套解决方案核心技术短板。IT部门通过与研发、生产、营销等公司各业务深度融合，逐步实现裁床订单跟踪系统的落地，四大制造工厂的生产管理系统(WMS)项目成功上线；研发体系的项目管理系统有效运行；经销商体系(DMS)系统的实施，全面拉通从研发到生产到营销的业务流程，逐步构建公司大数智化流程，简化业务流程，助力业务高效推进。

36.2.2 万物互联

杰克股份打造的服装智造工业互联网平台以实现智能成套解决方案与服装订单运营的双向赋能为目标，创新营销模式，优化渠道管理，打造服装智造产业互联网生态平台。通过新媒体创新，入驻直播和电商平台，持续加大品牌传播，提升品牌美誉度；优化渠道管理，拓展渠道销售广度，提升渠道销售能力，不断在中大型客户中拓展自动化设备和缝制设备智能制造成套产品解决方案。

平台以研发设计、面辅料供需、接单中心、发单中心、数据服务、货品分销、应用市场、金融服务一系列业务的连续整合为打造目标。在服务层方面，主要聚焦于数字服务——数字化服装工厂、行业平台的数据关注；在平台层方面，云平台把关注聚焦于设备物联、数据开发、应用开发和工业安全等问题。

有了"高大上"的工业互联网平台以后，如何将技术运用于实际业务中获利呢？为了最大程度地发挥出平台的作用，从实际数据上展现数字化技术强大的潜力。杰克股份为服装智造工业互联网平台规划了如下3种落地方式。

（1）企业级。通过订单和免费智能设备，驱动服装生产企业转型升级并培养适度的专业化能力。具体通过设备升级、技术改造、金融服务等提高其生产效率和快返能力，同时通过平台为企业进一步赋能，建设数字化工厂，并利用平台大数据有效整合制造资源，向不同的企业分享品牌商订单及对接海量多款、小批订单。合作公司的收益来自服装生产企业效益提高后的溢出部分。

（2）园区级。与产业园区合作对接，协助园区企业建设数字化工厂，园区通过平台数据以整体智造能力对接外部订单。可以是"杰克＋园区＋品牌企业"共同组成合资合作公司;也可以购买杰克智能设备,在厂房的基础上投放智能设备,设立共享裁剪房,统一共享资源,提高设备和资源的利用效率;同时还可以在园区将厂房加设备整体租给中小服装厂。

(3) 区域级。与各地服装集群区域政府合作对接,提升集群整体水平,实现统一管理。与产业集群所在地政府共同支持打造数字化样板企业并推广;杰克股份联合企业完成共享智能裁剪房,降低园区企业投资门槛,提高园区企业产品的质量水平;通过生产工厂的数字化,对接设计和销售,打造立体式产业集群;通过将产业集群中消费者、劳动者、供应商、生产商、服务商等资源集聚起来,实施弹性匹配和动态共享,最终实现协同化制造供给。杰克股份"智慧云"平台宣传海报如图36-2所示。

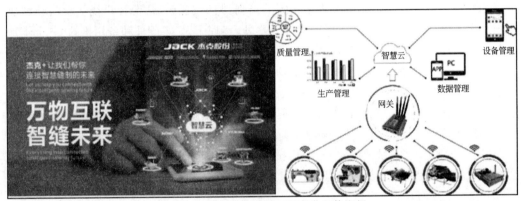

图 36-2　杰克股份"智慧云"平台宣传海报

36.3　数字化转型的方法论

在全球产业变革这一背景下,制造企业迫切想要开展数字化转型,提升科技竞争力,渴望在未来占据市场制高点,缓解劳动力成本逐年上升的压力,提高生产效率和企业收益,期待数字化能够为发展注入活力。然而,我国制造业的数字化转型仍然面对着不少来自核心技术及高端人才不足的尴尬局面。如何加快实现制造业高质量、高水平的转型升级,改变当下处处受制于人的不利局面是广大制造企业需要考虑的一大问题。如何推动制造企业数字化转型升级呢?杰克股份用实际行动作出了回答。

(1) 对中小企业进行数字化赋能。智能制造在未来必将成为传统制造企业转型的必经方向。随着新一轮科技革命又一次席卷而来,打造实用性强、兼顾传统企业各生产环节需求的智能制造解决方案成为中小企业的一大需求。在多年的数字化探索中取得成效后,杰克股份立足自身优势,发挥行业龙头的领先地位,为下游的中小服装制造商提供成套的、实用性强的数字化解决方案,同时部分开放数字化资源,帮助中小企业转型,降低转型成本。

(2) 培育智能制造新模式。杰克股份注重培育平台化设计新模式,立足于自身业务需求,打造了"数字化工厂"。数字化工厂围绕缝制装备研发、工艺、制造、试验等产品全生命周期的主要过程,利用虚拟化设计工具,快速形成参数化的零件、装配体和工程图,实现模块化及参数化设计,用于同系列新产品开发设计,大大减少了设计浪费。利用以智能自动化为主导的生产方式,实现生产过程的进度可视化、品质统计及过程追溯等功能,提升生产稼动率的同时降低了管理成本,真正实现了生产车间全环节的动态感知、智能管控和互联互通。

(3) 加快工业互联网平台建设。工业互联网平台对于数据的采集、处理和计算都有很高的要求,一个具有强大竞争力的工业互联网平台能够为企业注入强大的活力。由杰克股份打造的服装产业互联平台在硬件层面,利用自身的数字技术,为中下游服装企业提供智能生产管控、流程控制优化、网络协同制造、产品远程诊断、工艺及能耗管理、个性化定制、设备预测性维护、产品全生命周期管理等云计算产品和服务,大幅度提升了服装厂的自动化程度,解决了服装企业在服装缝制过程中遇到的多项技术难题。

(4) 加强关键核心技术研发。杰克股份瞄准了大数据、云计算等具有充足潜力的战略领域,与专业的软件公司合作组建了专门的信息团队,共同攻克关键核心技术,提高企业的自主供给能力,形成了"传统企业+数字企业"的跨界合作新业态,为制造企业如何处理核心技术这块短板提供了新的思路。杰克股份数字化项目及合作伙伴如表36-1所示。

表 36-1　杰克股份数字化项目及合作伙伴

序号	时间	事件	合作方
1	2017/08	数字化整体规划	e-works 咨询科技
2	2018/06	PLM 项目	思普公司
3	2018/06	杰克-华为 IPD 咨询项目	华为公司
4	2018/08	集团化办公项目	致远公司
5	2018/11	SRM 项目	华天软件
6	2018/12	BPC 全面预管理项目	汉得公司
7	2019/03	HCM 人力项目	汉得公司
8	2019/04	杰克股份率先发布物联网缝纫机	华为公司
9	2019/08	M8 国贸销售项目	孚盟软件
10	2021/05	杰克股份启动 SCADA 项目	山东海拓公司

36.4　尾声

杰克股份在数字化转型中已成长为行业龙头,仅考虑缝制机械相关业务,公司收入规模占全球头部企业的比例从 2011 年的 13% 提升至 2020 年的约 30%。经过十年成长,收入规模步入全球第一梯队,2020 年收入规模已经显著领先全球龙头——日本重机。2020 年,公司数字化平台建设完成后形成了年产智能工业缝纫机 120 万台、自动缝制单元 2500 台、服装智能制造成套解决方案 850 套的规模化生产能力。公司近 3 年来工业缝纫机销售均价提升 17.42%。缝前、缝后设备的拓展不仅打开更大市场空间,也让公司拥有了成套解决方案提供能力,可以满足中高端客户对于智能化、柔性化生产需求。

杰克股份也面临着一些问题。2021 年,大宗商品上涨致企业毛利率略有下滑,2021

年年报中显示公司整体毛利率同比－4.2%至22.5%,净利率同比2.6%至7.8%,其中第二季度毛利率环比－0.7至22.1%,净利率环比－0.5至7.5%。放眼全国,国内制造业长期面临着人工成本高、经营效率低下等问题的考验。

为了适应风云变幻的市场和来自同行间的竞争压力,数字化转型已成为传统制造企业的必经之路。杰克股份未来还需在物联网加持下,不断推陈出新高附加值产品,利用数字化技术解决人工成本高昂等经营痛点,实现制造企业数字化的彻底转型,增加企业科技竞争力,才能保持行业龙头的地位,稳坐头把交椅。

案例思考题:

1. 什么是信息孤岛？杰克股份如何解决数字化转型中信息孤岛带来的问题？
2. 什么是工业互联网平台？杰克股份搭建的工业互联网平台有什么功能？
3. 什么是新业态？杰克股份构建的新业态是什么？
4. 基于杰克股份的数字化之路,请你谈谈传统制造企业该如何进行数字化转型？

参考文献

案例 37 凝聚合力谋发展 协同创新谱新篇——全国大学生电子商务"创新、创意及创业"挑战赛[①]

摘要：自2013年以来，中国已连续9年成为全球最大的网络零售市场，在过去的十年里，中国的网络购物用户呈爆炸式增长。迫切需要建立新的机制和体制，整合中国电子商务生态的所有资源，以更好地推动中国电子商务领域产教融合的创新发展。全国大学生电子商务"创新、创意及创业"大赛是由教育部高等学校电子商务教学指导委员会主办的一项全国性大学生学术竞赛。为推动电子商务教育和行业创新改革，推动电子商务教育和行业高质量发展，2019年12月，本着自愿、平等、互利、合作的原则，中国电子商务教育与行业研究院成立。大赛秉承"创新、创意、创业"的宗旨，致力于培养大学生的创新意识、创新思维和创业能力，为高校师生搭建专业知识与社会实践相结合的平台。

关键词：电子商务"创新、创意及创业"大赛，共同发展，协同创新。

Joint Efforts for Mutual Development, Collaborative Innovation for Future-National Undergraduate E-commerce "Innovation, Creativity and Entrepreneurship" competition

Abstract: China has become the world's largest online retail market for 9 consecutive years since 2013 and saw explosive growth in online shopping users in the past decade. It is urgent to develop new mechanisms and systems and integrate all resources of China's e-commerce ecology to better promote the innovation development of the integration of industry and education in the field of e-commerce in China. E-commerce "Innovation, Creativity and Entrepreneurship" competition is a national academic competition for college students, which is hosted by the Nationwide E-commerce Teaching Steering Committee of Schools and Universities of the Ministry of Education delegated

---

[①] 本案例由西安交通大学的李琪、刘帅，西安交通大学出版社的祝翠华撰写。

by the Ministry of Education from 2009 to 2019. For the innovation and reform of e-commerce education and industry, and the high-quality development of e-commerce education and industry, the IEEAC-NIEA was established in December 2019 based on voluntariness, equality, mutual benefit, and cooperation. Adhering to the tenet of "innovation, creativity, and entrepreneurship", the competition is committed to cultivating college students' innovation awareness, creative thinking, and entrepreneurial ability, building a platform for college teachers and students to combine professional knowledge with social practice.

Keywords: E-commerce "Innovation, Creativity and Entrepreneurship" competition, mutual development, Collaborative Innovation.

引言

"我和我的祖国,一刻也不能分割,无论我走到哪里,都流出一首赞歌,我歌唱每一座高山,我歌唱每一条河……"伴着全场高亢的歌声,第十二届全国大学生电子商务"创新、创意及创业"挑战赛(以下简称为三创赛)总决赛于2022年7月24日在湖北经济学院圆满落下帷幕。

三创赛是在2009年由教育部委托教育部高等学校电子商务类专业教学指导委员会主办的全国性在校大学生学科性竞赛。第十二届三创赛全国共有1000多所高校,133729支团队报名参赛。经过校赛和全国31个省、市、自治区以及澳门特别行政区的省级赛,最终320支团队进入总决赛。随着第十二届三创赛的成功举办,折射出当代中国数字创新的蓬勃发展,其价值将更大,影响力将更加深远。

37.1 政府政策引导,打牢办赛基础

37.1.1 新世纪大学生需要强化创新创业能力

"创新创业"这一提法最初散见于我国教育政策中,为了回应世界高等教育大会对世界高等教育未来发展趋势和方向的预测,1999年,中共中央、国务院作出《关于深化教育改革全面推进素质教育的决定》,其中明确指出,"高等教育要重视培养大学生的创新能力、实践能力和创业精神",并且实施素质教育,"以培养学生的创新精神和实践能力为重点"。

进入21世纪,我国高校毕业生每年呈现大规模攀升的发展趋势。2000年,全国高校毕业生总人数为107万人,2008年全国高校毕业生总人数为550万人。随着高校逐年扩招,大学毕业生数量越来越多,再加上国际金融危机的影响,社会对大学生的新增需求越来越少,大学生求职成功的机会相对而言越来越小,到2008年,大学毕业生的初次就业率由过去的90%跌落到65%左右。党的十七大报告明确提出,要实施扩大就业的发展战略,促进以创业带动就业。近年来,政府开通各种绿色通道,纷纷出台相关政策扶持大学生创业,一场青年创业风潮盛行中国。

37.1.2 三创大赛致力推进大学生创新素质教育

三创赛因此应运而生。首届三创赛在教育部高等教育司、国家发展和改革委员会高技术产业司、工业和信息化部信息化推进司、商务部信息化司、科技部高新技术发展及产业化司、团中央学生工作部等部委的指导下进行,也得到地方政府和广大企事业单位的积极支持和热烈响应。三创赛为高等学校落实《教育部财政部关于实施高等学校本科教学质量与教学改革工程的意见》(教高函〔2007〕1号)、开展创新教育和实践教学改革、加强产学研之间联系起到了积极示范作用。从2009—2019年,即第一届至第九届三创赛的主办方为教育部高等学校电子商务类专业教学指导委员会,其组织管理结构如图37-1所示。

37.2 电商产业发展,助推产教融合落地

37.2.1 中国电子商务迅猛发展

电子商务是通过互联网等信息网络销售商品或者提供服务的经营活动,是数字经济

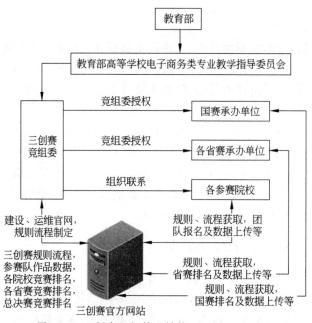

图 37-1 三创赛组织管理结构(2009—2019 年)

和实体经济的重要组成部分,是催生数字产业化、拉动产业数字化、推进治理数字化的重要引擎,是提升人民生活品质的重要方式,是推动国民经济和社会发展的重要力量。我国电子商务已深度融入生产生活各领域,在经济社会数字化转型方面发挥了举足轻重的作用。

自 2013 年起,我国连续 9 年成为全球最大的网络零售市场,网购用户 10 年内呈现爆炸式增长。截至 2021 年 6 月,我国网络购物用户规模达到 8.12 亿人。快递服务业发展迅猛,2021 年快递件超过了 1000 亿件,是 2012 年的近 20 倍,业务量位居世界第一。网络零售、跨境电商、移动支付等新业态、新模式、新场景不断涌现,线上线下消费加快融合,不仅成为经济增长的重要引擎,也深刻改变了中国老百姓的日常生活。

电子商务作为国家的战略性新兴产业,在引领商业模式变革、优化产业转型升级等各方面发挥了重要的作用,成为经济发展的新原动力,并为大众创业、万众创新提供了新空间。随着大数据、人工智能、物联网等新技术的快速应用,社会对复合型人才的需求越来越迫切,电子商务专业正在通过教学体系和课程设计的不断变革,积极培养能引领技术与商业融合创新的优秀人才。

37.2.2 电商产教融合需要新的合作机制

为了更好地促进我国电子商务领域的产教融合创新发展,深化电子商务产教融合,促进教育链、人才链与产业链、创新链的有机衔接,推进人力资源供给侧结构性改革,对新形势下全面提高教育质量、扩大就业创业、推进经济转型升级、培育经济发展新动能,促进高校电子商务专业人才培养、就业和创业,促进高校师资更好地与实践相结合,到实践中检验理论、创新理论;促进企业电子商务的发展,人才培训、项目策划、成果转化、技术研发等活动开展,实现企业、行业与高校的深度融合创新,实现双方和多方合作共赢,迫切需要发展新的机制和制度整合中国电商生态各方资源。

37.2.3 全国电子商务产教融合创新联盟成立

为了共同推进电子商务教育和产业的创新和变革,促进电商教育和产业的高质量发展,全国电子商务产教融合创新联盟于 2019 年 12 月成立,联盟是在自愿、平等、互利、合作的基础上,由电子商务产教融合创新相关的院校、企业、科研、服务机构等自愿结成的开放性、非官方、非营利性的民间组织。联盟本着共建、共享原则,汇集成员优势,促进优质教育和产业资源共享,促进电子商务产业与电子商务教育界深度融合,促进教育改革和产业创新发展,着力提高人才培养的质量和创新力。首届全国电子商务产教融合创新联盟会议共有 32 家成员单位参加,其中 9 家为企业成员,23 家为高校成员。

为了更好地服务参赛高校和学生,2020 年的第十届三创赛的主办单位转变为全国电子商务产教融合创新联盟,联盟不仅推动着三创赛活动的进一步开展,也进一步促进了创新性电子商务人才的培养和使用,推动电子商务在企业中的培训、创新项目的成果转化等。

37.3 十二届轮回,三创赛不断成长

2022 年 7 月 24 日上午 8:30,第十二届三创赛总决赛终极赛开始,小组赛决出的 16 支团队开始了最终的角逐。比赛过程进行了在线直播,观看人数达 6 万多人。经过多年的发展,参赛队伍不断增长,从第一届的 1500 多支到第十二届的 13 万多支队伍;参赛项目的内涵逐步扩大,从最初的校园电商到"三农"电商、工业电商、服务电商、跨境电商,以及 AI、5G、区块链等领域的创新应用,第十二届三创赛增加了跨境电商实战赛道。越来越多的新产品、新服务、新业态、新模式集中亮相,越来越多的高校专家、教授投入其中,越来越多的研究成果开始实际转化,越来越多的青年学子走出校园、走向产业,成为创新驱动发展的重要支撑。历届三创赛的基本情况如表 37-1 所示。

表 37-1　历届三创赛的基本情况

主办单位	届　数	年份	全国总决赛承办单位	报名团队数
2006—2010 年教育部高等学校电子商务专业教学指导委员会(第一届)	第一届	2009 年	浙江大学	1500 多
	第二届	2010 年	西安交通大学	3800 多
	第三届	2011 年	西南财经大学	4900 多
2013—2017 年教育部高等学校电子商务专业教学指导委员会(第二届)	第四届	2014 年	华中师范大学	6300 多
	第五届	2015 年	成都理工大学	14000 多
	第六届	2016 年	西安交通大学	16000 多
	第七届	2017 年	西安交通大学	20000 多
2018—2020 年教育部高等学校电子商务专业教学指导委员会(第三届)	第八届	2018 年	太原理工大学	40000 多
	第九届	2019 年	西安交通大学	60000 多

续表

主办单位	届数	年份	全国总决赛承办单位	报名团队数
全国电子商务产教融合创新联盟	第十届	2020年	河南科技大学	65000多
	第十一届	2021年	云南工商学院	100000多
	第十二届	2022年	湖北经济学院	130000多

37.4 跨境电商发展利好，开拓三创实战赛道

近年来，我国对跨境电商重视程度日益提高，国家政策支持力度不断加大。自2015年杭州获批中国首个跨境电商综试区以来，我国跨境电商依托综试区建设，在制度创新、管理创新和服务创新等方面积累了大量经验，形成了众多可供国内外借鉴的成熟做法，为跨境电商的高速、高质量发展做出了突出贡献。"中国(杭州)跨境电子商务综合试验区"(以下简称为杭州综试区)是2015年3月7日国务院批复设立的全国首个跨境电子商务综合试验区，杭州综试区的设立被纳入中国共产党成立百年大事记中。自设立以来，杭州综试区一直坚持以破解跨境电商发展难题、创新跨境电商管理体系、探索跨境电商发展模式为己任，围绕"六体系两平台"的顶层设计开展制度创新、管理创新和服务创新，创新实践成果先后向全国其他104个综试区进行复制推广，跨境电商"杭州经验"成为其他地区开展跨境电子商务的重要借鉴和建设样板。

为了推动跨境电商快速发展，三创赛竞赛组委会携手中国(杭州)跨境电子商务综合试验区建设领导小组办公室，于2021年12月至2022年7月，合作举办三创赛"跨境电商实战赛道"。实战赛道将面向国内高校的在校大学生和在校留学生，以开放包容、合作共赢的心态，创新驱动、创意引领、创业推动，国内的中外大学生与各界一起努力，实现高质量共建"一带一路"，推动构建人类命运共同体。具体分为阿里国际站实战赛、eBay平台实战赛、直播实战赛、独立站实战赛4类，分理论赛、实践赛、综合赛3个阶段。大赛在31个省市高校铺开，共有689所高校参加大赛，报名团队近万支。

37.5 人才培养支持，引领高质量电子商务发展

37.5.1 中国电子商务人才培养成效突出

电子商务产业的发展离不开电子商务人才的支撑。近年来，国家通过各个相关层面，开展了电子商务人才的培养，本科教育、职业教育、社会培训等各种人才培养模式百花齐放，为国家输送了大批不同层次的电子商务人才。截至写作本案例时，全国600所本科院校开办电子商务专业，专业布点634个；全国职业院校中，电子商务专业布点数1476个，网络营销专业126个，移动商务专业74个，商务数据分析专业98个，跨境电商专业321个，农村电商专业30个。2020年，我国电子商务相关从业人数达6015万人，为我国电子商务产业的高速发展贡献了巨大的力量。

电子商务专业是一门实践性很强的新兴交叉复合专业学科，我国经济社会的发展对创新型电子商务人才培养提出了迫切的需求，三创赛为大学生理论联系实际，学以致用，

强化网络交互能力、团队协作能力、项目组织开发能力等大学生创新创业素质培养,在实践中学习、在实战中成长,提供了施展才华的广阔空间。

37.5.2 三创赛推动产学研合作创新

三创赛一直秉持着"创新、创意及创业"的宗旨,致力于培养大学生的创新意识、创意思维和创业能力,为高校师生搭建一个将专业知识与社会实践相结合的平台,提供一个自由创造、自主运营的空间。充分调动电子商务的各行业、企业资源,联合各协会组织会员企业以多种形式参与到竞赛的全过程。充分发挥行业协会的桥梁纽带作用,推动产学研合作机制的创新。

大赛注重比赛的前瞻性、实战性、普及性和引导力,致力于营造电子商务专业实践、实训、实战的良好氛围和环境,发现一批电子商务专业建设优质院校,培养一批具有较强实践能力的骨干教师,建设一批产学研结合的实训基地,创新一批高校与企业合作的互动机制,努力推进高校电子商务专业建设不断完善。

37.6 结语

在政产学研多力协同的不断推动下,12岁的三创赛即将开始又一段新的征程。习近平总书记在党的二十大报告中提出"必须坚持守正创新。我们从事的是前无古人的伟大事业,守正才能不迷失方向、不犯颠覆性错误,创新才能把握时代、引领时代。"创新创业人才是建设创新型国家的核心要素,在提高自主创新能力中发挥着不可替代的作用,对创新创业人才的重视已经成为全球的共识。第十三届三创赛将充分总结前面12届的组织经验,在教育部高等教育司的指导下,探索和建立全国大学生电子商务竞赛的长效机制,努力使三创赛成为培养人才和发现人才的重要途径,有效激发青年学生丰富的想象力和创造力,把三创赛打造成我国高等教育中的品牌赛事。

案例思考题:

1. 本案例中,电子商务三创赛所搭建的创新生态包括哪些主体?
2. 电子商务三创赛所搭建的创新生态如何与国家创新生态体系相适配?
3. 如何实现电子商务三创赛所搭建的创新生态持续健康的发展?

图书资源支持

感谢您一直以来对清华版图书的支持和爱护。为了配合本书的使用,本书提供配套的资源,有需求的读者请扫描下方的"书圈"微信公众号二维码,在图书专区下载,也可以拨打电话或发送电子邮件咨询。

如果您在使用本书的过程中遇到了什么问题,或者有相关图书出版计划,也请您发邮件告诉我们,以便我们更好地为您服务。

我们的联系方式:

清华大学出版社计算机与信息分社网站:https://www.shuimushuhui.com/

地　　址:北京市海淀区双清路学研大厦A座714

邮　　编:100084

电　　话:010-83470236　010-83470237

客服邮箱:2301891038@qq.com

QQ:2301891038(请写明您的单位和姓名)

资源下载:关注公众号"书圈"下载配套资源。

资源下载、样书申请

书　圈

图书案例

清华计算机学堂

观看课程直播